JN298835

心理援助職のためのスーパービジョン

効果的なスーパービジョンの受け方から,
良きスーパーバイザーになるまで

P. ホーキンズ, R. ショエット 著
国重浩一・バーナード紫・奥村朱矢 訳

北大路書房

SUPERVISION IN THE HELPING PROFESSIONS,
Third edition by Peter Hawkins and Robin Shohet
Original edition copyright © 2007 by Open University Press UK Limited.
All rights reserved.

(Japanese language of SUPERVISION IN THE HELPING PROFESSIONS,
Third edition by Peter Hawkins and Robin Shohet) copyright © 2012 by Kitaohji Shobo.
All rights reserved.
Japanese translation published by arrangement with Open University Press
through The English Agency (Japan) Ltd.

日本の読者のみなさまへ

「心理援助職のためのスーパービジョン」がバーナード紫，国重浩一，奥村朱矢たちの手によって，日本語に翻訳されたことを大変嬉しく思います。1989年にこの本を最初に出版したときには，これほど広範な読者を得ようとは想像もしませんでした。このこと自体がスーパービジョンの重要性を物語るものと言えるでしょう。私たちは35年以上にわたってスーパービジョンを提供し，同時にスーパービジョンを受けています。そして，残りの職業生活でも，私たちはそうし続けることでしょう。

対人援助職につく人々にとって，クライアントとの仕事の質やスーパーバイジーの支援と成長に関心を払うスーパービジョンは，単に訓練期間中や資格を手にしたときだけではなく，その人のキャリア全般にわたって欠くことのできないものであると，私たちは信じています。それが必要であるだけではなく，もうそれだけでは十分と言えなくなってきているのです。

私たちが初版を出版した25年前から，世界の状況は大きく変化したことを自覚しなくてはなりません。初版を書き始めた1980年代には，私たちは恒常的な経済成長が可能であり，それと共に対人援助職に対する資源が増大し，あらゆる人びとの生活の質が向上することを信じる世界に身を置いていました。当時，迫りくる生態環境の危機を予感し，警鐘を鳴らした賢明で勇敢な著者（『沈黙の春』を著したレイチェル・カーソン（Carson, 1962）やグレゴリー・ベイトソン（Bateson, 1972）など）もいましたが，私たちはまだそれはずっと先のことで，人類の創意や科学の進歩がそれを回避する方法を編み出すだろうと考えていたのです。21世紀の最初の10年が過ぎた今，この危機を否認し続けることは，もはや不可能です。

ギルディングは，自分の著書の中で経済学者のケネス・ボゥルディングを引用し，次のように述べています。「有限の世界において指数関数的な成長が永久に続くことを信じる者は，狂人かさもなければ経済学者である」（Boulding—Gilding, 2011, p. 64にて引用）。

このことは，対人援助職にとって何を意味するのでしょうか。この先何十年間にわたって対人援助職の文脈を形作っていくであろう，論争の余地のない4つの要素が存在します。

1. 増大する需要

世界の人口は，いまだに指数関数的に増加しています。私（ピーター）の生まれた1950年には世界の人口は25億でした。それが2011年には70億に達しました。国連は世界の人口は年に0.7％の率で増加し，2050年には90億になると予測しています。ということは，私たちの一生の間に3倍になったということです。開発途上国の出生

日本の読者のみなさまへ

率は減少しているという人もいるでしょうが、これらの国での平均余命の指数関数的な増加は、いまだに人口増大の原因となっており、その上70歳代以上の人々が最も多く対人援助職を利用しているのです。

2. サービスの質に対する、増大する期待感

支援を提供するべき人々の数が増えただけではなく、対人援助職に対する期待感も指数関数的に高まってきました。トマス・フリードマンは、世界は「温暖化」し「混雑」してきたのみならず、「平坦」になった、と書きました（Friedman, 2008）。彼の言わんとするのは、誰もが他の人が手に入れるものを知っている、ということです。世界の人口が70億に達する以前に、携帯電話の総数がその数に達したのです。携帯電話を通して、経済的に最貧といわれる国でもインターネットにアクセスすることができ、それによって私たちはみなお互いに結びついています。私たちはますます最上のものを要求するようになり、対人援助サービスに手落ちがあった場合には、メディアやインターネットを通してすべての人が知るところとなるのです。

3. 減少する資源

多くの人びとはまだ、現在の経済的低迷が、恒常的な繁栄と経済成長の過程における一時的な後退に過ぎないと信じています。しかし、科学的な検証は、それが集団的な否認という危険な形態であることを示しています。科学者たちは、私たちが世界にある利用可能な資源の140％を毎年消費していると述べています。言い換えれば、私たちは毎年、維持不可能なやり方で基本的な資源を浸食しているということです（Gilding, 2011, p. 51）。私たちの富や繁栄は、根源的に自分たちの住む世界から生じるものですが、その口座はすさまじい借り越しとなっていて、元金にくい込んでいるということです。

このことに加えて経済的な勢力は、ヨーロッパ、日本、北アメリカの経済的低迷と、BRIC諸国（ブラジル、ロシア、インド、中国）とN11諸国（現在のG7諸国の経済繁栄を今世紀中に追い越す潜在能力を持つとされる、次の11カ国）の急速な成長と共に大きく動いています。経済の成長は南へ、そして東へと変動しているのです。

すでに発展し疲弊した先進国では、増大する需要に対して資源が不十分になることは必然的であり、対人援助職に当てられる資源にもその影響は免れません。この現実を前に、私たちはどう対応するかを学ばなくてはなりません。

4. 巨大な崩壊

「巨大な崩壊」とはポール・ギルディングの著書の題名ですが（Gilding, 2011）、その中で彼は世界があらゆる側面において前例のない難問に直面していることを、圧倒

的な論拠をあげて述べています。気候変動はもはや現実のことであり，前世紀に悪評を被った生態学者たちが警告したよりも速く変動しています。地球温暖化が進み，洪水や干ばつ，熱波や寒波の増加といった気候の不安定さを引き起こしています。異なる地域が，ときには想定のできない影響を被ることになるでしょう。成長が限界に達したとき，現在の相互依存の経済の中で，経済不安を回避することはできません。基本的な食料や燃料，また木材，繊維，コンクリートや鉱物資源のような天然資源の価格も，私たちの収入よりもずっと速く上がっていくことでしょう。政治的課題は，主権国家の対応能力を超えたものになるでしょうが，それに対応できるような世界レベルでの統治構造というものは存在しません。世界の経済首脳会議の破綻，欧州連合危機，パレスチナ・イスラエル紛争，あるいは自然災害への対応などはその失敗例と言えましょう。

　このことは，人類の分裂や混乱，悲嘆や不安が必然的に増加することを意味し，このような人々への影響は，どのような場所で最も強く感じられるでしょうか？　それらは学校や病院，刑務所，介護ホーム，そして路上や職場で毎日のように姿を現すことになるでしょう。対人援助職につく人々は，自らも資源の減少や需要の増大に直面しながらも，このような人々の状況に対応する前線に身を置くことになります。

どう対応すればよいのか

　数年前，私（ピーター）は先進諸国から集まった教員の会議で発言しました。教員たち全員が，増大する要求にさらされていることに対する不満を述べていました。人数の多いクラス，年ごとに生徒の試験結果を向上させなくてはならず，生徒や保護者からの要求は高まっても尊敬は得られないこと，そして資源は一向に増えないこと，などです。不満を述べれば述べるほど，ますます無力感に陥るようでした。そこでピーターは，この共謀的な無力感の合意に異を唱え，さらにいくつかの人口動態的，経済的そして科学的な予測を提示しました。そして，次のように締めくくったのです。「皆さんが年を追うごとに，この分裂し混乱した状況の中で，より少ない資源でさらに質の高い仕事をすることを求められるのは必然と言えるでしょう。問題は，私たちが共にこの挑戦を受けて立つためには，何ができるかということです」。

　この地球的規模の難題への対応は，否認することや無力感を持つことではないはずです。さらに強い圧力のもとで，悲壮な覚悟で働き続けることもできないでしょう。この挑戦は個人的なリーダーシップや個人の対応システムを超えたものなのです。私たちはこれまでになく協力的に，共同して立ち向かっていかなくてはなりません。スーパービジョンやチームワーク，スタッフ支援がいっそう欠かせなくなりますが，これらのこともいっそう早急に発展させ，進展させていく必要があります。この本の初版が出版された頃と同じような方法で，対人援助職につく人々をスーパーバイズすることはもはやできません。当時私たちは，スーパーバイジーに対して何をスーパービ

日本の読者のみなさまへ

ジョンに望むか，チームに対して何をコンサルタントに望むか，を尋ねていました。今，私（ピーター）が個人的なスーパービジョンを行なうときには，「あなたに向上することを求めている，あなたが仕事をする世界とはどのようなところなのでしょうか，そして，そこで困難に思われる分野はどこですか？」と聞くことにしています。個人のニーズと前の週の問題から始めるのではなく，契約の焦点は，外部からの要求や将来から見つめた内省に当てられることになってきています。

対人援助職は，前月のクライアント相手の仕事の質を確保するためだけではなく，明日のさらなる需要に対応するための人的能力を発展させていくために，個人的および集団的な対応能力を継続的に増大させていき，スーパービジョンへのニーズとして組み込んでいかなくてはなりません。スーパービジョン自体もさらに高まる圧力に直面することになるでしょう。なぜならスーパーバイジーは，スーパーバイザーから何を手に入れることができるかについてより多くの情報を持っており，そして同時に，スーパービジョンは異なる利害関係者からの相反するニーズに応えていかなくてはならないからです。

同僚のひとりであるジョン・ローワンは人間性心理学に関する著書を，次の1行で締めくくっています。「よきスーパーバイザーほど有益な霊的存在はない」(Rowan, 1983, p.170)。

この言葉はいささか大げさでしょうし，日本には禅やその他の仏教宗派を含めての，長い卓越した歴史があることも知っています。しかしなお，スーパービジョンが提供する難問への挑戦，支援，専門性，そして貢献には，霊的な要素が存在します。この仕事は，私たちが物語の奥に潜む物語に聞き入り，クライアントやスーパーバイジーの持つ思い込みに疑問を投げかけ，スーパーバイザーとスーパーバイジー双方がその場に共に居合わせることによって，偏った，あるいは偏りを生むような世界観に囚われないでいることを，要求するものなのです。

本書では，スーパービジョンが行なわれるさまざまな組織的文脈にかなりの字数を割きました。対人援助職に限らず，どのような組織もスーパービジョンの文化とそれが表明するものに多くのメリットを見いだすことができると，私たちは信じています。その意味で，スーパービジョンをより多くの人びとの手もとに届けるために，ユカリとコウ，アヤが果たしてくれた役割に感謝の意を表します。

ピーター・ホーキンズ＆ロビン・ショエット

目 次

日本の読者のみなさまへ　i

第1部　スーパーバイジーの視点から

第1章　「ほどよい」スーパービジョン……………………………………2

第2章　なぜ対人援助者となるのか？……………………………………9
　1．はじめに　9
　2．影を直視すること　9
　3．自分自身の動機を探求する　12
　4．力への渇望　13
　5．自分自身のニーズにどう対応するか　15
　6．癒そうとする願望　17
　7．まとめ　17

第3章　学習を継続し，職場での実りとしていくこと……………………19
　1．はじめに　19
　2．自己再生―自己の成長と自己資源の開発　20
　3．質的資源の分布図を作成する　30
　4．ストレス　32
　5．燃え尽き　34
　6．心的外傷後ストレス　37
　7．まとめ　38

第4章　効果的なスーパーバイジーのあり方……………………………40
　1．はじめに　40
　2．スーパービジョンを通して自己の質的資源を開発する　40
　3．必要とするスーパービジョンを手配し，適度な責任を負う　42
　4．スーパービジョンを受ける際に障壁となるもの　44
　5．障壁の克服―ジェラルディーンの物語　50
　6．セルフスーパービジョン　52
　7．まとめ　54

目次

第2部　スーパーバイザーとスーパービジョン

第5章　スーパーバイザーになるに当たって……56
1. はじめに　56
2. なぜスーパーバイザーになるのか？　56
3. どのように始めるのか　58
4. 良きスーパーバイザーに求められる資質とは　59
5. スーパーバイザーの役割　62
6. 適切な権限と裁量　64
7. 倫理について　66
8. まとめ　67

第6章　スーパービジョンの概要とそのモデル……68
1. はじめに　68
2. スーパービジョンとは何か？　68
3. スーパービジョンの機能　69
4. スーパービジョンの形式　72
5. スーパービジョンのプロセスモデル　73
6. CLEARスーパービジョンモデル　73
7. モデルの各段階で有効な質問と返答　74
8. 契約を作成する　75
9. 契約を交渉する　81
10. スーパービジョンの取り決め　82
11. スーパービジョンを行なうスタイル　82
12. スーパービジョンにおける発展的アプローチ　85
13. 発展的アプローチを検証する　89
14. リサーチ　91
15. アクションリサーチ　92
16. まとめ—自分の枠組みを選択すること　96

第7章　七眼流スーパービジョン—スーパービジョンのプロセスモデル……97
1. はじめに　97
2. 二重座標モデル，あるいは七眼流スーパービジョンモデル　97
3. モード1—クライアントに対する焦点と，クライアント自身が何を，どのよう

に提示したのかに対する焦点　102
　　4．モード2—スーパーバイジーの方針や介入を検討する　104
　　5．モード3—クライアントとスーパーバイジーの関係に焦点を当てる　106
　　6．モード4—スーパーバイジーに焦点を当てる　110
　　7．モード5—スーパービジョンの関係に焦点を当てる　113
　　8．モード6—スーパーバイザーが自身のプロセスに焦点を当てる　116
　　9．モード7—職種における広い文脈に焦点を当てる　118
　　10．さまざまなプロセスを統合する　120
　　11．発展的な視野からモデルを組み合わせる　122
　　12．モデルに対する批判　123
　　13．まとめ　125

第8章　差異を越えてのスーパービジョン　127
　　1．はじめに　127
　　2．文化を理解するに当たって　129
　　3．文化的な志向性　130
　　4．文化的差違を受け入れる　131
　　5．スーパービジョンにおける，文化的あるいはその他の差違の認識　132
　　6．信条に基づく集団をまたがって仕事をする　134
　　7．権力と差違　135
　　8．七眼流モードに関連する差違　138
　　9．文化をまたがったスーパービジョンを発展させる　144
　　10．亡命希望者や難民のスーパービジョン　146
　　11．まとめ　150

第9章　スーパーバイザーへのトレーニングとその発展　152
　　1．はじめに　152
　　2．自分自身の学びの必要性を判断する　152
　　3．トレーニングのコースを設置する　156
　　4．新人スーパーバイザーに向けてのスーパービジョンのコアコース　160
　　5．学生や実習者のスーパーバイザーに向けてのスーパービジョンのコアコース　166
　　6．チームスーパービジョンとグループスーパービジョンのコース　167
　　7．カウンセリング，心理療法，その他の心理的な作業に対するスーパービジョンを提供している人のための心理療法スーパービジョンコース　169
　　8．スーパービジョンの発展コース　169
　　9．倫理的なジレンマに対する訓練　175
　　10．文化をまたがったスーパービジョンに対する訓練　176

目 次

  11．評価と認定　177
  12．まとめ　179

第3部　グループ，チーム，ピアグループのスーパービジョン

第10章　グループ，チーム，ピアグループのスーパービジョン……182
  1．はじめに　182
  2．グループスーパービジョン　182
  3．チームスーパービジョン　195
  4．ピアスーパービジョン　199
  5．まとめ　204

第11章　グループダイナミクスを探求する……205
  1．はじめに　205
  2．グループの段階　205
  3．グループダイナミクス　206
  4．グループまたはチームの振り返りを促進する　209
  5．まとめ　216

第4部　組織的なアプローチ

第12章　スーパービジョンのネットワーク……220
  1．はじめに　220
  2．抑制と排除のバケツ理論　220
  3．アンドリューと治療機関にまつわる話　222
  4．ブレンダと広がる不安にまつわる話　223
  5．キャロルと性虐待にまつわる話　225
  6．クリーブランドでの性虐待にまつわる話　228
  7．まとめ　231

第13章　学びの文化に向けて──スーパービジョンをめぐる組織的文脈……232
  1．はじめに　232
  2．文化とは何か？　232
  3．文化のレベル　234
  4．スーパービジョンの後退を引き起こす組織文化のダイナミクス　235

5．文化的なパターンを変化させる　241
　　6．学びと成長の文化をつくり上げていく　242
　　7．学校においての「良さを見いだす質問法」—文化の変化の例　244
　　8．スーパービジョンと，学ぶ組織，学ぶ専門家　247
　　9．スーパービジョンにおける生成的学習への再考察　249
　　10．まとめ　250

第14章　組織内のスーパービジョンの指針とその実践 ……………………251
　　1．はじめに　251
　　2．ステップ1—スーパービジョンですでに起こっていることに関して，良さを見いだす質問法を組み込んでいくこと　252
　　3．ステップ2—スーパービジョンの実践と指針の発展に対する興味を示していくこと　252
　　4．ステップ3—実験を始めてみること　254
　　5．ステップ4—変化への抵抗に対処すること　254
　　6．ステップ5—スーパービジョンの指針を起草すること　257
　　7．ステップ6—スーパーバイザーとスーパーバイジーのための，継続した学びと成長のプロセスを展開させる　258
　　8．ステップ7—継続的な監査と再考察のプロセスを組み込むこと　259
　　9．まとめ　260

第15章　まとめ—開かれた精神を持つこと ………………………………261

　　翻訳者あとがき　267
　　付録　英国カウンセリング・心理療法協会（BACP）におけるスーパーバイザーの基準　273
　参考文献　276
　人名索引　285
　事項索引　288

第1部

スーパーバイジーの視点から

第1章
「ほどよい」スーパービジョン

　小児科医であり精神分析医でもあった故ドナルド・ウィニコットは,「ほどよいお母さん」という概念を提唱しました。このような母親は,幼児が食べ物を投げつけたりしたときに,それを自分に対する攻撃と受け取って大げさに反応したり,逆に,力不足と罪の意識に打ちひしがれたりすることなく,それは幼児が一時的に外の世界に対応できないでいることの表現なのだ,と理解することができるでしょう。さらにウィニコットは,母親が「ほどよいお母さん」でいることは,母親自身が夫や周りの人間からしっかり抱きとめられ支援されていないときには,実に困難であるということも指摘しました。これが「養育の三者関係」から成るセーフティーネットを生み出し,この中で子どもは,自分の臆病さや残忍な激情を表現する必要にかられたときにも,しっかりと抱きとめてもらえるのです。
　この概念は,スーパービジョンについても適切なたとえとなります。「ほどよい」カウンセラーや心理療法士,あるいは他の対人援助職につく人びとは,スーパービジョン関係の中にしっかりと抱きとめられていることによって,クライアントからの理不尽な攻撃を乗り切ることができるからです。とても有能な職業人が,クライアントの混乱を自分の中に取り込んでしまうことによって,自分の能力に深刻な疑いを抱き,仕事の場面で機能できなくなってしまうことはよく見受けられます。スーパーバイザーの役割とは,単に働き手を元気づけることではなく,しっかりと設定されたスーパービジョン関係の中で,このような感情の混乱をきちんととらえ,それを乗り越え,内省し,そこから学習する場を提供することでもあります。したがってスーパービジョンは,支援の関係を「セラピーの三者関係」の中に保つ場を提供することになるのです。
　支援をするということは,相手のニーズに耳を傾けるということですが,そのとき私たちは,日常的な普通のものとは異なる関係に踏み込むことになります。この関係に踏み込むことなど,到底意味がないかのように思われる場合も多くあります。たとえば,勝ち目のない戦いに挑んでいると感じるとき,不快なクライアントを相手にしているとき,自分は疲労困憊でこれ以上何も提供できないと感じているときなどです。ストレスが昂じたときには,鬱々と頭を垂れ,適当にやり過ごし,内省のための時間などとらない方がよいと感じられるものです。組織やチーム,またその中の人たちが,外部からのプレッシャーや自分の力不足を露呈することへの恐怖などから,このような態度を結託してとることもあります。

このようなときにこそ，スーパービジョンはたいへん重要なものとなります。それは私たちに一歩下がって内省する機会を提供し，クライアントや同僚，組織や社会，または自分自身を責めることに逃げ道を見いだすことを回避する機会を提供してくれます。そして，新たな選択肢を探し求める機会，最も困難な状況にこそある学習の機会，または支援を得る機会を提供してくれます。職業的なキャリアの出発点で，良質なスーパービジョンの価値を理解し，体験することができれば，良質なスーパービジョンを定期的に受けることが，職業生活と働き手の継続的な成長に欠くことのできないものとなるでしょう。

過去30年の間に，対人援助職においてカウンセリングや心理療法的なアプローチを利用することは，急速に高まりました。その背景のひとつに，施設への収容という伝統的な対応から，助けや支援を必要とする人びとに「地域社会でのケア」を提供する対応への移行という点があげられます。この移行は，家族や親類の人びとだけではなく，対人援助職につく人びと全般に，常に増大する要求をつきつけることになりました。この職種の人びとは，クライアントの苦悩や混乱，崩壊にどう対応するかを学ばなくてはならなかったからです。それと同時に，人生のある時期において，カウンセリングや専門的な支援を必要とすることがあるのだという考えが，多くの一般の人びとに広く受け入れられるようになりました。

このカウンセリングや心理療法への需要の急速な高まりと，人を相手にする援助職におけるカウンセリングと心理療法の取り組みの急増は，同時にそのような仕事は適切に監督されるべきだという認識を，呼び起こしました。熟練したスーパービジョンやそのための訓練の必要性，さらにこの分野における理論や研究への需要は，その供給よりもずっと急速に高まっていきました。私たちがこの本を書いたとき，英国でスーパービジョンに関する文献はほとんどなく，既存のものもただひとつの職種に限られていました。同時に，理論に関する論文やスーパービジョンの実践家による実践記録も不足していました。1980年代後半になってやっと，英国カウンセリング協会は，スーパーバイザーの養成と認定の検討に着手し，心理療法家養成機関は，この非常に重要な分野での研修コースを提供するようになりました。1989年に初版が出版されてから，この分野における出版や研究は急速な発展を見ました。重要な文献としては，キャロル（Carroll, 1996），ペイジとウォスケット（Page & Wosket, 2001），ブラウンとボーン（Brown & Bourne, 1996），ヒューズとペンガリー（Hughes & Pengelly, 1997），ボンドとホランド（Bond & Holland, 1998），キャロルとホロウェイ（Carroll & Holloway, 1999），ギルバートとエヴァンズ（Gilbert & Evans, 2000），ホロウェイとキャロル（Holloway & Carroll, 1999），インスキップとプロクター（Inskipp & Proctor, 1993, 1995），スケイフ（Scaife, 2001），フレミングとスティーン（Fleming & Steen, 2004），ホーキンズとスミス（Hawkins & Smith, 2006），ショエット（Shohet, 2007）などがあげられます。

アメリカ合衆国において，実践の核となるこの分野については長年注目されていました。スーパービジョンに関するアメリカの文献は数多くあります。しかし，その多くは「カウンセリング心理学」という領域内におけるもので，ある特定のモデル，すなわち「発展的アプローチ」と呼ばれるものについてのものです（Stoltenberg & Delworth, 1987 を参照）。これは大きな影響を与えましたが（第6章を参照），スーパービジョンの過程における重大要素の一側面を扱っているに過ぎません。ホロウェイは，アメリカ流のアプローチを組み込んで，スーパービジョンへの統合的なアプローチを打ち立てるという，貴重な仕事を成し遂げています（Holloway, 1995; Holloway & Carroll, 1999）。

　スーパーバイザーは，教育者として成長を促す役割，働き手に支援を提供する役割，そしてスーパーバイジーによるクライアントへの対応の質的管理をするという役割を，統合しなくてはなりません。この3つの機能が常に都合よく折り合うとは限らないため（第6章を参照），スーパーバイザーはこれらを統合することを敬遠して，ただひとつの役割に集中することが多くなりがちです。スーパービジョンの場を二者によるケースカンファレンスにしてクライアントのダイナミクスに焦点を当てたり，スーパーバイジーの擬似カウンセラーやコーチとなったりする場合もありますし，またチェックリストを用意してスーパーバイジーによるクライアント管理の点検をする人たちも出てくるでしょう。しかし，この本で私たちが意図するのは，スーパーバイザーが統合的なスーパービジョンを発展させるための手助けをすることです。啓発的で，情報資源となり，質的効果を高めるような融合を主張するだけではなく，人間関係をその基盤とするスーパービジョンへのアプローチを提唱したいのです。

　理想的とも見えるスーパービジョン関係においても，消耗感があったり，お互いを回避したりして身動きがとれなくなるときがあるものです。何らかの理由で不安や否定的な姿勢が忍び寄ってくることがありますが，このことを双方が認め，それにどう対応するかの方策を知っていることは役に立つでしょう。この本は，スーパーバイザーとスーパーバイジーの両者に向けて書かれています。なぜなら，私たちはその双方がスーパービジョンの質に関して責任をとるべきだと考えており，その双方が仕事の質を保証することを目指す体系の一部分を形成していると言えるからです。私たちが提唱するようなスーパービジョン関係の共同責任者となるための手順のひとつとして，その経過を点検するための，ことに共同の仕事を始める当初の契約を取り交わす際のガイドラインを提供することにしました。この仕事に関する契約は，双方の拠り所となる境界線や基盤を形成するので，たいへん重要なものとなります。さらに，契約を交わす行為は，関係を結ぶ当初に行なわれるだけのものではなく，それぞれのセッションに入る際にも行なわれるものであり，いくども再検討されるべき行為であることを，強調しておかなければなりません。

　しかし，スーパービジョン関係に入っていく前に，スーパービジョンは自分自身の

第1章　「ほどよい」スーパービジョン

ためのスーパービジョンから始まるのだと，私たちは確信しています。そしてこれは，自分の動機を査定し，（自己の意識下においてさえ）普段は隠されている自分に，できるだけ正直に直面することから始まります。こうすることによって，私たちは援助職に携わる者に，ときとして起こる乖離，すなわち，病んで困窮しているのはクライアントであり，自分は問題もなく何も必要としないのだ，と考えるのを避けることができるでしょう。マーガレット・リオックが言うように，「もし学生が，自分たちも潜在的に殺人者や悪党，卑怯者になり得るのだということを知らなかったら，クライアントに潜むこれらの要素を治療的に取り扱うことはできない」のです（Rioch et al., 1976）。

　私たちの経験によれば，スーパービジョンは自らのケアと新しい学習の機会を確保することに関してたいへん重要なものであり，対人援助職に携わる者の福祉，継続的な自己成長，自己認識，そして成長への意欲に欠くことのできないものです。しかし，職種によっては資格を取った後のスーパービジョンがほとんど無視される場合もあります。自己の多くを与えることが求められる職種においては，スーパービジョンの欠落が，生気に欠け，堅苦しく，保身に走りやすい姿勢を生み出すことになると，私たちは考えます。さらに，この生気の喪失と防衛の姿勢は，多くの人びとが「燃え尽き」と表現する症状に結びつくことになるでしょう。スーパービジョンは，疲れ果てた結果，仕事の水準が低下し，それによってまた罪の意識を感じ，自分の力不足を意識してさらに仕事の水準が落ちるという悪循環を，くいとめる手助けとなるでしょう。さらにスーパービジョンは，ストレスや「燃え尽き」を防ぐのみならず，スーパーバイジーが継続して学び，健全に成長することによって，最善の状態で仕事を続けることを可能にするものなのです。

　スーパービジョンは，支援の仕事と同じように単純な過程ではなく，クライアント相手の仕事よりもさらに複雑なものです。その効果については近年研究が進んでいますが（第6章を参照），具体的な成果というものも，効果を厳正に評価するための根拠というものも見られません。通常は，スーパーバイザーが実際に会うことはないクライアントをめぐって，その仕事の側面について一方が選択した内容を報告するという形式で行なわれます。その上に，双方が身を置いている職種，組織，地域社会などから，一方あるいは双方が，さまざまな圧力を感じている場合もあるかもしれません。そのため，焦点となっているクライアントに対応するだけでなく，双方共に自分たちのスーパービジョン関係や，共に仕事をしているもっと広い枠組みにも注意を払う必要があるでしょう。スーパーバイジーとスーパーバイザーの双方が，その複雑さに圧倒され，まるでどの足を最初に動かせばよいのかを問われて，身動きのとれなくなったムカデのようになってしまう危険性がないとは言えません。

　この互いに複雑に結びついたスーパービジョンの過程をすべて含み，かつ統合的な記述を目指して，この本は4部に分けて書かれています。第1部はスーパーバイジー

に向けて，仕事を進めていく上で必要な支援を受けるためには，どう積極的に働きかければよいかを説明しています。援助を提供する組織やそこにいる管理者には，そこで働く人びとの福祉に関心を払うという重大な責任があります。しかし，その仕事の状況において最も適切な支援が確実に受けられるようにできるのは，そこに働く人びと自身なのです。支援は常に組織の上の方からくるものだと考えてしまい，他のさまざまな方向からも与えられる可能性があるということに気づかない危険性は，いつも存在します。スーパービジョン関係においてさえ，その関係を最大限に利用するためには，スーパーバイジーが積極的に働きかけることが大切になります。さらに第1部には，援助者として仕事をすることに関する動機についての章を含めることにしました。これはスーパーバイザーとスーパーバイジーの双方に適切なものと言えるでしょう。さらに，職業的な場で継続的に学び，健全に成長していくことについては，新たに第3章で解説を加えました。

　第2部では，クライアントを相手に仕事をすることから，スーパーバイザーとして働くことへの移行について，その際の役割や機能の変化，そのときに役立つと思われるモデルについて解説しました。第3章と同様の内容について，スーパーバイザーの視点からも述べられています。第7章では，スーパービジョン関係におけるさまざまな要素や経過を詳細に探求しています。この章は，特にカウンセラーや心理療法士，あるいは治療的な側面の強い関係の中で仕事をする人びと（精神科医，精神分析医，治療看護師など）のスーパービジョンにあたるスーパーバイザーのために書かれたものですが，同時にコーチ，教員，そして保護者の教育に携わる人びとや，その他の治療的領域で仕事をする人びとも利用することができます。

　第8章は，多様性についてのものです。この章では，役割に伴って生じる力関係や，スーパーバイザーとスーパーバイジー，あるいはクライアントとの間に存在する文化的な差違から生じる力関係についての諸課題を検討しています。これらの文化的差違には，民族性，国籍，性別，階級，性的志向や職業的背景のようなものがあげられるでしょう。

　第2部は，スーパーバイザーがそれぞれの段階において必要とする訓練についての説明をもって終わることにしました。スーパーバイザーとして働き始めたばかりの人，学生や養成コースの訓練生を相手にする人，チームを相手にする人，ある部門や組織全体を相手にする人など，さまざまなタイプのスーパーバイザーが存在します。この章では，そのようなスーパーバイザーが自分たちの訓練について必要とするものは何か，また養成者や養成コースの管理者，スーパービジョンの訓練を提供する人びとは，何を必要とするかについて述べています。

　第3部では，一対一形式以外のスーパービジョン，たとえばグループ形式でのスーパービジョン，同僚間におけるものや，職場でのチームにおけるものについて考察しています。グループという設定の中で，個人のスーパービジョンを行なうことの長所

と短所を考察し，またグループダイナミクスを管理するいくつかの方策について探求を深めていきます。同時に，チームのスーパービジョンを行なう際に，チームというものが単にそこに所属する個人の合計ではないということを認識し，それを表現するにはどうしたらよいかについても考察します。

第4部では，ある組織がその職業的環境の中で，スーパービジョンを内在的な要素とする学習文化を発展させるためには，どのような支援が必要なのかを検討しています。なぜなら，スーパービジョンが行なわれている組織的な文脈というものが，スーパービジョン関係そのものに多大な影響を及ぼすことが指摘されているからです。

このような広範な文脈に焦点を当てると，スーパービジョンが行なわれる際の体制を総合的に理解することができます。この理解は，問題を個人のものと決めつけてしまうことを避けるのに役立ちます。このことはまた，組織内の力関係の兆候としても見受けられるものです。さらにこの理解は，スーパービジョンを受けることは，単に一人一人の働き手だけではなく，また仕事をするチームだけでもなく，援助職の組織全体が必要とするものだということの認識に結びついていくものです。第12章では，多数の対人援助職の人びとや組織を巻き込んでいるような事態でのスーパービジョン，そしてこのような場合に必要とされる専門的な技術について検討します。

この本の最終章では，第3章のテーマである仕事場における学習と成長を目指して，開かれた心と開かれた知性をもって，ここに書かれたさまざまなテーマをまとめていきます。私たちはこの4つの部分を，まず援助者として働く個人を見つめることから始め，次にスーパービジョン関係を検討し，それからグループへ，さらには組織全体へと，複雑度の高まる方向に沿って検討していきました。しかし，自己の内部に起こる経過を検討することは，組織内の力関係を検討するのと同じように複雑であること，そして単に関与する人の数が少ないだけであることを，実感しました。それぞれのテーマとそれを検討する順序の選択は，私たちにとって意義深いものでしたが，そのテーマを重要視するのではなく，読者の経験と行動のきっかけとして利用してほしいと願っています。

学習は，「それが遊びの中で浮かび上がったときに，最も創造的である」という発想はウィニコットの著作から取り上げたものです。私たちが提案するスーパービジョンというのは，「外側」に存在するクライアントを，専門家と学習者が検討するという構図を回避できる環境をつくり出し，かわりに仕事のプレッシャーや力関係の存在を認め，探求し，理解できるような「遊びの場」としての環境をつくり出すことです。そこでは，スーパーバイザーとスーパーバイジーが協力して新しい仕事のやり方を編み出していけるでしょう。それと同じように，この本の中で私たちは，スーパービジョンをめぐる意見，課題，そして可能性について自らの経験を述べてきました。その目的は，ひと組の処方箋を提供することではなく，スーパーバイザーとスーパーバイジーの双方に，より多くの選択肢を提供することにあります。

第1部　スーパーバイジーの視点から

　この本を読むときには，どうぞ自分の選択にしたがって順序を決めてください。上にも書いたように，それぞれの章は，少しずつ異なる読者を対象に書かれています。しかし，すべての読者に第2，第3，第4章を読むことをお勧めします。たとえスーパーバイザーとして，あるいはスーパーバイザーの養成者として長い経験のある読者であっても，私たちは常に，なぜこの仕事に携わっているのか，どのようにして適切な支援を受けることができるのか，そしてどのようにして継続的に学習し，成長することができるのかを，考え続ける必要性を分け合っているからです。

第2章
なぜ対人援助者となるのか？

1．はじめに

> とても困惑した様子で，眉をひそめながら彼は言いました。「なぜそんなに僕に腹を立てるんですか。助けようとしたんじゃないのに」
> シミントン（ウィルフレッド・ビオンに向けられた言葉　Symington, 1986）

　人を支援したり，また支援されたりすることは難しく，多くの場合は両面的なプロセスとなります。この章では，対人援助や介護の職種で仕事をしたいと思う動機の多様性を考察していきます。ラム・ダスとポール・ゴーマンは，援助者となる動機と内面の葛藤をとても見事に描写しています（Dass & Gorman, 1985）。
　「『どうしたら人の役に立てるだろう』という思いは，永遠の，心からの問いかけである」と2人は述べ，次のように続けます。「他の人びとを支援することに寄せられる，外側からの要求を低く評価するわけではないが，私たちを疲れさせる要素は，実は最初から，自分たちの内側にあるかもしれないのだということは，知っておくべきではないだろうか」。
　私たち援助職にある者のすべてが，現在の職業や役割を選ぶことになった動機の複雑さというものについて，率直に内省することは絶対に欠くことのできないものでしょう（Shohet, 2005, p. 8）。なぜなら，グッゲンブール＝クレイグの言うように，「誰であれ，純粋な動機からのみ行動を起こすことはない。隠しておきたい動機が強ければ強いほど，ケースワーカーは自分の客観性を主張することになるから」です（Guggenbuhl-Craig, 1971）。
　このように混ざり合った動機を探求していくことは，私たちの内にある，人を支援したいという衝動の，影の部分を直視することを意味します。そこには力への渇望や，他の人を支援することで自分のニーズを満たしている，ということも含まれるでしょう。

2．影を直視すること

　対人援助者という役割には，当然期待されているものがあります。時として，その役割に固執すると，クライアントの持つ強さや，援助者としての自分の弱みや相互依

存の傾向が見えなくなってしまいます。ラム・ダスの指摘するように，「自分を『セラピスト』と考えれば考えるほど，誰かが『クライアント』でなければならないという圧力が生まれてくる」のです（Dass & Gorman, 1985）。これを起点として考えると，自分自身の動機を，それが「良き」につけ「悪しき」につけ，純粋であるものかそうではないものか，何らかの形で点検する姿勢というものが，効果的な対人援助者となるには欠かせないものであることがわかるでしょう。ユングの支持者たちが「無意識」と呼ぶ自己の側面を自覚することによって，私たちは自分自身が認めることのできない部分に，他人が入り込むのを牽制することができます。私たちが完全な正気を装うことをしなければ，精神病の患者が私たちの狂気まで演じる必要はありません。また，迫り来る死に直面できないガン患者を前にするときには，私たちはそこに自分の死への恐怖を見ることになるのです。この無意識の側面に焦点を当てることで，自分自身を変えることもできないのに，自分たちが他の人びとや世界を変革することができるという，全能者であるかのような幻想にとらわれる傾向を退けることができるでしょう（Page, 1999 を参照）。

　この本を執筆している最中に，ロビン自身にこの影——賞賛への願望——が忍び寄ったことがありました。

　　　そのとき私は海外で宿泊を伴うグループセラピーを行なっていた。そのグループのひとりが，子どもの死をめぐっての思いに対峙した後で，一人一人の取り組みの語らいをきっかけとして，グループ全体が深いレベルで思いを分かち合っていった。グループの進行役として私は，人びとが深刻な痛みを解消していくのを感じ，やりがいを感じて感動していた。その過程を地道に追うことは骨も折れたが，同時にグループメンバーの率直さが自然な展開を支えてくれて，楽々と達成されたようにさえ見えた。自分の経験のうちでも，このグループのように深刻なトラウマに対峙して，それに見事に取り組むことができたケースは思い出せないほどだった。このような仕事を目の当たりにするとき，自分がいかに恵まれているかを感じるのだった。そしてこんな折に，うぬぼれが忍び寄ってくる。「進行役としての仕事ぶりを見てくださいよ」という声だ。4度目のセッションが終了したところで，私たちは一緒に食事の席についた。私は共同進行者がいないことを嘆き，グループの人びとに（自分の）立派な仕事を認めるような言葉を口にしてほしいと思っていた。ちょうどそのとき，会場にスズメバチが飛び込んできた。私は飛び上がって逃げた。大きな笑い声が上がった。「何だ，ロビンもやっぱり人間なんだね！」　私も笑ったが，それは，賞賛の代わりに親愛の情を込めてからかわれたことに対する，憤慨のトゲを感じた後でのことだった。

　私たちは何度となく，支援の仕事の持つ影の部分にとらわれてしまう自分を発見します。自分たちや周りの人びとに，自分が特別な人間であるように感じさせ，その錯覚をつくり出し，人びとがもとの場所に下ろそうとすると幻滅するのです。

　自分たちを支援の媒介ではなく，援助者そのものであると考えるのは危険な考えと

言えましょう．そのとき，私たちは成功に対する賞賛を期待しますが，失敗の責任はとりたくないからです．愛着を否定するということは難問であると考えています．学生やクライアントがよい取り組みをしたときに，私たちに礼を言うのではなく，あなたたち自身にこそ感謝すべきです，と言いつつも，密かに「私にもですよね……」とつけ加えたいからです．自分は支援の媒介物でしかない，という可能性を認めるのはとても困難なことです．しかし，それを受け入れることだけが，賞賛に酔いしれることと責めを負う恐怖をめぐる悪循環や，不能と全能の感覚に振り回されることから逃れる方法なのです．

　愛着を否定することは，思いやりがないということではありません．それどころか，これこそが真の思いやりに一番近いと言えましょう．そうすれば，クライアントの人生を通して生活したり，クライアントの成功に頼ることで，援助者としての自信を維持する必要はないからです．

　対人援助の仕事についてすぐに，居住型の治療施設で仕事をしたとき，私たちはこのことを学習しました．このホームのスーパーバイザーは，施設の所長を監督するために2週間ごとに施設を訪問し，その後でスタッフ全員のためのグループスーパービジョンを行ないました．そのセッションのひとつで，ひとりの居住者の取り扱いをめぐって緊張したやりとりがありました．そのときスーパーバイザーは，途中で議論を止めてこう言いました．「あなた方は居住者の治療をするためにここにいるのではありませんよ．この人たちを癒したり，回復させるためでもありません．ここでのスタッフの仕事というのは，ここにいる居住者の人たちが学び，そして成長するための構造を支え，そのスペースを確保することです．あなた方はその過程に奉仕する存在でしかないのです」．この言葉を聞いて私たちは，全能者であろうともがくことをあきらめ，自分たちが人びとを治療したのだと考えることをやめ，治療的な場の管理人に過ぎないのだ，という謙遜を学ばなくてはなりませんでした．そして，今でもその努力を続けているのです．

　しかし，謙遜そのものにも落とし穴があります．「管理人」という言葉で思い出すユダヤ風のジョークを披露しましょう．

　　　ある日のこと，ラビが鮮やかな啓示を受け，シナゴーグの聖壇に走り寄り，その前に平伏して言った．「神よ，神よ，御目のもとには私は何者でもありません」．そのシナゴーグの主唱者がそれを聞き，引けをとるまいと自分も聖壇に走り寄り，その前に平伏して言った．「神よ，神よ，御目のもとには私は何者でもありません」．それをシナゴーグの管理人が見て，自分も同じようにしようと決めた．彼も聖壇に走り寄り，平伏して言った．「神よ，神よ，御目のもとには私は何者でもありません」．ここに及んで，ラビが主唱者を振り向いて言った．「あいつまでが何者でもないんだとさ！」

3．自分自身の動機を探求する

　対人援助職の影の部分について，簡潔で挑戦的な考察をしているのはグッゲンブール＝クレイグの「援助職における力関係」です（Guggenbuhl-Craig, 1971）。その中で彼はこのように述べています。

　　　理解の幅を広げるために……このような世話をする職業につく人びとが，その種類の仕事をするように仕向けるものは一体何なのかについて，もっと深く掘り下げる必要があるだろう。一体何が心理療法士を，感情的に混乱している人を支援することに駆り立てるのだろうか？　一体何が精神科医を，精神障害のある人の治療に向かわせるのだろうか？　一体何がソーシャルワーカーを，社会のはみ出し者に関わらせるのだろうか？（p.79）

この質問に対する答えとして，ピーターの物語を紹介しましょう。

　　　僕は，もともとは芸術関係の仕事について，演劇かテレビでのキャリアを選ぶことになるだろうと感じていました。ところが，地域社会での演劇や，演劇を使ったセラピーを経て，精神衛生関係の仕事につくことになりました。精神障害を持つ人や，殺人を犯した人，教会に放火したり，暴力的であったり，自殺傾向があったり，アルコール依存があったりという人びとで，つまり人間のあらゆる苦悩，悲しみ，痛みを持つ人びとを相手に仕事をしました。その中に私は，開放感を見いだしたのでした。友人の多くはこのことを不思議がったのですが，今にして思えば，自分の中に密かに埋もれていて，自分の育った家庭や学校，文化の中では否定されていた混乱というものが，外側の現実となって自分の目の前にあった，ということなんです。自分の働いていた治療のためのコミュニティでは，そのすべてが現実に演じられていたのですね。
　　　振り返ってみると，僕が，痛みの中にある人たちと出会いたいという，自分の真正なニーズから生まれたものをもとに，とてもよい仕事をしたのは事実だろうと思います。でも，最終的にはその仕事を離れることになりました。なぜなら，クライアントたちが僕の代わりに体験していた自分の影の部分を，余すところなく再認識するという地点には，僕はたどり着けなかったからです。僕は自分の内なる殺人者，被害妄想的な不安，自己崩壊，絶望といったものに，本当に直面したことはなかったからです。ですから僕は，クライアントと真に対等な人間として対面することはできず，不平等な関係に寄り添うことしかできませんでした。その関係の中で，クライアントは自分たちの混乱を抱え，僕はそれに対応し，ケアを提供し，抑制する働き手という役割を維持するほかありませんでした。
　　　他の人びとを通して自己の暗い内面を直視し，もとに戻って自分の奥深くにある，影の部分に直面することは，長期にわたる，痛みを伴う旅でした。僕は今もその途上にあります。それは1回きりの単純なサイクルというようなものではなく，他の人びとの奥

深くに潜むものを少しずつ発見することを繰り返し，そのたびごとに自分に戻ってその存在を確かめなくてはなりません。心理療法士として仕事をしているときには，単純な規則を守っていました。その規則とは，自分が同じ事柄を2度以上，異なるクライアントや，訓練生やスーパーバイジーに言ったことに気づいたときには，それは自分自身に言っているのだと認識することにして，その場を離れたときに書きとめ，掘り下げていく，ということでした。

4．力への渇望

「なぜ？」という質問に対する答えとして，私たちのほとんどが，世話をし，治療し，癒すことへの願望——典型的な治療者と患者関係——をあげることでしょう。しかし，それに伴って，力への願望という隠されたニーズがあるかもしれません。それは，自分よりも困っている人びとに囲まれ，助けを必要とする人びとの生活を方向づけることができるという力です。グッゲンブール＝クレイグはこの点についても述べています（Guggenbuhl-Craig, 1971, pp. 8-9）。

> ソーシャルワーカーを対象に分析的な研究を続ける中で，ある事柄を強制的に実行に移さなくてはならない場合，そこに関与している人びとの持つ，意識的な，あるいは無意識な動機というものには，実にさまざまな局面があるのだということに，いくども気づいた。その背景には，実に不思議な力への渇望が潜んでいるのだった。かなりの頻度で起こったことは，肝心の問題は，保護されるべき人の福祉ではなく，保護する人の権限にまつわることだった。

これを認識するのはたいへん難しいことです。というのは，クライアントや，あるいはクライアントの子どもたちに関して何らかの判断を下さなくてはならないとき，多くのソーシャルワーカーは，自分は本当に無力だと感じます。このことは，ソーシャルワーカーが保持している，またはそう見られている権限とは著しい対比をなしています。ここで，ひとつの実例をあげることにしましょう。これは，力をめぐる感情の矛盾を描き出し，スーパービジョンの価値を示し，さらに，最初はそうする必要はないかのように見えても，動機を的確に理解することの重要性を示すものです。

> 相当な暴力行為の歴史を持つクライアントが，家庭から子どもを保護したことをめぐって，経験豊かなソーシャルワーカーを殺すと脅しました。ソーシャルワーカーは当然のことながら怯え，その恐怖は通常のスーパービジョンの枠では対処できない地点に達してしまいました。私は相談を受け，この生命の危険に関わる恐怖をどう抑制することができるのか，途方に暮れました。それが要請を受けた危機的な状況の解決に結びつくとは思われませんでしたが，私は，このケースのダイナミクスを徹底的に理解するほか手はないと感じました。このように焦点を絞ってみると，このソーシャルワーカーとク

ライアントの間には、どちらが良き親であるかという点をめぐって、密かな競争が存在することがわかりました。保護命令が出されたことで親としての欠陥が明らかになり、具体化したことによって、このクライアントは残忍な、手に負えない激情にかられたのでした。そこに存在する競争心を理解することで、ソーシャルワーカーは恐怖を抑制することができ、また、エージェントと私はこのケースに関する方向性を指示することができました。このことは恐怖による麻痺状態を解消することにつながりました。幸いなことに、クライアントも状況が改善するような反応を見せてくれました。私はこの例をあげることで、公共の安全や、そこで働く人びとの安全を確保したいと望む社会福祉のエージェントが、スーパービジョンをやめることは、その安全を危険にさらすことなのだ、と主張したいのです。

ダーンリイ（Dearnley, 1985）

　さらに、このようなケースはそれほど稀ではないことがわかってきました。私たちの経験によれば、援助職に携わる人びとが、いったん自分たちの影の部分に潜む側面を認める動きを見せたとき——この場合は競争心でしたが——多くの場合クライアントも、その次の面談では動きを見せるものだ、ということがわかりました。
　あるソーシャルワーカーが、力の乱用の可能性をめぐる問題について、とても簡潔に述べています。「私たちは人びとの生活に手を出し、自分たちのすることに関して途方もない思い込みをする。腰を落ち着けて、それが本当にどのような意味を持つのかを考えたりはしない。依存の関係をつくり出したり、クライアントの力を弱らせたりしてしまう……」（Fineman, 1985）。これは非常に微妙な形で起こります。次にあげるのは私たちのスーパーバイジーの例です。これは、男性のセラピストが、30代の女性を相手に、週1回の心理療法のセッションを1年半ほど続けていたときの状況です。

　　そのクライアントがセラピーのセッションで提示したのは、職場における困難についてでした。職員のひとりがこの女性に対してたいへんぶっきらぼうで、まるで使用人であるかのように扱うのだということでした。彼女は、本当はしたかったのですが、この職員のとても不愉快な行動について面と向かって抗議することができませんでした。これによって事態は悪化し、彼はこの女性を物品のように扱い、ついには彼の望むときにはベッドを共にするような状況にまで発展しました。彼女は「ノー」と言う方法を知らなかったのですが、実は双方ともそのことが薄々わかっていたので、このことが、彼がこの女性をここまで軽視する原因ともなったのでした。
　　セッションの中で、セラピストはこの女性に、もし彼女が希望するなら、この男性と3か月間ベッドを共にしないという協定を結んで、それが彼との関係にどんな変化をもたらすかを見てみる、という提案をしました。次の週に来たとき、この女性はこの男性と交渉できたことで自分の強さを感じ、その協定に満足していると言いました。セラピストは嬉しく思いましたが、何かがおかしいと感じたのです。彼は2週間ごとのスーパ

ービジョンでこの件について話し，そのとき，自分もこの女性にどうこうしろと命じる男のひとりになってしまったことを理解したのでした。それが善意から生まれたにせよ，この女性を密かに傷つけていたことに変わりはありませんでした。彼女が自分でその提案に賛成したことや，その成果を嬉しく感じていたことというのは，この場合は的外れです。肝心なことは，この女性の，セラピストも含むあらゆる男性との関係をめぐる問題が，「ノー」と言えないということだからです。セラピストは自分の提案が完全な解決を意味しないことは知っていましたが，彼自身とその提案が，クライアントが男性にすべての権限をゆだねるという過程の一部となってしまっていたことは，認識できなかったのです。

　スーパービジョンのセッションの中で，セラピストは自分の中の不安な「被害者意識」が早過ぎる介入を生み出したのだという事実に直面しました。そして，このような早過ぎる介入に踏み切らせたものが，自分の中にある無力感に対する恐怖であることに気づきました。そうすることによって，セラピストは，クライアントが解決行動を探す際に必要のない依存性をつくり出してしまいました。本当に彼のすべきことは，自分がどのようにしてこのような状況に落ち込んでしまうかに関する明確な理解を，クライアントが模索できるように手助けすることでした。

5．自分自身のニーズにどう対応するか

　私たちが考察してみたいもうひとつの影の要素は，援助者のニーズ——つまり援助者自身のニーズと，仕事とクライアントの両方に対するニーズ——への姿勢です。養成期間中に，私たちはクライアントのニーズに注意を傾けることを学び，自分たちのニーズに焦点を当てることはあまりありません。そうすることは利己的であるとか，わがままであるとさえ考えられてしまいます。にもかかわらず，自分たちのニーズは存在します。それは，この仕事をする動機のうちに存在するのです。ジェームズ・ヒルマンは次のように述べています（Hillman, 1979, p.16）。

　　心理分析家やカウンセラーやソーシャルワーカーはみな，問題解決者である。人びとがやってきて，待合室の椅子に座るやいなや，私たちは問題を探し始める。「何がいけないんですか？」「どうしたんですか？」面談は助けを求めて来る人の姿だけではなく，訓練されて系統的な意図を持った，職業的な援助者の姿も映し出す。これを分析してみると，転移が始まる前に，そこにすでに逆転移が存在するようなものであろう。ドアがノックされるのを待つ間にも，私たちは問題がやってくるのを期待しているのだ。
　　本当のところ，逆転移は最初から存在する。私の内にある無意識の必要性が，私をこの仕事へと駆り立てるからだ。もしかすると私は，傷ついた子どもを救出する必要性を，仕事に持ち込んでいるのかもしれない。そのため，助けを求めて私のもとに来る人はみな，私自身の傷ついた子ども時代と同じで，温かい親の手でその傷の手当をしてあげる必要があるのだ。またはその逆に，自分の父親や母親の間違ったやり方を正しい方

向に導くことのできる，すばらしい息子であるのかもしれない。同様の，典型的な親子関係というものが，ある世代全体の理想や価値観を訂正し懲罰しなければならないという形で，影響を与えることもあるだろう。

　私自身のニーズが消えることはない。この仕事をする必要性が自分の内になければ，この仕事はできない。私のところに来る人が助けを必要としているのと同じように，支援することができる能力を表現するために，私もその人を必要としているのだ。援助者には困窮者が必要で，ソーシャルワーカーには社会的問題者が必要であり，落し物と拾い物のように，いつも一緒に存在するのである。しかし，私たちはそのニーズを否定するように育てられている。西欧のキリスト教プロテスタント主義のもとでは，理想的な人間は独立の精神の内に「強い自己」を持つことになっている。ニーズを持つこと自体に害があるのではない。しかし，それが否定されると，ニーズはカウンセリングや仕事の影の部分に隠れ，要求として背後から姿を現す。要求は満たされることを求め，ニーズはただ表現の方法を探し求めるだけである。

　ですから，ニーズそれ自体ではなく，それを否定することが非常に高くつくのだ，と私たちは考えます。第3章では，このニーズの否定，ことに支援との関係におけるニーズの否定について考察していきます。しかし，ここでもうひとつ触れておきたいニーズがあります。それは，人に好かれたい，価値を評価されたい，最大限の努力をしているところを見てほしい，そしてときにはクライアントのために難しい判断を下さなくてはならなくとも，前向きの意図を持っていることを見てほしい，というニーズです。端的に言えば，善玉であることを認めてほしい，ということです。自分の影の部分を直視しながら，長年人を相手に仕事を続けていても，それまで想像していた姿とは異なる自分の姿をクライアントが目の前に描き出したときに，それを認めるのは困難なことです。自分が冷たく，厳格で，権限を乱用していると言われることは，とても不公平に思われるでしょう。このようなときに私たちは，もっと「やさしい」態度をとろうとしたり，巧妙な，あるいはあからさまな反撃に出たり，「もっともらしい」理由をつけてその人の相手をしないことにしたりします。感謝の気持ちの欠落も受け入れがたいものです。「あなたのためにあれほどしてあげたのに」という，親や先生から聞かされて自分は決して使うまいと誓った言葉を，思い浮かべている自分に気づくのです。

　クライアントから聞かされる，このような否定的な印象（たいていの場合，いささかの真実を含んでいるものですが）を受けとめるよいやり方のひとつは，自分たちがクライアントとしてどのように感じたかを思い出すことでしょう。また，スーパービジョンの場で，自分の力不足を感じたときには，それと同じように感じさせるためにスーパーバイザーを批判したくなることも覚えておくとよいでしょう。

6．癒そうとする願望

　ここに至って，もうこの仕事は放棄した方がよい，と感じられたかもしれません。この章では，背後に潜む力への衝動，助けを求める子どもたち，不鮮明な動機，親への敵意というようなことについて述べました。それだけを考えることは，これまで暗に示してきたことを見逃してしまうことになるでしょう。つまり，ニーズや影，イメージ，力といったものを否定することこそが，それらを危険なものに変えていくのだ，ということです。自分自身を知ること，自分の動機やニーズを理解していることが，私たちを真の支援を提供できる人間にするのです。そうすることで，他の人びとを自分の目的のために軽率に利用したり，自分が直面できないものを他の人びとに引きずらせたりすることはなくなるでしょう。なぜなら，たとえ不鮮明な部分があるにせよ，支援をしたいという願望は根源的なものであり，私たちはハロルド・サールズの以下の言葉に同意するからです（Searles, 1975）。

　　　人間に生来備わっており，生まれて数年のうちに，いや数か月のうちにも始まる，同胞に向けての最も力強い働きかけというのは，本質的に心理療法的な働きかけであると言える。職業的なキャリアを精神分析や心理療法の実践に捧げているほんの数パーセントの人間たちは，すべての人間が分かち合う治療への情熱を，明確な形で表現しているに過ぎないのだ。私は次のような仮説を立てている。患者たちというのは，自分自身の心理療法的な働きかけが大きな試煉に晒されたことによって，その達成や認識すらも極端に緊張を伴ったり，挫折した状態になり，そのために極度に強い憎しみや妬み，競争心などというものと混ざり合い，その結果として抑圧状態に陥ることになるのだ。転移の観点から言えば，患者の疾患は，患者の無意識のうちにある，医者を治療しようとする試みだということになる。

　言い換えれば，癒そうとする願望というのは，助ける者と助けられる者も同様に，基本的に持っているものなのです。

7．まとめ

　自分自身の弱さを認め，それを防衛するのをやめることができたときに，それは私たちとクライアントの双方にとって貴重な体験となることがわかりました。私たちがクライアントを助けるのと同じように，クライアントが私たちを癒すことができるということを理解することは，私たちとクライアントの関係にとって重要であると同時に，クライアントの成長にとっても重要なことです。これは，私たちがプロセスに奉仕する者であることの確認となります。

最後に，私たちは自分自身のニーズがある程度認められ，満たされたときに初めて，何かを提供できる位置につくことができるのだと思います。それは，自分が何か提供できるものを持っていると感じられるときであり，単にクライアントが要求するときや，私たちが「そうすべきだ」と感じるときではないのです。このことは，支援の仕事に携わる者に，自分のニーズを満たす努力をし，継続して学習することに関して，多くの責任を負わせることになります。次の章では，この点を検討することにしましょう。

第3章
学習を継続し，職場での実りとしていくこと

> 教員になる人のほとんどが，その職業に情熱を燃やし，何らかの貢献をしたいと思い，仕事が自分自身の成長につながる体験をするものだ。キャリアの中程になると，その同じ教員の多くが，仕事は雑用に過ぎないと感じ，教える喜びを忘れ，自分で学ぶことや成長することをやめてしまうのだ。
>
> ホーキンズ＆チェスターマン（Hawkins & Chesterman, 2005）

1．はじめに

　上に述べた言葉は，多くの医師，ソーシャルワーカー，看護師，聖職者，カウンセラーや心理療法士，つまりほとんどの対人援助職や，人を相手にする職業につく人びとに当てはまるでしょう。この本の第1，第2版では，この章でストレスや燃え尽き，そしてそれをどう回避するかについて述べました。援助職につく人のために，引き続きこの版では，仕事の場で成長していくための，もっと前向きで予防となる側面に焦点を当てることにしました。その際に，私たちは「良さを見いだす質問法（アプリシエイティブ・インクワイアリー）」（Cooperrider et al., 2000; www.aradford.co.uk）や，「組織内での学習」（Senge, 1990; Hawkins, 1986, 1994b）,「仕事場での福利」（www.worklifesupport.com），「仕事場での精神性」（www.spiritualyatwork.org）などを参考にしました。

　第2版にあげたストレスや燃え尽きの理解に関する効果的なモデルは，この章の終わりにあげておきます。しかし，ストレスや燃え尽きに対処する最善の方法は，何といってもそれを避けることにあります。その一番よい方法は，仕事についた当初から自分の健全性を保持する責任を自分で負うことでしょう。そのためには，仕事の中で成長し，仕事の喜びを再燃させるのを助けるような資源を開発する方法を，私たちがしっかりと確保していくことが大切です。

　この章は，スーパーバイジーのための章に組み込まれていますが，スーパーバイザーとスーパーバイジーの双方に関連があります。後に述べるように，良質なスーパービジョン関係というのは，双方の当事者が継続的な学習と成長に努力を傾けるときに成立するからです。

2．自己再生―自己の成長と自己資源の開発

　第6章で私たちは，スーパービジョンの3大機能を「質的」，「発展的」，「資源開発的」と表現しています。それらはまず，スーパーバイジーがクライアントを相手に行なう仕事の質を高めること，さらにスーパーバイジーの能力と力量を発展させること，そして自分たちで探求し自分を養う能力を高めることです。以前には，この機能は支援的，あるいは回復的と呼ばれていました。しかしこの用語は，何かが足りなかったり十分に機能できないために，それ以前の健全な状態に回復させる必要があるかのように，スーパーバイジーを定義してしまうきらいがある，と私たちは考えました。私たちは自己再生の意味合いで考え，その過程を，自分の内側にあって，活力や創造性，他の人びとに寄せる思いやりがわき出してくるような自己の資質と結びつける過程として考えたいと思ったのです。

　仕事の場で効率的であるためには，継続的に学び，どのようにして自分の生活全体を快適に維持し，栄養を補給するかに気を配っていることが欠かせないと，私たちは考えます。緊急で即座の対応を求められるような仕事につく中で，そうすることは簡単なことではありません。それ故に，私たちは自分の生活全体の側面に目を配ることに関して，意図的な選択をする必要があると思うのです。

　長年仕事を続ける中で引き続いて学び，成長してきた友人や同僚との会話の中で，私たちは，その人たちの内にある健全性の泉――繰り返し生まれ変わって出てくることのできる泉――を維持するために必要と考えている活動について聞いてみました。私たちが得た回答は同じようなものが多く，それを以下のように7つの分野にまとめてみました。

1．学びを愛すること。常に学びの先端に身を置き，学びのプロジェクトを持っていること。
2．自分の学習方法を自覚して，それを広げるように努力すること。
3．自分の情緒面の健全性に気を配ること。
4．周囲の人びとと関係し，関わる力を高めること。
5．身体的な健康に気を配ること――食事，運動，睡眠，休暇など。
6．個人的な趣味などの実践，または精神的な訓練などをすること。
7．共同学習者のグループ，または意図を同じくする人びとのグループを見つけること。

（1）学びを愛すること―常に学びの先端に身を置き，学びのプロジェクトを持っていること

　パトリック・ケイスメントは，心理療法が真に効果的であるためには，クライアン

トが変わることだけでなく，心理療法士もその過程を通して変わらなければならない，と述べています。そして，ある困難なクライアントの物語を例にあげて，その女性の最後のセッションで，彼女のセラピーの過程で彼がすることのできた一番大きな貢献は，彼自身がそのセラピーを何とかやり終えたことだと，彼は伝えました。その女性は，最大の貢献は彼がやり終えたことではなく，彼がやっとのことでたどり着いたことだ，と答えたそうです。何らかの役に立つためには，クライアントについて学ぶことができるというだけではなく，その学びの先端にいつも立っていなくてはならなかったのです。このことはスーパービジョンにおいても同じく重要なことです。

仕事の中で成長していく人たちの多くは，仕事が個人的な成長にとって重要な領域であると考えています。この人たちは，仕事が自分のエネルギーを消費する雑用とは考えず，仕事が自分の生活の他の領域に栄養を補給するものと考えています。この発想が，仕事場での有効な時間を生み出すことにつながるでしょう。

私たちはこの分野で，仕事の効率というものは訓練や経験によって高まるだけではなく，学習の度合いとも結びついていると唱えてきました（Hawkins, 1986, 2005）。つまり，学習することをやめれば，あなたの効率も劣化していくということです。支援をするということは，常に関係の中において起こることであり，学習というのは関係するすべての人が学ぶということなのです。

> 良質なスーパービジョンとは，スーパーバイザーとスーパーバイジーが共に相手からのインプットに反応することのできる，双方向の流れを許容するものでなくてはならない。したがって，スーパービジョンとは，両方の参加者が共に学び，成長することのできる，動的で発展的なプロセスである。
>
> ペイジ&ウォスケット（Page & Wosket, 1994, p. 40.）

私たちの訓練モデルでは，単純で効果的な3分割モデルを利用しています。それは快適ゾーン，学びゾーン，パニックゾーンの3領域です（図3.1）。私たちは快適に感じられる領域にいるときは，自動制御をし始め，目の前にいる人を○○タイプの別例であると考え，独自の反応を求めている独立の個人であるとはとらえません。学びを迫られる領域にいるときは，私たちはその先端部で仕事をし，すでに知っていることと，これから学ばなければならないことの境界線に立っています。学びの領域では，私たちは常に「初心」の姿勢に戻る必要性に迫られます。

> 良き学習者であるためには，初心者としての心構えが欠くことのできない要素である。「知らない」ことを厭わないことと，知らないことに安心していることができれば，子どもも大人も恐怖心抜きに学習することができる。
>
> ゴールウェイ（Gallwey, 1997）

第1部　スーパーバイジーの視点から

図3.1　学習の領域を拡大する

（図中：パニックゾーン、学びゾーン、快適ゾーン、不快ゾーン）

　この「知らないことに安心していられる」という姿勢は，私たちのアプローチにおける，過ちをおかすことや完璧でなくてはならぬと考えることに関しても，持ち込むことができます。知らないということは，見つけ出すのを回避する理由とはなりませんし，疑わしい一連の措置を正当化することでもありません。そうではなく，それは単に，すべてを知っているということや，決して過ちをおかさないというのは不可能であることを意味する姿勢です。そして，その上で自分の価値を認めることもできます。この姿勢に立てば，さらに学習することが可能になり，逆に言えば，私たちは余裕を持って前向きかつ敏感でいられるので，誤りの数も少なくなるでしょう。自らの不完全さを認めることができれば，ストレスの度合いは低くなり，実際とは異なる者であるように振る舞う必要はなくなります。

　パニックの領域にいるときは，自分の力量や能力の限界をはるかに超えたところにいるために，動転し，自分が対応できるような安全圏や，様子を知っている領域に退却することになります。学ぶことができるようになるためには，自分の知らないものがあること，弱い立場にいることを認め，愚かな風に見られたり，間違ったりする危険をおかす覚悟が必要でしょう。このような状況に身を置くことは，無力感，力不足，恥ずかしさ，劣等感，不安というような感情を引き起こす可能性があり，そのことによって私たちはパニック状態になることもあるでしょう。ガイ・クラックストンは，自立した大人が学習しようとする際に邪魔をする4つの思考法をあげています。

- 私は有能でなくてはならない。
- 私は主導権を握っていなくてはならない。
- 私は首尾一貫していなくてはならない。
- 私は落ち着いていなければならない。

クラックストン（Claxton, 1984）

　人によっては，快適な領域とパニックの領域の間が非常に狭く，学習の領域に十分なスペースが見つからないこともあります。私たちはこの学習の領域を外からの支援や自らの実践によって広げ，必ずしも有能ではなく，主導権を握っておらず，一貫性もなく，快適でもないことに関する許容の幅を拡大することによって，自らの職業生活の中に学習の場をつくり出していくことができるでしょう。

(2) 自分の学習方法を自覚して，それを広げるように努力すること

　人はそれぞれ異なった方法で学習するものです。この本の読者の中にも，モデルの表示が気に入って，それがこの分野での新しい考え方を示していると感じる人もいるでしょうし，モデルは理解しにくく，物語や短いケースの寸描が最も明快だと感じる人もいるでしょう。また，実習問題を取り上げて，自分で実際にやってみる人もいるでしょう。人によってはこの本を読むことよりも，この本について他の人と話し合うことで一番理解できる人もいるかもしれません。

　自分自身の学習方法を知ることは非常に重要なことです。そうでないと，ある種の学習環境の中で，他の人たちが自分よりもずっと早く学習していくのを，自分の力不足のせいだと感じるのは，あまりにたやすいことだからです。また，他の人たちも自分と同じような方法で学習するものだと，私たちは考えがちだからです。結果として，著者のひとりであるピーターは，多くの人に消化しにくいほどの枠組みを提供するし，一方ロビンの方は物語を語ることとなり，その間でこれが一般的な理論とどう結びつくことになるのかを知りたい，という人たちが取り残されることになってしまいます（Ryan, 2004 を参照）。

　学習スタイルというのは，その人の感覚装置のどれが一番発達しているかによって異なります（第6章を参照）。文字を眺め，読むことによって視覚的に学習する人もいますし，音を聴いて聴覚的に学習する人もいます。また，言葉を動きや体感と結びつけて，運動感覚的に学習する人もいるでしょう。

　ですから大切なのは「自分はどのようにして学ぶのか？」，または「これまでの学習体験はどのようなものだったか？」という質問の答えを見つけることです。

　あるスーパーバイジーは，自分の手に余ることに対応できないという学びの難関を打破した決定的な体験は，33歳で水泳を習ったときのことだと話してくれました。

彼は，学びの場面が最初の2分間で見事に設定されたことを理解したそうです。指導員は彼を見て，一言いました。「頭を水の中に入れて，足で蹴りなさい」。ごく単純な指示でした。しかし，そのときの口調によって，スーパーバイジーはこの指導員が，自分がいかに怯えているかを理解していて，それでもなお穏やかにかつ断固としてその恐怖を否定しようとしていることがわかったのだそうです。この指導員には証明しなくてはならないことはなく，教える力量に自信を持っていて，スーパーバイジーは，指導員の権威の方が自分の恐怖心よりも勝っていることがわかったのです。そして，その通りになりました。

　この体験によってスーパーバイジーは，自分の求めているスーパーバイザーが次のような人物であることがわかりました。(A) 2人がしていることを理解し，楽しむことのできる人であり，(B) 証明しなくてはならないことはなく，スーパーバイジーが持ち込んでくる多くの障害物を，親愛の情を見せながら迂回することのできる人が望ましいのです。言い換えれば，スーパーバイジーは相手になってもらい，理解されていると感じることができ，自分の持ち込む失敗例や抵抗などでスーパーバイザーが動揺することはないと感じる必要があるのです。

学習方法のモデル

　コルプら (Kolb et al, 1971)，ジャッチ (Juch, 1983)，リーヴァンズ (Revans, 1982)，その他の著者たちは，学習が最も実り多いものとなると考えられる回路のモデルを考案しました。その回路は行動に始まり，その行動を回想すること，新しい意味を見いだして理論化し，新しい行動を計画する，という循環的なモデルです。これはよく，「行動学習の回路」と呼ばれます（図3.2参照）。

　人にはそれぞれ異なる学習方法があります。それが学習回路のどの起点から始めるかに影響するでしょう。実際に行動することから始めて，何が有効で何がうまくいかないかを考え直す人もいるでしょう。まず理論とその解説から出発し，そのモデルをどう行動に応用するかを見つけ出す人もいるでしょう。ハニーとマンフォードは，学

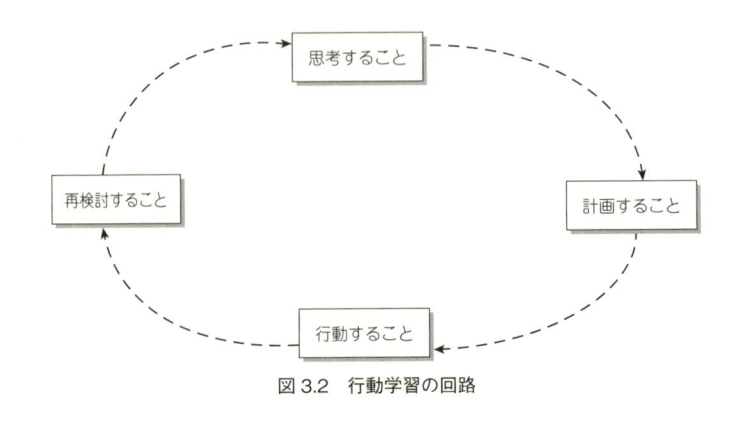

図3.2　行動学習の回路

第3章　学習を継続し，職場での実りとしていくこと

習者の学習スタイルを確定し，自分の得意なやり方を最大限に生かし，その領域内に潜む可能性を拡大することを目指して，いくつかの方法論を提言しています（Honey & Mumford, 1992）。

　私たちはこれをもとにして，スーパーバイジーや援助職の訓練生が，自分たちが身につけてしまっている学習スタイルを自覚する手助けとするために，短絡的な学習回路のモデルを描き出してみました（図3.3）。私たちの考えついた短絡的な学習回路とは，次の5通りのものです。

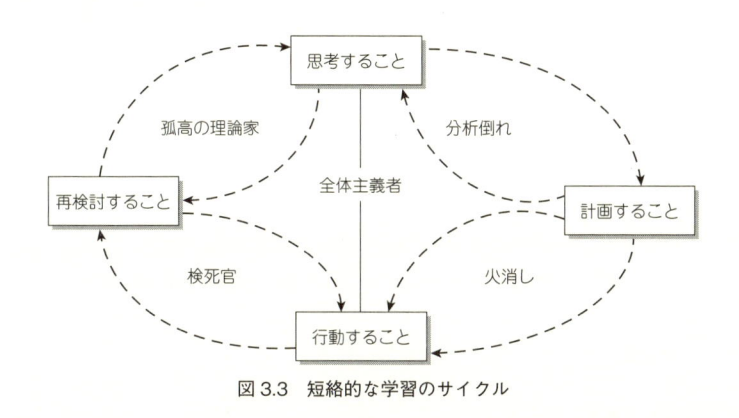

図3.3　短絡的な学習のサイクル

1. **火消しタイプ（実践あるのみの実践家）**　これは，「計画－実行－計画－実行」の罠に陥る短絡回路で，そのモットーは「プランがうまくいかなかったら何か違ったことをしてみろ」というものです。このような学習は試行錯誤の域にとどまるしかありません。なぜなら内省ができないからです。ファン・オイジェンは次のように書いています（van Ooijen, 2003）。
　　「私たちが経験から学ぶためには，経験したことについて考察する必要がある。それなしに，ただ経験を積むのは意味がない。その仕事に長期間ついているにもかかわらず，そこでの経験について内省する習慣が身についていない人たちを思い浮かべることは，簡単なことだろう。結果として，このような人びとは何も学んでいないように見え，仕事への姿勢も頑なに見える。ただ習慣から仕事をこなしているように見えて，それについて聞かれると，"いつもこのやり方でやってきたんだ"と答えることだろう」。
2. **検死官タイプ**　これは，「実行－反省－実行－反省」の罠です。そのモットーは「何が間違っていたかを反省し，それを訂正する」です。ここでの学習は，誤りの訂正の域を脱出できません。
3. **孤高の理論家タイプ**　これは，「内省－理論化－内省－理論化」の罠です。そのモットーは「物事をどう改善できるかを理論化せよ。だが，その理論を試行する危険はおかすな」ということです。
4. **分析倒れタイプ**　これは，「分析－企画－再分析」の罠です。そのモットーは「行動の

前に考えよ。どう進めるかを企画し，それからさらに考えよ」です。この場合の学習は，間違いをおかすことや危険をおかすことへの恐怖によって制限されてしまいます。
5. **全体主義者タイプ**　これは，「理論化－行動」の罠です。この場合のモットーは「個人で考案し，全体に押しつけよ」です。

(3) 自分の情緒面の健全性に気を配ること

　まわりの人びとについての好感情を維持するためには，自分自身について気持ちよく感じていなくてはなりません。自分の力不足，怒り，悩みといった感情は他の人との関係を打ち立てるときの障壁になりますし，同僚やクライアントに投影されてしまいます。

　イギリスのBBC（英国放送協会）は先頃，ある町全体の幸福度，つまり感情的な健全度を高めるために大規模な実験を行ない，幸福宣言書というものを書き上げました。その内容の多くが感情的な健全性を増進するような，単純で実際的な段階を示しています。

1. 身体を動かそう――週に3回，半時間の運動をする。
2. 幸運を数えよう――1日の終わりに，最低5つ，ありがたいと思えることを考えよう。
3. 話をする時間をとろう――毎週，自分のパートナーや親友と1時間の会話の時間を持とう。
4. 植物を植えよう――窓際の箱でも，鉢植えでもよいから，枯らさないように。
5. テレビを見る時間を半分にしよう。
6. にっこりして見知らぬ人に挨拶しよう――最低1日に1度。
7. 友人に電話しよう――しばらく会っていなかった友人や親戚の最低ひとりに電話をして会う予定を立てよう。
8. 1日に1度はしっかり笑おう。
9. 毎日1度は自分をもてなそう――きちんと時間をとって，これを実行しよう。
10. 1日1回，親切な行為をしよう――毎日誰かによいことをしよう。

(www.bbc.co.uk/lifestyle)

　上にあげたことの多くが感情的な健全性を保つことに役立つと考えますが，すべてのことが誰にも当てはまるとは思いません。このリストを出発点の小道具として扱い，自分自身のリストを作成することもできます。

(4) 周囲の人びとと関係し，関わる力を高めること

　すべての対人援助職の根本にあるものは，人と関わる能力です。対人援助職につく人のもとには，さまざまに異なる背景の人びとがやってきて，その人たちはこの世界

について異なった体験をしています。第7章では、スーパービジョンの中でどのような差違に対応するかを述べていますが、このことは、私たちがクライアントや患者、生徒やコーチと一緒に仕事をするときにも同じように応用できます。直接の家族、子どもたち、友人なども、新しい関係性をつくり上げるときには、ことにそれが難しい場合には、私たちの教師となり得る存在です。私たちは以前教員たちと、関わり合いの4つの局面について記述したことがあります（Hawkins & Chesterman, 2005; Hawkins & Smith, 2006）。その第1の局面は、意志の疎通をはかることのできる人びとの範囲を広げる能力です。これは、自分と同じようなタイプの人から、異なる背景、性別、年齢、文化や性格特徴の人へと、その幅を拡大していくことを意味します（第8章を参照）。

- 自分とはとても違っていて、普通は一緒に過ごさないような人を思い浮かべてください。そのような人について、どんなことがわかるか努力してみて、その過程で自分に何が起こるか、気をつけてみましょう。

第2の局面は、その人との関係が扱いにくい感情でいっぱいになっているときにも、反発することなくしっかりと相手と関わっていく能力です。相手の悩みや不安によって、あなたが攻撃を受けたり刺激を受けたりしているかもしれません。この状況は第1章で述べた、ほどよいスーパーバイザーやほどよい職業人であることと、深く結びついています。つまり、クライアントに反発したり、逆に自分を責めたりすることなしに、相手に関わることのできる人を意味しています。

- 防衛したり、反撃したくなる衝動を抑えて、人と関わったときのことを覚えていますか？　そのように関係することに決めた理由は何だったのでしょうか？　そのときに特別なスキルや方策を利用しましたか？　どんな感じを持ったでしょうか？

第3の局面は関わり合いの深さについてです。あなたがクライアントと関わる段階は、(A) 提示される問題について、(B) 問題の一端であり、同時にあなたとの会話に示されるクライアントの行動について、(C) クライアントのものの見方や態度について、(D) その状況でクライアントの見せる感情や反応について、(E) クライアントの根本的な動機や信念についてのうちで、どれでしょうか？

- あなたが単に問題の内容に取り組むだけでなく、さらに深く踏み込んで相手のものの見方や基準の枠組み、感情や価値観、目標などと関係を持とうと努めたことがありますか？　どんな質問をしたでしょうか？　どのような結果が出ましたか？

最後の局面は、相手のために新しい窓やドアを開けてあげることのできる能力、すなわち新しい世界や可能性に結びつけてあげることのできる能力です。一番基本的な

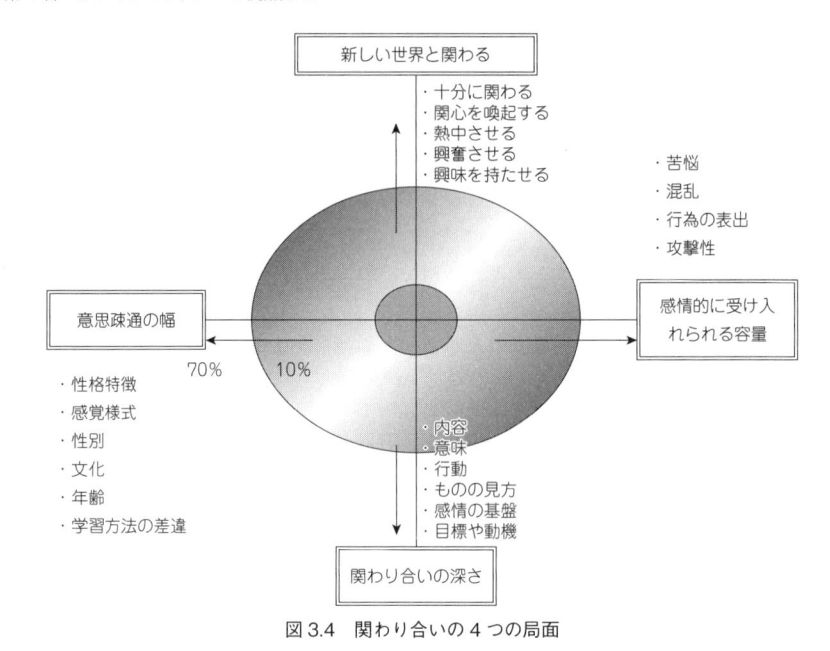

第1部　スーパーバイジーの視点から

```
                      ┌──────────────┐
                      │ 新しい世界と関わる │
                      └──────┬───────┘
                        ・十分に関わる
                        ・関心を喚起する
                        ・熱中させる
                        ・興奮させる              ・苦悩
                        ・興味を持たせる           ・混乱
                                                ・行為の表出
                                                ・攻撃性
   ┌──────────┐                          ┌──────────────┐
   │ 意思疎通の幅 │ ←──── 70%  10% ────→ │ 感情的に受け入 │
   └──────────┘                          │  れられる容量  │
     ・性格特徴                            └──────────────┘
     ・感覚様式                   ・内容
     ・性別                       ・意味
     ・文化                       ・行動
     ・年齢                       ・ものの見方
     ・学習方法の差違              ・感情の基盤
                                 ・目標や動機
                      ┌──────────────┐
                      │ 関わり合いの深さ │
                      └──────────────┘
```

図3.4　関わり合いの4つの局面

レベルとしては，相手に新しい考えに興味を持たせる力です。この力はやがて新しい可能性について刺激を与え，新しい方向に熱中させ，それを行動に移す意欲をかき立て，その仕事に関わっていくための新しい熱意や方向転換を生み出すものです（図3.4）。

- 誰かが新しい世界に踏み出す熱意をかき立てたときのことを思い浮かべられますか？　何をしたのでしょうか？　何か違いを生み出したのでしょうか？　結果はどうだったでしょうか？

(5) 身体的な健康に気を配ること

あなたが考え，感じ，他の人と関わり，実践するときの媒体というのは，あなた自身の肉体です。そのくせ私たちの多くは，自分の肉体よりも車のメンテナンスの方に時間をかけたりするものです。仕事の中で成長していくためには健康である必要があります。健康を保つためには生活の中でバランスのとれた流れを維持する必要があります。

- 深くてバランスのとれた呼吸法
- 健康的な食事
- 質の高い睡眠
- 元気の出る休みとくつろぎの期間
- 異なるタイプの運動——水泳，ジョギング，エアロビックス，ヨガなど

- 自然の中で時を過ごすこと

　ごく簡単なことでも違いを生み出します。私たちの同僚やスーパーバイジーは，いつものコーヒーやお茶を，コップ1杯の水や一片の果物に変えてみることですら，違いを感じることができると話してくれました。バスに並んで乗る代わりに自転車で通勤することや，昼休みに外を歩くことで1日の残りがまったく変わると話してくれた人もいました。
　休暇や週末を回復や再生の機会としてどのように利用するかについて，考えてみることも大切でしょう。その答えは個人によって違うものですから，友人や家族と一緒の旅行を計画する際には，注意深い交渉が必要になってくることもあります。

(6) 個人的な趣味などの実践，または精神的な訓練などをすること

　再生や回復に役立つ大切な水源のひとつは，個人的な，あるいは精神的な実践や趣味を持つことです。それは心を静め，身体を休ませ，内側に空間を広げてくれるようなものです。この水源を宗教的なつながりに見いだす人もいますし，瞑想を実行したり，ヨガや太極拳のような身体的な運動に求める人もいるでしょう。ここに，ある個人の物語をあげて，ある簡単な精神的な実践が，いかに持続的な力を発揮するかを述べてみたいと思います。

　　　この人物がロンドンでの会議に出席するに当たって，気がせいていらだっていることを，私たちのひとりが気づきました。彼はそこに出席する予定の人びとも含めて，すべてのことを自分が克服しなければならない障害物と考えていました。彼はこれについて内省し，そのいらだちがロンドンへの列車の中で始まったことに気づきました。列車が遅れるのを恐れていたからです。彼は地下鉄の駅に走り込み，エスカレーターや階段で反対側から来る人に腹を立てました。地下鉄の中では座席を確保すべく戦いました。
　　　そこで，このストレスの連続を断ち切るために，彼はエスカレーターに乗っているときは意図的にゆっくりするということを実行してみました。そして反対側から降りてくる人を見つめ，その一人一人に対して，その人にふさわしい形で，「これは僕の兄だ，これは僕の姉だ，僕の子ども，僕の父親，僕の母親」と自分に言いきかせたのです。その結果，楽しく満足した心持ちで会議場に到着し，そこにいる人びとと十分に関わる準備ができていました。

　この個人的な，あるいは精神的な実践というものは，仕事にさらに高い目標をかかげて取り組む精神を与えてくれます。そのことによって，日々の困難に対して反発する度合いが低くなります。自分の人生を一連の学びの旅路であると考えることができれば，扱いにくい同僚やクライアントというのは，新しい教師として姿を現します。

この人たちは私たちが学びの最先端にいることを、それがもたらすあらゆる不快感や不安も含めて、最大限に励ましてくれる教師なのです。

精神的な、あるいは宗教的な信念というものは、私たちの持つ価値観を支えてくれるものでもあります。それは、行動に指針を与えるだけでなく、仕事が一番難しいときに、私たちの視界を広げてくれるものです。このような精神的実践はまた、私たちの否定的な見方を遮る方法を教えてくれ、責めることから責任を負うことへ、また不当に扱われたと感じることから自分の幸運を数えることへの移行を支えてくれることでしょう。

近年では、仕事場における霊的な場の確保についての研究が進められてきました。そして個人にとっても組織にとっても有益であるという、次のような結果が出ています。「リサーチによれば、組織がその内部の人びとの価値体系や願望に注意を向けることを支援するときには、勤労意欲が上がり、一番下の下部組織に至るまで有益であることが示されている」(Regan, 2005 ― Weiler & Schoonover, 2001 より引用)。

(7) 共同学習者のグループ、または意図を同じくする人びとのグループを見つけること

長年援助職につき、その中で健全な実践を維持してきた人たちの多くが、数人の息の合った同僚からの励ましの大切さを語ってくれました。非公式な場で出会った場合もありますし、定期的な職業的な会合で会い、お互いの仕事や勉強について支え合ったり批判し合ったりする場合もあります。性別によって分かれたグループもあり、両性のものもあり、同じ職種で集まったグループもありますし、さまざまな職種を越えて集まる場合もあります。

良き同僚というのはあなたが公正な仕事をするのを助け、自分で修正できないときに、後ろ向きの姿勢や反発しがちな姿勢から救い出してくれます。ある人は、同僚のグループでの5分間の「BMW」(Bitching「悪口」、Moaning「愚痴」、Whingeing「泣き言」)が、積もり積もった後ろ向き志向を発散させてくれるのだ、と語ってくれました。また、お互いに助言を提供するような同僚のグループに長年所属している人もいて、そこでは一人一人が1時間ずつ、自分の現在の状況について聞いてもらい、その後に勇気づけてもらったり、批判を乞うたりするというものでした。このような同僚のグループの会合は、何が重要であるかを理解することを助け、困難な状況にあるときにその感情を発散させる、安全な場を提供してくれます。このようなグループを立ち上げるときのガイドラインについては、第10章で述べています。

3. 質的資源の分布図を作成する

仕事の場で健全な成長を続けるために、自分の内にどのようにして質的資源を探求

していくかについて，私たちは次のような演習を提案します。

　まず大きな紙（A3以上のサイズ）を用意し，その上に仕事におけるあなたの資源の分布図を描いていきます。紙の中心に自分の姿か，自分を表すシンボルを書いてください。その中か，またはそのシンボルとつながった形で，あなたが仕事場で健全な成長を維持するために用いている，自分の質的資源を表す絵かシンボルを描いてください。それから，その絵やシンボルのまわりに，仕事の上であなたが学習することや創造的であることを支援してくれるようなすべてのもの（物や人びと）を表す絵，シンボル，図表，言葉などを書き入れてください。それは，職場に歩いて行くこと，あなたの読む本，同僚，会合，友人たちなどでしょう。そして，これらの援助者／援助物とどのようにつながっているのか，そのつながりの性質を書き込んでください。それらは身近なものでしょうか。それとも遠くにあるものでしょうか。そのつながりは強力で定期的なものでしょうか。それとも不確かな遠いものでしょうか。それはあなたを基盤のように支えるものでしょうか。風船のように上に引き上げるものでしょうか。ここにあげたことはすべて提案に過ぎません。自分自身の方法で，あなたの質的資源の分布図を描いてみてください。

　まず初めの分布図を満足がいくように描き上げたら，次には違う色を使って，そこに描かれたものをあなたが利用するときに障壁となるようなものの形やシンボルを書き入れてください。それは，批判されたり，中断されることに対する恐怖心かもしれませんし，これらの質的資源が身近にないことであるかもしれません。それはあなた自身の中にある精神的な遮断であるかもしれないし，援助システムの，あるいは組織的な設定の中に存在する障壁であるかもしれません。自分が必要とする支援へのアクセスを遮るものは何か，自分の考えたことを書き入れてください。

　ここまでしたところで，その分布図を一緒に見る人を探してください。同僚，パートナー，スーパーバイザー，友人でもかまいません。あるいは，同じ演習をやった人でもよいでしょうし，チーム全員でやってみることもできるでしょう。あなたの分布図を分け合った後に，まず，どのような反応がくるでしょうか。どのような印象を与えたでしょうか。その後で，次のような質問をしてみてください。

- あなたはこのような質的資源を手に入れたいと思いますか？
- これで十分ですか？　何か欠けている質的資源がありますか？　あるとしたら，どのように発展させていけばよいでしょう？
- この中で，あなたが育て，維持していく必要を感じているような重要な質的資源というのはどれですか？
- この中に，あなたが減らしていける障壁がありますか？

　それから，あなたのパートナーから，この質的資源の分配図を改善するために，どのような手立てが可能であるかの提案をしてもらってください。その行動計画には，

何をするのか，どのようにするのか，いつどこでそれをするのか，誰を巻き込んで，まず最初はどのようなことをするのか，が含まれるべきです。

このようなプロセスを分け合いたい人がいない場合には，自分で自分に質問しながらやっていくこともできますが，なかなか難しいでしょう。誰か他の人を巻き込むということが，支援を求める第一歩でもあります。

4．ストレス

かなり幅の広い自己再生の方法を用意していても，対人援助職につく人びとの多くは，そのキャリアの途上でストレスにさらされることになります。十分に気をつけていればその可能性は低くはなりますが，ストレスの症状とその原因について記述しておくことは役に立つでしょう。

ストレスは，私たちが処理した後に取り除くことのできる量よりも多くの混乱や苦悩，心の疲弊を，クライアントや患者から受け入れてしまったときに生じます。仕事の中で過度な負担がかかってしまうのです。ストレスは，クライアントから受け入れてしまうだけではなく，仕事における他の要素や，私たちが働いている組織から生じる場合もあります。このとき，これらのストレス要因（ストレスが生じるもとになるもの）が，私たちの性格や，仕事以外の生活の中でそのとき存在するストレス要因と相互に作用し合うことになります。こうして私たちは，効率的な仕事のできないストレスの悪循環に巻き込まれ，それがますますストレスを深めることになります。

ストレスには避けられないものもあり，身体や精神，エネルギーを活性化するのに役立つこともあります（Hawkins, 2005）。ストレスが行動に出るためのエネルギーを呼び起こし，脅威や危機的状況に備えることができるのです。しかし，対人援助職においては，仕事におけるストレス要因が私たちの身体および精神システムを，行動に出られるようにしばしば準備してくれるのですが，実際に行動を起こして，このエネルギーを放出するということは不可能です。私たちは患者の苦悩と共にそこに座っていることや，私たちが相手をしているクライアントのニーズに対応するための財政的支援については何もできないという状況や，自分が十分な訓練を受けていなかったり力不足であったりする状況に甘んじなくてはなりません。

放出されることのないストレスは体内に残り，身体的，精神的，または感情的な症状となって表に出てくることがあります。自分がどのようにストレスに対応するか，その傾向を理解しておくのは重要なことです。自分の中の緊張感の高まりに気づくことができるようになるためです。表3.1には，ごく一般的なストレスの現れ方の例をあげておきましたが，自分がストレスの限界を超えていることを警告するような症状について，きちんと記録しておくことをお勧めします。自分が行き詰まっていることがどのようにしてわかるかを，一緒に仕事をしている人びとに聞いてみるのもよいこ

表3.1　ストレスの症状

身体的なもの
- 偏頭痛や頭痛
- 下痢，消化不良，便秘
- 不眠症
- 慢性疲労感
- 食欲不振

精神的なもの
- 物事に集中できない
- 不安感にとりつかれる
- 強迫的な考えにとりつかれる，自分が被害者であると感じる

行動に表れるもの
- 気遣うふりをし，援助者の役割を演じるが，行動と感情は乖離している
- クライアントや同僚，あるいは困難な状況を避ける
- 飲酒，過食，過度の喫煙に頼る

感情的なもの
- 感情の起伏が激しい
- 朝起きられない
- 「漠然とした不安感」がある
- クライアントに嫌悪感を持つ

とでしょう。

　ストレスの症状にはさまざまなものがあります。不眠症のような症状は明確な警告です。酒量が増えたり，食べ過ぎたり，タバコを吸い過ぎたりすることは，仕事場における支配的な文化として覆い隠されてしまうことがあります。ある人は，それを「ここじゃみんなが定期的に酔っぱらうのさ，それがただひとつの発散の方法なんだ」と表現しました。気遣うようなふりをすることや，クライアントや同僚，またはある種の状況を避けたりするような症状は，かなりの期間発見されないこともあります。私たちはここで，自分のクライアントたちを甘やかしたり，避けたり，嫌ったりすることというのは，多かれ少なかれ私たち全員が通り過ぎる段階なのだということを明らかにしておきたいと思います。私たちの全員が，演技をするという段階を通るのです。どのようなときにも完全に適合していなければならない，と考えるのは現実的とは言えず，それは必ずや私たちに不調和な振る舞いをさせるはずで，これこそが一番避けたいと望んでいることでしょう。ここで私たちが警告したいのは，仕事や人間性に対する慢性的な冷笑的態度，絶望，憤りというものに対してです。なぜならそのような態度は，私たちのエネルギーや創造性を吸い取り，学びの機会を失わせてしまうからです。これについては次の箇所で詳しく述べることにします。

　ストレスを分かち合うことの例として，私たちのひとり（ロビン）が専門学校の中間管理職のグループの会合に出たときの話をしましょう。その場にはかなりのストレスと不安が漂っていました。経費削減の一端として，いくつかのポストが消えること

になっていたのですが、どの職種であるかはまだわからなかったからです。ロビンが口火をきって、先行き不安のためにかなりのストレスが存在するようだと述べ、その場にいる人びとがストレスに対応するためにいつもとっている方法を分け合う用意があるかどうかを知りたいのだが、と尋ねました。そして、攻撃するとか、引きこもるとか、酒に走る、仕事中毒になる、責任を背負い込む、非難するなどの例をあげました。次第に人びとは口を開き、自分たちのパターンに名前をつけるだけでなく、お互いの対応法も理解し始めました。それぞれが異なる方法で対応していることを理解するにつれて、グループ内の信頼感が高まっていきました。休憩の後には、このグループは個別の不安について話し合うことができ、それによって、一見競合的で不安をつくり出すと思われた状況の中で、もっと協調性のある方策を生み出すことができたのでした。

　対人援助職につく者として、自分が高過ぎる負荷を負っている兆候に気づくことに対して責任をとるのは、たいへん重要なことです。そして起こりつつあるストレスの症状に対応することだけではなく、そのストレスの原因に取り組む方法について、きちんとした助力を必ず受けるようにしましょう。そうするのは早ければ早いほどよいのです。ストレスの症状を長い間無視していると、それに圧倒されてしまい、ストレスの結果として出てきた症状の手当をすることしかできなくなる危険があります。こうなると、それはしばしば「燃え尽き」という言葉で表現される状況になってしまうのです。

5．燃え尽き

　「燃え尽き」という用語は、近年使われ過ぎている感があります。この言葉は、イギリス軍では「シェルショック」と呼ばれ、アメリカ軍では「戦争神経症」と呼ばれたもの、そして私たちの親の世代が「神経質」と呼び、現在では「うつ」と呼ばれているものの対人援助職版とも言えるでしょう。それはみな、うまく対処できないという状態の総称とも言えるものです。「燃え尽き」はうつる病気ではありませんし、それと認められる出来事や状態でもありません。なぜならそれは、援助者としてのキャリアのごく初期のうちに始まるプロセスであるからです。実際のところ、その種は援助職の信念体系や、援助職につくような人びとの性格に根ざしたものであるかもしれません（第2章を参照）。

　パインズらは「燃え尽き」を次のように定義しています（Pines et al, 1981）。

　　　長い期間にわたって人びとと緊密な関与をすることに関連して、持続的で繰り返し起こる感情的なプレッシャーの結果として生じるもの。この種の緊密な関与は、保健衛生、教育、あるいは福祉関係の職種に特に見受けられ、人びとの心理的、社会的、ある

いは身体的な問題の世話をする使命を持つ職業人の分野であるとされている。燃え尽きというのは，このような職種の人びとがもはや困窮している人びとを支援できない，もはや自分のうちに提供するものは何もない，ということの痛切な認識である。

ファインマンは，マスラフ（Maslach, 1982）を引き継いで，燃え尽きとは次のようなことを意味すると述べています。「（A）仕事についての関心を欠いた，感情的肉体的な疲弊と，他人に寄せる信頼の低さ，（B）クライアントを非人格化すること，その人びとに寄せる気遣いの欠如と冷笑的な態度，（C）自己卑下，士気喪失，および深い敗北感」(Fineman, 1985)。

ホーキンズは初期の著書で，他の著書ではほとんど触れられていない，もうひとつの燃え尽きの局面について述べています（Hawkins, 1986）。それは，キャリアの中盤において学習や成長を止めてしまった対人援助職の人びとに生じる無気力や興味の喪失です。このような人びとは，クライアントや患者に関与するときに，決められた方法に頼り始め，新しいクライアントに対しても，自分の初期の頃に会ったクライアントや患者の繰り返しに過ぎないという扱いをし始めます。「燃え尽き」を予防するアプローチは，援助職につく人のキャリアを通して，継続的な学習の機会を提供するものである必要があるでしょう。

エーデルウィッチとブロドスキィは，何をなすべきかについての非現実的とも言える高い期待度が，後に生じる幻滅と無関心の原因になり得ると述べています（Edelwich & Brodsky, 1980）。多くの対人援助職では，訓練生たちに自分たちが継続的にケアを提供することができ，問題を解決し，苦悩を分かち合い，ニーズを満たすことができる一方で，自分自身は強力で幸福でいることのできるような英雄的な援助者としてのイメージをつくり上げるように仕向けてしまいます。そしてこのことは，援助職にひきつけられる人たちの性格と結びつくことが多いのです。すなわち，苦悩を抑制して家庭の中でもいつも役に立つような人たちのことです。

人を助けることができるのだという考えについては，ロビンが自分の編集している本に関連して，医学系学術誌の編集者にインタビューをしたおりに明らかになってきました。ロビンは，医師に「燃え尽き」の可能性が高いことに興味を持っていたのですが，この編集者は，それは医師の養成課程に原因があると言える，と表明したのです。医師たちは，治療が自分たちの責任であり，治療の失敗はそのまま自分の過失であるという考えを受け入れてしまったのです。科学がすべてを治癒できるという考えと共に，医師たちは，いずれは機能しなくなる全能者の役割を受け入れてしまうのです。

グルーバーマンは，「燃え尽きる」ことの喜びについて述べていますが，そうすることによってこの2つの，普通は相伴うことのない言葉をあえて並立させています（Glouberman, 2002）。彼女がその著書で述べているのは，燃え尽きというのは，ある

旅程の最後に到達したのに，なおそのことを認めようとしない人の心と身体，そして精神の状態であるということです。それは治療されるべきものではなく，敬意を払われ，傾聴される必要のある状態なのです。燃え尽きは，その症状が伝えようとすることに耳を傾けることができるなら，根本的に建設的なものだと，彼女は言います。彼女は「うつ」と「燃え尽き」の間には重大な差違があり，「うつ」が失敗と喪失に関するものであるのに対して，「燃え尽き」は愛情，意味づけ，そして貢献しようとする私たちの能力に関する深い失望に関連するものだと説いています。

　ジェイムズ・ヒルマンは，裏切りについて古典的な論文を書きましたが，その中で，私たちが非現実的な期待感を持って人間関係や新しい組織に入るとすれば，相手やその組織が自分を失望させたと感じるだろうと，ヒルマンの言葉によれば，「裏切った」と感じるだろうと述べています（Hillman, 1975）。「書類が多過ぎます」とか，「やりたいと思ったことができません」とか，「仕事をこなすためには誠実さを失わなくてはなりません」ということになります。ヒルマンは，私たちが甘い認識や理想主義を持って出発すれば，世の中が期待通りに運ばないときには裏切られたと感じるのだ，と論じているのです。彼は，これは人生の一部なのだ，と説きます。私たちが成長するか否かは，この裏切りにどう対応するかにかかっています。彼のあげる5つの機能不全への対応の中に，「自己への裏切り」があります。彼は次のように書いています。

　　自分自身を裏切るという行為を体験するのは不思議なことである。それは自身の体験に否定的な価値を与え，自分の意図や価値体系に背を向けることだ。そして，言い訳や逃避を用いて，自分自身をだまし始めるのである。

　　　　　　　　　　　　　　　　　　　　　　　　　　　ヒルマン（Hillman, 1975）

　シニシズム（冷笑的な態度）は，裏切りや失望に対するもうひとつの防衛措置で，私たちは皮肉屋の影にある理想主義に注意深く耳を傾け，その人たちが他の人や体制について語る，気の利いた陰口には耳を貸さないようにする必要があります。

　私たちと共に作業に取り組んだスーパーバイジーは，新しい仕事につき，彼女が参加しようとする組織や自分の目標を理想的に描き出していました。3か月たったとき，彼女はその組織にとても腹を立てていました。自分は裏切られ，見捨てられ，幻滅し，ストレスに苦しんでいると感じました。その組織が約束したことを実践していないと苦々しく語り，自分がやりたいと思ったことは何ひとつできないと語りました。スーパービジョンの中で，かなりの時間を内省に費やした後にやっと，自分自身の理想主義や英雄志向に裏切られたと感じるような現実を，自分がつくり出したのであり，他の人に責めを負わせていたのだということを理解したのでした。

　このエピソードの後で，彼女は他の人を責めることなしに自分で責任を負う力のあることを理解し，ときには自分自身やその状況を笑うこともできると話してくれまし

た。

　私たちは、燃え尽きに対応するのは、それが起こる前が一番だと主張したいのです。そうするためには、これまで述べたように、自分の気持ちの持ち方がどのように影響するかということや、援助職にある自分の影の動機を見つめることができなくてはなりません（第2章を参照）。また、上に述べたように、自分のストレスの症状を認識し、健全な自己再生の方法を見つけ出し、援助者としての役割の外側に、意味のある、愉快で活動的な生活を確保する必要があるでしょう。

6．心的外傷後ストレス

　最近になって、心的外傷後ストレス障害（PTSD）の一部として知られる症状が認識されるようになりました。発砲事件、火災、交通事故や強姦などの外傷を伴う深刻な事件に対応するに当たっては、援助者も相手の体験に匹敵するような精神的な傷を負うことが認められています。その症状にはストレスや燃え尽きと同じようなものもありますが、その本質的な違いのひとつは、精神的外傷は突然、予期しないときに起こることです。そのため、管理者やスーパーバイザーはこれに対して異なった対応をする必要があり、それについてはブラウンとボーンが方法論を考案しています（Brown & Bourne, 1996）。この中では内的なストレス要因と外的なストレス要因との間に、非常に有効な区別をつけています。外的なストレス要因は、外傷的事件の影響を再体験することに起因するもので、外側から生じるストレスのように、たとえば単に仕事量を軽減することによって減らすことはできません。

　また、精神的な外傷を受けるのは最前線にいる援助者だけではなく、その事件をめぐって親戚や友人からの不安に満ちた電話やメディアの取材に対応する電話交換手や事務の職員、弁護士秘書、建物の管理人、清掃員、レジャーセンターの職員、調理人、遺体安置場や遺体確認場、ドロップインセンターやヘルプラインの記録係のような人びとにも影響することがわかってきました。（このような仕事場での）管理者は、ことにスーパービジョンを必要とします。なぜなら、このような人びとは多くの場合、事前の訓練なしに重要な判断を下さなくてはならず、その判断が全体の対応やスタッフに対するケアの内容を決定してしまうからです（Capewell, 1996b）。その責任の重さは事件による影響をさらに深刻にしますが、管理者として支援を必要とすることは弱点とみなされるかもしれないという気持ちから、それを求めることなく、また最前線にいる援助者の方がずっと必要とするだろうと考えがちだからです。

　このような分野でスーパーバイジーと仕事をしているスーパーバイザーは、この症状を正しく理解し、それが長期にわたって積み重なってくるストレスの症状とどう違うのかを知っている必要があります。最前線にいる援助者は、目前の仕事を片づけるために否認に頼る傾向があり、その症状はずっと後になって出現する可能性があります。

私たちがこの短い箇所を仕事における学習と成長の章に含めた理由は，PTSDの状況では学習は不可能であるからです。ストレスや燃え尽きの状態は学習に変換する可能性もありますが，PTSDは私たちの自己再生の道をすべてふさいでしまう状態であるということです。

7．まとめ

　あるとき，ストレス管理について話していた講演者がコップ1杯の水を持ち上げて聴衆に尋ねました。「このコップの水の重さはどれくらいでしょうか？」
　その答えには20gから500gまでの幅がありました。そこで講演者は答えました。「実際の重さはどうでもよいのです。問題はどのくらい長く持っていなければならないか，ということです。1分間持っているのは何でもないでしょう。1時間持っていたら，多分右腕が痛くなります。もし1日中持っていなければならなかったとしたら，救急車を呼ぶことになるでしょう。どの場合にも，その重さは同じです。でも長く持てば持つほど，それは重くなってくるのです」
　そしてこう続けました。「これは，ストレス管理でも同じことです。つねに重荷を負っているとすれば，遅かれ早かれそれはさらに重くなって，続けることはできなくなります。コップの水と同じように，いったんどこかで下に降ろして休み，それからまた取り上げるのです。元気を回復したときには，また重荷を運ぶことができるのです」。
　「ですから，きょう家に帰る前に，仕事の重荷は降ろしていってください。家に持ち帰ってはいけません。またあした，取り上げればよろしい。あなたが今運んでいる重荷が何であっても，もしできるならいったん下に降ろしてみてください。リラックスしましょう。元気を回復したところでまた，取り上げてみましょう。人生は短いものです。楽しむことにしましょう！」（Chesterman, 2006―個人的な対話にて）
　この章では，自分の内的資源をどのように開発するかについて述べました。私たちは継続的な学びに深く関わることが，仕事を楽しみ，その中で成長していくことに不可欠であると主張します。自分自身を大切にすることが，より効果的に仕事をすることに結びつきます。しかし，それでもなお，仕事にはストレスがあることは認めざるを得ません。燃え尽きについて説明し，自分たちの価値体系というものが，いかに燃え尽きに貢献する可能性があるかについて詳細に述べました。たとえストレスや燃え尽きの最中にあっても，学習することはあるのだということや，自分自身の声に耳を傾けることが，とても役に立った人びとの例もあげました。心的外傷後ストレスについても，これがストレスや燃え尽きとは異なる領域にあるという理由で，簡単に触れておきました。心的外傷後のストレスにきちんと対処しない場合には，継続的な学習というのは成立しないからです。

次の章では，質的資源を開発するときの，スーパービジョンの重要性について述べることにします。

第4章
効果的なスーパーバイジーのあり方

1. はじめに

　この前の章では，自分の生活のあらゆる面で，どのように自分の質的資源を利用するかについて述べました。この章では，スーパービジョンを資源として利用する方法について，具体的に説明することにしましょう。
　スーパービジョンは，私たちが仕事の中で絶えず学習し，成長する過程の一部を形成し，それはやがて自分たちがスーパーバイザーとなるときの学習にもつながるものです。良きスーパーバイザーというのは，私たちが自分の内にある資源を上手に使い，仕事量を調整し，すでにつくり上げてしまった不適切な対応のパターンに挑戦するのを助けてくれます。クライアントが自分の生活を主体的に運営するのを，私たちが支援すべきであるとすれば，自分たちも同じことをしていることが非常に重要であると私たちは考えます。良質なスーパービジョンと仕事における満足感には相関関係があることが，リサーチで指摘されています (Cherniss & Egnatios, 1978)。
　スーパービジョンによって，働き手たちが自分の能力に自信を持ち，新しい視点を手に入れて個々の仕事に戻っていくことができたという例は，数多くあげることができます。しかし同時に，スーパーバイジーたちが内面にあるこのような資源の利用にまで至らなかった例もまた，あげることができます。このような場合の原因をいくつかあげ，その障壁をどう乗り越えることができるかについて述べましょう。私たちはスーパーバイジーが，自分の学習スタイルを理解するだけでなく，スーパービジョンを最大限に活用し，主体的に行動することを主張したいのです。

2. スーパービジョンを通して自己の質的資源を開発する

　自分が必要とし，また期待するスーパービジョンと，現在受けているスーパービジョンについて，一歩距離をおいて内省することを定期的に実行するのは，とても役立つことです。そしてスーパービジョンをもっと有効なものにするのを遮っている障壁は何か，その障壁を乗り越えるために自分からどう働きかければよいかを，自分に尋ねてみてください。次にあげる質問は，あなたへの支援とスーパービジョンについて，またあなたの学習や質的資源を開発することについて，もっと主体的に行動する方法を編み出すときの助けとなるものです。同僚か友人と一緒に通して読んでみる

と，さらに視野が広がることでしょう。自分のよく知っている人たちが，自分のやり方や対応法について異なる見方を持っていることは，よくあるものです。

- あなたの現在の自己の質的資源の活用法における強みと弱みは何でしょうか？　それを発展させるにはどうすればよいでしょうか？
- 自分がストレスを感じていることをどのようにして理解しますか？　そのストレスを和らげるためには何をしますか？　その緩和法は短期間の軽減をもたらしますか，それともストレス要因に変化をもたらすでしょうか？
- あなたがスーパービジョンに求めるものは具体的には何でしょうか？　そして現在のスーパービジョンはそのニーズを満たしていますか？
- あなたのスーパーバイザーや，スーパービジョンのグループ，あるいは仕事のチームと，契約を再交渉する必要がありますか？　相互交流の状況や思い込みなどをできるだけ多く，できるだけはっきりと表現してみてください。スーパービジョンの目的について双方（あるいは全員）が明確な理解をしているでしょうか？
- 異なった形式でのスーパービジョン（同僚間でのスーパービジョンなど）を手配する必要があるでしょうか？
- スーパービジョンやフィードバックは，どの程度オープンなものだと感じていますか？　もしあまり感じていないとすれば，話し合いに参加するために，あなたが個人的に変えてもよいと感じるものは何でしょうか？
- 自分が判断され，評価されることに対して恐怖を感じますか？　自分の恐怖が正統なものであるか，単に幻想に過ぎないものであるかを，確認してみたことがありますか？
- 自分のスーパーバイザーに反論したり，相手にフィードバックを返してみたことがありますか？　もしないとすれば，その原因は内面的なものでしょうか，それとも外部にあるでしょうか？
- あなたがいつも使うことにしている，型通りの自己弁護は何でしょうか？　それを乗り越えるためには，何が必要とされるでしょうか？
- 自分自身で変えることができないものについて，他の人びとを責めてしまいがちですか？　スーパーバイジーたちが，自分のスーパーバイザーや組織が支援してくれないことについては何もできないと信じ込むことによって，自分たちを無力化してしまうことがあります。以前にはできないと感じていたよりも，ずっと多くの変化を生み出すことができることを，多くのスーパーバイジーたちが発見しています。
- 自分のスーパーバイザーの心配事を背負ってしまい，その人の面倒を見ることになってはいませんか？
- もっと対等な関係を持つことはできるでしょうか？　より対等な関係になると，もっと多くの責任を負うことになりますが，それはあなたの望むところでしょうか。そして，それはどれほど妥当なことと言えるでしょうか？

3. 必要とするスーパービジョンを手配し，適度な責任を負う

　適切な支援の体制を整え，良きスーパーバイザーを見つけ，スーパービジョンの体制を決めた時点で，主体的に行動する必要性が解消するわけではありません。この時点で依存の関係に戻ってしまい，スーパーバイザーが提供するスーパービジョンのスタイルやレベルを容認してしまうことは簡単なことです。自分の望むスーパービジョンを確保するためには，どのようにスーパービジョンが機能すべきか，何に焦点を当てるのか，どのようにしてその過程を観察し，再検討するのかについての契約を結び，交渉する際に，自分が果たす役割に関して十分な責任を持つことが大切です。

　インスキップとプロクターは，スーパーバイジーが負うべき責任についてのリストを作成しました（Inskipp & Proctor, 1993）。それを責任と名づけ，自分にとって適切なスーパービジョンを手配するために主体的に行動するためには，継続的に責任を負うことが必要なのだと，2人は指摘しています。スーパーバイジーの負うべき責任には次のようなニーズが含まれます。

- 支援の必要があり助けを求める必要のあるような，実践の場での課題を確認すること。
- へだてなく分け合うことが徐々にできるようになること。
- 自分の必要とする返答を確認できること。
- スーパーバイザーやクライアント，そしてスーパーバイジーに影響を与えている組織上の契約をよく承知していること。
- フィードバックに対してオープンであること。
- 正当化したり，解説したり，防衛したりする傾向を観察できること。
- どのようなフィードバックが役立つかを識別する力を養うこと。

　この関係に絶対不可欠な性質を強調する際に，ほとんどのスーパービジョンの関係の中にはスーパーバイザーの負う管理責任や質を保証する責任があることを，見逃すことはできません。スーパーバイジーはこの点を理解しておく必要があり，スーパービジョンにおけるこの管理や質の保証の要素を，対等な機会を保持したまま，仕事の中に取り込むように努力する必要があります。

(1) 契約を結ぶ

　パット・ハントは，明確なスーパービジョン契約を交わすことの意義を強調しています（Hunt, 1986）。「スーパービジョンは，それが何のためであるかを明確に表明した契約が存在するときに，スーパーバイザーとスーパーバイジーの双方にとって，効

果的で満足度の高い活動となり得る」と述べています。さらに，スーパービジョンにおける同盟関係の必要性を述べ，そこには以下の点が含まれるべきだと主張しています。

> スーパービジョンにおいて使われる方法論をはっきりと提示すること，なぜその方法論をとるのか，スーパービジョンのスタイル，スーパービジョンのゴール，つくり上げていきたい関係とはどのようなものか，そしてスーパービジョン関係において双方のパートナーに対する責任とはどのようなものか，などである。

　スーパーバイザーと契約を交わす際には，双方が会合を持つときの目的は何か，双方の期待するものがつり合っているかについて語り，一緒に仕事をする関係の中での期待や不安を検討する機会を持つべきです。双方の期待値に相違があるときには，その違いについてさらに探求し，何らかの交渉が行なわれるべきでしょう。目的に関する対立についてもきちんと議論し，さらにスタイルや思い込み，価値観などについても議論が必要でしょう。頻度，時間，場所やケースをどのように提示するかについても，基本的なルールを決める必要があります。また，スーパービジョンの契約やその過程をどのように再考し，評価するかについて，また最後に，必要ならば緊急事態における手続きも決めるべきでしょう。
　このように明確な契約の必要性というのは，ブリジット・プロクターによって的確に表現されています（Proctor, 1988a）。

> もしスーパービジョンが，表面的な説明責任ではなく，現実的な説明責任を考慮に入れた協力的な体験となるべきものであれば，明確というより厳正な，職業的同意を交渉・確立する必要があるだろう。その同意は，学生や働き手が自分はどう位置づけられるかを理解するに十分な安全性と透明度を持つものでなくてはならない。同時にその同意は，スーパーバイザーが管理者，コンサルタント，指導者などの，その立場に沿った役割の中で評価を下すという難題に直面する際には，しばられず責任を遂行できるような権威を持ったものでなくてはならない。

　プロクターはこれをさらに発展させて，契約を結ぶに当たっての予備面談のガイドラインと新任のスーパーバイザーが使用できるチェックリストを書いています（Inskipp & Proctor, 1993, p.49）。契約時の詳細については第6章で検討することにしましょう。

(2) 自分のスーパーバイザーを評価する

　スーパービジョンを受ける際の障壁を検討するに当たり（次項を参照），スーパーバイジーが持つ共通の不安は，スーパーバイザーが自分をどのように判断し，評価を

下すかということについてであることは，すでに述べました。ほとんどのスーパーバイジーが忘れていて，考えてもみないことは，スーパーバイザーの側も自分のスーパーバイジーからどのように判断され評価されるかについて，不安に思っているかもしれないということです。評価や審査というものは両方向の過程であるべきで，スーパービジョンの取り決めの中に定期的に含まれるべきものです。このことによって，「自分はうまくやっているだろうか」についての双方の不安が明るみに出され，はっきりとしたフィードバックを提供する機会を生み，必要とあらばスーパービジョンの契約を再検討することもできます。

ボーダーズとレディックは，自分のスーパーバイザーを評価する際の，41 項目にわたる，とても役に立つチェックリストを提供しています（Borders & Leddick, 1987）。それには以下のことが含まれます。

- スーパービジョンの過程の中で，気持ちを和ませてくれる。
- スーパーバイジーからのフィードバックを推奨し，認めてくれる。
- クライアントとの仕事における目標を明確にするのを助けてくれる。
- 仕事に対する評価の基準を明確に説明してくれ，それを以降の行動に結びつけていけるような言葉で説明してくれる。
- 新しい方法でクライアントを概念化するように励ましてくれる。
- スーパービジョンの過程に積極的に参加することができるようにしてくれる。

自分自身の評価の基準も書き出してみることをお勧めします。その中にはどのスーパーバイザーにも期待するものもあり，現在の仕事場の状況によっては，特定のとき，特定のスーパーバイザーに期待するようなものもあるでしょう。

4．スーパービジョンを受ける際に障壁となるもの

良質なスーパービジョンを手配することの中には，障壁となるものを認め，それを克服するための手立てを考えることも含まれます。以下の項では次のような障壁について考えてみます。(1) 以前のスーパービジョン体験，(2) 個人的な抑圧，(3) 権威を相手にする難しさ，(4) 役割の対立，(5) 評価，(6) 具体的な障壁（予算，地理的なものなど），(7) 支援を受けることに感じられる難しさ，(8) 組織的な障壁。

(1) 以前のスーパービジョン体験

以前のスーパービジョン体験は，それが良きにつけ悪しきにつけ，現在のスーパービジョンに影響を与えるものです。不幸な体験は，スーパーバイジーの警戒心を強くするでしょうが，良質な体験は，自分の以前のスーパーバイザーほどよい人は誰もいないという比較をしてしまうことになりがちです。もっと前向きな姿勢になって，過

去のスーパービジョン体験を要約し，運営や人間関係，自分自身や自分のスキルについて，どのようなことを学んだかをまとめてみるとよいでしょう。その頃と現在とで，あなたのニーズに変化があるでしょうか？

(2) 個人的な抑圧と防衛の習慣

　一対一の関係にいることは，ときとして痛みを伴う感情を引き起こすものです。ここにあげるのは，あるスーパーバイジーの表現したスーパービジョン関係の描写です。

　　　スーパービジョンを開始したとき，私は何の方向づけも与えられないこと，そしてあらゆるアイデアは私から出さなければならないことに気づきました。これは気持ちのよいことではなく，いつも「苦境に立たされて」いるように感じました。これが実のところ，クライアントがどんな気持ちでいるかについての洞察になりました。自分の置かれた立場にまつわる不安感のため，表面下に潜んでいた痛みを伴う感情がその場に浮かび上がってきました。スーパーバイザーの注目が，まるで監視と思われるほど，私を傷つけるものとして感じられました。このことに対する私の自己防衛は怒りの形をとり，ある週，私は部屋から出ていこうとしました。そして本当に自分の持ち物をまとめだしたのです。スーパーバイザーが私を引きとめたとき，私は自分が，相手が自分の怒りに対応できるかどうかを見ていることに気がつきました。この光景を考えてみると，これが自分の人間関係をテストするやり方であることを理解し，ショックを受けました。
　　　これらの面談はとてもつらいものでしたが，スーパービジョンの大切さと，私たちのような職種ではそれがいかに必要であるかがわかりました。ことに「馴れ合い的な対応法」，つまり自分たちがいかにクライアントの影響を受けるかについての否認が，仕事のあらゆる面に染み込んでいるからです。最後に，スーパービジョンにおける防壁は自分が築いているものであり，それ故にスーパーバイザーを変えることは解決には結びつかず，単に他の防壁を築くことにしかならないことなのです。

　苦境に立たされるという感覚は，明らかに評価の場ではないときでも，内面の判断に結びついています。このスーパーバイジーは次のように続けています。

　　　スーパービジョンの面談のすべてを通して，第三者の存在が感じられました。それは私自身の一部で，とても批判的でした。私の考えや行動，感情のすべてを見つめ直し，それにコメントを加えていきました。それはまるで行動の自己分析が自分を金縛りにしているようでした。私は自分の思いついたことすべてに対して反論を準備していたのです。まるで，これが平静さを保つ方法のようでした。

　誰もがこの状況を理解することができるでしょう。スーパービジョンの場においては，多くの人が必要以上に防衛的になり，相手に判断されまいと身を守るのですが，実際には自分自身が一番厳しい裁判官なのです。スーパービジョンで仕事のケースを

提示することは，実に身をさらすように感じられることで，その際には，今にして思えば本当に明らかに思われるようなことを見過ごしていたことに気づいたりするのです。

　ここで，スーパービジョンの席でどれほど多くのことを打ち明けなかったか，またその理由は何であったかを，自分に聞いてみるとよいかもしれません。その理由のいくつかを，たとえ危険をおかすように思われたとしても，スーパーバイザーと分かち合うことができるでしょうか？　カダッシンは，この種の不安感に対してスーパーバイジーがどのような手立てをとるかについて述べています（Kadushin, 1968）。その後にホーソーンは，それに対応するスーパーバイザーの方策について書いています（Hawthorne, 1975）。エクシュタインとウォラーシュタイン（Ekstein & Wallerstein, 1972），アーギリスとション（Argyris & Schon, 1978）は，共に「職業人の防衛的行動」を描写し，私たちはみな傷つきやすさを避け，学習に対して前向きな姿勢をとるようになることができると述べています。これらの描写はギルバートとエヴァンスがさらに発展させ，次のようなタイプの防衛的行動として述べています（Gilbert & Evans, 2000）。

- 事前包装的アプローチ──「事前にすべてまとめてきました。きょうのスーパービジョン契約はこちらです」
- 情報氾濫アプローチ──「このクライアントについて，すべてのことをお伝えしないとおわかりにはならないでしょう」
- スーパービジョンの場での提案に対して，その必要はまったくないと精力的に否定するアプローチ──「私にはとっては別に新しいことではないですねぇ……。ああ，それはもうよく知っています……。ええ，それはもう試してみたんですが……」
- 自分を貶めるアプローチ──「この面談をめちゃくちゃにしてしまったようですが……。どうしてもうまくできないんですが……。いろいろ言ってくださっても，クライアントを目の前にするとすぐ忘れてしまうようで……」
- スーパービジョンを個人攻撃の場ととるアプローチ──「私がしたことを非難なさるのはわかります……。問題は我々のクライアントに対する見解の違いだと思うのですが……。いつも必ず議論になるので，スーパービジョンに来るのはいやなんですが……」
- あら探し，あるいは「重箱の隅をほじくる」アプローチ──「それはよい指摘ですが，この場合このクライアントに当てはまるかどうかは，よくわかりません」
- スーパービジョンの困難点をスーパーバイザーのものに置き換えるアプローチ──「私はこのクライアントに対して怒りの感情はさらさら持っていません。あなたがここで怒っていないのは本当ですか？」

（3） 権威を相手にする難しさ

ファインマンの研究の中で，ある働き手が次のように述べています（Fineman, 1985）。「私には権威に対する恐怖感があって，いつも上司に向かって自分は仕事ができるのだと証明する必要性を感じています」。そのため，スーパーバイザーはしばしば実際のスーパーバイザーとして見なされません。ときには大き過ぎる権限を与えられた者であるとか，まったく役に立たない者であると思われることもあります。スーパーバイザーの力と権威にまつわる困難は，私たち自身の力と権威の施行に関連しています（第8章を参照）。どちらがクライアントをうまく扱えるかについては，兄弟姉妹間の競争に似たものが起こることがあるのと同様に，スーパーバイザーをめぐってスーパーバイジーの間にも起こり得るものです。

（4） 役割の対立

スーパービジョンの場に存在する，役割の違いをめぐる問題もあるかもしれません。

> 私はスーパーバイザーと定期的に面談をしましたが，報告書の作成についての問題にはいつも触れないようにしました。彼女を信頼することができるかどうかわからなかったからです。キャリアを高めるためには彼女の応援が必要でしたが，このようなことを私に不利な証拠として使うことがあるかもしれません。決して話題に登場しなかった非常に難しい領域があって，それは本当に話し合う必要のあることでした。私にとっては痛切なジレンマでした。
>
> ファインマン（Fineman, 1985, p. 52）

ファインマンの研究では，スーパーバイザーの側のジレンマもまた，認められています（Fineman, 1985）。「私は現在チームリーダーからスーパービジョンを受けています。でも，彼は上司であることとスーパーバイザーであることの板挟みになっています」。

スーパーバイザーが評価をしなくてはならない場合には，援助者という役割と評定者という役割の間に対立が存在します（第9章を参照）。

スーパーバイザーは，自らのストレスからスーパーバイジーを守るべく努力をするでしょうが，ストレスは必然的に相手に伝わります。このような場合，スーパーバイジーは「私の問題がなくても（スーパーバイザーには）することがたくさんあるのだ」という態度をとることがありますが，その代わりに受けるべき支援を受けていないという恨みがつのるものです。

対処されないままに残された期待度の差違というものが，スーパービジョンの価値を下げるのに一役買う場合もあります。「私のスーパーバイザーは，本当に私が欲しいものを提供してくれません。自分にとって大切なことを拾い上げるだけで，それは

私には役に立ちません」(Fineman, 1985, p. 52)。

この章の後半では，スーパーバイザーとの明確なスーパービジョン契約を取り交わすことの重要性，さらにスーパービジョンの場においての役割と，お互いに何を期待するかについて掘り下げることの重要性，定期的な再考の必要性についても述べることにします。

(5) 評価

最も顕著な不安の要素は，これは双方ともですが，ことにスーパーバイジーの場合には，評価を受けることにまつわるものです。評価がスーパービジョンの一要素である場合には，うまく進んでいなかったり，安全と感じられないような仕事のケースを提示することをためらうスーパーバイジーもいます。評定の過程というのは，どのような場合でも感情を引き起こすものであり，そのような場面でスーパーバイザーと話ができるのは成熟した大人であることを示すもので，双方にとって有益な機会となるでしょう。感情について話すだけでなく，評価の過程やどのような基準が使われるのか，落とし穴をいかに避けるかについて理解することも重要でしょう。

(6) 具体的な障壁

さまざまな個人的あるいは組織的な障壁に加えて，必要とするスーパービジョンを手配するに当たって，具体的な障壁に直面する人もいます。それは経済的なものであったり（スーパービジョンの費用の支払い），地理的なものであったり（僻地に住んでいる場合），利用の可能性（組織の長であったり，上司にそのスキルがなかったりすること）であったりします。

これらの障壁が存在する場合，スーパーバイジーには，先を見越して行動することと共に，異なった角度から考えることが求められます。実践者として孤立している場合には，その職種の外側にある別の職種の経験者で，スーパーバイジーが自分の職種の中で成長をはかることに共感し支援する準備のある人物を探す必要があるでしょう。地理的に孤立している実践者は，かなりの距離の旅行をしてスーパーバイザーと不定期のスーパービジョンを行なうときには，それを書面や電話による会話，または電話会談によって補充する必要があります。

第10章では，同僚間でのスーパービジョン，あるいはサポートグループをどのように設置し運営するかについて述べています。これはその地域にある同じような職種の実践家の集まりである場合や，その組織内では同様に適切なスーパービジョンを受けることのできない別の実践家との交流のものとなる場合もあるでしょう。また，職業的な組織や訓練コースを利用してネットワークを発展させ，その中で同僚間のスーパービジョン契約を設定する方法も提示しています。

(7) 支援を受けることの難しさ

　支援を受けたり，スーパービジョンを受けたりする際のもうひとつの障壁は，第2章ですでに述べましたが，受け入れることの難しさです。受け入れるということで弱い立場になったり，その人の必要性が露わになったりする可能性があります。ニーズを持ち込んでくるクライアントと仕事をする方が安全であり，提供者としての役割の中にとどまる方が安全だと感じられることがしばしばあります。

　この点については個人によって差があるかもしれませんが，それが文化的に強化されていることは確かです。第3章で述べたように，「私たちは自分たちのニーズを否定するように育てられたのです……必要とすることは何かに頼ることで，弱いことであり，それは他人に服従することを暗に意味します」(Hillman, 1979, p. 17)。この姿勢は確実に個人の内にあり，それは職場の文化によって堅固に強化されます。ソーシャルワーカーを対象としたファインマンの研究によれば，ある働き手は与えることと受け入れることをめぐるダブルスタンダードについて，次のように述べています (Fineman, 1985, pp. 100-101)。

　　　これは特に面倒見のよい人たちなのですが，お互いの問題やストレスについては見え透いたゲームをするんです。自分たちのストレスについては話さないという，一種の申し合わせがあります。もしそれが家庭内のことだとすると，ソーシャルワーカーなのにストレスを感じるのは恥だとか，そんな感じです。どうしてそうなのか，誰も立ち止まって尋ねようとはしないのです。

そして，さらに続けます。

　　　対人関係を回避したり，職場の中での無関心の壁に直面して，さらにその強化に手を貸したりする人びとの中にいるのはとても奇妙な感じです。職場の外ではクライアントを相手にまったくその反対を公言しているのですから……本当は望んでいるのに，感情面での支援をほどんと提供しない職場環境の，無力な犠牲者のように感じています。

(8) 組織的な障壁

　上の引用を読めば，各個人の状況と職場の文化との間の相互作用が，助けを求めようとするときの個人の内面の感情に強く影響を与えることがわかります。組織の文化によっては個々の働き手がスーパービジョンを望むことを奨励しないこともあるでしょう。そのような文化の中では，良質なスーパービジョンの欠落について不平をこぼしても，それについて何かをすることには消極的である場合もあります。また，個人的な抵抗を克服するように奨励する組織もあるでしょう。この点については，第13章の組織内の文化の項で詳しく検討することにします。

　第2章にあげたボンドとホランドには，看護職における個人的な障壁と組織的な障

壁の接点についてのたいへん有意義な研究があります。この研究は「隠れた図式——臨床スーパービジョンに対する抵抗と臨床スーパービジョン関係との密接な関わり合い」に述べられています（Bond & Holland, 1998）。

5．障壁の克服——ジェラルディーンの物語

　私たちのスーパーバイジーのひとりで，言語療法士の仕事をしている人によって書かれた記事をここに紹介します。彼女は自分の選択した職種に存在するスーパービジョンにまつわる障壁が，いかに自分自身のつくり出した障壁をなおさら堅固にしたかを表現し，そしてその傾向を打ち破るためにどんな変化をつくり出したかを説明してくれます。彼女はさらに，言語療法士だけでなく，すべての援助職に共通のいくつかの的確な質問を提示します。自分自身の職場環境について，これらの質問に答えを出してみてください。

　　　私は言語療法士という仕事に幻滅を覚え，何度もその職を退こうと考えたのですが，フルタイムの職についている言語療法士の大部分が新規の資格獲得者で，その職を退いた人たちの大部分が経験のある言語療法士だということを読んで，とても興味を覚えました。これらのセラピストたちは何も発言せず，理由も告げずにやめていったのです。そこで，ここに私の物語を記します。
　　　私は21歳のとき，訓練を受け始めました。言語療法士というのが特殊な職業であり，給与が低いことは知っていました。実際に私は以前の調理関係の職場で，上級の言語療法士よりも高い給与をもらっていました。でも人を相手にする仕事は好きでしたし，コミュニケーションにまつわる問題については，純粋な興味を抱いていました。仕事における満足感を得たいと思い，それは高い給与よりも大切なことだと感じていました。
　　　私は最初の仕事に活気と熱意を持って飛び込みました。今思えば，新しい資格獲得者はみなそうしたことでしょう。自分の習ったすべてのことを実践で試してみたいと思いました。モチベーションはとても高かったのです。けれども，他の仕事をする人びとや友人，親戚の人たちの言葉や質問の裏に潜むものに，耳を傾けておくべきだったと感じたのでした。
　　　「言語療法士って，孤独な仕事でしょうね」
　　　「支援が必要なときは誰に頼むの？」
　　　「スーパービジョンが受けられるのかしら？」
　　　それに対する私の答えは次のようなものでした。
　　　「自分が自分のボスであることが好きなの」
　　　「支援なんて必要ないわ」
　　　「資格を取ったんだから，スーパービジョンはいらないわ」
　　　2年ほどたって，最初の上級職の地位はとても手腕の問われるものでした。その仕事は，ソーシャルサービス課に言語療法に関する助言をする部署を設置することと，言語

第4章 効果的なスーパーバイジーのあり方

療法士なしに1年前に開設された言語ユニットに言語療法を導入することとに分かれていました。私がそこに任命された理由は、スーパービジョンなしに仕事のできる自発的な人間で、挑戦を受けて立つ人間だったからだろうと思いました。

こう書いているときにも、自分の中で「それのどこが悪いのか？」、そして「成功するだけの気力がないということではないか？」と問いかける声がします。でも私にはこのような声が間違っているというだけの自信があります。このような管理者側の決定の裏側にある論理的な根拠を問いただし、それに挑戦しなければ、私たちもそのような幻想を永続させるという罪を犯すことになるのです。自発的に行動するタイプの人間は多くの場合、不用意に設立されたポストにつかされ、必要な改革をするだけの権限を与えられないことがあります。対人援助職につくような人たちは、外側から利用され、自分のニーズには目をつぶる傾向があると感じます。「私たちは患者を助けるためにいるのです」という言葉を、一体何度耳にしたことでしょう。このことが、もちろん、私たちをこの仕事に導いたものではありますが、どれほどの代償を支払ったことでしょう。その裏側にあるものは、「自分のニーズはどうでもよいのだ」ということなのです。

カウンセリングの訓練を始めた後にも、私は支援やスーパービジョンは必要ないと感じていました。1年目にはサポートグループに参加することも拒否しました。それが、カリフォルニア郊外で行なわれているもののように響いたからです！

新しい仕事はとても困難で、所属するソーシャルワークのチームリーダーがどの程度の支援を受けているかを私に聞き始めました。そのリーダーは、私が直接の上司とほとんど面談していないことを知ってショックを受けました。そして私がその人と2週間ごとに面談することを提案してくれました。この面談がスーパービジョンとなりました。このチームリーダーは私の上司ではありませんでしたが、とても効果的な支援をしてくれました。

このスーパービジョンの中で自分の仕事について語り、カウンセリングの訓練から得られた自己認識を通して、私は自分が職業的な「燃え尽き」を体験していたことに気づきました。つまり、自分が仕事に熱意を注ぐことのできない時点に到達していたこと、そしてそれは自分の努力が何の効果もあげず、認められてもいないと感じたからだということです。私にとって、この燃え尽きの副作用は、疲労、無気力、時間管理ができないこと、そして倦怠感でした。ほんの4年前に初めての仕事についたのですから、自分はずっと高いモチベーションを維持できるはずだと感じていたのでした。

この時期を通して私を支えたくれるものは2つあります。ひとつはスーパービジョン、もうひとつはほめ言葉でした（これは、私たちが同僚よりも患者の方に与えがちなものです）。私はこの時期、学習のコースと仕事の面で支援の体制を利用することを学ぶことで、大きな収穫を手にしたと思います。

2年ほどこのポストで仕事をした後で、自分には変化が必要だと感じました。そこで、ずっと興味を持っていた「精神医学における言語療法」という分野に移ることにしました。そこでまた力量を問われるようなポストにつきました。新しい仕事についた当初の興奮が過ぎると、新しいサービスを導入する際の、長く骨の折れる登り坂をまた繰り返していることに気がつきました。

正式なスーパービジョンや支援の体制は一切ありませんでした。自分の内側の声が

「もちろんサポートがなくてもできるはずだ」と言っていました。私がこのポストの困難さについて語ると、他の人びとから、それは批判だという答えが返ってきました。自分の仕事がうまくいっていると語ることさえありました。自分がうまく対処できないことを、自分の内にいるセラピストが認めたがらなかったので、それを認めるのはとても難しいことでした。私はついに助けを求めました。そのとき、私の主治医は、本人も多分疲れていて支援を受けていなかったのでしょうが、その問題の解決法として抗うつ剤を処方してしまったのです。

　言語療法士の業界は、なぜ多くの経験のあるスタッフが4, 5年の後にやめてしまうかについて、懸念を抱いています。私自身の物語がその主要な原因を説明していると思います。この領域で働く療法士には支援とスーパービジョンが必要なのです。自分の職業分野から適切な報酬を受け、価値を認められなければ、将来において他の職業や政府からそれを受けられるという期待が一体できるものでしょうか？

　言語療法士が新しいポストにつく際に問うべき質問を、以下に書き出してみました。
・その地域を管轄している言語療法士は、新任者が仕事を始めたすぐ後と、その後定期的に面会する機会を用意しているか？
・定期的なスタッフの評価／査定があるか？
・すべてのレベルのすべてのスタッフにスーパービジョンの機会が設けられているか？
・個別に設立されたサポートグループの活動は奨励されているか？
・セラピストが同僚と定期的に会合を持つことは奨励されているか？　またその時間がとれるように手配がされているか？

　自分たちのニーズを認識し、それが満たされるような手段を探していくことによって、私たちがその職を離れるという思い切った手段をとる必要がなくなるかもしれません。

ジェラルディーン・ローズ（Rose, 1987, 未出版）

　このような、スーパービジョンを受けるに当たってのさまざまな個人的、対人的、実際的かつ組織的な障壁を考慮する際には、あなた自身が描き出した資源調達の図と、実際に体験した障壁を思い返してみてください。障壁を認識することが、それを克服するための第一歩となります。

6．セルフスーパービジョン

　これは、たとえあなたが別の場所で良質なスーパービジョンを受けているときでも意義深いものです。すべてのスーパービジョンの目的のひとつは、実践家たちが自分の内面に健全なスーパーバイザーを育成することを助けるということです。そうすれば、仕事をしている最中にも、そのスーパーバイザーを利用することができるからです。

第4章 効果的なスーパーバイジーのあり方

　本書の後半では七眼流モデル（第7章）を提示しますが，この中で，スーパーバイジーに，クライアントに対する自分たちの反応を観察するように勧めています。これは，セルフスーパービジョンのひとつの形式です。自分自身に問う質問のいくつかは，クライアントに対する自分たちの反応を観察するときにも役立ちます。

- クライアントとの仕事の中で，スーパーバイザーに一番知られたくないことは何か？
- （自分の潜在的な，または明確な意図に接近するために）このクライアントをどう変化させたいのか？
- なぜ自分はここで介入しているのか？
- 面談の中で触れないことにしたのは何だったのか？
- 0から10のスケールを使うと，面談はどの程度のものだったか？
- もっと高いスコアを出すには何ができただろうか？
- クライアントはどのようなスコアをくれるだろうか？
- 自分の肉体や心の中に，この面談はどのような燃えがらを残すだろうか？
- 面談全体のイメージはどんなものだろうか？

　この内省の過程は，もしスーパーバイジーが自分なりに面談について書き上げる方法を確立することができれば，より深いものとなります。これは，職業的な実践に必要な項目の記録だけではなく，上に説明したように，仕事の過程について内省し，そしてクライアントを相手にしているときの自分の身体的な感覚，呼吸，感情，思い，行動などを観察するための記録です。人を相手にしているときの自分自身を観察する方法を学ぶことができれば，それは非常に貴重なスキルとなりますが，そうするには長い時間と実践が必要となります。しかし，私たちは自分たちの位置を確認することを仕事の一部と考え，面談の途中でも必要とあれば内省のための休憩をとることにしています。

　内省の過程の記述に加えて，患者やクライアントとの仕事の画像や録音などの記録を使うことによって，それはさらに深められ，そのようなテープを使うことでセルフスーパービジョンもさらに発展させることができます。ケイガンは，自分たちの録画テープを見ることによって学習する方法を開発しましたが（Kagan, 1980），これについては私たちのセルフスーパービジョンの項で詳しく述べることにします（第9章のビデオ使用の項を参照）。

　あらゆる形式でのセルフスーパービジョンで最も基本的なことは，十分な時間をとることと，自らの仕事のやり方に直面する勇気を持つことです。私たちの訓練生の多くは，テープの自分自身を聞くことで学習する最初の試みが，意欲をかき立てると同時にとても教育的であることに気づきました。

7．まとめ

　この章では，スーパーバイジーが定期的で質の高いスーパービジョンを手配することに責任を持つことが，いかに大切かを強調しました。積極的に働きかけることによって，自分の内面にある，あるいは仕事場の環境に存在するスーパービジョンを受けるための障壁を乗り越える方法を探求しました。自分のスーパービジョンをより高めようとする努力が，組織の中で全体的なスーパービジョンの実践を発展させ，組織内の学習文化に貢献することになります。第14章では，組織がどのようにスーパービジョンを導入し，またそれが提供するスーパービジョンの手段や実践をいかに大きく進展させることができるかについて説明します。そのような変化のプロセスというのは，多くの場合組織内やエージェント内のスタッフの何人かが責任を持って，良質なスーパービジョンの必要性について声を上げることから始まります。しかし，政策が変わるのを待つ必要はありません。なぜなら自分たちの受けるスーパービジョンを改良するについては，個人的にできることもたくさんあるからです。

第2部

スーパーバイザーとスーパービジョン

第5章
スーパーバイザーになるに当たって

1. はじめに

　ある日突然に，スーパーバイザーになるということは，またはなってくれと依頼されることは，心が躍るようなことであると同時に，圧倒されるようなことでしょう。訓練と支援なしには，この任務を果たすことは困難に思われます。

　　　スーパービジョンの仕事は私にとっては新しいものだ。まあ，できると思うが不安でいっぱいだ。自分がスーパーバイズする人に，その人が望んでいるものを提供できるのかどうか，まったく確信が持てない。自分のことをどう思うだろうと考えると怖いので，それは聞かないことにしている。同僚から評価されるなんて，直面できることじゃない。

ファインマン（Fineman, 1985, p. 52）

　第2部では，スーパービジョンをどのように実践するか，自分の実践をどう点検し評価するか，そして自分のスーパービジョンの質的なフィードバックをどのように受けるかについて，その基盤となる枠組みを説明しています。
　読者がスーパーバイザーになりたての場合には，この章から読み始めるのは避けるよう，お勧めします。なぜなら，第4章で述べたように，まずどのようにスーパービジョンを受けるか，いかに前向きなスーパーバイジーでいるかを学習した上でなければ，良質なスーパービジョンを提供することはできないと考えるからです。

2. なぜスーパーバイザーになるのか？

　スーパーバイザーになる理由はたくさんあるでしょう。昇進に伴って自然にその地位につく場合もあります。看護師の指導教官となったり，上級のソーシャルワーカーや地域の若者の指導員になったりして，本来の訓練に沿ってクライアントを相手に仕事をするのではなく，自分の部下を相手に働くことになる場合もあります。カウンセラーや心理療法士が一定期間の後に，その地域で最も経験を積んだ実践家となったので，スーパーバイジーが自分のところに来るようになる場合もあるでしょう。このような人びとの中には，クライアントとの直接の接触がなくなったことを嘆き，仕事を始めた頃のことを懐かしく思い出す人もいます。このようなタイプの人は，スーパー

第5章 スーパーバイザーになるに当たって

バイジーをクライアントの代替物にしてしまい，そうすることで治療的な実践を継続しようとする傾向があります。

クライアント相手の仕事のプレッシャーから逃れるためにスーパービジョンを取り上げ，スーパーバイジー相手ならば，もっと穏やかな日々を過ごせるだろうという偽りの期待を抱く人もいます。このような人びとは，対人援助職について数年の後に，専門的な地位ではなく，学生のスーパービジョンの担当やその職種の指導員に転向します。スーパーバイザーという役割が，他のものより容易に感じられる場合もあるのでしょう。このような人びとには，自己の啓発と教育的な技術が求められる役割がしっくりと感じられることでしょう。

また，人を相手に仕事をするよりも事務処理の仕事に長けているために，管理職に昇進する人もいるでしょう。しかし，このような人びとやその組織にとって不幸なことに，対人援助職種においての管理職には，常にスーパービジョンを実践する責任がつきまといます。そこでこのような人びとは，不本意なスーパーバイザーと化し，「重要な会議」でいつも忙しかったり，「差し迫った報告書」の作成があったりで，スーパーバイジーに会うのを避けることになります。

なかには，たいへん有能でスーパーバイザーとして仕事をすることと，直接クライアントと会うことの両方の仕事をこなす人もいます。スーパービジョンや教える仕事をする人びとは，スーパーバイズしたり教えたりする内容を，できるだけ自ら実践してみるように，私たちは勧めたいと思います。なぜなら，現場の最前線で仕事をする実態を忘れてしまい，スーパーバイザーの視点からはまったく当然と見えることを，なぜ自分のスーパーバイジーはこれほど困難に感じるのだろうか，と考えてしまうことはあまりにも容易であるからです。異なる仕事に従事していくことは双方ともに有効です。ある職種の新人のスーパーバイザーたちは，他の人びとのスーパービジョンを行なうことが自分たちのクライアント相手の仕事を活性化し，自分たちのしてきたことに新鮮な考えをもたらす助けになったと報告してくれました。

多くの人びとが，スーパーバイザーの役割がもたらす挑戦と広がりにひかれてスーパーバイザーとなり，またその職を継続していきます。ある同僚からの報告を，次に示します。

> スーパービジョンにおいて，最も困難であると同時に胸の高鳴りを覚えることは，愛情に満ちた関係性と，権威を保持する必要性との間に存在する緊張に対処することです。自分の仕事の枠の中で，スーパービジョンは最も自由に振る舞える場となっています。ちょっとふざけてみたり，声に出して考えたり，プロセスについて意見を言ったり，挑戦してみたり，未知の分野に足を踏み入れたりできます。
>
> でもその反対に，自分の境界線をしっかりと維持して，権威を明らかにして真実に直面するために，友好的関係を危険にさらさなくてはならない場合もあります。このようなことが起こるたびに，それは危機的で，自分が矢面に立たされ，一時的に孤立してい

ると感じます。でも同時に、非常に頭がすっきりとして、変容の機会となり、最終的にはスーパーバイザーとスーパーバイジー双方が、その関係性を強化する機会になるのです。

　スーパーバイザーとなることは、他の人がその仕事の中で学習し、成長するのを支援することによって、発展を促す技術を向上させていきます。新人のスーパーバイザーは、立ち止まることを余儀なくされ、自分が実践してきた方法について内省し、明確に言語化する必要性にかられるでしょう。その多くは、もはや当然のことと考えるようになってきたものであるかもしれません。ここでの課題は、スーパーバイジーが自身のやり方と解決方法を、困難な状況に対して編み出せるように、スーパーバイザー自身の経験を利用することです。

　スーパーバイザーになるもうひとつの理由は、多くの場合否定されていることですが、他のスタッフに対して「一歩抜きん出る」存在となることです。自分たちが学校で2年目を迎えたときの喜びを覚えている人は多いでしょう。もはや、一番年下でだまされやすい連中ではなく、今や「何がどうあるべきか」を教える相手がいるということです。新人のスーパーバイザーは、すべての答えを知っている者であるという見せかけの専門家の役割を強化するために、自分のスーパーバイジーを利用して自らの不安を覆い隠そうとすることがあるかもしれません。

　最後に、スーパービジョンを提供することに隠されている動機として、自分のために適切なスーパービジョンを受ける方法がわからない働き手が、自分が必要とし、望んでいると思われるようなスーパービジョンを他の人に提供することによって、ある日それが魔法のごとく誰かによって自分に提供されるかもしれないという希望を抱いている場合もあります。これはカウンセリングを受けることをためらう人が、カウンセラーとなるための訓練を受けたりすることに等しいと考えられます。この傾向は「治療の代用としての訓練」と呼ばれます。

3．どのように始めるのか

　良きスーパーバイザーとなるための第1の必須条件は、自分のために良質なスーパービジョンをとりつける能力でしょう（第4章を参照）。「自分は現在、通常の仕事のために、そしてスーパーバイザーになるための、適切なスーパービジョンを受けているだろうか？」という質問はたいへん役立ちます。

　初めてのスーパービジョンのセッションを開始する前に、腰を落ち着けて、自分がなぜスーパービジョンを提供することにしたのか、その明確な動機と共に、密かに隠された動機について内省してみることは必要なことです。これは後ろめたいような動機を押さえ込むということではなく、その動機が表明しているニーズを満たす方法を

探求するためです。

　また，それまでに自分の受けたスーパービジョンについて，その中で建設的な体験，逆にマイナスの体験の両方を書き出してみるのも有意義なことでしょう。あなたにとって建設的なロールモデルはどのようなもので，自分のスーパーバイジーに対しては是非避けたいと感じるような体験とは，どのようなものでしょうか？

　自分がスーパービジョンズに寄せる期待というものが，実際のスーパービジョン・セッションの基調を設定してしまうことは，想像がつくと思います。もしあなたが，セッションの中で対立が起こったり，つまずきがあったりするだろうと考えて臨めば，実際にそうなるかもしれません。反対に，おもしろく，相手を引きつけ，そして協力的な雰囲気のあるセッションを期待して始めれば，それを生み出すような環境をつくり出すことができるかもしれません。

　対人援助職に携わる人びとは，次のような点では信頼が置ける，という前提のもとに開始するのがよいだろうと，ブリジット・プロクターは述べています（Proctor, 1988a）。

- 自分の実践を調整したいと思っていること。
- 力量を高めるやり方を学習したいと思っていること。
- 支援や励ましに応じたいと思っていること。

　このような前提をもって始めれば，必ずしも当たっているとは思えないときでも，前向きな基調を保つことができるでしょう。
　しかし，ひょっとしたらあなたの仕事場には，すでにスーパービジョンに対する否定的な雰囲気が蔓延していたり，まったくスーパービジョンが存在しないかもしれません。このような障壁は，自分だけが直面しているのではないということを理解することは役に立つでしょうし，第13章と第14章を読むことも助けになるでしょう。

4．良きスーパーバイザーに求められる資質とは

　カリフィオとヘスは，「理想的なスーパーバイザー」の資質を検討する際に，さまざまな文献を参照しました（Carifio & Hess, 1987, p. 244）。この資質というものは，理想的な心理療法士と同様なものが，違った形で用いられるのだと，2人は考えています。これらの資質とは，ロジャーズの共感，理解，無条件の肯定的配慮，調和，真正さ（Rogers, 1957），コッシュの温かみと自己開示（Coche, 1977），そして柔軟性，気遣い，配慮，信頼，好奇心，あるいは率直さなどがあげられます（Albott, 1984; Aldridge, 1982; Gettermann & Miller, 1977; Hess, 1980）。
　ギルバートとエヴァンズは，レディックとダイ（Leddick & Dye, 1987）の著作を

もとに，スーパーバイザーの資質に関する詳細なリストをあげており（Gilbert & Evans, 2000），私たちはそれをもとに次のようなものを作成しました。

1. 柔軟性——理論的な概念を検討し，幅広い介入方法を選択する際に，柔軟に対処できること。
2. 多角的な視点——ひとつの状況をさまざまな視点から見ることができること。
3. スーパーバイズする方法論のチャートを頭に入れていること。
4. 文化を越えて仕事ができること（第8章を参照）。
5. 管理能力と不安の抑制——自分自身とスーパーバイジーのものとの両方を意味する。
6. 学習を受け入れる力。スーパーバイジーや新しい局面からの学習を意味する。
7. 幅広い状況での課題に敏感であること。治療的な，あるいはスーパービジョンを行なうときに影響を与えるようなものを意味する。
8. 力関係を適正に取り扱えること。その際に抑圧的にならないこと（第8章を参照）。
9. ユーモアのセンス，謙虚さ，そして忍耐力。

ここにあげられた資質や自覚，そして技術のほとんどが，すでに対人援助職で実際に仕事につくために身につけたものであることがわかるでしょう。適切なカウンセリングやコーチングの技術は，有能なスーパーバイザーには欠かせないものです。
ブリジット・プロクターは，この点について次のように述べています（Proctor, 1988b）。

スーパーバイザーの役割とは，スーパーバイジーが自分は受け入れられ，尊重され，理解されていると感じるように支援することにある。なぜなら，そのとき初めてスーパーバイジーは安心することができ，自分自身と自分の力を認め，その上で自分を評価し，さらに挑戦することに前向きになれるからである。この環境なしには，スーパーバイジーが建設的なフィードバックを受け入れ，管理上の指示に耳を傾けることはありそうにないからだ。
また，働き手がスーパービジョンの場にストレスをため，不安や怒り，怯えを感じながら来ることもあるだろう。このような厄介な感情について話をするには，まず本人が安心できることが先決だが，同時にそれを「乗り越え」て，自分の実践を再評価するためには，それらの感情を本人が十分に受け入れる必要があるからである。

スーパーバイザーとなるに当たって，この新しい役割には，実践家としての豊かな体験がどれほど大切であるかが理解できるでしょう。新任のスーパーバイザーには，この新しい環境にこれまでの有意義なカウンセリングの技術を応用するに当たって，手助けを必要とする人もいるでしょうし，なかには前に触れたように，自分のカウンセリング技術に固執するあまり，スーパーバイジーを自分の擬似クライアントにして

しまう人もあるでしょう。

　スーパービジョンを開始するときには，まずスーパービジョンの境界を明確に理解することと，双方で交渉された明快な契約を交わすことが，重要なことです。第4章では，スーパーバイジーの側から明快なスーパービジョン契約の重要性を検討しましたし，第6章では，スーパーバイザーがこの過程をどのように運用するかについて検討します。新人のスーパーバイザーには，どの時点でスーパービジョンが終わり，どこから治療やカウンセリングになってしまうかが気になる点でしょう。なかにはスーパーバイジーの個人的な問題に押し流されることを懸念する人もいるでしょう。逆に，スーパーバイジーに対するセラピストの役割を演じたい人もいるかもしれません。スーパーバイジー自身がスーパーバイザーに「擬似セラピスト」になってほしいと思っている場合もあります。

　セラピストを相手に養成コースを行なっているときに，私たちのひとりが，自分のスーパーバイジーの中には，スーパービジョンではなく，セラピーを密かに期待している者が何人かいることに気づいたことがあります。この動きを探る中で，もうひとつの要素が働いていることに気がつきました。すなわち，自分たちの実践のスーパービジョンを，自分たちに対するクライアントとの擬似セラピーで置き換えたいという願望のうちには，自分のクライアントに対する妬みがあるからでした。なぜなら，自分が望むようなセラピーのセッションの中で，クライアントに十分注意を傾けたにもかかわらず，スーパービジョンのセッションの中でさえも，さらにクライアントに注意を注がなくてはならなかったからなのです。そこで，この妬みの感情というのは認識される必要があり，スーパーバイジーは自分たちが必要と感じ，求めている支援を別の形で探求していくように指導されるべきだということがわかりました。

　カダッシンは，社会福祉事業の場面で，スーパーバイジーが「私を責めないで，私に優しくして」というゲームを演じるときに，同じようなことが起こることについて述べています（Kadushin, 1968）。このゲームは，スーパーバイザーにとって，次のような点で非常に魅力的に映ります。

1. スーパーバイザーの内にある実践家としての感覚，つまり個人的な問題を抱えている人に寄せる関心に，このゲームがアピールするから。
2. スーパーバイザーの内に潜むのぞき見趣味にアピールするから（スーパーバイザーの多くは他の人びとの親密な生活を分かち合うことに関心があるからです）。
3. セラピストとして選ばれることは嬉しいことだから。
4. スーパーバイザーの側に，状況をそのように再定義することは許されない，という点についての明確な理解がないから。

　第1に，良質なスーパービジョンにおいては，スーパーバイジーとの関係性に焦点を当てることは確かに必要ですが，それは仕事に関する課題をめぐってのものでなけ

ればならず，その理解を深めるためのものであり，よりよい仕事の管理を目指すものでなくてはなりません。

　第2に，スーパービジョンの枠組みは自分で開発すべきもので，自分の仕事の設定に適切なものでなくてはなりません。そしてこの枠組みは，自分のスーパーバイジーにはっきりと説明できるものでなくてはなりませんが，同時に異なるスーパーバイジーや異なる立場，多様な状況の変化に対応できるような，柔軟性を持っていることも必要でしょう。

　新人のスーパーバイザーに必要な，最も高度な新しいスキルは「ヘリコプター的能力」と呼ばれるものでしょう。これは，次にあげる領域間で，焦点を切り換えることのできる能力のことです。

- スーパーバイジーが描写するクライアント。
- 複数のスーパーバイジーと，その人たちのプロセス。
- 自分自身のプロセスと，そのとき，その場におけるスーパーバイジーとの関係性。
- 広い文脈に置かれたクライアント，またスーパーバイジーにその視点を持たせること。
- 組織を取り囲む広い文脈や，その組織内での課題。

　この技術は，スーパービジョンを始める前に身につけることはできませんし，その習得には何年もかかることがあります。重要なことは，さまざまな段階や視点が存在する可能性を認識していることと，セッションを重ねる中で自分の焦点を徐々に拡大していくことです（第7章を参照）。しかし，あらゆる視点を1回ごとのセッションの中に持ち込むことは避けるべきでしょう。スーパーバイジーが消化不良を起こすことになるからです。

　最後に，異なるスーパービジョンのチャートやモデルを提示する前に，スーパーバイザーが兼ね備えなくてはならない，複雑な役割について見ていくことが必要でしょう。スーパーバイザーとしての役割を明確に把握することが，明快な枠組みを設定するための作業の大半を占めているからです。

5．スーパーバイザーの役割

　スーパーバイザーの役割は，その中にさまざまな機能を含みます。

- 支援をするカウンセラー
- スーパーバイジーの学習と成長を支援する教育者
- スーパーバイジーがクライアントを相手にする仕事の質に責任を持つ管理者
- スーパービジョンの費用を負担する組織に対して責任のある管理者

スーパーバイザーのこの複雑な役割について数人の著者が検討しています（Bernard, 1979; Hess, 1980; Hawkins, 1982; Holloway, 1984; Ellis & Dell, 1986; Carroll, 1996）。

細分された役割には，次のようなものが多くあげられています。

- 教師
- 観察者かつ査定者
- カウンセラー
- コーチ
- 同僚
- 直接の上司
- 専門技術者
- 行政上の管理者

私たちのスーパービジョン中核技術養成コースでは，すべてのスーパーバイザー訓練生がそれまでの生活におけるさまざまな対人援助関係と，その中における上のような役割をめぐっての経験や交流を検討するようにしています。自分たちの人生でどのようなタイプの人びとに支援を求めたかを語り合い，何を必要としたのか，そしてどのような支援を受けることを期待したのかを語り合います。まとめとして表5.1にあるようなリストを書き出します。

役割がはっきりと契約に書かれていないときや，スーパービジョンの中で定義されていないとき，あるいはたとえきちんと決められている場合であっても，スーパーバイザーとスーパーバイジーは上にあげられたような交流の形態に入り込んでいくことがあるでしょう。そこでは混線したり，共謀的になったり，名目通りの交流が交わされることになります。

表 5.1 支援する役割

支援の役割	あなたの持ち込むもの	あなたが期待するもの
医師	症状	診断，治療
神父／牧師	罪，告白	悔い改め，許し
教師	無知，質問	知識，解答
弁護士	不正	弁護
コーチ	低い実績	実績の向上
裁判官	犯罪	処分
友人	自分自身	受容，聞き手
母親	痛み	慰め
自動車工	機械的な故障	修理，サービス

共謀的な交流というのは，スーパーバイジーが，安心させてくれる母親像を相手に期待して会い，スーパーバイザーが，すべては問題なく進んでいると請け合うことによって，その役割を演じてくれる場合でしょう。このような交流はときによって気持ちのよいものですが，それは双方の感情的なニーズに応えるだけのもので，スーパービジョンのニーズに応えるものとはいえません。

その反対に，スーパーバイジーが安心させてくれる母親を求めていたのに，スーパーバイザーが裁判官を演じたとしたら，そこには混線が生じることになります。この場合，スーパーバイジーは誤解されけなされたと感じ，スーパーバイザーが支援をしてくれなかったと感じることでしょう。

名目通りの交流というのは，一方あるいは双方がその場で起こる形態やゲームの名称を取り決めるもので，この場合，その経過は当然起こるべきものではなく，前もって決められたものとなります。

スーパーバイザーは，教師と援助者とときには管理者の役割を適切な配合で兼ね備えなくてはなりません。ホーソーンの述べるように，「このすべてを気持ちのよい，効果的なアイデンティティに融合させるためには，努力と経験が必要とされる」のです（Hawthorne, 1975, p. 179）。

6．適切な権限と裁量

スーパーバイザーの役割をめぐって起こる摩擦の多くは，スーパーバイザーがその職務に備わっている権限や裁量を，適切に取り扱う方法を見つけ出すことができないことから生じてきます。ホーソーンは，この困難かつ重大な課題について，次のように書いています（Hawthorne, 1975, p. 179）。

> 多くのスーパーバイザー，ことに新任のスーパーバイザーにとって，新しく与えられた権限に順応するのは，容易なことではありません。……「自分が個人的な生活においてうまく治めていた優勢と従順のバランスが，この新しく生まれた責任によって崩されてしまうからです」。スーパービジョンの関係は，複雑で，緊張が高く，親密なものです。……権限を行使する試みは，スーパーバイザーが自分の役割に慣れていないことや，権威をめぐっての個人的な体験から生じた問題や，一対一の人間関係への不安に妨げられてしまうことがあります。

ホーソーンはこの後に，スーパーバイザーが自分の権限を放棄したり，またはそれを巧みに操作するために利用するゲームについて述べています。これらのゲームは，エリック・バーンやその他の著者がカウンセリングやコーチング，心理療法などで使われる交流分析アプローチをもとに解説したものです。放棄のゲームには，次のようなものがあります。

第5章 スーパーバイザーになるに当たって

- 「上がやらせてくれないんです」 あなたが要請していることには賛成なのですが，上司はそうさせてくれないでしょう。
- 「可哀想な私」 週ごとの会合をキャンセルしてしまって本当にすみません。でも上から来る毎月の仕事リストがどんなにつまっているか，絶対におわかりにはならないでしょう。
- 「私は人がよすぎるんですよ」 ほら，こんなに手伝っているし，感じよく振る舞っているじゃないですか。
- 「質問に次ぐ質問」 その疑問にどう対処するつもりですか？

力を巧みに操るゲームには次のようなものがあります。

- 「誰がボスだかわかっていますよね」 自分の役割の権限をことあるごとに主張すること。
- 「言いつけますよ」 スーパーバイジーについての情報をさらに上の者に伝えると脅すこと。
- 「私が一番よくわかっています」 親の立場からの物言い，あるいは恩着せがましい物言いをすること。
- 「助けてあげようとしているだけですよ」 スーパーバイジーからの批判を利他的行為の名目で防衛すること。
- 「私がドストエフスキーについて知っていることを，あなたが知ってさえいたらねえ」 自分の知識をひけらかすことで，スーパーバイジーに劣等感を与えること。

　異文化間のスーパービジョンについて述べている第8章では，個人の持つ力，文化の持つ力，そして役割の持つ力の間にある，相互作用について探求しています。スーパーバイザーの役割には，この3つの領域における権限や裁量というものを自覚し，それぞれのスーパーバイジー固有の背景に沿って，適切で善意に基づいた，非抑圧的な，感度の高いやり方で，その権限を行使していく技術を身につける責任がついてくるのです。
　ホーキンズとスミスは，どのようにしてスーパーバイザーが自分の「権威，存在感，効果」というものを開発していくことができるかについてのモデルを提示しています（Hawkins & Smith, 2006）。またこの3要素は，スーパーバイジーが安心して自己を探求し，同時に変化を推し進めるきっかけとなるような切れ味を持った，スーパービジョンの場を設定するために必要なものです。
　第6章では，教育者と援助者そして管理者という役割を兼ね備えるための建設的な方法と，適切な権限を行使する際の好ましいやり方について，スーパーバイザーの経験やスーパービジョンの契約に基づいて考察していきます。

7. 倫理について

　スーパービジョンを始める前に，自分がクライアントを相手に仕事をする際に守っている倫理的な基準を再考察し，そのひとつひとつがスーパーバイザーとして仕事をするに当たって，どう用いられるべきかを検討することが必要でしょう。または白紙に戻して，自分のスーパーバイザーに期待するような，そして自分がスーパーバイザーとして採用し，実行していきたいと思う倫理的な原則を，書き出してみるのもよいでしょう。ペイジとウォスケットは，道徳哲学の著書を検討した結果，ひとつの章全体を費やしてスーパービジョンをめぐる倫理的原則について述べています（Page & Wosket, 2001）。その研究に基づいて，ここに6つの基本的原則をあげてみました。

1. スーパーバイジーの自律性を尊重し，その仕事に対して適切な責任の均衡を保つこと。
2. クライアントの自律性を尊重し，クライアントの福祉や保護に正当な関心を寄せること。
3. 自分の能力の範囲内で行動をとり，外部からの支援を必要とする時点を理解できること。
4. 忠誠を守ること。明確に交わされた約束や暗黙の了解の双方に対して誠実であること。
5. 非抑圧的な実践をすること（第8章を参照）。
6. 継続的な学習に積極的に参加する態度を保ち，挑戦やフィードバックに前向きであること。

　そして何よりもまず，「害を与えない」というヒポクラテスの誓いを守るべきでしょう。

　ブラムリィもまた，倫理についてたいへん読みやすく役に立つ章を書いていて（Bramley, 1996），これは異なる文化を尊重するに当たっての倫理の重要性を考察するときに，よい参考となるものです（第8章を参照）。ブラムリィは，その最後を「何にもまして笑い声を上げよ」という指令でくくっています。

　マイケル・キャロルは，倫理的な行動をとることが複雑かつ曖昧であることを認めています（Carroll, 1996）。彼は倫理的な判断をする際の，4段階にわたるプロセスを次のように説明しています。

1. 倫理的な感受性を育てること——自分の行動が他の人に与える影響を自覚し，人間関係に潜む倫理的な必要性への洞察力を養うこと。
2. 道徳にかなった行動の様式をつくり出すこと——ある状況における現実，仕事における倫理的基準，自らの倫理的原則の三者間の相互作用におけるもの。

3．倫理的な判断を実行すること——倫理的な判断を実行し，それを政治情勢，自己の利益追求，同僚の保護，誤ちをおかすことへの恐怖といった，内外からの抵抗に対処しながら最後まで実行することの必要性。
　4．倫理的判断の曖昧性との共存——疑いやためらいに対処すること。

　これらの課題については，トレーニングの章（第9章）の最後でさらに検討します。また，スーパービジョンの職業的な倫理の枠組みを表明するものの例として，英国カウンセリング協会の「カウンセラーのスーパービジョンにおける倫理および実践規約」を巻末に掲載しています。スーパービジョンの倫理および実践の規約については，自分の実践の場での，最新のものに習熟していることをお勧めします。

8．まとめ

　スーパーバイザーとなることは，複雑であると同時に充実感を伴う任務です。それは一見通常のクライアント相手の仕事と同じようであり，クライアント相手の仕事と同じような技術を用いるものではありますが，それが内容や仕事の焦点，境界などのさらに複雑な倫理的な気配りにおいてどう異なるかを，スーパーバイザーははっきりと理解している必要があります。またスーパーバイザーの役割につく自分の感情，動機，期待などを把握することも大切です。なぜなら，それが自分のスーパービジョンの雰囲気を設定するときに，大きな影響を与えるからです。
　何よりも大切なことは，スーパービジョンの場が双方にとって継続的な学習の場になること，そして良きスーパーバイザーであることとは，スーパーバイジーの仕事についてだけではなく，自分がスーパーバイザーとして何をするのか，どのように実践するのかについて，常に自分に質問し続けることでしょう。

第6章
スーパービジョンの概要とそのモデル

1．はじめに

　この章では視点を変えて，スーパービジョンにおける理論的な背景と枠組みについて説明することにしましょう。この章は特に新任のスーパーバイザーが，スーパービジョンとは何か，そこに含まれるさまざまな種類，特徴，形式とはどのようなものかについての，大まかな概要をつかむことができるように手助けをするためのものです。そうすれば，その後に自分のスーパービジョンの形式を決め，さらに職場の状況に沿って，スーパーバイジーにとって最も適切な形式を見つけることができるようになるでしょう。この章ではさらに，新任や経験のあるスーパーバイザーが検討するべき課題をあげ，スーパービジョンを行なうに当たって，どのような訓練が必要となるかを考える基礎を提示します。

2．スーパービジョンとは何か？

　ヘスは，スーパービジョンを次のように定義しています。「スーパーバイザーである一方の人物が，スーパーバイジーである相手の人物と会い，後者が他の人びとをより効果的に支援できるようになるという大まかなゴールを目指した，非常に純粋な形の対人交流である」(Hess, 1980, p. 25)。これはローガンビル，ハーディ，デルワースによる，一般的によく使われる定義と類似しています (Loganbill et al., 1982)。それは「一方の人物が，相手が治療的な能力を高めることができるように手助けするよう指名されて結ぶ，集中的で対人交流に焦点を当てた，一対一の関係である」というものです。

　コーチングのスーパービジョンの領域では，私たちは次のような定義を打ち立てました。「スーパーバイザーからの支援によって，コーチが，自分のコーチングシステムをクライアント相手のシステムの一部として理解し，それによって自分の仕事を変革し，またその技術を高めること」です (Hawkins & Smith, 2006)。

　英国カウンセリング／心理療法協会は，スーパービジョンに関する基本原則を設定しました。スーパービジョンに関する最初の公文書ではスーパーバイジーだけにではなく，クライアントにも利益となるものとして，スーパービジョンの認識をその中に含めています。文書によれば，「スーパービジョンの第一の目的は，クライアントの

利益を保護することである」となっています（British Association of Counselling and Psychotherapy, 1987, p. 2）。

しかし、これは単に物語の発端でしかありません。スーパービジョンの課題は、単にスーパーバイジーのスキルや理解度、能力を高めるだけではなく、職場の状況によって、その他の機能も請け負うことがあるからです。質の高い実践においては、多くの機能を統合することが最も大切なことになるでしょう。

3．スーパービジョンの機能

カダッシンは、ソーシャルワークのスーパービジョンには3つの主要な機能や役割があると述べ、それらを教育的、支援的、そして管理的なものであると命名しました（Kadushin, 1976）。

プロクターは、カウンセリングのスーパービジョンのプロセスについて同様な機能をあげ、それらを発達的、修復的、規範的なものと呼んでいます（Proctor, 1988b）。

この2つのモデルを使って長年取り組んできた後に、それらはそれぞれの分野、つまりカダッシンはソーシャルワーク、プロクターはカウンセリングに、根ざしたものであることを理解し、私たちは独自のモデルを開発して、その主要な機能を発展的、資源開発的、および質的、と定義することにしました。さらにカダッシンは、スーパーバイザーの役割に焦点を当て、一方プロクターはスーパーバイジーの福祉に注目していますが、私たちの機能の特徴は、スーパーバイザーとスーパーバイジーの双方に関与するものです。この三者を図6.1にまとめておきました。

ホーキンズ	プロクター	カダッシン
発展的（Developmental）	発達的（Formative）	教育的（Educational）
資源開発的（Resourcing）	修復的（Restorative）	支援的（Supportive）
質的（Qualitative）	規範的（Normative）	管理的（Managerial）

図6.1　スーパービジョンの三大機能

発展的な機能、これは引用した定義の中で強調されているものですが、スーパーバイジーのスキルや理解力、および能力を発展させることです。これは、スーパーバイジーがクライアントを相手にした仕事を内省し、検討することを通して行なわれます。この検討をする際には、スーパーバイザーから次の点で支援を受けます。

- クライアントをよりよく理解すること。
- 自分自身のクライアントに対する反応や返答をきちんと認識すること。
- 自分がクライアントと相互に作用する関係のダイナミクスを理解すること。
- どのように介入したか，その介入の結果はどうであったかを検討すること。
- あるクライアントや他の類似したクライアントとの状況で，別の働きかけの可能性を探ること。

　クライアントを相手にパーソナルな仕事に携わる働き手は誰もみな必然的に，自分がクライアントの苦悩や痛み，崩壊などに影響される状況に身を置かざるを得ないため，それらがどのような影響を自分に与えるかに対応し，それに対処するための時間を獲得する必要が生まれてきます。この資源開発の機能とは，それに対応する方法を意味するものです。働き手が感情に押し流されてしまわないようにするためには，この手立ては不可欠なものとなります。これらの感情は，クライアントに寄せる共感，クライアントからの刺激，あるいはクライアントに対する反発から生まれたものもあるでしょう。このような感情にきちんと対応しておかないと，働き手は少なからず影響を受け，クライアントと一体感を持ってしまったり，影響を受けることから自分を防衛しようとすることになります。それはやがてストレスになり，いわゆる「燃え尽き」に結びつくことになります（第3章を参照）。英国の炭坑作業員は，1920年代に「入坑後入浴時間」を求めて闘いました。これは，仕事の汚れを雇用者側の時間内で洗い落とすための時間で，その汚れを家に持ち帰らないためのものでした。スーパービジョンのための時間は，個人的な苦悩，病苦，崩壊などの第一線で仕事をする人びとにとっての「入坑後入浴時間」に値するものなのです（同じく第3章を参照）。

　スーパービジョンにおける質的要素とは，人を相手にする仕事における質的管理を提供するものです。私たちが仕事をする際に，その仕事を共に観察する人物が必要であるということは，訓練や経験の不足からだけではありません。それは，私たちが人間として持つ必然的な弱点からの必要性です。そうした弱点とは，たとえば盲点であったり，自分の心の傷からくる弱さや偏見であったりします。多くの場合スーパーバイザーは，クライアントの福祉やスーパーバイジーの仕事のやり方に対して，何らかの責任を負うものです。スーパーバイザーは，その仕事を請け負うエージェントが基準を守ることに関しても，責任を負うものです。直接の上司ではないときでも，ほとんどのスーパーバイザーは，スーパーバイジーのする仕事が，適切で規定された倫理的な基準の範囲内にあることに対して責任を負っています。

　ブリジッド・プロクターは，スーパービジョンにおける異なる機能を描写し，その機能がどのようにしてひとつの領域から別の領域へ移動するかについて，興味深い場面を紹介しています（Proctor, 1988b）。

　　子どもたちの保護センターで厳しい5年間を過ごした教員がやめることになった。彼

女は，その間に身につけた技術を評価する時間を求めた。しかしやがて明らかになったのは，それをする前に，この緊密で刺激に満ち，親密で構造化された環境を離れることについての喪失感と狼狽を語ることが必要だということであった（表面的には発達的機能が，修復的，あるいは資源開発的機能に移行している例）。

妊娠アドバイザーが15歳のクライアントに関して，自分の直面する倫理的および法的なジレンマについて語った。彼女が20分ほど語った後で，グループの全員が次の週のスーパービジョンでは仕事の中で発生する守秘義務を検討するのに使うことに決めた（規範的，あるいは質的な機能の例）。

生活指導部の教員がカウンセリングをしている少年について語った。スーパーバイザーが開始した「社会ドラマ」を通してグループのメンバーは，教員と少年が置かれている込み入ったシステムや，2人が親，校長，ソーシャルワーカーやその他の人びとから異なる期待を負わされていることを理解する手助けをした。結果としてその教員は，自分の選択した任務と役割が明確になったと言った（発達的，規範的，および修復的な機能の例）。

スーパーバイザーの訓練をするに当たって，私たちはスーパービジョンの機能を詳細に分類しました（表6.1）。そのためにまずスーパービジョンの主要な焦点をあげ，それを関連する機能に沿って分類してあります。

このように，スーパービジョンには発展的，資源開発的，質的機能という構成要素があります。設定が異なる場合には，このうちのある要素が他のものよりも強調されることもあるでしょう。またそれぞれの要素は，まったく他の要素と離れているのではなく，スーパービジョンの焦点の中に統合されているものです。別の著作で私たち

表6.1 スーパービジョンの主要な焦点

焦点の領域	機能の領域
スーパーバイジーが仕事の内容と過程を内省するための定期的な場を提供すること	発展的
仕事における理解とスキルを高めること	発展的
仕事についての情報や異なる見方を受け入れること	発展的／資源開発的
内容と過程の両方についてフィードバックを受け入れること	発展的／資源開発的
個人として，また働き手としての正当性を認められ，支援されること	資源開発的
個人として，また働き手として必要以上の困難，問題，予測などにひとりで対応しないよう保証すること	資源開発的
仕事の中で起こる個人的な苦悩，再体験，転移，または逆転移などを表現し，深く掘り下げる場を確保すること	質的／資源開発的
個人的あるいは職業的な資源をさらに有効に計画し，活用すること	質的／資源開発的
事後に反応するよりは，事前に動くようにすること	質的／資源開発的
仕事の質を保証すること	質的

のモデルを説明し，これら3つの領域がいかに明瞭であるか，しかし同時に，お互いに重なり合うものであるかを述べています（Hawkins, 1982）。スーパービジョンの多くは，発展的，資源開発的，質的な探求が相互に混ざり合う箇所で起こるものです。

4．スーパービジョンの形式

はっきりとした契約を取り交わし，どのような発展的，資源開発的，および質的な責任をスーパーバイザーが負うのかを決定することは，あらゆるスーパービジョン関係において重要なことです。契約を取り交わす第1段階は，スーパービジョンにおける主要な類型のどれをスーパーバイジーが要請しているか，またスーパーバイザーが提供しているか，そしてそのどれが適合し，どこにズレがあるかを明確にすることです。主要な類型には次のようなものがあります。

(1) 個別指導型スーパービジョン

職場の環境によっては，スーパーバイザーが個人教授的な役割を担い，発展的機能全般に責任を負って，コースをとっている訓練生が，クライアントを相手にする仕事を検討する手助けをします。この場合，訓練生の職場にいる人物が資源開発や質的なスーパービジョンの機能を提供することになります。

(2) 訓練型スーパービジョン

この場合もスーパービジョンは発展的機能に重点を置き，スーパーバイジーは訓練生であるか見習いの役割となります。たとえば，そこに配置されたソーシャルワーカーとなる学生か，心理療法の訓練生がクライアントとの訓練をする場合などです。個別指導型スーパービジョンとの相違は，スーパーバイザーが訓練生のクライアントに対する仕事に関して責任を負うため，明確な質的機能を果たすことです。

(3) 管理型スーパービジョン

スーパーバイザーが職場でスーパーバイジーの直接の上司である場合には，この用語を使います。訓練型スーパービジョンと同様に，スーパーバイザーはクライアントに対する仕事に対して明確な責任を負います。しかし，スーパーバイザーはスーパーバイジーに対して管理者対部下という関係にあるのであって，訓練者対訓練生という関係ではありません。

(4) コンサルタント型スーパービジョン

ここでは，スーパーバイジーがクライアントとの仕事に責任を負いますが，スーパーバイザーに助言を求めることができます。この場合スーパーバイザーは，スーパー

バイジーが探求したい課題をめぐっての訓練者でも管理者でもありません。このタイプのスーパービジョンは，資格と経験のある実践家向きのものです。

これまで説明したスーパービジョンはすべて縦関係にあるもので，経験を積んだスーパーバイザーが経験の浅いスーパーバイジーと行なうものでした。しかし，水平なスーパービジョンの関係，つまり同レベルのスーパーバイジーが相互に行なう契約を取り決めることもできます。これについては第10章に，ピアグループのスーパービジョンという形で詳細に検討します。また一対一のピアグループのスーパービジョン契約を交わすこともできます。この場合，通常コンサルタント型スーパービジョンの形をとりますが，仲間同士による学習の要素も含むものです。

5．スーパービジョンのプロセスモデル

スーパービジョンのプロセスが経る典型的な段階を説明するモデルはいくつも存在します。ペイジとウォスケットは，スーパービジョンのプロセスを，契約を交わす，焦点を決める，広がりを考える，橋渡しをする，そして評価する，という5段階に分かれる効果的なモデルを提示しました（Page & Wosket, 2001）。これは，1980年代に私たちが最初に用いたCLEARスーパービジョンモデルとその段階の数や発展過程で類似点があり，その後私たちはこれをコーチングのモデルとして採用しました（Hawkins & Smith, 2006 を参照）。

6．CLEARスーパービジョンモデル

- 契約を交わす（Contract）――スーパービジョンの面談はクライアントをめぐる望ましい成果を設定することから始まります。さらにどのようなニーズを取り上げるかを理解し，どうすればスーパーバイザーとスーパービジョンのプロセスが最大限に有効になるかを検討します。また基本的なルールや役割について合意します。
- 聞き取る（Listen）――スーパーバイザーは積極的な聞き取りや触媒的介入（第9章のヘロンのモデルを参照）を利用して，スーパーバイジーが差違をもたらしたい状況についての理解を深めるのを助けます。スーパーバイジーに対して「その現実を理解していること」，つまり相手の立場に立って状況を把握することができるということを，はっきり示さなくてはなりません。その上にスーパーバイジーが，さらに的確に自分の言葉を聞くことができるよう，そこで分かち合った内容を再構成したり，新しい結合を促したりすることができます。
- 探求する（Explore）――質問や内省，また新しい視点や気づきを生み出すことによって，スーパーバイザーはスーパーバイジーと共に，関係や課題をめぐる新しい選択肢を編み出していきます。

- 行動を起こす（Action）――その状況の中のさまざまな力関係を探り，それに取り組むさまざまな選択肢を設定した後に，スーパーバイジーはそのひとつを選択し，最初の取り組みについて同意します。このときに大切なことは「最初の一歩のリハーサル」，すなわちその場で最初の取り組みを実演してみることです。
- 評価する（Review）――同意に達した行動について評価し，再検討します。スーパービジョンのプロセスについて，スーパーバイジーのフィードバックを求め，何が困難な点であったか，次回からの面談ではどのような点を変更したいかについて話し合います（第9章のフィードバックの項を参照）。次回の面談において，今回同意した行動計画について，どのように評価していくかの方法に合意した時点で，この回のスーパービジョンが終了します。

7．モデルの各段階で有効な質問と返答

　次にあげる質問や介入は，その状況をさらに深く探る際に効果的なものであることがわかりました。

1．契約を交わす――終了時のことを心に思い浮かべることから開始し，そこにどうやって到達するかについて合意します。
　・時間をどのように使いたいですか？
　・この面談で達成する必要のあるものは何ですか？
　・どうしたら，私は（あるいはグループの他のメンバーは）あなたにとって一番役に立てるでしょうか？
　・あなたはどこに最も焦点を当てたいですか？
　・どのような難問に今直面していますか？
2．聞き取る――状況をめぐって，スーパーバイジーが個人的な視点を生み出せるように手を貸します。
　・そのことについてもっと説明できますか？
　・そこに巻き込まれていて，あなたがまだ会話で触れていない人がいるでしょうか？
　・他の人たちは，上司や同僚，チームのみなは，この状況をどう見ているでしょうか？
　・私がどのようにこの件をまとめられるか，やってみますね。
3a．探求する1――スーパーバイジーが，この状況が自分にどのような影響を与えているかを理解するのを助けます。
　・今，どんな風に感じていますか？
　・まだ表現していない感情が何かありますか？
　・この人物は誰かを思い出させますか？　この人物にあなたが言いたいことは何でしょうか？
　・この状況で，あなたが繰り返しているパターンが何かありますか？

3b. 探求する2——状況を解消するべくとることのできる行動の可能性を，どう生み出すかについてスーパーバイジーに挑戦します。
- あなたや他の人たちはどんな成果を望んでいるのでしょうか？
- その成果を達成するために，あなたやチームメンバーの言動にはどのような違いがなければならないのでしょうか？
- あなたがまだ相談していない人で，支援してくれる人がいるでしょうか？
- この状況に取り組むための，4つの異なる方法を思いつくことができますか？

4. 行動を起こす——スーパーバイジーが前進を決意することを支援し，次のステップをつくり出す支援をします。
- 可能性のある方法のひとつひとつについて，良い点と悪い点をあげてください。
- あなたの長期的な目標は何でしょうか？
- あなたが踏み出すべき，最初の一歩は何でしょうか？
- 具体的に言うと，一体いつ，あなたはそれをするのでしょうか？
- その計画は実現可能ですか？　成功する確率はどのくらいでしょうか？
- あなたが次の面談で使おうと考えている最初の一言を教えてくれませんか？

5. 評価する——話し合いで触れた内容と決意したことを検討し補足します。プロセスを再検討し，どう改良できるかを考えます。計画が行動に移された後で，それをどう評価するかについて話し合います。
- 次は何をすることに決めましたか？
- この面談で何を学びましたか？
- 同じような状況に取り組むに当たって，自分の力はどのように向上したと思いますか？
- このスーパービジョンのプロセスで，どんなことが効果的だったと思いますか？
- 次回のスーパービジョンでは，どのような点が向上すると思いますか？

（面談の間で報告会を持つ場合）
- 計画したことはどのように展開しましたか？
- 自分はどんな風に振る舞ったと思いますか？
- どのようなフィードバックをもらいましたか？
- どこがうまくいき，どこがもっとうまくやれたでしょうか？
- そこで起こったことから，あなたは何を学びましたか？

8．契約を作成する

あらゆるスーパービジョン関係の形態は，明確な契約から開始する必要があります。その契約は，当事者双方によってつくり上げられたものであると同時に，関連する組織や職種の期待に沿ったものでなくてはなりません。ペイジとウォスケットは，契約の中では次の点に正しく対応しなくてはならないと述べています（Page & Wosket, 2001）。

- 基本的なルール
- 境界
- 説明責任
- 期待するもの
- 関係性

キャロルは，掘り下げて検討するべき4つの原則的な領域をあげています（Carroll, 1996）。

- 実用性
- 仕事上の協力関係
- スーパービジョンにおける報告の仕方
- 評価

私たちは，契約を取り交わす際に検討するべき，6つの主要な領域を次のように提案します。

1. 実際的取り決めと面談の取り決め
2. 境界
3. 仕事上の協力関係
4. 面談の形式
5. 組織的または職業的な文脈
6. 記録のとり方

(1) 実際的取り決めと面談の取り決め

契約を交わすに当たっては，実際的な取り決めを明確にしておく必要があります。たとえば面談の時間，間隔，場所，どのような事柄が面談を中断したり延期したりする理由となるのか，支払いはどのような形でするのか，などがあげられます。スーパービジョンの行なわれる場所は，できることなら学習のやりやすい，私的な空間が望ましいでしょう。もし事務所や会議室で行なう場合には，スーパーバイザーとスーパーバイジーの双方を隔てる机やテーブルをはさまずに，向き合って座れるような快適な椅子が用意されるべきです。このような形をとることができれば，言葉を越えて起こる，幅広い非言語的コミュニケーションの場を提供することができ，さらに深い個人的な対人関係の形成に結びつくことでしょう。携帯電話を切ることや，お互いを中断しないことに関する明確な表示も必要でしょう。

電話やテレビ電話を利用して効果的なスーパービジョンを行なうことも可能ですが，私たちの経験では向かい合って話す関係が成立しているときには，その方がはる

かに効果的です。継続的な電話によるスーパービジョンの場合には，直接的な関係を維持するために，評価の面談は対面する形をとることを勧めます。私たちのひとりが，外国での依存症治療プログラムの所長であるイギリス人にスーパービジョンを提供したことがあります。その国にはこの分野での経験を積んだスーパーバイザーがいませんでした。このスーパービジョンは数年間続きましたが，それは海外に行く前からのスーパービジョンを基礎にしたものであり，毎年イギリスに戻ったときに延長したスーパービジョンをすることで支えられていました。

(2) 境界

スーパーバイジーや新任のスーパーバイザーがしばしば心配する境界というのは，スーパービジョンとカウンセリング，あるいはセラピーの間の境界でしょう。

あらゆる対人援助職について深く掘り下げて探求することは，明らかに個人的な感情，苦痛，怒りや不幸の記憶を呼び覚ますことがあります。このような感情は，働き手が十分に機能するためには，そして呼び起こされた出来事から学ぶためには，それを分かち合い，掘り下げて検討しなくてはなりません。ある少年チームでの例をあげましょう。

> ある少年チームの指導者が，最近父親を亡くした14才の少年のために，かなりの時間を費やしました。スーパービジョンに来たとき，この指導者は少年の学校がほとんど支援をしてくれないことに，たいへん腹を立てていました。そこで次第にわかってきたことは，彼自身の父親がまだ彼が小さい頃に家を出て，外部からの支援がほとんどない中で，彼が母親を感情面で支えなければならなかったことでした。

この領域での基本的な境界というのは，スーパービジョンのセッションは常に仕事の課題から始まり，そこで掘り下げられた内容をもとに，次の回のスーパービジョンはどこを目指すかで終了する，ということです。個人的な題材というのは，その中で話し合われている仕事内容にそれが影響している，あるいはそれに影響を受けるという場合にのみ，面談に持ち込まれるものです。したがって，上にあげた例のように，少年の父親の死によって少年チームの指導員の個人的な体験が再刺激され，それがこの少年のニーズを理解する視点に影響を与えているかを，探求することが必要になってきます。もしそのような探求で，スーパービジョンの中で対応できる以上のものが露わになった場合には，スーパーバイザーは相手にカウンセリングか，個人的な感情と取り組む何か別の支援を受けるように提案することになるでしょう。ペイジとウォスケットは，カウンセリングとスーパービジョンの対比をたいへん効果的にまとめています（Page & Wosket, 2001, p. 19）。

スーパービジョンの契約はまた，守秘義務の境界を明記しているべきです。守秘義

務というのは，多くの新任のスーパーバイザーを悩ませる陳腐な話題です。数多くのスーパーバイザーが，スーパービジョンの中で話されたことはすべて内密であると言ったり，ほのめかしたりする罠に陥り，その後に予想外の状況で，スーパービジョンで話されたことを，面談の境界を越えて誰かに話さなくてはならない羽目に陥るものです。

　このようなことは明らかに指導的，あるいは管理的スーパービジョンの場合，つまりスーパーバイザーがエージェントとしての機能や責任を負っていて，その一部がスーパービジョンである場合に多く起こります。しかし，コンサルタント的なスーパービジョンの場合にも，面談での内容がその境界を越えて使用されるのが適切である状況も存在します。コンサルタント的スーパーバイザーが，自分がどのようにこの働き手のスーパービジョンを進めているかについて，個人的な支援が必要だと感じる場合もあるでしょう。あるいは，これはよく起こることではありませんが，スーパービジョンの中で重大な職業的不正行為が明らかになり，スーパーバイジーがそれを正すことに責任を負うことを拒否するような場合があるかもしれません。この場合，スーパーバイザーは行動を起こす倫理的，あるいは法的な義務を負っていると感じ，適切な担当部署に報告することになるかもしれません。

　そのため，どのような形のスーパービジョンにおいても，適切な守秘義務の境界を決める際に，面談の中で分け合ったすべての内容は内密であるというのは不適切です。また，私たちの知っているあるスーパーバイザーのように，何ひとつ内密ではないというのも適切なことではないでしょう。スーパーバイザーは，スーパービジョン関係の境界を越える場合には，どのような情報を双方が必要とするのかということを明確にすることが大切です。すなわち，どのような状況であるのか，どのようにして行なわれるのか，一体誰に情報が行くのか，といった点です。当然ながら，すべての状況が予測できるとは限りません。それでも，そのような概略的な掘り下げをしておけば，突然の裏切りといったような状況は少なくなるでしょう。

　私たちはまた，スーパーバイジーに対して，私たちが分かち合うすべてのことに職業的な敬意を払うこと，そして自分たちの状況をうわさ話にしないという約束をとりつけることにしています。

(3) 仕事上の協力関係

　仕事上の協力関係は，お互いが期待することを分け合うことから始まります。スーパーバイジーがどのような形式のスーパービジョンを一番望んでいるのか，スーパーバイザーにはどこに焦点を当ててほしいのか，というようなことです。スーパーバイザーもどのような形式が最も好ましいか，スーパーバイジーに対して何を期待するかを表明すべきでしょう。契約を取り交わす段階で，意識的に期待するものだけではなく，希望や懸念についても分け合うことが役に立つと感じています。たとえば，次の

ような文章を完成させるという活動は役に立つことでしょう。「私の持つ良質なスーパービジョンのイメージとは……」，「スーパービジョンの中で……のようなことが起こるのではないかと不安です」。

　良質な協力関係とは，同意やルールのリストの上に築かれるものではなく，双方の間に信頼や敬意，善意が高まっていくことによるものです。契約がこの関係の発展する枠組みを提供しますが，もし契約を履行するに当たって，ささいな行き違いが起こったような場合には，それは評価や防衛の機会としてではなく，内省と学習，そして関係を築き上げる機会として取り組むことが必要でしょう（Shohet & Wilmot, 1991, p. 95 を参照）。

(4) 面談の形式

　希望や不安，期待を分かち合うだけではなく，面談の標準的な形式をどのようにするかを話し合っておくことは効果的でしょう。ひとつのケースに面談のすべての時間を費やすのでしょうか？　スーパーバイジーはケースノート，または自分の面談の一字一句を書き上げてくることが必要でしょうか？　一定の時間内ですべてのクライアントに触れることが必要でしょうか？　新しいクライアントと仕事を始めた際には，スーパーバイジーがスーパーバイザーに確認したり報告することが必要でしょうか？

(5) 組織的または職業的な文脈

　スーパービジョンをめぐる状況にはほとんどの場合，契約に書かれた当事者以外にも重要な利害関係が含まれます。それは組織からの期待であり，また仕事が行なわれる組織的な場であったりします。組織によっては，スーパービジョンに寄せる期待をはっきりと説明した，明確なスーパービジョン規定のあるところもあるでしょう（第14章を参照）。明確な規定が存在しない場合は，組織内に存在する潜在的な期待について話し合うことが最も重要なことです。これには，仕事の質を維持するためにスーパーバイザーに期待される責任とは何か，またスーパービジョンの中で要求される記録は何か，ということも含まれるでしょう。同様に，双方が関係するような職業的および倫理的行動規範を明確にすることも重要です。多くの場合，スーパーバイザーとスーパーバイジーは同じ職種に所属していますが，スーパービジョンが行なわれるのは，職種や位置づけを越えた状況である場合もあり，そこでは異なった規範が採用されているかもしれないからです。

　ほとんどの職業的な協会には，働き手とクライアントや患者との間での，適切な行動の境界を明記した行動規範や倫理声明があり，クライアントが働き手の不適切な行動に対して抗議する権利を認めています。私たちはここで，スーパーバイザーの倫理的基準として何が適切であるかを規定するつもりはありません。なぜなら，その場によって必然的に差違があるからです。しかし，新任のスーパーバイザーが，自分の職

種や組織にスーパービジョンに関する倫理的声明が存在するかどうかを確認することは，絶対に欠くことができません。もしそれがない場合には，クライアントと倫理的な基準について話し合い，その中のどの点をスーパービジョンの場に応用するかを，自分の内面ではっきりさせておくことを提案します。スーパーバイザーの全員が自分たちのスーパービジョンの場に当てはめる倫理的境界について明確な考えを持ち，スーパーバイジーに対してはっきりと言語化することができるのが，たいへん重要な点です。

(6) 記録のとり方

　スーパーバイザーとしてどのような記録を手もとに残しておくかについて，スーパーバイジーと合意に達しておくことは大切です。この分野での実践はさまざまで，面談中にメモをとる人もあれば，面談後に記録を書き上げる人もあり，またまったく記録を残さない人もあります。これはスーパーバイザーのやり方にもよりますが，スーパービジョン関係の形式の差違にもよるものです。スーパーバイザーが直接の報告や訓練生を監督することに責任を負うような，指導的スーパービジョンや管理的スーパービジョンでは，どのクライアントのケースがスーパービジョンに持ち込まれたか，または触れられなかったかについての記録は役に立ちますし，時間がたつと共にどのような進展があったかを知るときにも有効になります。また査定や評価プロセスの一部として，スーパーバイザーがスーパービジョンでの記録を必要とする場合もあります。このような場合には，スーパーバイザーがどのようなことを記録するか，それはどう使われるか，またスーパーバイジーがその記録を読むことができるかについて，スーパーバイザーが明確な契約を結ぶことが重要です。

　またスーパーバイザーは，スーパーバイジーが自分のクライアントとの仕事内容の記録を持ってくること，そのような記録にふさわしい形式についても提案することができます。管理的スーパービジョンの初期の段階では，私たちは次の4点を取り上げて報告を持ってくるよう，スーパーバイジーに要請します。

- 事実（クライアントとの面談中にどのようなことが起こったか）
- 感情（クライアントと一緒にいるときに，どのような体験をしたか）
- 解釈（起こった事柄について，自身ではどのような意味を読み取ったか——事実と感情をもとに内省する）
- 目標（面談でクライアントの目指すものは何か，そしてそれを一歩進めるためのスーパーバイジーの目標は何か）

　数多くのスーパーバイジーと面談をするような時点に到達すると，そのスーパーバイジーの一人一人が数多くのクライアントを持っているかもしれず，記録をとることは備忘録としての役割を果たすようになります。面談を開始する前に，スーパーバイジーとそのクライアントについての記録を読むことは再結合点を生み出し，仕事をも

っと早く進行させることができるでしょう。しかし重要なことは，過去の文脈を十分理解することは，目の前で起こっていることにスーパーバイザーが十分に対応することの妨げにはならない，ということです。さらに記録は，時間がたつと共に形づくられてくるパターンの経緯を，スーパーバイザーが認識することにも役立ちます。たとえば，休みの後にはクライアントが面談を欠席しがちだというようなことがあげられます。

ペイジとウォスケット（Page & Wosket, 2001），ブラウンとボーン（Brown & Bourne, 1996），キャロル（Carroll, 1996），ヒューソン（Holloway & Carroll, 1999による引用）のように数多くの著者が契約を取り交わす際の経過について詳しく述べています。

9．契約を交渉する

インスキップとプロクターは，カウンセリングのスーパーバイザーが契約を取り交わす際の最初の予備的な面談で，スーパーバイザーが触れておく必要のある領域の，詳細で有効なリストをあげています（Inskipp & Proctor, 1993, 1995）。私たちは，これをいささか修正して，幅広い対人援助職に関して適切に使えるものとしてみました（表6.2）。

表6.2　契約に関する予備的な面談での留意点（Inskipp & Proctor, 1995）

交渉すべき点	仕事での協力関係	スーパーバイジー向けの情報
時間，長さ，日付，間隔，場所 費用	コミュニケーションで，共感，敬意，誠実さに留意しながら，仕事上の協力関係を生み出すために信頼を高めていく	（自分の）理論的背景，職業上の訓練やスーパーバイザーの背景など
支払い方法（誰が，いつ，請求書の有無，小切手または現金か？）		現在の仕事
		スーパービジョンへの支援
欠席の場合（支払い，休日，連絡方法）		所属する職業的組織
交渉および話し合い	基本的な対人関係の技術	スーパーバイジーの求める情報
記録方法 ・クライアント ・スーパービジョン ・同意事項 境界 振り返り 評価／査定 倫理規範	関係を結ぶために，掘り下げ，交渉する 言い換え，内省，まとめ，焦点，質問の方法，自己開示，即時性，目標の表明，優先項目の表明	経験，資格 理論的モデル 職業的組織，倫理規範 フリーランス・組織・エージェント 職場のある地域 クライアントの数，他のカウンセリングの仕事 エージェントからの要請 職業的な必要性と成長 カウンセリングか心理療法か？
最終決定	協力して働けるか？	

第2部 スーパーバイザーとスーパービジョン

10. スーパービジョンの取り決め

　ここまでは，正式な一対一のスーパービジョンの契約について述べてきました。しかし，もっとくだけた，臨機応変のスーパービジョンの取り決めをすることもできます。居住型やデイケア型のエージェントでは，多くのスーパービジョンが一対一以外の形式で行なわれます。ペインとスコットは，正式なものと略式なもの，あるいは計画的なものと臨機応変なものとの選択を明確にする書式を提供しています（Payne & Scott, 1982）。これは多くのスーパービジョンが正式にスーパービジョンのために設けられた時間や場所以外で起こることを，チームが確認することのできる有効な手段となっています。いったんこのことが認められれば，略式や臨機応変のスーパービジョンの質についても交渉し，進展させることができるでしょう。

　しかし，略式のスーパービジョンの取り決めには落とし穴もあります。形式ばらないスーパービジョンにはさまざまな創造的な余地がありますが，定期的で正式な個人によるスーパービジョンに存在する厳格さや集中的な焦点を避けるために，このような構成の緩いスーパービジョンの形を利用するのはたやすいことです。この本の中で私たちは，スーパービジョンを受けることや与えることに対するごく自然な抵抗や防衛姿勢について詳しく述べてきました。正式な構造がないと，このような抵抗はスーパーバイジーとスーパーバイザーの双方から，多くの回避行動となって現れることがあります。スーパービジョンは問題が起こったときにのみ要請されるもので，その他のときは「がんばり続ける」べきだという雰囲気が生まれてくるのは簡単なことでしょう。この手の文化に潜む危険については，第13章で詳しく述べることにします。

11. スーパービジョンを行なうスタイル

　スーパービジョンにおけるさまざまな機能やモードを検討してきましたが，ここで異なるスーパービジョンの内部で，そのスタイルにどのような違いがあるかについて見ていきましょう。この章ではスーパービジョンのスタイルにおける大ざっぱな差違について述べ，独自のスーパービジョンのスタイルを鮮明に描き出し発展させる手助けとするために，第7章で，私たちの提唱するスーパービジョンのモデルについて述べることにします。

　個人のスーパーバイザーとしてのスタイルというのは，その人の実践家としてのスタイルに影響されます。あなたがロジャーズ風のカウンセラーであれば，スーパービジョンのスタイルは非指示的でスーパーバイジー中心のものとなるでしょう（Hess, 1980 の第12章, Rice を参照）。あなたの訓練が精神分析型であれば，スーパーバイザーとしては，クライアントやスーパーバイジーの無意識的なプロセスの解釈に集中

する傾向があるでしょう（Hess, 1980 の第 11 章，Moldawsky を参照）。行動主義的な訓練を受けたのであれば，スーパーバイザーとしては，クライアントの行動や働き手の方法論に注目することになるでしょう（Hess, 1980 の第 13 章，Linehan を参照）。また，いくつかの異なる治療的アプローチを統合して，自分のスーパービジョンをつくり上げることもでき，これについてはボイドが検討しています（Boyd, 1978）。

　私たちは時々，スーパーバイジーと同じタイプの訓練を受けたスーパーバイザーを確保する必要があるか，という質問を受けます。これに対する返答は単純ではありませんが，共に学習し働くためには，スーパーバイザーとスーパーバイジーが共通の言語と信念体系を分け合っていることが必要です。ただ反面で，大きく異なる訓練を受けたスーパーバイザーを持つことは，ときとしてその人が，あなたの信念体系が削除したものをはっきりと感知することができるということです。

　スーパービジョンのやり方は，性別，年齢，文化的背景，それに加えてあなたの性格によっても大きく影響を受けます。これらの点が，スーパーバイジーや，提示されたクライアントに対する見方に大きく影響することを，理解していることはたいへん重要です。このことは，スーパーバイジーとスーパーバイザーの間に同様な年齢，性別，背景が存在し，しかしクライアントの年齢，性別，背景は異なるような場合には（たとえば，クライアントが西インド諸島出身でワーキングクラスの年配の男性で，スーパーバイジーとスーパーバイザーは共に白人のミドルクラスの女性であるような場合），ことに重要な意味を持つでしょう。このような場合にスーパーバイザーは，スーパーバイジーの背景や姿勢がクライアントを見る視点や働きかけに，どのような影響を与えているかを探求することができるように，いっそうの努力をする必要があるでしょう（この領域については第 8 章で検討します）。

　エクシュタインは，このような課題について考察する簡潔な方法を提供しています（Ekstein, 1969）。それは，私たちが自分の「盲点，聞く耳を持たない事柄，常識に欠ける点」を考察することだと言っています。常識に欠ける点とは，スーパーバイジーやスーパーバイザーが，クライアントが置かれている状況について無知である場合のことを言います。同性愛者であることや，親から拒絶されることを恐れること，不当に扱われている民族集団に属していること，というような状況を理解する体験のないことを意味します。盲点というのは，スーパーバイジーの個人的なものの見方が，クライアントを正確に見つめる際の障壁になっている場合です（第 7 章を参照）。聞く耳を持たない点とは，セラピストがクライアントの声を聞けないばかりでなく，スーパーバイザーの声も聞けないような場合を指します。これは罪の意識や不安感，あるいは不快で破壊的な感情，権威のある存在に対する敵意などに基づいた，極端に防衛的な反応によることが多いものです（Rowan, 1983）。

　作家で歴史家でもあるトマス・クーンはこう言っています。「そのことを気づかせ

るような適切な比喩を手にするまでは，何かを見ることはできないものだ」。自分の使う比喩を通して初めて，会話の中に感情が息づいてくるものです。元来，言語というものはとても豊かな比喩の泉であり，ごく普通に使われる言葉の多くは，「照らす」とか「（一列に）配列する」とか「繁茂する」というように，比喩をもとに生まれたものです。

私たちの訓練プログラムでは，スーパーバイジーとスーパーバイザーの使う比喩を観察する役割を振り，お互いのたとえ話の路線をたどることができるかできないかを見ることがよくあります。

神経言語プログラミングの研究によれば，人はそれぞれ異なる支配的な知覚様式を持っているものです（Bandler & Grinder, 1979）。たとえば，次のようなことです。

- 視覚的で，視覚的な比喩を用いた言語で話すこと。「私の展望の後ろ側に，このチームを整列させるときの問題が見えますか？」
- 聴覚的で，音に関する比喩を用いた言語で話すこと。「私のチームが，この旋律に合っていないことが聞き取れますか？」
- 運動感覚的で，感情，動き，触覚的な言語を用いて話すこと。「自分のチームメンバーが，私の変化を求める飢餓感を理解しないので，メンバーをどうにも動かせないことが，私にとってどんなものか，感じることができますか？」

スーパービジョンにおいて，スーパーバイジーと親密な関係を発展させるためには，次のようなことが重要になるでしょう。

- 視覚的な感覚の強いスーパーバイジーの目を通して世界を見つめ，その視点やものの見方に沿うこと。
- 聴覚的な感覚の強いスーパーバイジーに同調し，その波長と和音に合わせること。
- 運動感覚的なスーパーバイジーの感情や感覚を感知し，共に動き，その皮下に入り込むこと。

ヨーロッパや北アメリカの支配的な文化においては，視覚的な感覚の強い人が多く，それは教育システムの反映とも言えるでしょう。相手の人間と深いレベルで結びつき，親密感を高めるためには，相手の支配的な感覚に合わせることから始めるだけでなく，お互いに使用する言葉を通しての密接な結びつきを強める必要があります。視覚的なモードのときには，お互いに距離を置いて立ち，目の前に起こるものを眺める傾向になります。聴覚的なモードのときには，波長を合わせて物語の反響に耳を澄ませ，運動感覚的な場合には，相手に合わせ，または一緒に動くことになるでしょう。

このようなことを自然に行なうには，自分の支配的な感覚と自分の比喩の源泉を理解していることが重要で，それらが異なるクライアントと共に，どのように相互作用

をするかに気づいている必要があります。それを基盤として自分の比喩の幅を広げていくことができれば，スーパーバイジーが自分たちの感情の幅や表現方法の幅を広げていくのを助け，やがてはクライアントが同様のことをするのを支援することができるようになるでしょう。

12. スーパービジョンにおける発展的アプローチ

　カウンセリング心理学の分野におけるスーパービジョンの文献は，近年アメリカで急激に増加し，そこに浮かび上がってきた中心的なモデルは，発展的アプローチによるものでした。このアプローチでは，スーパーバイザーは幅広いスタイルとアプローチを持っていることが必要であるとされ，カウンセラーが経験を積むにしたがい，発展的に異なる段階に達するにつれて修正されていくのです。

　この分野における最初の独創的な研究は，ホーガンによる，心理学者を心理療法士に訓練する分野におけるものです（Hogan, 1964）。その後，多くの著者が彼に続き，その中心となるのはワージントン，シュトレンバーグとデルワースでしょう（Worthington, 1987; Stoltenberg & Delworth, 1987）。それぞれのモデルを解説する代わりに（これらのモデルは Stoltenberg & Delworth, 1987, pp. 18-30 に詳しく述べられている），それをスーパーバイジーの発達に沿った4段階の統合的な発展モデルとして解説することにしましょう。

(1) 第1段階──スーパーバイジーを中心とする段階

> 　第1段階の特徴は，訓練生のスーパーバイザーに対する依存度である。スーパーバイジーは，自分の役割やそれを果たすことができるかどうかについて確信を持てず，不安を感じ，洞察力もないが，同時に高い意欲を持っている。ヘイルとシュトレンバーグは，新しい訓練生が抱く不安の2大要因は，第1に評価される不安，第2に客観的自己認識であると述べている。客観的自己認識とは社会心理学からの借用語で，ビデオで録画されたり，録音されたり，自分に焦点を合わせることが，自分の仕事ぶりについての否定的な評価を引き出し，それと共に不安感をつのらせるという状況が起こるときに使われる。
>
> 　　　　　　　シュトレンバーグ＆デルワース（Stoltenberg & Delworth, 1987, p. 61）

　新しい訓練生は，自分の仕事ぶりを判断するために，基本的な基準をつくり上げるに足る経験を持っておらず，その結果としてスーパーバイザーが自分たちの仕事をどう評価するかに左右されると考えてしまいます。この不安感は，スーパーバイザーが自分たちの訓練や評価を正式に査定する役割を負っていることにも関連しています。さらにもっと日常的なレベルで，スーパーバイザーが自分の仕事をどう見ているか，

またはそれが他のスーパーバイジーとどう比較されているかという点においても存在します。

この不安は，面談を録画する場合や，面談の様子を口頭で報告するように訓練生が要請された場合に，ことに強く感じられることを私たちは発見しました。しかしスーパービジョンには，スーパーバイジーが自分の仕事ぶりを内省する手助けが必ず含まれているので，新しい訓練生は必然的に不安をかき立てられることになります。

この第1段階にある訓練生は，「クライアントの歴史や現在の状況，あるいは人格評価のデータなどの特定の部分に焦点を当てがちで，その他の適切な情報を見逃してしまうことがある。最終的な結果は，ごく目立たない情報による場合もある」のです (Stoltenberg & Delworth, 1987, p. 56)。

この段階では，訓練生はたいてい治療的なプロセスの初期の部分でのみクライアントと関わっていることが多いので，その治療的なプロセスの全容を見渡すことは困難です。そのため，現在滞っている地点からそのプロセスが先に進むかどうかについて，じれったく感じたり，心配になったりすることがあります。

第1段階にある訓練生のごく普通の不安に対処するには，スーパーバイザーがはっきりとした輪郭のある環境を提供する必要があります。その中では，何が実際に起こったかに対してのクライアントやスーパーバイジー自身からの未熟な判断に対して，スーパーバイザーからの肯定的なフィードバックや励ましが含まれているべきです。「新任のセラピストに対しては，支援するものと，不確定のままに置くものとのバランスをとることが，スーパーバイザーの基本的な課題である」のです (Stoltenberg & Delworth, 1987, p. 64)。

(2) 第2段階―クライアントを中心とする段階

この段階では，スーパーバイジーは当初の不安を乗り越えて依存と自立，そして過信と困惑との間を揺れ動くことになります。

私たちは他の著書で，治療的コミュニティに居住していた働き手に，この段階がどのように現れてきたかについて述べました (Hawkins, 1980)。この論文は，「スキュラとカリュブディスの間で」(訳注：スキュラとカリュブディスは共にギリシア神話に現れる怪獣) と題され，この段階で訓練生が指導者やスーパーバイザーから支援を受けながら，どのようにして一方のカリュブディスの象徴するもの（カリュブディスは大きな渦潮を意味し，クライアントの状況に溺れ，過剰識別の状態になること）と反対側のスキュラの象徴するもの（この場合は過剰な職業的態度）との間の舵取りをしていくかを述べています。あるスーパーバイジーがどのようにしてカリュブディスの渦潮に飲み込まれていったかについて，この中では次のように書かれています。

　　スーパーバイジーは，本を読むことや手紙を書くことをやめてしまう。自分の経験を

ケースカンファレンスやスーパービジョンで客観的に見つめることができなくなり、境界を設定することができなくなり、居住者（クライアント）に「ノー」と言えなくなり、勤務時間外に自分の時間を確保できなくなる。そして他人の困難と自分の精神内部の動きとを区別することができなくなり、自分の成功や失敗、またその妥当性を居住者（クライアント）の成功や失敗にすべて注ぎ込んでしまう。

ホーキンズ（Hawkins, 1980, p. 195）

逆にスキュラの住む岩に突進する職員はどうなるでしょうか。

　防衛のために極端に冷静になり、何事にも個人的に巻き込まれることを避け……訓練生の職員は一対一でクライアントに会うことができなくなり、有能な職員という偽りのイメージにしがみつき、事務的な仕事に逃げ込んでいく。

ホーキンズ（Hawkins, 1980, pp. 222-223）

　第2段階の訓練生は、仕事におけるクライアントの発展過程や自分自身の訓練の発展過程について、以前のように単純で焦点の定まった状態ではなくなってきます。「訓練生は臨床心理士（あるいは他の対人援助職）になることが、長期にわたる骨の折れる過程であることを、感情的なレベルで理解するようになる。そしてある状況では効果的な技術や介入が、別の状況では役に立たないことを発見する」（Stoltenberg & Delworth, 1987, p. 71. ―括弧内の注釈は著者による挿入）。

　初期に自信と見通しのよいアプローチを失うと、この幻滅はスーパーバイザーの責任であると考えて、怒りを覚える訓練生もいることでしょう。この場合スーパーバイザーは「最も必要とされているときに、期待に答えてくれない無能で当てにならない人物」（Loganbill et al., 1982, p. 19）と映るかもしれません。この段階を通常の成長過程の思春期にたとえる研究者もいます。その場合、第1段階は幼児期、第3段階は青年期初期、第4段階は成人期、ということになります。

　確かに、この第2段階のときには、スーパーバイザーは思春期の子どもを相手にしている親のように感じることでしょう。親の権威が試されることも多く、気分は不安定で、訓練生が自分の過ちから学習する場と、阻止や抑制をする場の両方を、スーパーバイザーは提供する必要があります。またこの段階では、スーパーバイザーと同様に自分の混乱の原因であると考えて、訓練生がクライアントに強く反発することもあります。

　第2段階のスーパーバイザーは、第1段階のときよりも訓練生に対して枠組みを緩め、あまり指導的ではない方が望ましいですが、訓練生が状況に対応できずに興奮と落胆の間を揺れ動き、また仕事の選択を誤ったと感じたりする場合もありますから、感情面の把握がたいへん重要な要素となります。

(3) 第3段階——プロセスを中心とする段階

第3段階の訓練生は、さらに充実した職業的な自信を見せ、スーパーバイザーにはときおりの依存性を見せるだけだ。深い洞察力を持ち、安定した意欲を示す。スーパービジョンは平等の関係を表すものに近づいて、職業的なあるいは個人的な意見の対立をめぐる議論の共有や例証を特徴とするものになる。

シュトレンバーグ&デルワース（Stoltenberg & Delworth, 1987, p. 20）

第3段階の訓練生は、その時々のクライアントの特徴的なニーズに合わせて、自分のアプローチを調整することができるようになります。クライアントをもっと広い文脈の中で見つめることができ、私たちが「ヘリコプター的技術」と呼ぶものを身につけているようになります。これは、面談の中でクライアントときっちりと対応しながらも、同時に次に述べるような文脈に沿って、現時点での内容とプロセスの全体像を見ることができる技術です。

- 治療的関係におけるプロセスの全体像
- クライアントの個人的な歴史と生活習慣、クライアントが囲まれている環境
- クライアントの人生における段階、社会的文脈や民族的な背景

この段階では、訓練生がどのような理論的姿勢を背景にしているかを知ることは簡単ではありません。訓練生はこの段階に至るまでにその理論的姿勢を、学習した技術として使うことを通り抜け、自分の訓練と人格とを統合しているからです。

(4) 第4段階——文脈に沿ったプロセスを中心とする段階

この段階はシュトレンバーグとデルワースによって「統合された第3段階」と呼ばれています。この段階では、スーパーバイジーは「熟練した」レベルに達していて、「自主性があり、洞察力、安定、一貫した意欲を保ち、自分の個人的、職業的な課題に挑戦する必要を認識することができる」という特徴を備えています（Stoltenberg & Delworth, 1987, p. 20）。またこの段階で、多くのスーパーバイジーは自らスーパーバイザーとなり、同時にこのことが学習をいっそう深め確立することにもなるのです。シュトレンバーグとデルワースは、同僚の言葉を次のように引用しています。「スーパービジョンをするときには、異なる領域の関係性について明確に説明するように迫られるので、統合的に考えることの手助けになるのだ」（Stoltenberg & Delworth, 1987, p. 102）。

私たちはよく、スーパーバイジーに向かって自分たちが学ぶ必要のあることを言ったりするものです。それはまるで私たちの口の方が、思考装置よりも密接に自分の無意識下の考えに結びついているかのようです。愚か者の賢者ナスラディンは、どのようにしてそれほどまでの知識を身につけたのかと聞かれ、こう答えます。「ただあれ

これたくさん話して，人びとがそれに同意したときには自分の言ったことを書きとめるのさ」(Hawkins, 2005)。

確かに第4段階は，さらに多くの知識を身につけるということではなく，それが英知になるまで深め，統合するということでしょう。イスラム神秘主義の師の言うごとく，「英知とならない知識は，火のともらぬローソクのようなもの」だからです。

スーパーバイジーの発展過程を他の発展的アプローチにたとえることも可能です。私たちはすでに，人間の成長と発展の過程との共通点について述べました。これをまた，中世の工芸ギルドの発展段階にたとえることもできます。その中では訓練生は「見習い」として出発し，それから「職人」となり，その後「工芸家」となり，最後に「熟練工芸家」となるのです。

このモデルはグループの発展段階とも共通点があります。シュッツは，グループはまず「包含か排除か」という際立った不安を持つことから始まる，と描写しています (Schutz, 1973)。自分はうまく合わせて所属することができるだろうか？ この不安が解消されると，グループはたいてい「権威」をめぐる課題に進展します。リーダーに挑戦したり，競争心に対応したり，ということです。その後で初めて，「愛着」や親密さをめぐる課題に対応することができます。他の人と親密になるにはどうするか，何が適切な親密度か，ということです。このようなテーマの進展は，スーパービジョンにおける発展的アプローチと共通点があり，スーパービジョンが他の訓練生も含めた形で行なわれる場合には，ことにそうなります（第9章を参照）。

最後に，この4つの段階は，その焦点や関心事がどこに集中しているかによって，次のように特徴づけられます（表6.3）。

表6.3 スーパーバイジーの発展的段階

第1段階	スーパーバイジーを中心とする段階	「自分はこの仕事で生き残れるか？」
第2段階	クライアントを中心とする段階	「自分はこのクライアントが生き残れるように支援できるか？」
第3段階	プロセスを中心とする段階	「私たちはどう関係しているのか？」
第4段階	文脈に沿ったプロセスを中心とする段階	「プロセスはどのように互いに作用するのか？」

次の章で私たちの提唱するスーパービジョンモデルにおける発展段階を検討するときに，上の描写にまた戻ることにしましょう。

13. 発展的アプローチを検証する

この発展的モデルは，スーパーバイザーがスーパーバイジーのニーズを査定するこ

とに役立ち、またスーパービジョンの仕事の一部が、スーパーバイジーの成長をそれぞれの発展段階において、あるいはそれにまたがる部分において助力することだという点を理解するのに役立ちます。またこのモデルは、スーパーバイジーの成長に伴ってスーパービジョンの性質も変化することを強調しています。

しかし、その有用性には限界があることを理解しておくのも大切でしょう。第1に、このモデルをあまりにも厳格に、青写真のように使ってしまう危険性があります。その場合、個人の特定のニーズや、スーパーバイザーのスタイルや、スーパーバイザーとスーパーバイジー間の独特な関係性に十分な注意を払うことなく、すべてのスーパーバイジーをその段階に沿って規定通りに扱うことになってしまうかもしれません。

第2に、ヘスの指摘するように、スーパーバイザーも自分の発展段階に沿って成長するのであり、そのため、双方の発展過程における相互作用を見ていく必要があるでしょう (Hess, 1987)。この課題は、シュトレンバーグとデルワースも触れています (Stoltenberg & Delworth, 1987, p. 152-167)。そこには、並立するスーパーバイザーの発展モデルが提唱されています。

- 第1段階——スーパーバイザーは、「正しい」ことを行ない、効果的に役割を演じることに苦慮する傾向がある。このことは、過度に機械的になったり、専門家の役割を演じたりすることにつながる。
- 第2段階——「この段階でスーパーバイザーは、スーパービジョンのプロセスが考えていたより、はるかに複雑で多面的であることを理解する。それはもはや以前思っていたような『素敵な冒険』ではなくなる」。自身のスーパービジョンの仕事のために支援を求めることをせずに、スーパーバイザーとしてひとりだけで対処しようとする傾向が、ときおり見られる。
- 第3段階——第1段階で渋滞したり、第2段階で脱落しない限り、ほとんどのスーパーバイザーがこの段階に到達する。この段階では、スーパーバイザーは安定した意欲を見せ、仕事の質を高めることに興味を覚える。公正な自己評定をすることができる（第9章を参照）。
- 第4段階（シュトレンバーグとデルワースはこれを統合的第3段階と呼んでいます）——この段階では、スーパーバイザーは自分のスタイルを調整することができ、異なる段階や、異なる理論的背景、異なる文化的背景のスーパーバイジーに合わせて、適切に仕事をすることができる（第8章を参照）。このようなスーパーバイザーは、スーパービジョンを行なうだけでなく、スーパービジョンの指導員となったり、コースを指導することができる。

自分の仕事の実践において第3段階か第4段階に到達していない人は、スーパービジョンの実践に着手すべきではありません。そのような場合には、経験のある実践家であることと、新任のスーパーバイザーであることとの両方の事実の間で折り合いを

つけていかねばなりません。シュトレンバーグとデルワースは，第1段階と第2段階のスーパーバイザーが，発展の第1段階にある働き手以外をスーパーバイズすることはたいへん困難だとしています。その場合には，スーパービジョンの実践についての，良質なスーパービジョンが必要となります。

このモデルをあまり厳格に応用することは避けるべきですが，スーパーバイジーにふさわしいスーパーバイザーを選択することや，スーパービジョン関係の困難点を探索する際には，たいへん有効な案内図となります。

キャロルは，アメリカ以外の場所で働く人びとに対して，このモデルのもうひとつの限界を警告しています（Carroll, 1987）。それは，このモデルが完全にアメリカ国内で開発されたことで，「私たちは他の環境で有効に作用する理論を，異なる環境に応用できるかを真剣に考慮しないままに，イギリスに転用することには注意すべきである。カウンセリングのスーパービジョンは，良き移住者とはならないかもしれない」と述べています。彼はアメリカとイギリスにおけるカウンセリング環境の重要な差違を述べたオトゥールの研究をあげています（O'Toole, 1987）。他の職業的な分野においても，大西洋をはさんでかなり際立った文化の違いというものが存在します。

最後に，私たちは自分が他の人の成長について責任があるときには，自己中心的で誇張した考えを持つことがあるのを覚えておくことは大切でしょう。この点を語る，実に見事な物語があります。

> ある男が，1羽の蝶がさなぎからかえるべく奮闘しているところを見つけました。それがあまりにもまだるっこしかったので，男は優しく息を吹きかけてやりました。男の温かい息は，そのプロセスを早めることはできました。しかし，生まれてきたのは蝶ではなく，ずたずたの羽を持った生き物でした。

上に述べたような留保はあるにせよ，職業的な訓練コースに従事するすべてのスーパーバイザーが，このモデルをある程度理解していることは重要であると考えます。これによって，そのコースの異なる段階にいる訓練生に，どのようなスーパービジョンが最も適切であるかを決める指針となるからです。

14. リサーチ

私たちがこの本の初版（Hawkins & Shohet, 1989）を発表して以来，スーパービジョンについては数多くの本や論文，記事が出版されましたが，この分野におけるリサーチの量はもっと緩やかな増加が見られます。最も多くのリサーチが行なわれた分野は，ことにアメリカにおけるカウンセリング心理学と臨床心理の領域です。

フレミングとスティーンが指摘する通り，「スーパービジョンのリサーチは大部分

が記述的である。ほとんどの研究はスーパーバイジーに焦点を当てており，成果に注目することはほとんどなく，スーパービジョンに対する反応についてのものだ」(Fleming & Steen, 2004, p. 171)。

　彼らの研究は，スーパーバイジーや訓練生によって評定を下された，最も役に立つスーパーバイザーの行為のトップテン，というまとめを提供しています（Fleming & Steen, 2004, pp. 178-179)。ニック・ラダニーも，スーパーバイジーがどのようにスーパービジョンを体験するか，そして何を効果的と感じるかについて，有効な研究を発表しています（Ladany, 2004; Ladany et al., 1999）。ホーキンズとシュヴェンクは，公認人的開発協会（CIPD）の依頼で，英国でのコーチングスーパービジョンについて，組織的な需要（その多くは組織の人事部）やコーチマネージャー，内部のコーチ，外部のコーチ提供者といったさまざまな視点からの研究を行ないました（Hawkins & Schwenk, 2006)。この研究はコーチの質を継続的に向上させ，個人的なあるいは団体のクライアントが，さらに効果的に学習するために，スーパービジョンが果たす役割についてのものでした。

　この分野の研究に欠けているものは，スーパーバイジーの実践と本人たちのクライアントとの仕事において，スーパービジョンの有効性はどのようなものかという，成果を基盤とした研究です。これはフレミングとスティーンが指摘する通り，決して単純な課題とは言えません（Fleming & Steen, 2004）。

　　　効果的なスーパービジョンの厳密な検査というものは，ある特別なスーパービジョンにおける介入が，スーパーバイジーからの支援を受けたクライアントの上によい成果が認められた，という明らかな証拠という形で現れるべきであろう。しかし，この仮説を証明する上で，考慮に入れなければならない偶然のつながりや媒介変数というのは，実に膨大なものになる。当然のことながら，スーパーバイザーの行為と患者の予後というものの間の，確実な因果関係を設立した研究というのは，未だに発表されていないのである。

　　　　　　　　　　　　　　　　　　　ホロウェイ＆ノイフェルト（Holloway & Neufeldt, 1995）

15. アクションリサーチ

　現在成長分野であるスーパービジョンについての研究を奨励する一方で，スーパービジョンそのものが，実践についての一種のリサーチであり，それをさらに効果的にする方法を発見するリサーチだということを，認識するのも重要なことでしょう。すべての異なるリサーチ様式の中で，スーパービジョンを研究する方法として，またその実践と哲学的背景をめぐってスーパービジョンと多くの類似点を分け合うという点で，アクションリサーチが私たちのアプローチに最適であることは，間違いないでしょう。アクションリサーチは二元的ではない，参加型の哲学を基盤とするもので，

そのため，世界を客観的，あるいは主観的な研究に分割することなく，複合的な視点を通して，ある探求の「領域」における複雑な関係性を理解しようとするものです。私たちのスーパービジョンへのアプローチを，継続的に行なわれる小さな単位のアクションリサーチの集まりであると理解することもできましょう。リーズンとブラッドベリーは，アクションリサーチについて，「それは行動と内省，そして理論と実践を，他の人びとの参加する中で，人びとにとって緊急の関心事である事柄の実際的な解決法を探そうとするもの」だと述べています（Reason & Bradbury, 2001, p. 1）。

アクションリサーチと，私たちの提唱するスーパービジョンへのアプローチは共に，この種の探求を基盤としています。その探求とは，そこに含まれるすべてのものが，ある間主観的な「領域」において相互に作用することを認める，ということです。言い換えれば，それらはすべて「相互交換的な相互効果」の体系の中で作用する，ということです（Beebe et al., 2002; Stolorow et al., 2002）。そしてそれは，私たちの存在が常にその探求の領域の一部であるからには，私たちは完全に客観的でいることはできない，ということを認めるアプローチでもあります。

アクションリサーチの研究者にとっては，スーパーバイザーと同じように，自分たちの仕事をより深く理解することが満足なのではなく，それが実践の向上につながるものでなくてはなりません。私たちはさらに深く理解するためや「真実」を発見するために研究するのではなく，自分たちの実践を向上させるために研究に着手するのです。つまり，私たちのモデルの第5と第6のモードを通して（第7章を参照），スーパービジョンのプロセスへのすべての参加者（クライアント，スーパーバイザーおよびスーパーバイジー）が，相互効果の「領域」を構成し，それはさまざまな，創造的で複雑な方法で探求されるべき場となるのです。そのプロセスを通して，参加者のつくり出す空間に，何が「真実」か，という理解が浮かび上がってきます。この理解は，何か真正であるものを露わにするものであるかもしれませんが，あくまでも「客観的」なものではなく，関係性の中から生まれるものです。ストロロフ，アトウッド，オレンジは，「私たちは事実に対応する真実ではなく，あり得る理解としての真実に注目しなくてはならない」と述べています（Stolorow et al., 2002, p. 119）。

スーパーバイザーが到達することのできる唯一の「真実」というのは存在しませんが，セッションの中で体験された物語や，比喩，イメージ，感情などを，クライアントと共に，またはセッションの中で内省することによって，私たちは自分たちの理解や，繊細な心遣いをもって対応する能力を高めることができるのです。

アクションリサーチの方法論は，上のような哲学的過程を考慮に入れています。そのひとつは「協力的探求」と呼ばれ（Heron, 1996），共同作業の性質を持つものです。ヘロンとリーズンは，このような研究グループを「……を研究する」ではなく「……と共に研究する」と表現し，その参加者はみな研究者であると共に研究対象であり，それぞれの貢献は同じように価値のある，重要なものだと考えます（Heron &

Reason, 2001, p. 179)。そこに参加する全員が「成果（アウトカム）」に関わっているからです。そのため，そこに含まれる人びとはすべて共同研究者となります。このようなグループが，実践の中で共謀することなく厳正さを維持するために，さまざまな方法論が開発され，その中で最も重要なものが，行動と内省のサイクルと呼ばれるものです（Heron & Reason, 2001, p. 179)。相互作用的な行動のサイクルの後に，グループ内部と外部においての内省の時間を持ちます。その内省期間の後に，新しい行動が続き，この行動は内省期間中に生まれた思考や着想の恩恵を受けたものとなります。

　コルプの提唱した「学習サイクル」(Kolb, 1984) は，一見単純とも思われる行動と内省のサイクルの概念が，ことにそれがアーギリスとションの単独あるいは二重の環状学習の概念（以下を参照）と重ねて考えられた場合に，なぜこれほどまでに有益であるのかを理解する際にとても役立ちます（Argyris & Schon, 1978)。コルプの学習サイクルは，実地の体験から始めて内省的な観察へと続き，そして抽象的な概念化，その後に積極的な実験へ，そしてそれがまた実地の体験へとつながるものです。このサイクルは，実地の体験が内省を経て行動の変化へとつながる過程を説明しています。第3章で，私たちはコルプのモデルを発展させ，行動の4つの段階，すなわち評価すること，思考すること，そして計画することがすべて学習の過程であることと，その段階のいずれかが抜け落ちた場合の危険性について説明しました。

　アーギリスとションは，「単独環状」と「二重環状」の両方を含んでいる，同じような学習理論を発展させました（Argyris & Schon, 1978)。「単独環状学習」においては，行動と内省が単独で一貫性のある関係枠の中で，一段階上の学習へとつながります。「二重環状学習」においては，第2の環は最初の環をもとにした内省の上に成立し，その姿勢，価値観，前提などを探求するものとなります。この第2の環が，誰にも明らかな表面的な学習を一段と深いものにしていくのです。最初の問いかけを掘り下げ，新しい質問を生み出すのが，この第2の環です。単独の環だけを順守しても正しく行動する方法は学べますが，新しい理解は生まれません。たとえば，スーパーバイジーは単独学習の環の中で，もし明確な契約が交わされていない場合にはクライアントの出席は一定しない，ということを学ぶかもしれません。けれども，たとえば権威を認めることを困難に感じるという特徴を分け合っているようなクライアントとは，明確な契約を交わさないにしがちだ，ということを理解するのはこの第2の環の学習と言えます。

　第2の環は，第1の環の単純な因果関係の前提を掘り下げ，スーパーバイジーは不定期な出席が契約を交わさない結果であるということ以上の理解に行き着くのです。スーパーバイジーの行動の変化は，その裏に潜む前提に寄せるいっそう深い理解を基盤としています。私たちの中には，学習が精神界に到達するような，より高い目的に注目する第3の環についての概念を発展させた者もいます（Hawkins, 1991)。

この例からもわかるように，スーパービジョンの実践は，それ自体がスーパーバイジーとスーパーバイザーの実践の枠組みの中で，継続的に進められるアクションリサーチとして理解することができます。ごく単純に見れば，クライアントとの面談の中の「アクション」がスーパービジョンの中で内省され，新しいアクションがその内省の結果として提案されるのです。しかし，スーパーバイジーが自分の「内面のスーパーバイザー」（Casement, 1985）を発展させるにつれ，このサイクルはクライアントとの面談のひとつひとつの中で体験されることになり，それがさらにスーパービジョンの中で内省されることになります。実際に，スーパービジョンの場は，学習が二重環状の質を維持することを保証し，姿勢や価値観，前提が単一の関係枠からのみ認識されることのないように導くものです。単独環状学習にのみ依存するようなスーパービジョンは，効率的な実践には貢献するかもしれませんが，仕事の質を深めることはできないでしょう。

アクションリサーチは，スーパービジョンの実践の有効性を常に追求するための，さまざまな手段を提供することができます。そのために，スーパービジョンの面談の中で，双方がその一部として機能しているプロセスについて内省する場を設けるようにします。そうすれば，双方から組織的なフィードバックをする場ができ，本書にあるモデルを使ってスーパービジョンのプロセスを評価することができ，また異なったやり方を試みることに双方が同意する機会もできるでしょう。第13章で詳しく述べている真価を探る調査は，一種のアクションリサーチであり，同様の方法論を用いています。それは，真価を探るための質問と，それに続く探求方法を共同で発見することに，焦点を当てています。このような調査の様式は，スーパービジョンプロセスの中心に据えることができるものです。

このようにしてスーパービジョンとは，実践家の職業的な生活の中に打ち立てることができる一種のアクションリサーチであり，実践家は同時に研究者であると言えます。これはスーパービジョンの実践そのものについても同様です。したがってスーパーバイザーは，研究者であるだけでなく，自分たちのスーパーバイジーが自身の実践について継続的な調査をするための体制をつくり上げる手助けをする，指導者でもあるのです。その時点から，スーパーバイジーとスーパーバイザーとが共同で，スーパービジョンの実践を進展させるために知識と経験を収集するような，本格的な研究に踏み出すのはごくたやすいことになるでしょう。同じ組織内や異なる組織からのスーパーバイザーが集まって，自分たちのスーパービジョンの性格を探求したり，より効果的なスーパービジョンの方法について実験することによって，それをさらに向上させることもできます。第13章の研究組織や研究職の項では，私たちはこのような調査研究というものが，学習の集積において，実践の前線からその一部を構成する組織や職種に行き渡るために，欠くことのできないものであることを主張しています。私たちはそのような研究がこれから頻繁に行なわれることを切に願います。

16. まとめ―自分の枠組みを選択すること

この章での記述が，読者が次のような点を明確にし，選択する際に役立つことを期待しています。

- 利用したいスーパービジョンの枠組み。
- CLEAR モデルを利用してスーパービジョンの各セッションのプロセスをどう構成していくか。
- スーパーバイジーの仕事，ニーズ，発展段階に合わせて，基本的な枠組みをどのように修正していくか。
- スーパービジョンにおける質的，発展的また資源開発的な機能の，競合的な必要性のバランスをどう維持していくか。
- どのようなスーパービジョン契約を交渉し，取り交わすか，またそこにどのような項目を含めるか。
- スーパービジョンの実践が常に進化し発展するために，実践にどのようにアクションリサーチを組み込んでいくか。

しかし，案内図がそのまま領域であるわけではありません。未知の領域に探検の旅に出るときには，できるだけ詳細な地図を手に入れなければなりませんが，一度踏み出したら，すべての時間を地図に埋もれて過ごしたくないでしょう。地図は，あなたが正しい方向に踏み出すときに必要であり，道を見失ったり，正しい方向に向いているかを定期的に確認するためにだけ必要なものです。

最後に，あなたが開発する案内図というものは，スーパーバイジーにとっても手に入れやすく，理解しやすいものでなくてはなりません。スーパービジョンとは，共に旅をすることであり，同じモデルや枠組みを分け合うときに最もうまく働くものです。

第7章
七眼流スーパービジョン―スーパービジョンのプロセスモデル

1. はじめに

　この章は，もともとカウンセラーや臨床心理士を相手にするスーパーバイザーのために書かれたものですが，この20年ほどの間にこのモデルが，教員やコーチ，一般医から営業コンサルタントに至るまでの幅広い対人援助職のスーパービジョンに関して効果的であることを発見しました。そこで，このモデルを発展させ，さまざまな対人援助職で利用できるように用語を改正したのです。

　第6章では現在使われている多くのチャートや表，モデルを提示しましたが，ここで私たちのスーパービジョンにおけるプロセスモデルについて説明しましょう。私たちの二重座標モデルは1985年に最初に発表したものですが（Hawkins, 1985），スーパービジョンの見方において，他のものと著しく異なっています。このモデルにおいては，（第6章のモデルで説明したように）広い意味での文脈や組織的な状況から焦点を移動させて，スーパービジョン関係のプロセスを綿密に検討しています。このモデルは，その後「スーパービジョンの七眼流モデル」（Inskipp & Proctor, 1995）と表現され，それ以降この名称で呼ばれています。

2. 二重座標モデル，あるいは七眼流スーパービジョンモデル

　私たちがこの二重の側面に注目した最初の理由は，自分たちのピアグループのメンバーの受けるスーパービジョンのスタイルと，他の場所でのスーパービジョンのスタイルとの著しい違いを理解したことでした。この差違というのは，発展段階や初期のタスク，あるいは介入のスタイルの違いということでは説明のつかないものでした。そこでさらに詳しく検討した結果，この差違というものが，どのようなことに私たちが焦点を当てているかに応じて，スーパーバイザーとして，私たちがつくり上げる絶え間ない選択肢に関係していると理解するに至りました。

　スーパービジョンのどの時点においても，多くのレベルが機能しています。スーパービジョンの場面では，最低限でも次の4つの要素が互いに関与しています。

第2部　スーパーバイザーとスーパービジョン

- スーパーバイザー
- スーパーバイジー
- クライアント
- 仕事の文脈

　この4要素のうち，ライブのセッションを除いて，スーパービジョンのセッションには，通常スーパーバイザーとスーパーバイジーのみが実際に参加しています。けれどもクライアントと仕事の文脈は，スーパーバイジーの自覚と無意識の双方によって，その場に持ち込まれます。ときには，これらが録音やビデオの録画，また逐語録やロールプレイという形で間接的に持ち込まれることもあるでしょう。
　こうして，スーパービジョンのプロセスは，互いに交錯する2つのシステム，あるいは座標を巻き込んでいることになります。

- クライアントとスーパーバイジーの座標
- スーパーバイジーとスーパーバイザーの座標

　スーパービジョン座標上の任務とは，スーパーバイジーとクライアントの座標に注意を払うことであり，スーパービジョンのスタイルの差違は，どのように注意を払うかの方法において，明らかになるものです。
　私たちのモデルはスーパービジョンのスタイルを，2つの大きな領域に分けています。

- 報告書やクライアントとのセッションの記録や録音をじっくりと検討することによって，スーパーバイジーとクライアントの座標に直接的な注意を向けるスーパービジョンを行なうもの。
- スーパービジョンのプロセスでの「今，ここにおける」体験の中で，このシステムがいかに反映するかを通して，スーパーバイジーとクライアントの座標に注意を向けるスーパービジョンを行なうもの。

　このスーパービジョンの運営方法における2つの大きなスタイルは，さらにそれぞれ，注意を向ける焦点をどこに絞るかによって，3つの領域に分けられます。これでスーパービジョンには6種類のモードがあることになり，それに第7の，スーパービジョンとクライアントの仕事が行なわれるさらに広い文脈に焦点を当てるモードを含めて，7種類のモードが成立します（図7.1）。

(1) クライアントに対する焦点と，クライアント自身が何を，どのように提示したのかに対する焦点

　ここでは，セッションの中で実際に起こった現象に焦点が当てられます。すなわ

第7章 七眼流スーパービジョン—スーパービジョンのプロセスモデル

組織的な文脈

職業的規約と倫理

組織からの束縛と期待度

7

6 スーパーバイザー

6a 空想的な関係

5

4 スーパーバイジー

2　3

1 クライアント

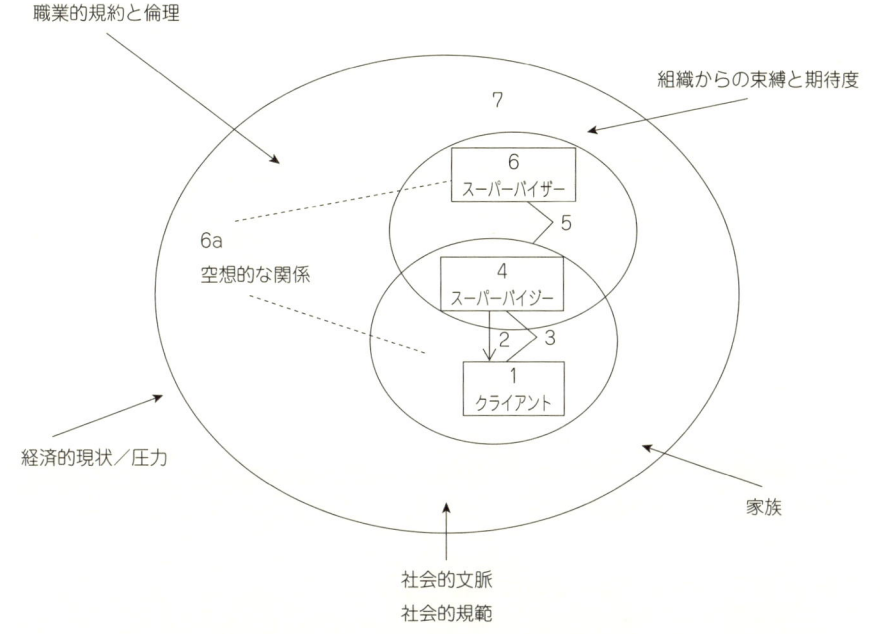

経済的現状／圧力

家族

社会的文脈
社会的規範

図7.1　スーパービジョンの7眼流モデル

ち，クライアントがどのように自らを提示したか，どのような事柄を分け合うことにしたか，自分の生活のどの部分を掘り下げていきたいか，そして，現在のセッションの内容が以前のセッションの内容とどのように関連しているか，というような点です。このような形態のスーパービジョンが目標とするのは，スーパーバイジーが，クライアントや，クライアントの選択，または生活のさまざまな面に注意を向けることの手助けをすることです。

(2) スーパーバイジーの方針や介入の探索

　ここで焦点を当てるのは，スーパーバイジーによる介入の選択についてです。どのような介入が選択されたかだけではなく，いつ，どのような理由で行なわれたか，についてもです。その後に代わりの方針や介入も検討し，その結果の予想をすることになります。この形態のスーパービジョンの主要な目標は，スーパーバイジーが介入する際の選択の幅を広げ，その技術を高めることにあります。

(3) クライアントとスーパーバイジー間の関係の探索

　ここでスーパーバイザーは，スーパーバイジーとクライアントとの関係において，

意識的にまた無意識に何が起こっているかに，特別の注意を払います。それには，セッションがどのように始まりどのように終わったか，セッションの周辺部でどのようなことが起こったか，そこからどのような比喩やイメージが浮かび上がってきたか，あるいは双方の声の推移や姿勢の変化などが含まれます。この形態のスーパービジョンにおける主要な目標は，スーパーバイジーが自分の視点から一歩踏み出して，あるクライアントとの関わりのダイナミクスをめぐっての理解と洞察を深めることにあります。

(4) スーパーバイジーへの焦点

ここでスーパーバイザーは，スーパーバイジーが意識的にあるいは無意識のうちに，クライアントとの仕事の中でどのような影響を受けているかに集中します。それには，スーパーバイジーの成長や，どのように自己資源を開発しているかに焦点を当てます（第3章と第6章を参照）。この形態のスーパービジョンにおける主要な目標は，スーパーバイジーがクライアントに関与する能力を高め，クライアントに対する反応をもっと効果的に利用する能力を高めることにあります。

(5) スーパービジョン関係への焦点

ここでスーパーバイザーは，スーパービジョンのセッションの中での関係に焦点を当てます。これは次の2点において絶対不可欠なものです。まず第1に，双方が仕事上で協調する際の質に定期的な注意が払われるべきだということであり，第2には，その関係性がクライアントとの仕事の中に無意識に現れたり，そこに潜む力関係を並立して現れたりする可能性を探索する必要があるからです（Mattinson, 1975; Searles, 1955）。したがって，もしクライアントがスーパーバイジーに対して暗に受動攻撃的に振る舞っているとすれば，スーパービジョンの中でそのクライアントについて話し合う際に，スーパーバイザーに対してスーパーバイジーが無意識のうちに受動攻撃的な態度をとる形で現れてくるかもしれないからです。この場合の目標は，意識していない力関係をスーパーバイジーが表面に浮かび上がらせることができるようになる点にあります。

(6) スーパーバイザーが自分のプロセスに焦点を当てること

ここでは，スーパーバイザーがスーパービジョンにおける自らの「今，ここでの」体験に焦点を当てます。このスーパーバイジーとの仕事において，またその中で分かち合った題材について，双方にどのような感情，考えやイメージが浮かび上がってきたかに焦点を当てます。スーパーバイザーはそこでの応答を利用して，スーパービジョンやクライアントとの関係の中で，どのようなことが起こり得るかについての異なった情報を提供することができます。スーパーバイジーとクライアントのセッション

の中で，スーパーバイジーの意識的な耳に聞こえてこなかった無意識下の題材が，スーパーバイザーの考えや感情，イメージの中に浮かび上がってくることもあるでしょう。

(7) 仕事上のさらに広い文脈への焦点

　ここまで述べた6つの焦点のモードは，クライアントの座標とスーパービジョンの座標の両方の中で起こるプロセスをすべて含んではいますが，スーパービジョンとクライアントの関係性というものは，その色合いや過程に作用するもっと広い文脈の中に存在しています。スーパーバイザーは，クライアント，スーパーバイジー，スーパーバイザーという三者が，何の文脈もない孤立した島にいるかのように振る舞うことはできません。職業的な規約や倫理，組織からの要請や制限，また他のエージェントとの関係に加えて，社会的，文化的，そして経済的な文脈というものが存在します。これらすべてに関心を払い，考慮する必要があります。

　私たちは第8章で，組織の役割や力関係，そして文化的な要素というものが，どのようにスーパービジョンのプロセスに影響を与えるかを考察しています。その上で，この本の最後の部分で，スーパービジョンが行なわれている広範な組織的文脈の中で，どのように対応すべきかについて探索しています。

　これらの7つのモードの中のひとつの枠内でのみ機能するスーパーバイザーを見つけるというのは，ほぼあり得ないことでしょう。良質なスーパービジョンというのは，必然的に異なるモード間を移動するものであると，私たちは考えます。しかし，それぞれのモードを純粋な形で識別することができるというのは大きな強みです。スーパーバイザーは，そうすることで自分のスタイルやその長所と短所を明確に理解することができ，また自分が習慣から，あるいは知識の欠如や実践の少なさから，どのモードを避けているかを理解することができます。

　このモデルは，スーパーバイザーの選択の幅を広げるだけではなく，スーパーバイジーがこのモデルの用語を利用してスーパービジョンのスタイルを変える交渉をすることも可能になり，双方向からのスーパービジョンの評価や再検討の手段として利用することができます。

　このモデルはさらに，スーパーバイザーの養成にも利用することができます。スーパービジョンのプロセスのさまざまな要素に対応する方法を学び，どこに焦点を当てるかについて個別に詳細に学習することができ，その結果，異なるプロセスを統合することによって，自分なりのスタイルと方法論を発展させることができます（第9章を参照）。私たちはこのプロセスを，音楽家がコンサート用の楽曲を演奏する前に音階の練習をするようなものだと考えています。

　それでは，それぞれのプロセスを詳細に見ていきましょう。

3．モード1—クライアントに対する焦点と，クライアント自身が何を，どのように提示したのかに対する焦点

　　スーパーバイジーがセッションの中で実際に起こっていることをきちんと自覚できるようにするのは，スーパーバイザーの仕事である。

　　　　　　　　　　　　　　　　　　　シャインバーグ（Shainberg, 1983）

　スーパーバイザーにとって，クライアントとのセッションの中で何が実際に起こっているかに焦点を当てるということは，一見やさしそうに見えるものです。しかしシャインバーグが，彼の見事な論文「いかにクライアントと共に存在するかをセラピストに教えること」で述べているように，セラピストは「わからない」状態にいることで無力感に襲われ，急いで状況を判断しようとしてしまうことがあります（Shainberg, 1983）。このことは，未熟な理論化と，あまりに性急な解釈に結びついてしまいます。スーパーバイザーもまた，自らの不安感や効果的に見える必要性，そしてスーパーバイジーに答えを提供する必要性から，共謀してこのプロセスを激化してしまうことがあります。

　この現象を指摘したのはシャインバーグが最初ではありません。フロイトも，何の手助けもできない状態に耐えられるようにするために，人間がさまざまな考えを生み出したことに言及していますし（Freud, 1927, p. 18），ビオンは，セラピーについての著書の中で，私たちに未熟な判断や理論，解釈に惑わされぬように，空っぽで何も知らない状態を保つように求めています。「どの診察室にも，恐れを抱いた2人の人間がいるべきなのだ」（Bion, 1974）。シャインバーグが語る「真に知る」というのは，「現在起こっていることを正確に，具体的に，そして完全に観察し，記述することができることである。それは，今起こっていることを変えるとか，取り除くとか，比較するとか，決まりきった意味を与えるとかの行為とは異なるものだ」（Shainberg, 1983, p. 164）。

　あらゆるスーパービジョンは，自分たちのクライアントを正確に記述するようにというスーパーバイジーへの質問から始まると言ってよいでしょう。どうしてセッションに来ることになったのか，どんな外見か，どんな風に振る舞うか，どんな風に呼吸し，話し，どんな素振りを見せるかや，どんな言葉使いか，自分の生活を語るときにはどんな比喩やイメージを使うか，などです。クライアントが比喩的な意味で「実際に部屋に入ってくる」までは，質の高いスーパービジョンを始めることはほとんど不可能と言えるでしょう。

　この作業には，肖像画家や禅の名人のような先鋭な集中力が必要で，スーパーバイ

ザーの任務は，スーパーバイジーがこの困難な作業を継続するのを助けることです。そのためには，スーパーバイジーの思い込みに挑戦し，本人の解釈ではなく，実際に見たこと，クライアントが言ったことに忠実であるように求めなくてはなりません。情報を選択するときにスーパーバイジーに働く「思想的な編集者」や本人の信条，そしてクライアントを描き出すときの形態や枠組みにも注意を払う必要があります。

シャインバーグはその論文の中で，新任のセラピストの多くがクライアントの仕事がどのように進展すべきかについて固定した考えを持っていることを指摘しています。目の前にいる患者について，自分たちの学んだ性格特徴や病理学の理論を応用することに熱心になります。このことは，現在一緒にいる独自の人物の現状を見ることなしに，「客観化」してしまうことに結びつきます。つまり，患者を自分のセラピーの腕前をはかる挑戦者と見てしまうのです。その2点の描写の2つ目を使って，シャインバーグは自分のスーパーバイジーによる「客観化のプロセス」を次のように描き出しています。

> それから彼女は，患者が「自分と同じような人間」であると考えたことはない，と言いました。患者というのは「これまでのところ，自分がセラピストであることを試すもの」でしかないのでした。この時点で私は，彼女が患者を「仕事として取り組む」対象物にしてしまったのだ，と伝えました。彼女が理解したその要点は，つまり「相手が人なら自由に振る舞うことができるけれど，患者であるなら何かを変えるために働きかけなくてはならない。そうできないなら，自分は一体何のためにここにいるのか？」ということだと彼女は言いました。私は彼女の言葉使いについて特に触れませんでしたが，患者が彼女にとって，とても遠い存在であることを聞き取りました。患者はまるで彼女と同様に苦悩したり，日々の対立を経験したり，親であったり，恐怖を感じたり，いずれは死に直面する存在ではないかのようでした。
>
> シャインバーグ（Shainberg, 1983, p. 168）

シャインバーグはゆっくりと，スーパーバイジーが自分の頭の中にある評価や期待感，自信のなさのような内面的な対話に気づくように手を貸します。そしてスーパーバイジーが患者に「何かをする」以前に，患者と「共にいる」のだという現状に引き戻していきます。

> 自分のすべての注意をできるだけ鮮明に，この人の振る舞い方を見ることに向け，この人と共にいるとき自分が何を考え，どう感じるかに集中しなさい。意味を探り出したり，関連性を見つけたり，理解しようとするのはやめなさい。何が起こるか，そして自分がどう反応するかを観察しなさい。
>
> シャインバーグ（Shainberg, 1983, p. 169）

クライアント相手の仕事の中で，何が起こっているかを理解するために理論化したり，理論を応用したりする必要もありますが，それは必ず，その人独自の存在を十分に認めた上で，クライアントとの直接の対面を経てからになります。直接的な観察やクライアントが言った内容に集中する段階と，理論的な検討に入る段階の間には，さらに踏むべき段階がいくつか存在します。

- セッション中のある部分での内容と，同じセッションでの他の部分での題材との関係を探ること。
- それぞれの部分に含まれている関係性のパターンに耳を澄ませること。
- 以前のセッションからの題材や順序と，現在のセッションの題材とを結びつける試みをしてみること。新任のスーパーバイジーは，毎回のセッションを継続したものとしてではなく，完結したものとして扱いがちです。
- セッションの内容と，その外側やセッション以前も含めてのクライアントの生活とのつながりを検討してみること。そのねらいは，スーパーバイジーとクライアント間のセッションを，クライアントの生活や関係性の全体図におけるひとつの縮図として検討することにあります。

このモード1を検討するときにたいへん役に立つテクニックが2通りあります。ひとつは，セッションが開始する瞬間に注目することです。この瞬間とは，普通セッションが始まったと考える以前の瞬間で，会話が進行状態に入る前にクライアントがどのように最初に姿を現し，振る舞うかに目を向けることです。

もうひとつは，セッションのビデオ録画や録音です。この場合は実際に起こる現象とセラピストの感情の間を行きつ戻りつすることが可能になります（Kagan, 1980 と第9章を参照）。

4．モード2—スーパーバイジーの方針や介入を検討する

このモードにおいてスーパーバイザーは，スーパーバイジーがクライアントとの仕事の中で使用した介入の方法に焦点を当てます。どのようにして，なぜそのように介入したか，あるいは介入すべきだった点についてです。私たちが面接したある臨床心理の訓練者は，このアプローチを自分のスーパービジョンの主要な焦点にしていると語ってくれました。

> 私はスーパーバイジーに，どのような介入をしたか，そうする理由は何だったか，それは何を目的としたものだったか，いつ，どのように介入したかを尋ね，その後で，結果としてそのクライアントをどうしたいかを尋ねることにしている。
>
> デイヴィス（Davies, 1987）

第7章　七眼流スーパービジョン―スーパービジョンのプロセスモデル

アブラハム・マズローの格言「手許にある道具が金づちだけのときには，あらゆるものを釘として取り扱うことになる」というのを覚えておくのはよいことでしょう。そして，スーパーバイジーがその道具箱に幅広い介入方法を用意しているだけではなく，それを適切に使って，たとえばねじを締めるのにノミを使って，歯をこぼしたりしないよう確認するのは重要なことです。

スーパーバイジーがスーパービジョンで，どのような介入方法をとるかについての懸念を表明するときには，二元的な考え方にとらわれている場合が多いものです。そんなときには，私たちが「どちらか一方主義」と名づける言い方がよく聞かれます。

- 彼の支配的な言動と対決するか，それを我慢するかしかないんです。
- もう少し待つべきか，その沈黙が自分に対する敵意を表していると解釈すべきか，わからなかったんです。
- 彼を相手にセッションを続けるべきがわかりません。

いつも必ず「どちらか一方」という言葉が入っているわけではありませんが，スーパーバイジーが2つの相反する選択を基盤にしていることがわかります。ここでのスーパーバイザーの仕事は，スーパーバイジーが2つの選択肢を評価するのを手伝うという罠を避け，スーパーバイジーがいくつもある可能性を2つに限定してしまったことを指摘することにあります。スーパーバイジーが限定的な想定のもとで思考していることにいったん気づけば，スーパーバイザーは新しい選択肢を生み出す手助けをすることができるでしょう。

新しい選択肢を生み出すに当たっては，単純なブレインストーミングのアプローチが使えます。ブレインストーミングの基本的なルールは次のようなものです。

- 頭に浮かぶことは何でも口に出すこと。
- アイデアを口にすること。評価したり判断したりしない。
- 他の人のアイデアを足がかりに利用する。
- 考え得る最もとっぴな案も含めること。

ブレインストーミングでは，生み出す選択肢の数を多く設定することが大切です。なぜなら，明らかに道理にかなったものが出つくしたところで，創造的な考えが生まれ始めるからです。とんでもない案の中に，創造的な前進の種が潜んでいる場合は多くあります。グループスーパービジョンの中では，スーパーバイジーの行き詰まりを打開する20の策をブレインストーミングで考え出すように提案できるでしょう。個別のスーパービジョンであれば，行き詰まっている場面を打開する案を6つか7つ，あげてみるように提案できるでしょう。

グループスーパービジョンは，創造的な可能性を生み出す機会を提供してくれま

す。グループの中にはさまざまなスタイルが存在するので，スーパーバイザーやスーパーバイジーのアプローチに現れてくるかもしれない二元性を避けることができます。

グループスーパービジョンはまた，幅広いロールプレイの可能性も提供してくれます。グループ内の異なるメンバーが，ブレインストームからあがってきた可能なアプローチをひとつずつ選択することができるでしょう。そしてスーパーバイジーをクライアントの役割につけて，いくつかの異なる方法を試し，評価することができます（第10章を参照）。あるいは空の椅子を利用したり，スーパーバイザーがクライアントとなることもできます。必要とあらば，ある介入方法が実行された後で，役割を入れ換えてクライアントとしての反応をロールプレイすることもできます。

このモード2に焦点を当てるスーパーバイザーの多くは，自らの介入を提示することがあります。ここには危険性が潜んでいます。スーパーバイザーとして介入の技術を見せたいということは理解できますが，クライアントに対応しているときよりも，スーパービジョンの設定で介入を演じてみせるというのは，ずっとやすいことである点を認めなくてはなりません。もうひとつの危険性は，スーパーバイジーが自分自身の介入技術を発展させるのではなく，スーパーバイザーのアプローチをそのまま受け入れてしまうことでしょう。

第9章ではジョン・ヘロンによる，6種の介入の分類について説明しています。そこで私たちは，そのどれひとつとして他のものより優れているものはないと説明し，そのいずれもが「適切に」，または「劣悪な形で」，あるいは「間違って」使用される可能性がある，と述べました。そしてこれらの異なった様式の介入について，スーパーバイザーたちがどの形式を必ず使用するか，またどの形式を極力避けるか，という見方で検討してみました。これによってスーパーバイザーは，自分のスタイルの強みと弱みについて知ることができますし，自分の使用する介入方法のバランスの組み換えをしたいときに，どうすればよいかを知ることもできます。このような形で自分の介入方法を観察することで，スーパーバイジーの介入についての認識を鋭敏にすることができます。

方針に焦点を当てるということと，セラピーでいう「戦略的な」アプローチということとは異なることに留意してください。なぜなら，対人援助の仕事に携わる者は誰でも，解釈や内省，沈黙，あるいは身体活動の促進というような形式であれ，何らかの方針を立てることになるからです。

5．モード3—クライアントとスーパーバイジーの関係に焦点を当てる

このモードにおいては，クライアントでも，スーパーバイジーでも，またその介入

方法でもなく，両者がつくり出す体勢に焦点が当てられます。ここでスーパーバイザーは，スーパーバイジーとクライアントの間に生まれる，意識的な，あるいは無意識下での相互作用に注目します。最初にスーパーバイザーは，次のような質問からスタートすることになるでしょう。

- どのようにして会ったのですか？
- このクライアントはなぜ，どのようにしてあなたを選択したのでしょうか？
- あなたがこのクライアントと初めて接したときに，気づいたことは何でしたか？
- あなた方の関係がどのようになってきたのかの物語を話してください。

このような介入は，ケースヒストリーとは異なるものを要求しているのだということを明らかにし，自分がその中にとらえられたり埋もれたりしているクライアントとの関係の外側に立つことで，スーパーバイジーがその構図や力関係を見つめることができるように，手助けするものでなくてはなりません。

このように距離を置いたり，分離することを励ますような，他の方法や質問には以下のようなものがあげられます。

- この関係を象徴するようなイメージかたとえを探してください。
- あなたとクライアントが別の状況か，あるいは２人が孤島に流されたところで出会ったとしたら，どのような関係を結ぶか想像してみてください。
- この前のセッションの場で，あなたが壁にとまっていた虫だとしましょう。この関係についてどんなことに気づくでしょうか。

このような質問は，スーパーバイジーが自分のいる関係の内部から自身の視点で見つめるのではなく，その関係の全体像を見つめることができるようにするのに役立ちます。スーパーバイジーがその関係から離れてクライアントについて話しているときにも，スーパーバイザーはその関係に聞き入ることができるのです。このようにしてスーパーバイザーは，両者の利益のバランスを保つ必要があり，また同時に両者の関係性とその場面に注意を払わなくてはなりませんので，ちょうどカップルに対するカウンセラーのように振る舞うことになります。

スーパーバイザーは，さまざまな方法でクライアントとスーパーバイジーの関係に耳を澄ませます。どのような方法であっても，スーパーバイジーが特定のクライアントを描写するとき，その周辺に浮かび上がるイメージやたとえ，「フロイト的失言」と呼ばれるようなものに聞き入る「第３の耳」を使って話を聞く必要があります。このような形の聞き取りを通して，スーパーバイザーは，スーパーバイジーが無意識のうちに描き出す関係の構図を発見しようと試みるのです。

(1) クライアントの転移に注意を払う

　スーパーバイザーはまた，クライアントの転移にも関心を示します。転移とは，以前の関係や状況から持ち込まれてきた感情や姿勢のことを意味します。

　第4モードでは，どのようにしてスーパーバイジーが，他の関係から持ち込んだ姿勢や感情を転移させて，同じようなことをするかを検討します。これは逆転移と呼ばれ，この2つのモードの間を往復し，転移と逆転移の双方を検討することは多くの場合に必要となります。けれども今のところは焦点を狭めて，クライアントの転移だけに注目することにしましょう。

　これまでにあげた質問やイメージやたとえに注意を向けることは，そこで起こっている転移についての重要な手がかりを与えてくれます。たとえば，もしスーパーバイジーが，クライアントとの関係は2人の練習相手がボクシングのリンク上で打ち合っているようなものだと描写したとしたら，その転移は恐怖に怯えたウサギが母親に寄り添ってくるような関係だと描写したスーパーバイジーのものとは，大きく異なっていることは明らかでしょう。

(2) クライアントから学ぶ

　クライアントとスーパーバイジーの間のプロセスに注意を払うときには，その両者がもっと深い無意識のレベルで何が起こっているか，そして健全で，あからさまな面談を妨げているものは何であるかをおそらく理解している，ということを認めるのが重要なことです。この理解というのは多分無意識のうちにあるもので，そうでなければこのケースがスーパービジョンに持ち込まれることはなかったでしょう。このときのスーパーバイザーの役割は，クライアントが自分のニーズを無意識のうちにスーパーバイジーに伝えているか，またスーパーバイジーがそれをどのように拾い上げているか，あるいは妨害しているかを聞き取ることです。ロバート・ラングスは，クライアントに注意を向け，クライアントが表面に出すことなく無意識のうちに伝えようとしていることを解読する方法と，そののちにスーパーバイジーがどのように反応し，それをまたクライアントがどのように無意識のうちに受けとめるかについて，複雑で詳細にわたったシステムを開発しています（Langs, 1978, 1985）。

　この方法を使う単純なやり方は，クライアントに関して報告された内容（クライアントの語った物語や他の人びとに寄せる感情，挿話や何気ない所感など）のすべてが，クライアントが面談やスーパーバイジーの仕事ぶり，ことに最近の介入などをどのような体験しているかに関連しているのだということを理解した上で，きちんと聞き取ることです。

　ラングスは次のように，このプロセスのよい例をあげています（Langs, 1985）。

第 7 章　七眼流スーパービジョン—スーパービジョンのプロセスモデル

　うつに対する週 1 度の心理療法に通っていた 45 歳の婦人の最終のセッションにおいて，この婦人は，次のように切り出した。
　「私が教えている神学校のクラスで，男子生徒がひとり，町を離れることになりました。もう一度，彼に会えるかどうかはわかりません。さようならの意味で抱きしめてやりたいと思いました。息子も町を離れて大学に行きます。自分が子どものときに父がいなくなったことを思い出しました。昨日，神学校で，校長と浮気をすることを考えました」と，この婦人が言った。
　この患者は外側にある危機的な状況を，多くの場合置き換えと象徴化を用いて表現している。セラピストに見捨てられることについて直接言及するのではなく，患者は自分のクラスの男子生徒がいなくなること，息子がいなくなること，子ども時代に父親がいなくなったことを口にしているのである。そのどれもに喪失，終結の要素があり，そのどれもが自分の心理療法が終わりになるということを偽装した形で表現していた。

　パトリック・ケイスメントは，ラングスとたいへん似通ったアプローチを，『患者から学ぶことについて』という読みやすい著書であらわしています（Casement, 1985）。その中で彼は，「最も必要とする治療的な体験を，患者が無意識に探し求めている」ことについて書いています。彼はいくつもの例をあげて，クライアントや患者が，どのようにして無意識のうちに自分が必要とする構造，反応，そして適切な間合いについて，絶え間なくセラピストに向かって情報を流しているかについて述べています。しかし同時に，彼は患者が成長するためのニーズと患者の要求の間の区別を明確にするよう，私たちに警告しています。「私はここで，満たされる必要のあるニーズと要求との間に区別をつけているのだ。セラピストは本能的な要求，これは不満足のままに置かれるべきであるが，満たされるべき成長のためのニーズとを区別できるように努力すべきである」（Casement, 1985, pp. 171-172）。
　ここに，このような要求と成長のためのニーズの差違を描き出す例をあげます。これは私たちのスーパービジョンに参加している臨床心理士の仕事の中から浮かんできたものです。

　　このセラピストは女性で，母親風に見え，またそのようなやり方で仕事をする人物でした。クライアントも女性で，彼女の母親はときには何週間も家を出ないような重いうつ状態だったことがありました。クライアントはセラピストに抱きかかえられたいと感じたり，あらゆる方法で面談の時間を引き延ばそうとするとする時期がありました。この本能的な欲求は，領域を越えた共生的な母性に対するものでしたが，その一方で，自分の母親からは与えられなかったような，はっきりとした境界線を提供できるセラピストを求めているということが，無意識下の成長のためのニーズであることがわかりました。このことがいったんスーパービジョンで明らかになると，クライアントに対するセラピストの懸念はずっと減少し，クライアントが受け入れることのできる明確な境界線を示すことができたのでした。

6．モード4――スーパーバイジーに焦点を当てる

　ここでスーパーバイザーは，スーパーバイジーの内面的な過程に焦点を当て，それが仕事ぶりや関係にどのように影響し，また影響を受けるかを検討します。これにはスーパーバイジーに見られる感情的な反応や共鳴も含まれますが，これは多くの場合に逆転移と呼ばれます。この逆転移の中には，5つの異なるタイプがあることを明らかにしておきましょう。

- 個別のクライアントによって引き起こされたスーパーバイジーの感情転移。これはこのクライアントの関係をめぐる，過去における関係や状況に寄せる感情の転移や，クライアントに寄せるスーパーバイジー側からの反映の可能性がある。
- クライアントの転移によって演じることになった役割から浮かび上がってきたスーパーバイジーの感情や思い（例としては，まるで自分が母親であるかのように，保護的に振る舞ったり怒ったりを交互に繰り返すこと）。
- クライアントの転移に逆行するために，スーパーバイジーが見せる感情や思い，あるいは行動。クライアントが自分を母親のように扱うと，その転移を避けるためにことに男性的に，また職業的に振る舞っていることに気づく。
- スーパーバイジーがクライアントからとり込んで身体的，あるいは精神的状況に転移したものの反映。
- そして最後に，ストレスの高い現代社会の中でたやすく忍び込んでくる特別な逆転移について触れておきたい。これはローアンの提唱する，目的にかなった逆転移と言われるもので，クライアントのためにではなく，私たちのためにクライアントを変化させたいと考えることだ。その理由としては，自分が成功者であると感じたい，またクライアントの治癒や変化を職業人としての自分の福祉の反映として受けとめたい，ということがあげられる。またこれは「よい結果を出せ」という職業的な要求によっても煽られる。

　あらゆる形態の逆転移に共通するのは，スーパーバイジーがクライアントに対して，ほとんど本人が認識していない反応が，何らかの形で出てくることです。スーパーバイジーがクライアントに対して反応するのではなく，クライアントに対応できるような余地を確保するためには，この逆転移の形態をきちんと検討しておくことが絶対に必要となります。以前は，逆転移は否定的な障壁を形づくるものとして認識し，排除しなければならないものと考えられていました。現在では，この逆転移のうちに，自分の仕事ぶりやクライアントを理解する際の手がかりが潜んでいることを多くの職業人が認めています。

　これまでに述べたように，クライアントの転移を考慮することなしに逆転移に対応することは困難ですから，モード3とモード4は，多くの場合同時に作動するもので

す。しかし,「その場にはいない」クライアントを理解することに焦点を当てるのと,スーパーバイジー自身のプロセスに焦点を当てることは異なっています。

　逆転移に焦点を当てる最も単純な方法は,「このクライアントに対するあなたの逆転移は何ですか」とスーパーバイザーが尋ねることですが,上に述べたように,ほとんどの逆転移は意識の外側にあり,その多くは無意識のうちにあるものなので,この質問にはごく限られた効果しかありません。

　もう少し手の込んだ方法は「アイデンティティの確認」といわれるもので,これは「同僚によるカウンセリング」から私たちが応用したものです(Heron, 1974を参照)。この方法では,スーパーバイザーが5つの段階を経て,スーパーバイジーの逆転移を誘い出していきます。

　　第1段階——スーパーバイジーは「この人を見て誰を思い出しますか」という質問に対する自然な第一印象を語るよう,促される。スーパーバイザーは,スーパーバイジーが答えを見つけられるまでこの質問を繰り返す。その答えは以前に会った人や,よく知られた人物,あるいは歴史的・伝説的な人物,本人の一部であるかもしれない。

　　第2段階——スーパーバイジーは,クライアントがどうしてこの人物のように思われるかについて,詳しい描写をするように求められる。

　　第3段階——その後にスーパーバイジーは,第1段階で発見した人物に何を言いたいか,ことにその関係の中で片づいていない課題は何かを尋ねられる。これは,空の椅子にその人物を座らせたことにして,その人に対する感情を表現する,というロールプレイによって行なうことができる。

　　第4段階——スーパーバイジーは,クライアントがこの人物とどのように異なっているかをすべて表現するように求められる。

　　第5段階——その後にスーパーバイジーは,クライアントに何と言いたいかを尋ねられる。もしこの直前の段階が満足に終了しているとすれば,スーパーバイジーはクライアントに対して異なった対応を見せることができるはずである。

　この演習はときとして,思いがけない結びつきや片づいていない思いや感情の発見を導き出し,それがクライアントを見つめるときの障壁になっていることがわかります。

　さらに無意識下にある題材というのは,スーパーバイジーのコミュニケーションの境界線のあたりに見いだされます。それはイメージであったり,たとえやフロイト的な口のすべりであるかもしれず,また言語以外のコミュニケーションに潜んでいるかもしれません。このような事柄は,スーパーバイザーがスーパーバイジーのイメージや失言から自由連想を使って引き出したり,気になる部分の動作やジェスチャーを誇張して繰り返すように依頼することで,誘い出せるものです。このような介入を使っ

て，強い感情を出現させることができた後に，クライアントの仕事ぶりに戻って関係づける必要があります。

また，スーパーバイジーの逆転移を検討する際には，フランク・ケヴリンの提唱する「観念的な編集者」の探索を考慮に入れる必要があるでしょう（Kevlin, 1987）。これは，スーパーバイジーが，クライアントを自分自身の信念や価値観のシステムを通して見つめることを指しています。これには意識的な偏見，人種差別，性差別の感情やその他の思い込みのように，私たちのやり方を色づけ，クライアントの状況を見落としたり，聞き逃したり，誤った関係を結んだりさせるものをいいます。これについては第8章で詳しく述べます。

この「観念的な編集者」を引き出す方法のひとつは，スーパーバイジーのたとえや連想を認識することです。もしスーパーバイジーが「その人はとても好意的なクライアントなんです」と言ったとすれば，スーパーバイザーは「どんな風に好意的なのですか」，あるいは「誰と比べて好意的なんでしょう」，あるいは「クライアントはどんな風にあなたに好意的に振る舞うべきだと考えますか」と尋ねることができます。このようにしてスーパーバイザーは，この「とても好意的」というたとえの表現に潜んでいる思い込みを探し当てることができるでしょう。構造主義の理論家は，このスーパーバイジーが，好意的／非好意的の両極端の構造をつくり出していると言うかもしれません（Kelly, 1955）。

逆転移を引き出しているもうひとつの例として，自由連想を使ったものをあげましょう。これはロビンの行なった，社会福祉局の上級管理者のスーパービジョンから引用したものです。この人を仮にジョンと呼びましょう。

　　ロビン：なぜこの職員のするがままにさせて，彼に立ち向かわないでいるのですか。
　　ジョン：そうですね。懲罰的な上司にはなりたくないんです。
　　ロビン：それは，どのようなことですか。
　　ジョン：そう聞かれたときのイメージとしては，校長室の外に立っている少年が思い浮かびますね。
　　ロビン：ということは，彼に立ち向かうことは，懲罰的な校長であることとつながりがあるんですね。もしあなたがこの職員の校長だとしたら，どんな罰を与え，何に対しての処罰をしているのだと思いますか。

このように共に探索をした後に，ロビンはこの職員に対処する別の方法を考え出すよう，ジョンを励ましました。それらの方法は懲罰的な逆転移にあまり影響されないものとなりました。このようにして，モード4から出発して，モード2に戻ってきたことになります。

モード4には，スーパーバイジーのニーズの全体的な健全性（人的資源に絡む要素）と成長（成長にからむ要素）に関心を向けることも含まれています。このような

事柄にきちんと時間をかけないと，スーパービジョンが過剰に反作用的になる危険性があります。すなわち，時間をかけてスーパーバイジーの能力を高めるように，先を見越して支援をしていくのではなく，目前の困難なクライアントが生み出す衝撃にのみ対応してしまう，ということです。

　スーパーバイジーが，クライアントが提示する困難よりも，自分たちの所属する組織の反応，あるいは反応の欠如に，より多くのストレスを感じることが多いことに，私たちは気がつきました（Morrison, 1993; Scaife et al., 2001, p. 31）。また最も中心的な懸念が同僚との関係である場合もあるでしょう。同僚との関係がスーパービジョンの場に持ち込まれたときには，それがなぜ直接的に取り扱われなかったかを尋ねるのは重要なことです。そしてこの課題を組織的な視点から見つめることも大切です。スーパーバイザーとして動かすことのできる唯一の組織的な部分というのは，今その部屋の中で，目の前にある存在なのだ，ということを認識しているのが肝心なことです。後半の章で，同僚間や組織内での政治的な要素に関して，仕事のチームやネットワーク，書式の中でどう対処できるかについて探求を深めます。そのようなことが個人的なスーパービジョンに提示されるひとつの理由として，適切な組織やチームでのスーパービジョンが存在しないことがあげられるでしょう。

7．モード5──スーパービジョンの関係に焦点を当てる

　これまでのモードにおいては，スーパーバイザーは自分自身の外側に焦点を当ててきました。第1のモードではクライアントに，その後第2から第4にかけては，次第にスーパーバイジーに焦点を移してきました。スーパーバイザーは次第に，スーパーバイジーがクライアントに対する返答を探すことではなく，自分自身の内部で何が起こっているかに注目するよう奨励してきました。しかしこれまでのところは，スーパーバイザーが自分の内部で起こっていることを見つめるのではありません。最終の2つのモードにおいては，スーパーバイザーは自分の説くことを実践し，クライアントとの仕事がいかにスーパービジョン関係に入り込み，影響を与えるかに注目し，第6のモードにおいて，その力関係がどのようにスーパーバイザーに影響するかを見ていきます。第5と第6のモードを使用しないでいることは，実践するようにスーパーバイジーに提案していることと，自分たちが実際にしていることとの間に一貫性を欠くことになるでしょう。つまり，自分たちの内面を見つめることが必要なのです。

　アメリカの新フロイト派であるハロルド・サールズは，これと並立する現象をめぐる自身の発見と探求において，このスーパービジョンのモードに大きな貢献を果たしました（Searles, 1955）。

> グループを相手にケースを紹介する数多くのセラピストの発表を聞いた体験から，そ

のケース紹介を基盤にセラピストについて批判的な反応を示すことにためらいを覚えるようになった。ケース紹介の際に非常に不安そうで，何かにとりつかれていて，考え方が一貫していないように見えるセラピストが，実際には力のある同僚であり，患者に対するセラピーにおける主要な問題点を，実はその振る舞いの中で無意識に提示していると思われる状況が，かなりの回数にのぼったからだ。その問題の所在を客観的に認識することができないために，言葉では効果的に表現することができず，その代わりに自分の発表の中で無意識のうちにその問題と影響を認識し，自らの行動として表現していたのだった。

　並立しているモードでは，クライアントとスーパーバイジーの関係の中で現実に起こっていることが，スーパーバイジーとスーパーバイザーとの関係の中に反映されることで明確になってきます。たとえば，もし自分のクライアントが非常に控えめな表現をする人物だとすると（その母親か父親が同じように非常に内気だとして），そのことをスーパーバイザーに提示する際に自分も同様に控えめな表現しかしないかもしれません。結果として自分がクライアントになり，スーパーバイザーをセラピストとしての自分に転向しようとする試みとなります。無意識のうちに現れるこの働きは，スーパーバイザーにとっては二重の役目を果たします。ひとつには，それは発散の行為となります。つまり，私自身に起こったことをやってみせますが，どのように感じますか，ということであり，もうひとつは「今，この場で」の関係においてそれを演じ直すことにより，解決法を探っているということです。このときのスーパーバイザーの役割は，仮の名前をつけることによって，意識的な探求と学習の機会としてそれを取り上げることでしょう。もしそれが無意識のうちにとどまっているときには，スーパーバイジーが控えめなクライアントに腹を立てたのと同じように，控えめなスーパーバイジーに対してスーパーバイザーが腹を立てるプロセスを演じて見せることで，その状況を浮かび上がらせることができます。

　並立している状態に対応する際に必要な技術は，自分の反応に気づくことができることと，それをスーパーバイジーに対して，判断を下す姿勢を見せることなく伝える技術でしょう（たとえば，「このクライアントについて語るあなたの姿勢が控えめ過ぎるので，私は腹が立ちかけています。自分のクライアントについてもこんな風に感じたのでしょうか？」というふうに）。このプロセスは，スーパーバイジーがスーパーバイザーを必要としなくなるようになりたいという欲求と同時に，自分たちがとらえられている困難な状況を理解し，それに対処したいという欲求の二律背反の状況に対応するプロセスであるため，非常に複雑なものとなります。

　ここに，同僚であるジョアン・ウィルモットが描写した並立する状態の鮮明な例をあげましょう。

　　私はその頃，治療的コミュニティに配置されている居住者のカウンセリングをしてい

る福祉関係の学生が，クライアントの扱いに困難を感じている際のスーパービジョンをしていました。クライアントは40代の男性で，1か月ほどの居住更正プログラムを受けており，そのときには次の段階でボランティアとしての仕事を探す時期にきていました。彼にはその力はありましたが，学生の提供するさまざまな助言や提案のすべてに対して，「はい，それはそうですが……」という対応を見せていました。私とのスーパービジョンの中でこの学生は，有能であるにもかかわらずすべての介入に対して，「はい，それはそうですが……」という反応を示しました。私は自分のスーパーバイザーとの面談で，この学生に役立つような助言を探すべく，この一件を取り上げました。しかし，いつもはスーパービジョンを積極的に受け入れる自分が，スーパーバイザーの提案に対して「はい，それはそうですが……」と答えていました。スーパーバイザーはいかに私が拒んでいるように，その学生と同じように響くかを指摘しました。この指摘はまったくの図星だったので，私たちはその無意識の並立する状態を楽しみ，私は自分のスーパーバイザーと同じゲームをする必要のないことがわかりました。私はこの発見を学生と分かち合い，学生は私に抵抗する必要のないことを理解し，クライアントに戻って彼の抵抗のニーズを探索することにしました。その結果，クライアントが抵抗することによって感じていた自身の力に対するニーズを，仕事を探すことに向け，1週間のうちに自分でボランティアの仕事を見つけることができたのでした。

ウィルモット & ショエット（Wilmot & Shohet, 1985）

マージョリー・ドールマンは，このように存在する並立する状態をめぐる数少ないリサーチの中で，12人の異なる人びとのセラピーのセッションとスーパービジョンのセッションの双方を研究しています（Doehrman, 1976）。その研究の序文の中で，メイマンは次のように述べています。

ドールマン博士の研究の中で強く指摘されている点は，彼女自身が非常に驚いた結果でもあったのだが，彼女の取り上げたすべての患者／セラピスト／スーパーバイザーの関係において，強力な並立するプロセスが存在していた，という事実であった。

メイマン（Doehrman, 1976, p.4 より引用）

ドールマンはまた，並立する状態は双方向に作用することを発見しました。セラピーの関係における無意識のプロセスがスーパービジョンのプロセスに映し出されるだけではなく，スーパービジョン関係における無意識のプロセスがセラピーの関係においても現れてくるということです。メイマンは次のように結論づけています。

並立するプロセスは，……治療過程に現れる普遍的な現象であると信じる。そしてスーパービジョンにおいて，それが存在することを無視するとすれば，それはスーパーバイザーがセラピストに，そしてセラピストが患者に直面するように要請している，あらゆる要求に対する自然な抵抗である，と警告しているということでしかないだろう。

メイマン（Doehrman, 1976 より引用）

8．モード6―スーパーバイザーが自身のプロセスに焦点を当てる

　モード5においては，スーパーバイジーとクライアントの関係がスーパービジョンの関係にどのように侵入し，反映するかについて検討しました。ここでは，その関係がどのようにスーパーバイザーの内面の体験に入り込んでくるか，またそれをいかに利用するかに焦点を当てます。

　私たちの多くは，スーパーバイザーになったとき突然の変化が自分の身にふりかかるのに気づきます。突然ひどい疲労感を感じますが，スーパーバイジーが別のクライアントのことに触れると，またひどく用心深くなったりします。客観的には題材と何の関連もないイメージが，意識下に自然発生的に噴出してきたりもします。想像上のクライアントのイメージに性的な興奮を覚えたり，思いもよらない恐怖に打ちのめされたりすることもあるかもしれません。

　ときがたつにつれて，私たちはこのように噴出する妨害を，面談室の「今，このとき」に何が起こっているか，また外側のクライアントとの仕事ぶりで何が起こっているのかについての重要なメッセージを，無意識下に受け取っているということだ，として信頼するようになりました。このような噴出を信頼できるものとするには，スーパーバイザーは自分自身のプロセスを熟知していなければなりません。それが自分の内面でのプロセスが続いているのではなく，完全に外側から受け取っている事柄であることを確定するためには，自分が通常どんなときに疲れたり，退屈したり，落ち着きをなくしたり，怯えたり，性的に興奮したり，緊張で胃が痛くなったりするかについて，理解している必要があります。

　このプロセスにおいては，スーパーバイジーの無意識下での題材がスーパーバイザーの無意識の受信設備によってとらえられ，スーパーバイジーがそれを探索することができるように，スーパーバイザーがこの題材をためらいがちに意識に浮かび上がらせているのです。

　スーパーバイザーは，スーパーバイジーに対する感情を明確にする必要があります。「このスーパーバイジーに対する基本的な感情は何だろうか？」，あるいは「自分は概して脅かされているのか，挑戦を受けているのか，批判的なのか，あるいはうんざりしているのか？」などです。転移や逆転移の箇所で述べたことはすべて，スーパーバイザーがスーパーバイジーとどのような関係を結ぶかにおいて意味を持つものです。スーパーバイザーがスーパーバイジーに対する基本的な感情をはっきりとつかんでいない場合には，スーパーバイジーとそのクライアントからの無意識下の題材を受信した際の，感情の変化に気づくことができないでしょう。

　このモードを使用するときに，セッションの中でその内容やプロセスに注意を払い

つつ，スーパーバイザーは自分自身のプロセスを意識しているだけでなく，知覚の移り変わり，ふとした思いつき，空想などの自分の感情の動きにも注意を払っている必要があります。これは困難な作業のように感じられますが，効果的に仕事をするためには，どのような対人援助職においても必須の技術です。それ故に，スーパーバイザーがスーパーバイジーに対して，その技術のモデルを示すことは大切なことでしょう。

スーパーバイザーは，自分の知覚や感情の動きを理解しているということを，次のような表現で表すことができます。

- Xさんとの関わりについて話してくれたときに，だんだんイライラしてくる自分に気がつきました。このイライラはあなたに関することではなさそうですし，私が外側から持ち込んだものでもなさそうです。あなたがこのクライアントに感じているイライラを，私が感じているということでしょうか？
- あなたがクライアントとの関係を描写しているときに，歯をむき出しにしたオオカミのイメージがどうしても浮かんでくるのです。このイメージにあなたのクライアントとの関係に呼応するものがありますか？
- このクライアントについて，あなたが語り続けるのを聞いていると眠気に誘われてしまいますね。こうなるときにはよく，クライアントに関してか，今ここでのスーパービジョンに関して何らかの感情が遮断されていることがあります。言いたいことを言わないでいるようなことがあるかどうか，確認してみてくれませんか？

(1) モード6a──スーパーバイザー対クライアントの関係

このモデルでは，これまでのところ，2つの関係における相互関係，すなわちクライアント対スーパーバイジー，スーパーバイジー対スーパーバイザーの関係を検討してきました。しかし，第3の側面，すなわちクライアント対スーパーバイザーという，想像上の関係は無視されています。対面したことはなくとも，スーパーバイザーはスーパーバイジーのクライアントについてさまざまな想像をめぐらすものです。クライアントもまた，自分に対応している人物のスーパーバイザーについて想像をめぐらし，なかにはこの見知らぬスーパーバイザーや，スーパービジョンの中で何が起こるかについての想像にかなりの注意を向けるクライアントもいます。この空想上の関係が第3の側面をつくり出し，あらゆる三角関係というものは多くの対立や複雑な要素を含んでいます。「あらゆるペアの組み合わせは，第三者をのけ者にし，無意識下であるにしても対立するエディプス的三者関係を蘇らせる可能性がある」(Mattinson ── Dearnley, 1985 より引用)。

モード1とモード6に述べられたクライアントに寄せるスーパーバイザーの感情は，上記のように明らかに有用なものです。スーパーバイザーの感情とスーパーバイジーが体験する感情が一致しない場合には，クライアントとスーパーバイジーの関係

の何らかの側面が，スーパーバイザーに届かずにいるか，体験されずにいることが考えられます。

9．モード7——職種における広い文脈に焦点を当てる

ここでスーパーバイザーは，セッションを構成する特定のクライアントとの関係を離れて，クライアントとの仕事やスーパービジョンが行なわれる背景となる文脈へ焦点を移します。

文脈，すなわち前後関係や背景とは，スーパービジョンのあらゆる要素にまつわるものです。このモード7については，いつくかの側面に分けて検討するのが有効であることを，私たちは次第に理解するようになりました。

(1) モード7.1——クライアントの文脈に焦点を当てる

心理学を背景とした訓練を受けた者にとって，クライアントがどのように振る舞うかは，すべて心理的なパターンから生じるものだと考える罠に落ち込むのはとても簡単なことです。しかし，これはクライアントの一側面でしかありません。モード7.1においては，次のような質問をしていくことが重要となります。

- クライアントの背景や職業，文化について話してください。
- （クライアントには）どのような内面の資質があるでしょうか，また，それをもっと利用することができるでしょうか？
- クライアントが家族のため，またはチームや組織のために背負っているものは何でしょうか？
- なぜ今，支援を求めてきたのでしょうか？　また，なぜあなたに？
- このような問題は，他にはいつ，どこで現れたのでしょうか？

(2) モード7.2——職業的なあるいは組織的な文脈における，スーパーバイジーの介入に焦点を当てる

スーパーバイジーが採用する介入や方法論というのは，単に個人の選択というだけではなく，自分たちの職場の伝統という文脈や，また職業的な組織における方針や文化，実践などに枠づけられるものです。たとえスーパーバイジーが個人的な実践家である場合にも，所属する職業的コミュニティの基準，倫理，情報網などの一部であるものです。

このモードにおいては，スーパーバイザーは「このような状況におけるあなたの対応は，あなたの所属する職業的団体の規範に，どのように合致するものでしょうか」という質問をする必要があります。スーパーバイザーは当然，倫理的でプロフェッシ

ョナルな基準を保証する義務がありますが，焦点はその順守にとどまらず，「期待される実践の水準」に対する思い込みや，評価を受けることに対する恐れから，自分の実践を必要以上に制限していることはないかどうかを，スーパーバイジーが自分に問いかけることができるように支援するべきでしょう。

　もしスーパーバイザーが，自分の役目は現行の職業的見識をスーパーバイジーに伝えることだと考える罠に陥るとすれば，それはその職種が学習するのをやめてしまうという危険性を意味します。スーパービジョンが，スーパーバイザーとスーパーバイジーの間での積極的な探求のプロセスとして存在するときには，それはその職種における貴重な苗床となり，そこで新しい学習や実践が発芽することになるのです。

(3) モード7.3 ─ スーパーバイジーとクライアント間の関係性の文脈に焦点を当てる

　クライアントとスーパーバイジーが，それぞれに自分たちの文脈の側面をお互いの関係に持ち込んでくるだけではなく，その関係自体にも以前からの歴史や文脈が存在します。このモードにおいては，次のような質問をしていくのが重要でしょう。

- クライアントはどのようにしてスーパーバイジーに会いにきたのでしょうか？
- 自分から思い立って来たのでしょうか？　それとも派遣されたり，誰かに勧められて来たのでしょうか？
- そうだとすれば，その人や組織との力関係はどんなものでしょうか？
- このような支援の関係をどう見ているでしょうか。またこれ以外の支援的な関係の体験とは，どう関連しているでしょうか？
- 本人の文化背景では，そのような関係はどう考えられているでしょうか？

(4) モード7.4 ─ スーパーバイジーの背景に焦点を当てる

　モード4においては，特定のクライアントとの関わり合いによって引き起こされたスーパーバイジーの側面だけでなく，スーパーバイジーの全体的な成長や仕事ぶりのモードについても検討しました。この点にも特定の文脈があり，それらは次のようなものに影響されます。

- 職業的な成長の過程のどこにいるか（第6章を参照）
- 本人の性格や個人的な歴史
- 仕事場における本人の役割や歴史

(5) モード7.5 ─ スーパービジョンの関係性の文脈に焦点を当てる

　クライアントとスーパーバイジーとの関係と同様に，スーパービジョンの関係にも

特定の文脈があり以前からの歴史が存在します。この文脈における主要な要素は、スーパービジョン契約の性質と言えるでしょう。このスーパービジョンが訓練であるのか、管理であるのか、指導であるのか、相談であるのか、ということです（第5章を参照）。もしスーパーバイジーがまだ訓練中である場合には、その訓練の性質や、評価の過程でどのような役割がスーパーバイザーに課せられているかを確認する必要があるでしょう。

この下位モードには、次のような要素を含んでいます。

- スーパービジョンを行なったり受けたりする際の、当事者双方が持っている経験。
- 双方の人種的、性的、または文化的な差違（第8章を参照）。
- 理論的な方向性の差違。
- 双方がどのような力や権威を持っており、相手の力や権威にどう対応するか。

(6) モード7.6——スーパーバイザーの文脈に焦点を当てる

モード7.5の下位モードに的確に対応するためには、スーパーバイザーは自分の文脈を内省する能力と、それがどのようにスーパービジョンの関係に入り込むかを内省する力が必要となります。それには高度な自己内省の実践が必要となります（Schon, 1983）。自身の人種的、文化的、あるい性的な先入観や偏見（第8章を参照）だけでなく、自身の性格の様式や学習方法、また反応の様式などの長所と短所を自覚している必要があるでしょう。

本書の最終の章（第12、第13、第14章）においては、スーパービジョンが行なわれるさらに広い組織的な文脈と、その中でいかに対応していくかについて検討します。

10. さまざまなプロセスを統合する

クライアントとの仕事ぶりをきちんと掘り下げた良質なスーパービジョンを提供するには、これら7つのすべてのモードを統合しなくてはならない、と私たちは考えています。しかし、毎回の面談でそれをする必要はないでしょう。そのため、このモードを使用した訓練は、ひとつにはスーパーバイザーが、自分が普段よく利用しているプロセスと、あまりよく知らないプロセスを認識することにあります。ただひとつのモードだけをずっと使い続けるスーパーバイザーもいることもわかっています。

ギルバートとエヴァンスも注意を向けるバランスの重要さについて述べています（Gilbert & Evans, 2000, p.7）。

> スーパービジョンにおけるシステム的なアプローチでは、スーパーバイザーが自身の逆転移的な反応について、それがどこから発しているのかをめぐっての感性をきちんと維持していることが必要である。その上でスーパーバイザーは同時に、スーパーバイジ

第7章 七眼流スーパービジョン—スーパービジョンのプロセスモデル

ーの対人的な，または精神内部での体験の世界に踏み込み，スーパービジョンのプロセスにおける間主観的な価値を判断した上での見解を構成しなくてはならない。スーパービジョンのどの時点においても，次に述べる要素のどれもが，スーパービジョン内での介入の焦点となり得るのである。(1) クライアントの動向に対する，臨床心理士の理解や内省，または自身の逆転移，(2) クライアントに寄せる臨床心理士の感情移入，あるいは (3) 当事者間における微妙な駆け引きに対する意識を高めること，である。

また，私たちのモデルに類似したものがカップルのカウンセリングについての，パット・ハントの記事に提案されています (Hunt, 1986)。スーパービジョンの様式は3つに分けられる，と彼女は述べています。

- ケース中心のアプローチ——「外側に存在する」ケースについてセラピストとスーパーバイザーが協議するもの。これはモード1に類似している。
- セラピスト中心のアプローチ——セラピストの行動，感情，およびプロセスに焦点を当てるもの。これはモード2とモード4に類似している。
- 双方向的なアプローチ——セラピーの関係においての相互作用とスーパービジョンにおける相互作用の両方に焦点を当てるもので，これはモード3とモード5に類似している。

ハントは，これらのアプローチのただひとつだけを使用することの危険性について描写しています。もし「外側に存在する」クライアントにのみ焦点を当てると，それはクライアントについての知的な協議となってしまう傾向があります。そしてそこには，大きな「ごまかしの要素」の潜む危険性，すなわちスーパーバイジーが評価されることを恐れて題材を隠しておく危険性があります。もしスーパーバイジーにのみ焦点が当てられると，それはスーパーバイジーにとって押しつけがましい，セラピーにも似たものとなる可能性があります。ハントは，「このようなスーパービジョンがどれほどの励ましになるかについてはよくわからない。多くの学習がなされるだろうが，評価はセラピスト訓練生がいかに自分自身についてあからさまに語るかどうかをめぐってなされる可能性がある」と語っています (Hunt, 1986, p. 7)。

もし双方向的なアプローチだけが取り上げられた場合には，その他のアプローチより危険性は低くなりますが，相互に絡み合う2つの関係の複雑さに埋もれてしまい，多くの重要な情報が無視される可能性があるでしょう。

そのためスーパーバイザーの訓練生としては，主要なモードのそれぞれを技能的に使用することを学習した後で，ひとつのモードから他のものへと効果的かつ適切に移動する方法を学ぶための支援が必要です。スーパーバイザーは異なるスーパーバイジーに対して，どのように異なるモードがより効果的であるのか，また同じスーパーバイジーにとっても異なる時点でどのモードが効果的であるのかに気づく必要がありま

す。スーパービジョンのセッションの中で，異なるモードを使用する際の最も一般的な方法は，まずモード1からセッションを開始し，そのセッションで何が起きたかを理解してから，自然にモード3とモード4につなげ，関係の中で何が起こったか，それがセラピストにどのように影響したかを見つけ出します。そしてこれが無意識のうちでのコミュニケーションを引き起こした時点でモード5とモード6に焦点を移します。これらのプロセスのどの時点であっても，その特定のモードからモード7の適切な下位モードに移行することは可能で，それはより広範な状況でそのどれが色づけの原因となっているかを確認するためです。ある特定のクライアントについて探索を終了したときには，スーパーバイザーはモード2に焦点を戻し，スーパーバイジーがクライアントとの次回の面談において，どのような新しい介入方法をとることができるかを検討することもできるでしょう。

11. 発展的な視野からモデルを組み合わせる

それぞれのスーパーバイジーがどのレベルでのスーパービジョンを受けるべきかの成長段階や準備段階を，スーパーバイザーが理解していることは有益なことでしょう（第6章を参照）。

一般的なルールとしては，仕事を始めたばかりのスーパーバイジーのスーパービジョンは，クライアントとの仕事内容や面談の中で起きたことの詳細に焦点を当てる必要があります。スーパーバイジーは当初，自分自身の仕事ぶりに心を悩ませることが多く（Stoltenberg & Delworth, 1987），そのため実際に何が起こったかについて注目できるようになるための支援を必要とします。また，広い文脈の中で，個々の面談についての詳細をつかむための助力も必要としており（モード1とモード7），それはたとえば，ある面談で出てきた題材が時と共にどのように発展したか，それがクライアントの社会生活や個人的な歴史にどう関連するか，というようなことです。スーパーバイジーがこのような全体像をつかむのを支援する際には，本人たちがクライアントとの独自の関係を失わないようにするのが大切です。スーパーバイジーが既存の領域に当てはめてしまうことはたやすいので，スーパーバイザーは何が新鮮で，パーソナルで，しばしば興奮をもたらすものなのかについての印象を，匂わせないように努めるべきでしょう。

スーパーバイジーが，生半可な理論を当てはめたり，自分の仕事ぶりに気を揉んだりするのではなく，目前に何が存在するかに注目する力をつけてきた時点で，モード2の，本人たちの介入を検討するために有用な時間を使うことができます。これまでに述べたように，ここでの危険は，スーパーバイザーがスーパーバイジーにどうすればよりよい介入ができたかを告げる習慣にはまってしまうことです。スーパーバイジーに対して「このクライアントに対しては，（私なら）このようなことを言ったと思

いますが」や,「面談のこの時点では何も言わずにいたと思いますが」というような言葉を使っている自分に気づくことでしょう。自分がこのような言葉を口にしていることに気づいたときには,私たちも自分の説を実践していないことを深く反省し,スーパービジョンの中で黙っているべきだったと思うものです。

　スーパーバイジーが熟練していくにつれて,スーパービジョンの中心はモード3,4,5,および6に移っていきます。有能で経験のある実践者を相手にするときには,自分たちが意識的な題材について適切に対応し,自分たちの行なった面談についてバランスのとれた批判的な評価を下してきたことを信頼できるはずです。このような場合には,スーパーバイザーはスーパーバイジーと,描写されるクライアントについての無意識のレベルに耳を傾ける必要があります。そのためには,並立しているプロセスや,転移や逆転移のプロセスが,スーパービジョンの関係の中で演じられることに目を光らせている必要があります。

　このモデルは,さまざまな理論的アプローチや方向性に使用できるもので,すべてのスーパーバイザーがこの7種のモードのすべてに幅を広げることによって,さらに効果的に機能する際に役立つことがわかりました。しかしこのことは,スーパーバイザーによってはある特定のモードに焦点を当てる方がより適切であることを,否定するものではありません。そのためたとえば,スーパーバイザーが行動認知療法の実践家であればモード1とモード2を重用するでしょうし,心理力動療法の実践家であればモード3とモード4を重用することになるでしょう。

　セラピストの成長段階は,経験を積んだスーパーバイザーが焦点を当てる主要なモードを変更する原因の,ひとつの要素でしかありません。焦点の選択に影響を与えるその他の要素は次のようなものです。

- スーパーバイジーの仕事の性質
- スーパーバイジーの仕事のやり方,性格や学習の方法
- スーパービジョンの関係の中で築かれた開放性や信頼の度合い
- スーパーバイジーが自身で築き上げた成長や探索の量
- セラピストの文化的背景（第8章を参照）

12. モデルに対する批判

　このモデルが1985年に初めて発表され,最初の2版（1989年,2000年）が出て以来,モデルを拡大し,発展させるために役立つ多くの興味深い,価値のある批判が寄せられました。その他にも,どの部分が明晰ではなかったかや,モデル自体やその意図に対する誤解を招く原因となるようなものもありました。

　最も一般的な批判には,(a) モデルが階層的である点,(b) モデルは統合的であ

ることを主張しているが，限られた特定の方法論に偏りがちである点，(c) モード7は異なる序列にあるもので，他の6つのモードすべてに含まれるべきである点，があげられます。

(1) モデルが階層的であるという点

　平等主義の視点から，図式の頂点にスーパーバイザーが位置し，クライアントが下部に，スーパーバイジーがその中間に位置することに対する批判が訓練生から寄せられました。この位置関係について，テューダーとウォラールは次のようにはっきりと書いています。「ホーキンズとショエットのモデルにおいては，人を表す円の相互関係においてスーパーバイザーは最上位に位置し，これはスーパーバイザーにあたる人物に特定の地位と権威があることを意味するものだ」(Tudor & Worrall, 2004, p. 75)。

　この姿勢は，システム内の階層と政治的な勢力，そしてより多くの責任と権限とを，権威主義的なものとして混同する誤解から生じるものだと，私たちは考えます。システム内の階層では，木は枝よりも高い地位にあります。森は木よりも高い地位にあるでしょう。しかしこれは決して，森が木よりも上等であったり，力を持ち，賢明であることを意味するものではありません。それはスーパービジョンにおいて，スーパーバイザーは，自分自身とスーパーバイジーおよびクライアントの双方に注意を向ける責任があることを示しており，スーパーバイジーは，自分自身とクライアントに注意を向ける責任があることを示しています。しかし，この責任というのは，反対方向に向かって同じように向けられるものではありません。このような思考法について理解を深めたい人は，ベイトソンや，ホワイトヘッドとラッセルの著書を読むことをお薦めします (Bateson, 1972; Whitehead & Russell, 1910-13)。

(2) モデルは統合的であることを主張しているが，限られた特定の方法論に偏りがちであるという点

　私たちの視点からは，このモデルは本質的に2点において統合的であると考えられます。第1に，このモデルは本質的に関係性の理解に関して，体系的，心理力動的，間主観的，認知的，行動的，そして人道主義的なアプローチの理解を基盤とするものです。スーパービジョンの座標における変化や，クライアントとスーパーバイジーの関係性における衝撃が，順繰りにクライアントのシステムにどのように影響するかという体系的な理解は，このモデルの本質にあるものです。またこのモデルは，ことに対象関係の分野や間主観的なアプローチを取り入れた分野で発展した転移や逆転移についての心理分析的な理解を取り入れています。介入方法における独創的なものは，多くの人道主義的な革新的療法，名前をあげればサイコドラマ療法やゲシュタルト，精神統合療法，交流分析などから取り入れたものです。

統合的という私たちの主張の第2点目は，実用主義であるという点です。このモデルを初めて提唱したときには，その有用性はわかりませんでしたが，異なる方法論を用いる人たちが使えるかどうかの限界を知るために，異なる職業的グループに対して応用することを主張しました。そして，ほどんどの心理療法の方法論の実践家たちから，本来の訓練の枠組みを越えて考えることのできる場合には，自分の実践の中でこのモデルを利用することが可能だったという報告を受けて，驚くと同時に満足を覚えたものです。

(3) モード7は異なる序列にあるもので，他の6つのモードすべてに含まれるべきであるという点

　このマシューとトリィーチャーによる異議はたいへん役に立つもので，私たちは本質的にモード7が異なる序列に属することに同意しています（Mathews & Treacher, 2004, p. 200）。他の6つのモードのどれであれ，どこでモード7に移行するかは，その現象の中で起こっていることの，図式的なものに焦点を当てることから文脈的な分野に焦点を移行することを意味します。その上で私たちは，図式的な現象に焦点を当てたモードの数と同様のレベルの文脈が存在することに気づき，モード7の下位モードを発展させたのです。

　私たちは今なお，モード7を他の6つのモードに組み込んでしまわないことが重要であると感じています。その理由は，私たちの多くが必要としている絶え間ない挑戦，すなわち自分たちの視野に常に存在するものから，自分たちが機能しているより広い分野へと定期的に焦点を移行することを失うことになる，と考えるからです。これは第8章で検討する主題で，そこでは関係内で起こっていると同時に，それを取り巻く広い社会的な文脈で起こっている文化的，人種的，あるいは性的な課題を探索していきます。

13. まとめ

　ここでは，1985年に初めて提唱した「スーパービジョンの七眼流モデル」について詳細に検討しました。以来，私たちはずっとこのモデルを指導し発展させてきましたが，このモデルはスーパービジョンのセッションにおいて創造的に介入する際の深さや方法論について，新しいレベルの枠組みを提供するものです。私たちにとって，このモデルの長所は20年を経て，いまだに新しい洞察を与えてくれることにあります。本来の枠を越えて利用可能であることがわかり，さらに幅広い文化や，若者相手や苦痛緩和ケアのように異なる対人援助職，精神医学から経営開発，教育から夫婦セラピーに至る範囲で利用されました。私たちは，クライアントを相手とするあらゆる職種において効果的なスーパービジョンを行なうには，スーパーバイザーがこれら7

つのすべてのモードを利用できることが必要であると確信しています。
　このモデルはまた，スーパーバイジーとスーパーバイザーがスーパービジョンのセッションを再考し，焦点のバランスの変更が交渉できるような枠組みも提供しています。求められるスーパービジョンのスタイルは，スーパーバイジーによって異なり，第8章においては幅広い差違に対応することによって，スーパーバイザーがどのように能力を高めることができるかについて検討します。そこでまた7つのモードを再訪し，それぞれのモードでどのように文化を越えて働きかけることができるかを示す例を提供します。

第8章
差違を越えてのスーパービジョン

1．はじめに

　この章では，背景や物事を見つめる視点が，自分たちと異なる人たちを相手に仕事を進める際に必要とされる，感受性や認識に焦点を当てて考えていきます。このような感受性や認識というものは，自分自身の文化や文化的な前提についても，他の人びとのもの以上とは言わないまでも，同じようなレベルで，応用できることが明らかになるでしょう。西欧社会の白人たちは，自分たちは文化的に中立であると考えがちであり（Ryde, 2005），そのため非西欧社会の文化は，西欧の「正常性」を尺度に定義されることになります。「白人」に属する者としては，自分たちの文化的規範から外れているものは「訂正」される必要があると決め込むことのないよう，ことに注意する必要があるでしょう。ここで私たちは，単に「人種」や民族性のみならず，階級や独特の「下位」文化を発展させるようなグループも考慮に入れて，文化の領域に集中して考察したいと考えます。異なる組織や家族なども，独自の文化を発展させるもので，その間の差違というものは認識され，理解されなくてはなりません。

　自分たちと異なる文化を理解するための手段を講じることも大切ですが，探索に踏み出すときの開放的な姿勢というものも，役に立つことを私たちは理解しました。その理由のひとつは，学習をめぐる開放的な姿勢が，型にはまった姿勢よりも生き生きと創造的であるだけでなく，文化的多様性を否定せずにそれを尊重しようとすれば，差違を越えて会話を続ける道を探らなくてはならないからです。私たちの役割が単に他の人びとの視点を理解するだけにとどまるなら，真の出会いは起こらないでしょう。私たち自身が不在だからです。スーパービジョンの関係においては，このことはスーパーバイジーとクライアントとの関係における差違の探索を奨励する意図が欠けていることだけではなく，自分自身や自分の文化的な前提やスーパーバイジーとの関係をめぐっての開放性が欠けていることを意味します。「白人」に属する者は，このことが自らに提供している力と特権を認識する必要があるのです（Ryde, 2005）。

　タイラー，ブロムおよびウィリアムズは，文化に対応する際の，3つの異なる反応を示しています（Tyler et al., 1991—Holloway & Carroll, 1999 より引用）。

- 普遍主義者——文化の重要性を否定し，差違は個人の性格によるものとする。カウンセリングにおいては，普遍主義者は個人の病理学の範囲内ですべての差違を理解

しようとする。
- **個別主義者**——対極的な反対の視点から，すべての差違は文化の差違として理解しようとする。
- **超越主義者**——私たちと同様の見解を持つ。コールマンはこの視点を次のように述べている（Coleman—Holloway & Carroll, 1999 より引用）。

　　クライアントもカウンセラーも共に各々の世界観や行動に深く影響を与えるような，膨大な文化的体験を持っている。

その上で次のように述べる。

　　そのような体験から意味を見いだし，それを解釈しなくてはならないのは本人である。超越した，あるいは多文化的な視点という言葉は，人種，性，階級などの文化的要素を基盤として個人についての標準的な前提があり得ることを示唆するが，同時にグループ内の個人の独自の選択によって，その標準的な前提が現実となるのだということが理解されなければならない。

　エレフテリアドゥは，異文化間での仕事と，文化を越えた仕事の間に有益な区別をつけています（Eleftheriadou, 1994）。前者においては，「私たちは相手を理解する際に自分の世界観を越えることなく，自分自身の照合体系を利用する」のです。文化を越えて取り組むことは，「カウンセラーは双方の文化の差違を越えて」仕事をする必要があり，相手の個人やグループの照合体系の中で機能できなくてはなりません。
　探索に対する開放的な姿勢は，超越主義者としての視点から，文化を越えて取り組む能力を高めることになります。このような探求が起こり得る最高の機会は，双方が学習に共に参加しているときの会話の中においてでしょう。
　この中で，ことに複雑な分野は，参加者全員に力と権威がどう機能しているかの課題が投げかけられている場合です。スーパービジョンの関係は，スーパーバイザーの役割とスーパーバイジーの職種の持つ役割との間に存在する権威によって，すでに込み入ったものとなっています。差違の課題に取り組むに当たっては，力関係は多数者側と少数者側の間に存在する力の不均衡によってこじれています。私たちは，異なる役割や文化，および個人の性格などに組み込まれた力というものが，どのようにして一体となり，複雑な状況を生み出すかを見ていきます。これはやはり，無視したり否定したりできるものではなく，きちんと探求されるべきものでしょう。
　この章では，差違を理解し，それに適切に対応することを保証するために，スーパービジョンがどのような役割を果たすかを検討します。スーパービジョンを行なうに当たって，文化やその他の差違，また取り組みの必要な文化的要素，力関係と差違の課題，そしてさらに差違がどのようにスーパービジョンの7つのモードに影響を与えるか，などについて検討することの重要性を考察します。そして最後に，差違に対して敏感な良質のスーパービジョンとは何かについて検討します。しかしまず，「文化」

とは何を意味するものかについて考えてみましょう。

2．文化を理解するに当たって

　　この新しいクライアントがカウンセリングを正しく利用することなど決してないでしょう。この女性は「先生のおっしゃることは何でもします」と言い続けました。実際、笑いたくなるようでした。もちろん私は自分が医者ではないことを伝え、何をすればよいかを教えることはしない、と告げました。そう言ったとき、この女性はとても困ってしまったように見えました。

　このスーパーバイジーは、資格を取ったばかりのイギリス人のカウンセラーでした。クライアントは、東南アジア出身の女性で、最近夫と共にイギリスに来たばかりでした。この女性は看護師として働いており、1日の大半を寂しく、不安な思いで暮らしていました。夫は仕事で家を空けることが多いので、慣れた話し相手もそばにはいませんでした。この女性が仕事に困難を感じているのがわかったので、上司がカウンセリングを勧めたのでした。しかし、カウンセリングは自分に適切ではないと言われたため、2度目の面談から先へ進むことはありませんでした。

　これは数年前にあった出来事です。今ならこのカウンセラーやスーパーバイザーは、クライアントがカウンセリングにおける関係をどう理解するかについての、文化的な影響についてもっと理解できるのでしょうか。このクライアントが持っている思い込みも含めての文化的背景を理解して、たとえ面談の場が、異質な文化の中でこの女性が感じている孤独感や混乱を言葉にする場でしかないとしても、何らかの役に立つ働きかけが可能なように、もっと配慮することができたでしょうか。ここで私たちが確認したいことは、文化の差違というものが、不適切な対応を生み出してしまったということです。しかし、「文化」と言うとき、それは一体何を意味するのでしょうか。

　「文化の差違」という言葉は、異なる集団の人びとの行動や社会的所産に影響を与えるような、それぞれに異なる明白な、あるいは暗黙のうちの思い込みや価値観を指します (Herskovitz, 1948)。クライアントの文化を理解すると言うとき、それは私たち自身の文化的な思い込みや信条を理解することも含まれるでしょう。

　文化とは、単に私たちの内部にあるもの、つまり私たちの所有するものではなく、私たちの生活する社会環境の中に存在するものと言えましょう。文化は主として、何を考えるかではなく、どのように考えるかに影響を与えます。もちろん何を考えるかは、私たちの文化的な思い込みの結果として変化することもあります。文化とは、私たちの間の空間に存在するもので、ちょうど実験室の培養液（訳注：これも英語でカルチャーといいます）の中で有機体が成長していくのと同じようなものです。ホーキンズは、文化の5段階にわたる発展のモデルを提唱し、それぞれの段階は根本的に1

段階下のものに影響されると述べています（Hawkins, 1995, 1997）。

- 所産──儀式，象徴，芸術，建築，政策など
- 行動──人間関係と振る舞いの形式，文化的規範
- 物事の考え方──世界をどう見るか，そして体験をどう枠づけるか
- 感情的な基盤──意味を形成する際の感情のパターン
- 動機づけの根本にあるもの──選択を決定する際の根本的な願望

このモデルは第14章でさらに検討します。

3．文化的な志向性

国民的な集団や民族的な集団，あるいは性別，階級，性的志向，職業，所属する宗教などに基づいた異なる下位集団などにはみな，他の集団との差違を浮き上がらせるような文化的規範や行動様式，物事の考え方，感情の基盤，動機の基盤などがあります。この数限りなく異なる文化の志向性を学び，理解するのは不可能なことでしょうが，文化的指向性の異なる局面を敏感に察知する能力を高めることはできます。ロシンスキーは，7段階の局面を持つ，有益な「文化的志向性の枠組み」を提唱しています（Rosinski, 2003, pp. 51-52）。

- 権力の意識と責任感
- 時間管理とその方法
- アイデンティティと目的意識
- 組織的な取り決め
- 領域──身体的，心理的共に
- コミュニケーションの形式
- 思考のモード

他の著者たちによって識別された他の因子には次のようなものが含まれます（Kluckhohn & Stodtbeck, 1961; Sue & Sue, 1990; Trompenaars, 1994）。

- 階層と平等
- 自己開示
- 外部志向型と内部志向型
- 名目志向型と効果志向型
- 普遍主義者と個別主義者
- 適応主義と保護主義
- 時系列と同時系列

ライドは，文化を越えてコーチングを行なうときの，非常に的を得た2つの局面について述べています（Ryde, 1997）。

- 個人的な体験の価値認識と，グループでの価値認識の間の連続性
- 感情を表現する力と感情を抑制する力の間の連続性

これらの局面がどのように相互作用をするかは座標で提示することができます（図8.1）。

ある特定の文化は，これらの極に関連してどのような位置づけをとるかを提示することによって，この座標上に表すことができるでしょう。たとえば，支配的なイギリス文化や北欧文化は個人的体験と感情抑制の座標に位置づけることができます。この座標は，異なる文化のすべてを表示することはできませんが，私たちが文化における2大要素の方向づけを探ることを容易にし，それによって文化的に感度の高い考慮をすることを助けてくれるでしょう。

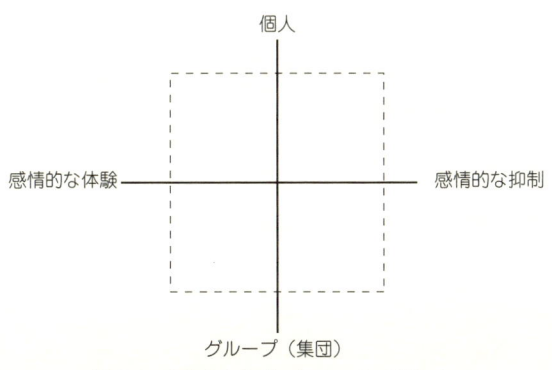

図8.1　文化をまたがったスーパービジョン

4．文化的差違を受け入れる

異なる文化のレンズを通して見た世界がいかに違って見えるかを理解すればするほど，文化を交差した仕事をする能力は高まります。ヴィーデンバーグとブリックマンは，ミルトン・ベネット博士（Bennett, 1993）の研究を基盤として，人びとが文化をまたがった仕事をする能力を高めていく際に通過する段階を位置づけて，異文化間における感度の発展モデルを打ち立て，研究しました（van Weerdenburg, 1996; Brinkmann & van Weerdenburg, 1999）。それは次のようなものです。

- 拒絶——自分の文化こそが唯一真の文化であると考える。
- 防衛——文化の差違に関して，自分の文化が正しいものであると考える。
- 最小化——自分の文化における世界観の要素が一般的なものだと考えるようになる。
- 容認——自分の文化は，同じく複雑な世界観を持つ複数の文化のひとつであるという認識が生まれる。
- 認識の適応——「異なる視点を通して」世界を見つめることができるようになる。
- 行動の適応——異なる文化的場面や関係の中で，自分の行動を適応させることができるようになる。

　この発展の最初の3段階は「自民族中心的」と呼ばれ，後半の3段階は「民族相対的」と表現されます。ここで私たちは，この最初の2段階を文化的に鈍感な対応とし，次の2段階を文化的にまたがった対応の初期であるとしますが，最後の2段階のみを異文化間スーパービジョンとして同等なものであると主張したいのです（図8.2）。

　これらの段階は，第6章に述べたスーパーバイザーの発展段階の概要に沿った発展経過を表しています。

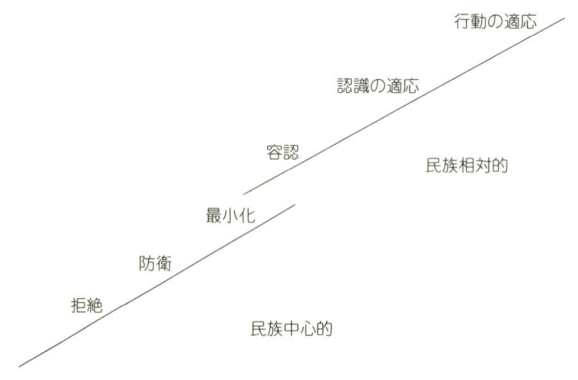

図8.2　民族中心から民族相対への変化（van Weerdenburg, 1996）

5．スーパービジョンにおける，文化的あるいはその他の差違の認識

　スーパービジョンの状況が，一対一の関係よりもさらに複雑な関係性をつくり出すことについては，何人もの研究者が指摘しています（Brown & Bourne, 1996; Carroll & Holloway, 1999; Inskipp & Proctor, 1995; Gilbert & Evans, 2000）。スーパービジョンにおいては，少なくとも3種類の関係性が生まれます。それらはクライアントとス

第8章　差違を越えてのスーパービジョン

ーパーバイジー，スーパーバイジーとスーパーバイザー，スーパーバイザーとクライアントとのものです（グループスーパービジョンにおいてはこれより多くなりますし，そこにスーパーバイザーがいれば，スーパーバイザーとスーパーバイザーの関係も生まれます）。この状況は文化の差違によってさらに複雑となります。その中に異なる文化から来た者がいるかもしれず，ひょっとしたら三者全員が異なる文化出身かもしれません。クライアントがスーパーバイジーやスーパーバイザーと文化を異にする場合には，この後に述べるように，個人的な心理よりも文化的なものを基盤とした要素を誤って理解するような共謀に陥らないよう，ことに注意する必要があります。

「白人系」の支配的な西欧文化の中に，少数の民族的なグループが存在する多くの場合には，その第2世代の人たちが同時に2つの文化の間に存在することに関して困難を体験することがあるものです。

　　アジア系の人びとは集団を強調し，感情を抑制する文化の出身者です。あるクライアントの父親はしばらくアメリカで生活し，その間にカール・ロジャーズ流のセラピストとしての訓練を受けました。その後自国に戻り，結婚して家庭を築きました。この家族は支配的な文化の中に存在するロジャーズ風の島となりました。このことが，この家族の子どもであるクライアントに与えた影響というのは，移民の第2世代が異なる文化に直面する際のものとたいへん似通っていました。家庭内ではある1組の価値観が保持され，その外側では他の価値観が存在するのです。自国で心理療法士に会う際に，このクライアントは父親と似通っているものの，まったく同じではない理論背景を持つ人物を選択しました。このことは，2つの文化における差違が，何らかの調和にたどりつくようにという「無意識下の願望」（Casement, 1985）を表すものかもしれません。クライアントはこの父親に似通っているが同じではない人物を必要としていたのです。この心理療法士は，クライアントが自身の方向性を見いだし，自身のニーズを満たし，表現する必要のある感情を把握するように強く勧めたいと感じました。そのことに価値のあることは明らかでしょうが，この心理療法士のスーパーバイザーは，そのアプローチが，クライアントにとって耐え難いレベルに達している文化的差違とその緊張感を認識し，それを和らげることを助けることには結びつかないということを指摘したのです。

ここで理解できるのは，スーパーバイザーとスーパーバイジーが共に文化的差違を認識し，それに敏感でなくてはならないということです。また，たとえそれが認められていない場合であっても，その差違に気づき，それを尊重するのは重要なことでしょう。

一般的に認められる文化的差違は，多くの場合身体的な特徴，たとえば肌の色，目や鼻の形といったものが中心となります。支配的な集団は，このような実際の，あるいは一般的に考えられている差違を持つ人びとを冷酷に侮辱したりのけ者にしたりすることがあります。人びとがこのような敵意のある偏見に直面するのを避けて，その差違を隠したり，偏見が与える影響を否認しようとすることはあるものです。

混血のあるクライエントは，自分の肌の色が問題になることはないと否定しました。この女性はきれいで人気もあり，彼女が黒人であることは友人の間やカウンセリングの場面では何の問題もないようにみえました。スーパーバイザーはこの点に触れはしましたが，スーパーバイジーをこの点について検討したり，集中したりするように仕向けるのは難しいことでした。しかしこの事柄は，クライエントがある人物に車から「黒人のろくでなし」と呼ばれた事件について語ったとき，驚くべき勢いで全員の注意を喚起したのでした。この言葉を聞いたとき，このクライエントはその男を追いかけ，車から引きずり出したのでした。それに続いて，以前には掘り下げられることのなかった，黒人であることをめぐる記憶や感情が浮かび上がってきたのでした。

その他の社会的に無視された文化的差違というものは，直接的に目には明らかではないかもしれませんが，差違を持つ人びとを文化的に否定していくことによってのけ者にすることはよく起こります。性的志向による差別は明らかには見えないもののひとつでしょう。性的志向やその他の基準をもとに差別することは禁止されるようにはなりましたが，偏見はまだ残り，スーパーバイザーやスーパーバイジーの中にも意識的に，あるいは無意識的に認められることがあるものです。

6．信条に基づく集団をまたがって仕事をする

文化をまたがって仕事をする際に見逃されがちなことのひとつに，異なる信仰集団に所属する人びとに対応する能力があげられます。私たちは多くの場合，非宗教的な社会で仕事をすることを前提としていますが，多くの対人援助職につく人びとの文化や価値観には，宗教的な，あるいは霊的な信条というものが大きな影響を与えていることを示す徴候が見られます。英国における 2001 年の国勢調査では，75％以上の人びとが何らかの宗教に所属していることが報告されています。72％の人びとはキリスト教が自分の宗教であると述べ，3％はイスラム教であり，その他にもかなりの数の人びとがヒンドゥー教，シーク教，ユダヤ教，そして仏教を信仰しています。

スーパーバイザーが宗教的な信条に関して敏感であることが欠かせない理由は，その他にも次の 3 点があげられます。

- 「少数民族の中には宗教がその特徴的な要素である」場合があり，宗教が「その少数集団が地元のイギリス的な文化傾向と何らかのくい違いを生むような文化的活動力の重要な要素であり得る」(Modood et al., 1997)
- 対人援助職につく人びとには，他の職種よりも強い宗教的信条を持つ人の数が多く，ことに奉仕的な対人援助組織は，その基盤に宗教的信条を持つ人が多い。
- 「援助組織が人びとの内面の価値観や願望に働きかける場合には，士気が高まり基本的なレベルでの効果が大きいという調査結果が出ている」(Regen, 2005—Weiler & Schoonover, 2001 より引用)

フェイス＝レーガンは，イギリスの成人教育部門に向けて書かれた有用な「信条集団向けツールキット」(Regen, 2005)の中で，さまざまな基本的信仰を持つ人びとに，いかに繊細に対応するかについてのガイドラインを提供しています。その中には主要な信条集団に対応するに当たっての簡潔な指針と，その信条がレジャーや食生活，日々の行動や倫理的規範を含めての人びとの職業生活にどう影響するか，そして何が容認される行動であり，何が許しがたい振る舞いであるかについて述べています。

7．権力と差違

さまざまな文化の人びとが隣り合って生活するような人口構成を持つ社会は，その差違の多様性によってますます豊かさを増すと言えましょう。しかし多くの場合，西欧の「白人」文化に代表される，政治経済的な力を持つ文化は，その社会の中で大きな影響力を持ち，この権力の不均衡は，スーパーバイジーとスーパーバイザー，スーパーバイジーとクライアントの関係をも含む職業的な関係において，必然的にその姿を現すことになります。すでに述べたように，ブラウンとボーンは，スーパービジョンの場面に存在する関係性の異なる組み合わせを指摘し，その力関係のいくつかを詳細に探索しています（Brown & Bourne, 1996)。その中で，少数民族出身の人物がその役割のどれかについた場合の可能性をすべて取り上げ，その結果として生まれる複雑な力関係を提示しました（p. 39)。性的志向や障害，社会階層のような他の要素も力の不均衡を内蔵しているものですが，2人はことに，人種と性差に力点を置いています。

インスキップとプロクターも同じく黒人と白人の関係性の力学を描写しています（Inskipp & Proctor, 1995)。それは，8個の三角形によって，スーパーバイザー，クライアント，カウンセラーのそれぞれが黒人であるか白人であるかという組み合わせを表すものです。その三角形のそれぞれが独自の力関係を持ち，同時にそれは，その役割に付随する力，あるいは民族的集団に付随する力によって影響を受けます。

これを発展させて，私たちはもうひとつの三角形を考案しました。それは，文化をまたがってのスーパービジョンに必然的に存在する，複雑な力関係を表すものです。三角形のそれぞれの頂点に，3種類の異なる種類の権力を置くことができます。それらは役割の力，文化の力，個人の力です（図8.3)。

- 「役割の力」というのは，スーパーバイザーの立場に付随する力を指し，これはスーパービジョンが行なわれる組織内の設定によって変化します。この力は役割に伴う「正当な」力や，「威圧的」で「報酬を与える」力（スーパーバイジーに何らかの行動をとらせる力や報酬を与えたり拒んだりする力)，また人的，物質的な資源

第2部　スーパーバイザーとスーパービジョン

```
              役割の力
               △
              ╱ ╲
             ╱   ╲
            ╱     ╲
           ╱       ╲
          ╱         ╲
         ╱           ╲
        ╱             ╲
       ╱               ╲
    文化の力　　　　　　　個人の力
```

図 8.3　異文化間のスーパービジョンにおける複雑な力関係

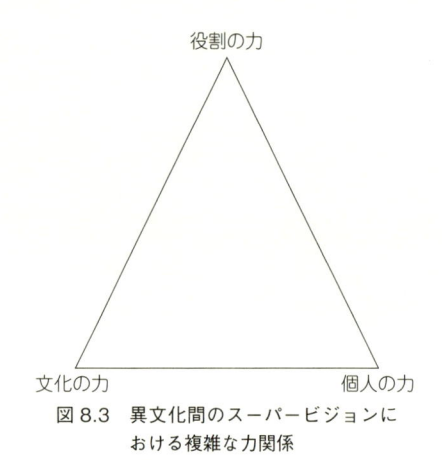

を提供したり拒んだりする資源調整の力を含みます（French & Raven, 1967—Kadushin, 1992 の第 3 章にて引用）。

- 「文化的な力」は，そこで支配的な社会的・民族的な集団から生じるものです。多くの場合，これは主要な西欧「白人」社会に生まれた人に付随するでしょう。その人物が中産階級の男性で，健康な異性愛者である場合にことに強調されます。またある種の職業は，社会的により大きな力を持つことがあります。たとえば保健関係の職業では，医師が比較的強い力を持つ傾向にあります。
- 「個人的な力」は，役割や文化によるものに加えて，個人の持つ特定の力を指します。この力は専門性による権威，その個人の性質による影響や存在感なども含みます。この中にはフレンチとレイヴンの名づけた「指示力」も含まれます。これはスーパーバイジーが，自分も同様の力を身につけたい，スーパーバイザーのようになりたいと願うことから生じるものです。

この三様の力が一個人の中にすべて結集した場合，その効果は絶大なものとなる可能性があります。支配的な文化や個人的な力は，必ずしもスーパーバイザー自身の持つものではありません。そうであるときには，その力関係はもっと単純なものとなりますが，同時に悪用されたり当然なものと受け取られたりする可能性があります。スーパーバイザーに文化的な力や個人的な力がない場合には，権威を確立するのが困難になったり，権威をことさらに主張して埋め合わせをすることになるかもしれません。いずれの場合であれ，スーパービジョンにおける力関係は，無視することなくきちんと探求する必要があるでしょう。「スーパービジョンにおける差別と抑圧に反対して」という論文の中で，私たちはこのことについて議論を展開しました（Centre for Supervision and Team Development, 1999）。

文化的に優勢な人びとが当然のことのように力や権威を授けられることは誤ったこ

とでしょうが，スーパーバイザーがその役割を通して強い権威を持つことは適切なことと言えるでしょう。

　　ある良心的な白人のスーパーバイザーは，初めての黒人のスーパーバイジーに対面するに当たって興奮と同時に緊張を感じていました。このスーパーバイジーはカウンセリングの訓練生で，そのコースを開始するに当たって通常課せられているカウンセリング経験なしに，採用された女性の学生でした。「積極的差別」によって，必要とされる経験なしにコースをスタートしたこのスーパーバイジーは，基本的なカウンセリングの技術や理論を理解するのに困難を感じたのでした。
　　スーパーバイザーは，人種差別と受け取られるのを避けるために，クライアントの話を聞くのではなく，アドバイスを与えがちなこのスーパーバイジーの傾向を指摘することにためらいを覚えました。そして事実，この学生が自分の教官にスーパーバイザーが人種差別主義者であると訴えたことで，彼女の恐れは現実のものとなったのです。このことが，正面から指摘することからますます身を引かせる結果となりました。

　この複雑な状況を理解するには，カープマンの「ドラマチックな三角関係」を思い描いてみるとよいでしょう（Karpman, 1968）。ここでは，迫害者，被害者，そして救助者の相互に結びついた関係が描かれています。この関係における力学は，いったんは固定された役割が，登場人物間でどのように巡回するかによって特徴づけられています（第12章を参照）。スーパーバイザーは迫害者として登場し，スーパーバイジーは被害者，担当教官は救助者のように見えます。この例においては，人種差別の告発によって役割が変わり，スーパーバイザーは被害者になったことになります。
　実際には，役割上の力はスーパーバイザーに付随しています。このスーパーバイザーに豊かな経験と自信があったら，このように複雑な状況であっても最初からもっと効果的に対応し，掘り下げていくことができたかもしれません。この場合の複雑さとは，異なる人種という文化的な状況によって，スーパーバイジー対スーパーバイザーの力関係が緊張の度合いを高めたこと，訓練生が通常の予備的な経験なしに採用されたという文化的文脈，助言を受けることと話を聞いてもらうことによってクライアントに体験される差違の掘り下げ，そして「正しく話を聞いてもらう」ことと「助言を受ける」ことに対して，スーパーバイジーとスーパーバイザーのそれぞれの文化においてどのような意味づけの差違があるか，というようなことをすべて含みます。
　自分の権威を適正に保持し，この状況に見られるような絡み合った課題に恐れることなく対処すれば，スーパーバイジーは（そしてスーパーバイサーも同様に），すべての訓練生が正当な権威が行使されたと感じるような，豊富な学習経験を身につけることができたでしょう。
　スーパーバイザーがこのスーパーバイジーをコースから排除したとすれば，それは明らかな権威の悪用となったことでしょう。しかし実際の力の誤用はもっととらえに

くいものでした。適正な権威が行使されず，コースを継続するスーパーバイジーの困難さは悪化しました。スーパーバイザーの見せた態度は人種偏見とは言えないまでも，存在するこの課題には公然と正当に対処することはできないのだという，明らかな文化的偏見であったと言えるでしょう。

セラピーやスーパービジョン関係の中で作用するさまざまな力関係の要素に敏感であると同時に，適正に権威を行使する方法を学ぶことは，重要であり努力を要することです。カダッシンの述べるように，「スーパーバイザーは防衛や弁明なしに，その地位に本来備わっている権威とそれに付随する力を受容しなくてはならない。権威の行使はときとして避けることのできないものだ。自分の行動に確信を持つことができ，またそれを相手に伝えることができれば，スーパーバイザーの有効性は高まる」ものなのです（Kadushin, 1992）。

8. 七眼流モードに関連する差違

第7章で提示したスーパービジョンの七眼流モードは，スーパーバイザーがクライアント，セラピスト（スーパーバイジー），およびスーパーバイザー自身の間に存在する文化的差違に対応する能力を高める目的で使用することもできます。また，そこにある複数の関係性の中で生まれる文化的力学，および権力をめぐる力学にも対応することができます。

- モード1──クライアントの文化とその文脈に焦点を当てる。これには，その文化に特有な行動様式（たとえば，視線を合わせるのを避けることなど）に対応することも含まれる。
- モード2──文化の差違に対応する方法を探る。またスーパーバイジーの介入の裏に潜む文化的な思い込みに対応する方法を探る。
- モード3──クライアントとスーパーバイジー間の，文化に内在する関係を明らかにする。仕事に対するアプローチを修正させるような「無意識下のスーパービジョン」（Casement, 1985）も含めて，どのような文化的な事柄が仕事のプロセスの中に浮かび上がってくるだろうか。
- モード4──スーパーバイジーの，文化を背景とする思い込みに焦点を当てる。また，文化的な題材（たとえば人種差別幻想など）に対応するスーパーバイジーの逆転移にも注意を払う。
- モード5──仕事の現場で体験された，クライアントとスーパーバイジー間の文化的力関係の困難を明らかにし，それがスーパービジョンの関係にどのように反映するかを探求する。また，スーパーバイジーとスーパーバイザー間の文化の差違に注目する。
- モード6──文化的な題材を通して浮かび上がってきた，スーパーバイザー自身の文化的思い込みや逆転移に注目する。

- モード7 ——仕事が実際に行なわれる場よりもっと広い文脈における文化的規範や先入観，ことに組織的，社会的，および政治的なものを検討する。これには組織内における人種差別や制圧的な実践も含まれる。

(1) モード1

　ここではスーパービジョンの場に持ち込まれたクライアントの世界を，クライアントの語る物語を通してその行動を検討していきます。この場には，文化的な題材が直接的に，あるいは間接的に持ち込まれてくるでしょう。クライアントの世界に存在する直接的な困難は，支配的な文化の中にいる人びととの衝突という形で体験されるかもしれません。間接的な場合には，クライアントがその問題について最初に語るときにはその認識はなくとも，問題は文化的差違と関連しているかもしれません。このモード1では，言語を通して，あるいは非言語的に語られた題材を通して，スーパーバイジーとスーパーバイザーは共にクライアントの世界を理解しようと試みるのです。セラピスト（スーパーバイジー）は，クライアントの体験がどこまで文化的背景に根付くものか，どこまで個人的性格によるものかを理解しようと試みるかもしれません。

　　　ある日本人のクライアントは，英国で生活するやり手の日本人ビジネスマンと結婚していました。英国に来て以来，この女性はずっとうつ状態でした。彼女は居所を失ったように感じ，日本と家族を恋しく思っていました。このことは，自分と夫が望んでいるような見事な女主人として活躍することを不可能に感じさせました。この不能感はうつの気分を強め，力不足の思いを深めさせました。スーパービジョンの中でカウンセラー（女性）は，このクライアントは夫に服従しているという自分自身の理解をもとに，激しい憤りを表現しました。しかし，このときスーパーバイザーは，クライアントの文化的地位をよりよく理解するために，この女性の現象的な世界の描写へと，すばやく引き戻しました。

　モード1では，クライアントの現象的な世界に対する認識を高めるために，クライアントの非言語的な行動に詳細な注意を払う必要性が生まれます。このときスーパービジョンにおいて重要なことは，非言語的な行動について，それが何を意味するかという「解釈」が本物であると考えてしまうことのないよう，注意を払う必要があります。これはことに文化をまたがっての仕事の場面に当てはまります。普通，社会においては，非言語的な行動を解釈する際に，文化的に決まった方法というものがあります。たとえば，セラピストと握手をしたがるようなクライアントは，形式ばった人物であるか，気に入られようとする人物であると理解されることがあります。このことは，もしクライアントが握手をしないことが非常に無礼であると考えられている文化背景からきたとしたら，誤った理解だということになるでしょう。視線を合わせるの

を避けることも，異なる文化では異なる意味づけを持ちます。西欧文化では，それはうさんくさく，後ろめたいことがあるかのように受け取られがちですが，別の文化においては，とくに親しくない人や目上の人と直接に視線を合わせるのは，たいへん無礼であると考えられているのです。

(2) モード2

第2のモードでは，スーパーバイジーとスーパーバイザーは，セッションで行なわれた介入について検討していきます。

上記の日本人のクライアントの例では，スーパーバイザーはスーパーバイジーの文化的な思い込みを指摘することができました。それは，妻としての義務に寄せるクライアントの姿勢が，本人の文化における通常の反応ではなく，夫への依存から生じているという考え方でした。ここでのセラピストは「あなたをそのような劣った立場に置いたことに関して，夫に怒りを覚えていますか？」という介入をしたのでした。スーパーバイザーは，この場合のカウンセラーの文化的な思い込みは，その「役割」が「劣った」ものであるために，クライアントが「怒り」を感じている，というものだという指摘をしました。その後に2人は，他にどのような介入が可能であったかを話し合い，英国において女主人としてもてなしをする場合と，日本における場合とではどのような違いがあるかを，クライアントに尋ねてみるのがよいだろうということになりました。そのことで，2つの文化にある相違を考え，その双方に身を置くクライアントの感情を検討する機会が生まれてくるでしょう。文化的な差違に寄せるよりよい理解は，カウンセラーがさらに自然な共感を見せながら介入し，文化的な差違を検討するときも防衛的にならずに掘り下げていくことができるようになります。

(3) モード3

ここでは，スーパービジョンでの掘り下げは仕事のプロセスで浮かび上がってくる無意識的な題材に，ことにスーパーバイジーとクライアントとの間のプロセスで出てくるものに注目します。それはたとえば，夢の中に出てくるものや，クライアントの語る逸話のようなものかもしれません。先の，運転手を追いかけて車から引きずり下ろした一件を語った混血のクライアントの例にあげれば，この逸話の披露は，人種偏見について検討しようとする際の無意識的なきっかけとして出てきたと考えられます。どこか深いところで，この女性はスーパーバイジーと自分自身を座っているいる椅子から「引きずり下ろし」，この問題の重要性を認識させたかったのかもしれません。

ある西アフリカ出身のクライアントは，6歳のときに英国の叔母のところに預けられました。到着したとき，この女性はりんごをもらったのですが，それは見たことのない果物でした。それがすばらしくおいしかったので，彼女は英国での生活もそのようであ

ろうと考えました。しかし決してそうではないことをすぐに発見しましたし，その上，ついにアフリカの両親のもとに戻ることはありませんでした。この件はもちろん，成長の過程に大きな印象を残すことでしたが，やがてこの逸話を語ったことの奥には，心理療法の最初の数回がとても穏やかに感じられたことで，同じように幻滅する展開になるのではないかという無意識下の不安があることがわかったのです。

スーパービジョンにおける掘り下げによって，このクライアントの不安はスーパーバイジーに拾い上げられ，心理療法の展開は深まることになりました。

(4) モード4

ここでは，スーパーバイジーは，自分の中にある課題が仕事のプロセスにいかに影響を与えるかを検討します。このモードで仕事を進めるためには，スーパーバイジーが自らの偏った姿勢や感情を認識している必要があります。ここで日本人のクライアントの例を再び取り上げると，カウンセラー自身の持つ，男性に軽んじられまいとする姿勢が不適正な介入を招いたことがわかります。自分自身の課題を明確に理解し，それが自分の文化にどのように結びついているかを知ることは，文化的差異と共に仕事をする際に用いる，貴重で実り多い手段となります。自分の文化をめぐる課題は，外側の醜い現実の世界にのみあるものではなく，話し合いの場にそのまま持ち込まれてくるものです。

  あるスーパーバイジーは，車椅子を使用する下半身不随のクライアントを担当していました。初めてのスーパービジョンのおりに，彼は自分のクライアントがとても「知的」に見えることを何度も強調しました。スーパーバイザーはこの点を指摘し，スーパーバイジーが車椅子を使う人びとに対してどのようなことを予想しているかを探求しました。そしてこのスーパーバイジーは，自分がこの人たちは利口ではないと考えていることを発見したのでした。

ある描写が与えられたときに，どのような「評価の物差し」が使われたかを探り出すことは，無意識下にある偏見を露わにすることにたいへん役立つでしょう。上の例では，クライアントが「知的」であると描写されたことで，スーパーバイザーはどのような評価の基準がその観察に使われたかを尋ねることができました。そうすることで，進行が妨げられることなく，無意識のうちの偏見を明らかにすることができたのです。

(5) モード5

ここでは，スーパーバイザーとスーパーバイジーがクライアントとの関係が，どのようにスーパービジョンの関係の中に映し出されているかについて探求していきま

す。そこに文化的差違が存在する場合には，支配的ではない文化出身のクライアントがどのように感じるかの片鱗を味わう機会を提供してくれるので，ことに興味深いものとなります。

あるスーパーバイジーはスーパービジョンのセッションの中で，無知で馬鹿にされたように感じ始め，一方でスーパーバイザーは自分がいつになく批判的になっているのに気づきました。この状況はさらにひどくなってきたので，スーパーバイジーは他のスーパービジョンの機会を探し始めました。そして彼は，自分のクライアントについて語っているときに，急にスーパービジョンをやめる意向を表明しました。このクライアントは，イレブンプラスの試験（訳注：英国で小学校修了時に行なわれていた学力振り分け試験）に失敗して実業中等学校に回されたことを成人になってから恥ずかしく思っていたのでした。このときの面談を提示するに当たって，クライアントがまるで試験を受けているように感じ始めたことを，スーパーバイジーは語りました。スーパーバイザーは，自分が批判的に見える危険性に気づき，スーパーバイジーに対してまるで庇護者のような保護的な態度になりました。ここでスーパーバイザーは，セラピーの中で起きたことと，スーパービジョンの場で起こっていることとの関連に心を打たれました。このことは，スーパーバイジーが自分を労働者階級出身のクライアントと同一視し，ミドルクラスのスーパーバイザーに対して感じている敵意について検討することに結びつきました。それは同時に，双方の間のあざけりの感情にまつわるすべてのことに直面することを可能にし，このスーパーバイジーは現在のスーパーバイザーと仕事を続けることになりました。さらにこのことは，自尊心を持つことのできないクライアントとの関わりや，クライアントとの関係について性急な判断を下さないことに関して，より優れた能力を身につけることへとつながったのです。

(6) モード6

第6のモードでは，セッションの中でがスーパーバイザー自身が気づく反発や反応について検討します。

あるスーパーバイザーは，あるクライアントのケースが提示されるたびに，不安な気分になることに気づきました。この感情を見つめてみるとそれが恐怖であることがわかりました。この思いがつのったときに，彼女は自分のスーパーバイジーに，スーパービジョンで分かち合われた内容と関連しているのだろうかと話してみました。スーパーバイジーは，最初はとても驚きました。なぜなら，彼は新しく海外からやってきた優秀な学生であるこのクライアントに，畏敬の念を抱いていたのですが，この学生は研究に集中することができないでいたからです。スーパーバイザーの恐怖の念は，この学生の，祖国を離れていることに関する恐れへの気づきとなりました。学生の文化背景では，国はおろか自分の村を離れることすら，ほとんどなかったのです。このスーパーバイザーは，自分の反応を不安に思うことなく，それが逆転移を理解する糸口となるかもしれないと考えることができるような経験をすでに積んでいました。そしてまた，スーパーバ

イジーとスーパーバイザーが異なる反応を示す場合には，このような状況が多くあることも理解していました。このケースでは，それは仕事を先に進めるために欠くことのできなかった洞察を深める機会となりました。

また，第6のモードにおいては，いささか異なる6aというモードがあることも説明しておきました。ここでの焦点は，スーパーバイジーのクライアントに対する反応とは異なる，クライアントに対する独特なスーパーバイザーの反応に当てられています。

上の例では，この感情はある特別のクライアントではなく，全般的なものでした。次にあげる例は6aのモードのものです。

> あるスーパーバイジーがクライアントの生活を興味あるものと感じるのに対して，スーパーバイザーの方はクライアントの生活史を聞くのをいやなことだと感じていました。このケースでは，クライアントとスーパーバイザーは共に，あるアフリカの国の出身でした。スーパーバイザーの居心地の悪さは，やがて表面的には興味深い物語を語っていることに覆われていた，隠れた感情をつきとめる糸口となりました。スーパーバイザーとスーパーバイジーは，その物語に対して異なる反応を示しました。スーパーバイザーの方はイライラし，一方スーパーバイジーは珍しいアフリカの生活の話に聞き惚れていたのでした。自分の逆転移に注意を払うことによって，スーパーバイザーは重要な題材に注目を引きつけることに成功しました。

(7) モード7

異文化間での仕事をするに当たっては，すべてのモードにモード7をある程度応用していると言うことができるでしょう。なぜならこのモードは，スーパービジョンが行なわれる文脈を検討するものだからです。文化における差違は，当然このモードにおいては重要なものです。しかしさらに，このモードの異なる要素が，文化の差違にどう働くかを見ていくことにしましょう。

第7章では，モード7には6つの下位モードがあることを示しました。これらのすべてが差違を越えて仕事をするときに関連しています。モード7.1は，モード1で検討したように，スーパーバイジーやスーパーバイザーによって異なった風に解釈されるかもしれない，クライアントの現象的な世界を考えに入れる必要があります。

モード7.2は，スーパーバイジーの職業的な成長に注目し，自分の文化的な思い込み，恵まれた環境を理解し，文化の差違についての感覚を鋭くするのを助けるような教育や訓練の重要性に焦点を当てます。組織的な文化の枠内で仕事を実践したり，スーパーバイジー自身の文化的な視点の理解を高めることを奨励するのも7.2では重要なことです。

モード7.3では，その関係が文化的に規定される場合も含めて，スーパーバイジー

とクライアントの関係の文脈を理解する重要さを強調しています。これは，この文化をまたがった状況で，クライアントがどのように照会されてくるか，またカウンセリングがどのように受け取られるか，ということで明らかになることもありましょう。

モード7.4は，スーパーバイジーの職業を越えた生活を検討し，社会的，文化的文脈がその人にとってどのような意味を持つのか，当然と思われるような認識にどのように到達するのかをも含めて，検討していきます。

モード7.5では，スーパーバイジーとスーパーバイザー間の関係に注目し，この文脈の中では文化の差違がどのように働きかけるかを検討します。スーパービジョンの中で文化を取り扱うことに，社会政治的文脈が敵対するような場合には，このような課題に取り組むことは困難になります。社会的，政治的に働きかけが許されるような環境を整えることが先決の問題になるかもしれません。モード7の中では，仕事をする文脈が協力的なものであることを確保するのが，スーパーバイザーの役割となるかもしれません。セッションの中でその認識を高めていくこともそのひとつですが，外の政治的な場（国レベル，地方レベルでの職業的団体など）での働きかけも含みますし，また組織の中で訓練プログラムを考案する主要な職員と個人的な連携をすることも含まれるでしょう。

9. 文化をまたがったスーパービジョンを発展させる

文化をまたがったスーパービジョンは，クライアントとの文化をまたがった実践と同様に，まだその発展初期にあるものです。リオンとワグナーは，スーパービジョンにおける文化をめぐる課題についてはまだほどんど書かれておらず，あってもごく最近のものにすぎないと，その文献調査の中で指摘しています（Leong & Wagner, 1994）。さまざまな文化が混在する社会で仕事をすることが増えている現在，個人も組織も共に文化をまたがった仕事をする能力を高めることに力を注ぐべきだと言えるでしょう。

コールマンは，訓練生たちが文化的意識を正しく理解している必要があること，そしてスーパーバイザーはこの点について倫理的実践に留意するのと同じレベルでの注意を払うべきだと述べています（Coleman—Holloway & Carroll, 1999 にて引用）。エヴァンズとギルバートは，ある訓練機関がその抑圧的な実践を批判し，もっと文化をまたがった実践を進める力を高めるために試みたときの，とても役に立つ実例をあげています（Gilbert & Evans, 2000）。この例は，訓練機関が自らの「民族，性別，性的志向，宗教，政治的志向，階級，地位，年齢および障害などの構成図」をつくり上げる際の，有用でわかりやすい監査方法を提示しています。

- 異なる集団からの採用
- スタッフの構成図
- スタッフ間の相互交流のパターン
- クライアント集団の構成図
- 訓練課程の内容

　文化や差違をめぐる課題を検討することや，文化をまたがって仕事をする技術の発展にどのくらいの時間をとるかに注目すると同時に，そこで教えられる理論や，採用された学習過程，あるいは訓練生の評価方法などのあらゆる要素に潜む文化的な偏向についても検討を加えることが重要でしょう。スーパービジョンの訓練については，異文化間におけるスーパービジョン，およびその関係における力の不均衡についても注意が払われる必要があります。

　個人的なレベルでは，スーパーバイザーである者すべてが，実践のときに対応できる差違の幅を極力広げていくことに絶え間ない努力を払い，自分自身の文化的に規定された行動やものの見方，感情の基盤，モチベーションの源などについて理解を深めていくべきでしょう。文化的に鋭敏な実践をするのは決して容易なことではありません。私たちは文化的に中立ではあり得ず，それ故に必ずや自分自身の文化的見地から世界を見つめているからです。

　文化を越えて思考する能力を高めるために，次のような点を心にとめておくのは役に立つでしょう。

1. 自分の文化について知ることは大切です。
2. 習慣的なものの考え方は，文化的思い込みからくるもので，個人的な症状ではありません。
3. 職業人としての私たちも文化の中に存在しています。この文化は，クライアントの文化と同じように根拠のあるものですが，そのために私たちは異なる価値や前提を持つようになるかもしれません。
4. 双方の間で交わされる会話は，文化的な衝突となるかもしれませんが，それは文化的差違をめぐる理解や交渉を生み出す，実り多い過程となるかもしれません。
5. そこに存在する差違の形態や幅についてもっとよく理解し，それが姿を現したときに認めることができるようになれば，私たちはもっと繊細な実践ができるようになるでしょう。
6. スーパービジョンやセラピーの関係の中で浮かび上がる差違について敏感でいられるのは望ましいことです。この繊細さを磨くためには，異文化や差違の領域に積極的な興味を持つ必要がありますが，決してクライアントの文化的世界を理解できると思い込んではなりません。そうすることで，知らないという状態を認め，その上で相手から探し出すという興味からスタートすることができます。

教義を信奉するということがなければ，私たちは自分の理論にしがみつくこともないでしょう。その代わりに，私たちは自分の体験する現象にもっと注目する必要があるかもしれません。こちらの方が厳格な理論よりも実践におけるもっと有用な指針となるかもしれません。この仕事に対する現象的なアプローチというのは，スーパーバイザーとスーパーバイジーが共に，自らの体験と，クライアントの体験に寄せる興味に焦点を当てるということです。それ故，この実践は研究プロジェクトのようになり，三者の体験した世界がより豊かに表現されることになります（Reason & Bradbury, 2004）。

　文化をまたがって仕事をする際に，私たち自身が文化的に中立ではないことを理解しておくことは重要です。あらゆる個人は自分の文化に根ざしています。そして異なる文化出身の人びとと効果的に仕事をするためには，自分自身の文化と，その文化的文脈の中で認められる思い込みを理解している必要があります。スーパーバイザーがこの姿勢を取り入れることができれば，スーパーバイジーがスーパービジョンの中で自分の実践を提示する際に防衛的にならずにすむでしょう。ある種の姿勢や感情というものは，誤っているとか正しいということではなく，単に「興味深い」ものと見なすことができるからです。このようなアプローチは，実際の体験がその「姿を現し」，評価されるような問合いを提供してくれます。

　相手側の体験に対する開放的な姿勢に頼るだけでは十分ではありません。職業人としては，異文化間に見いだされる差違についての何らかの知識を身につけておくことが必要で，それがなければ欠くことのできない情報を見逃してしまうことになるでしょう。パット・グラントは，クライアントの文化的背景を知る必要はないと決めてかかることの傲慢さを，その著書の中でわかりやすく指摘しています（Grant—Varroll & Holloway, 1999 にて引用）。その章の初めの部分にあげられている要素は，私たちが気づくような文化的差違について述べ，注意を喚起します。それでもなお，それを読むことによってある人物の文化が理解できると決めてかかることに対しては，慎重でなくてはなりません。その微妙な側面は知りようがありませんし，すべてのことを文化のせいにしてしまう危険性もあるからです（Coleman—Holloway & Carroll, 1999 にて引用）。

10. 亡命希望者や難民のスーパービジョン

　スーパービジョンは対人援助職においては欠くことのできないものですが，ことに亡命希望者や難民に関する場合には，そこに存在する問題の過酷さが仕事を内省する余地を閉め出してしまう場合があります（Papadopoulos, 2002; Trivasse, 2003, p. 9）。難民や亡命希望者は，数多くの異なる文化背景を持つ，非常に多様なグループの人びとであり，他のどのグループよりも精神衛生関連の問題に対して傷つきやすい状態に

あります（Loizos, 2002）。この人びとは例外なく迫害を，それも極端な性質の迫害を体験しています。これらのクライアントが体験した，異常に過酷で，かつ継続的なトラウマの物語は，通常の開放的で思慮深い，共感を分けるようなやり方で聞き取ることは困難になり，ことにそれが長期間にわたる場合には，担当する職員はそれに反発したり，「凍結」したくなったりする可能性があります。しかも，このことは，この章で今まで見てきたような，通常の文化的差違をめぐる困難に加えて起こるものなのです。

　ウッドコックは，亡命希望者や難民に対応するカウンセラーや心理療法の担当者に与える影響を調査し，「スーパービジョンと支援的な心理療法の中間に位置するような」スーパービジョンを提言しています。彼は，スーパーバイザーが「患者やクライアントとの仕事の中で，個人的な歴史とそれに呼応する題材との境界を越えた主題にもっと積極的に取り組む」ことを提案しています（Woodcock, 2005）。そして，仕事の過酷な性質にめげずに，内省する間合いをとる必要を強調し，それを確保するためにもスーパービジョンが欠かせないことを説いています。

　ジュディ・ライドは，バースにある「カウンセリングおよび心理療法センター（BCPC）」で亡命希望者や難民に対応していますが，自分が難解な感情に「沿い続け」，クライアントの内に潜む力を探り出すのを支援するようなスーパービジョンについて，次のように語っています。この例で興味深いことは，スーパーバイザーの提案が役立ったというよりも，彼女がクライアントのニーズに対応できるよう，もっと独創的に考える許可を与えられたということでした。スーパーバイザーの提案はそのままの形で取り上げられたのではありませんが，生産的な考え方をするための変化をもたらしました。

　　　私は，出身国で過酷な拷問を受けた後に，イギリスに避難してから，深刻なうつ状態に陥った男性に対応していました。その体験は，この男性の気力をことごとく打ち砕いてしまったように思われました。何の活力もなく，拷問によって生じたさまざまな痛みに加えて，絶え間のないひどい頭痛に苦しめられ，拷問の記憶とイメージは常に彼と共にあり，それは下劣で彼の心をかき乱し，羞恥心で満たすようなものでした。私はこの部屋から抜け出したいと心の内で思いました。そして眠気に襲われ，時計を見上げました。まだ半時間も残っているではありませんか。そして私は悲しみと絶望の気分に，いっとき完全に沈み込みました。それからもとの自分に戻り，自分の無力さを感じました。これほどに傷ついた人を，どう支援することができるというのでしょうか。この人は心も身体も傷ついているのだと感じました。私は彼に手を差し伸べたいと思いました。自分の感じたこと，彼がどんな風に感じているかを想像してみたことを，言葉にしてみようとしました。
　　　彼は，自分が自国の地域社会では，裕福で力のある人物だったと語りました。自分の家族にお金や仕事を提供して支援し，地元の若い人びととの教育を確保してあげたので

す。私は今この国で，彼の社会的地位の低いこと，集中力を失って，権威ある地位から行動を起こすことができないでいることが，彼にとってどのようなものか，想像してみようとしました。普通なら彼の指示を仰ぐ妻が，今やすべてのことを決定しています。私は自分の性差による役割論が，このような形で権威を喪失した男性には，まったく意味をもたないことを理解しました。

私のスーパーバイザーは，クライアントと共にあることに関する困難を認め，一方でその複雑な感情を理解するのは困難ではあっても，同時にクライアントが将来に対して何らかの希望を見いだす必要性を理解してくれました。それについて内省を深めたのち，私たちは彼の現実を否定しない形で，しかもなお，もう少し活動的になるように支援するときではないかと感じました。私のスーパーバイザーは，自分の身体の内にしっかりと自分を位置づけられるようになり，感情をもっと強く受け入れられるようになるための，瞑想のエクササイズを提案しました。その次の面談で，私はこの案を紹介してみました。彼は驚き，当惑したように見えました。私の提案の奇抜さに，かすかな微笑さえ浮かべました。この案が2人の間にしっくりとこないことはわかりましたが，私は何かが必要であることを感じていたのです。一体ここで何を期待しているのか，と私は自問しました。その瞬間，ある考えが浮かびました。そして，あなたの中に小さな希望の思いを見つけたいのだ，と私は言いました。この思いとは，種のようなものだ，希望の種だ，と感じました。私は紙を出して，ざっと花の咲いた庭と空を描いてみせました。地面に種を描きました。これは希望の種で，その中にどんなものが潜んでいるだろうと言いました。彼の子どもたちの未来，彼に寄せられた家族の愛情，彼の愛情，自国にいた頃の権威や温情，地域社会に寄せる愛情，人びとの尊敬の念，そして過酷な体験に耐え抜いた力などを例にあげてみました。そして，この種に潜むこれらの可能性の他に何かつけ加えることができるかを，彼に尋ねました。彼はできないと言いましたが，私の描いたものに満足した様子で，それを読み返し，問いただしていました。それから私はその種の周りに石ころを描き添え，彼が忘れることのできない怒りや恐怖，不信の感情を表していることを説明しました。それらは希望の種が育つのを困難にするけれど，完全に妨げることはないだろうと言いました。さらに種の成長を励ます太陽と雨を描き添えました。この太陽と雨に当たるものはなんだろうか，と尋ねました。彼は答えることができなかったので，それについて2人で考えてみよう，と提案しました。

この種をめぐる会話の後で，彼は自分が若い頃所有していた農場について語り始めました。そして自分が種付けや，植物が育ち，実るのを見るのをいかに楽しみにしていたかを思い出しました。私が彼に今どのように感じているかを尋ねると，彼は微笑みを浮かべました。そして，頭の中がすっきりした，と言いました。

この例では，スーパーバイザー，スーパーバイジー，そしてクライアントの三者が，適正な希望を抱くことと，絡みつく絶望の感情を認めることとの間のバランスをいかにとるかに苦闘していました。亡命希望者や難民との取り組みにおいては，この脆弱な感覚が，間主観的な領域を往々にして突き抜けているものです。生と死，喪失，強制退去という状況がごく普通に存在するときに，私たちの介入は，このような

過酷な生活の前ではとるに足りないものと映ることでしょう。スーパーバイザーの役割は，スーパーバイジーが自己を省みずに奮闘したり，悲嘆の底に沈み込んだり，「よくする」ことができないという必然的な痛みから自分を閉め出してしまわずに仕事を継続することができるよう，支援をすることにあり，たいへん重要なものとなるのです。

> あるスーパーバイジーは，非常に孤立した状況にある亡命希望のクライアントが陣痛を迎えた悲痛な状況に，非常に心を痛めました。この女性は兵士に強姦された結果，子どもを身ごもったのでした。このスーパーバイジーはこのことで絶望的な思いにかられ，クライアントを病院に運ぶだけでなく，子どもが生まれた後も，家に送り届けるに至りました。スーパーバイザーは，自分の無力さに関する彼の苦悩だけでなく，その思いやりや献身を正しく評価しましたが，同時に，この女性クライアントに対するカウンセラーとしての適正な役割を，彼に再認識させることも忘れませんでした。

悲嘆にくれるクライアントに対応するときに，自分の無力感に取り組まなければならないことは多くありますが，亡命希望者や難民の場合には，その問題は特筆すべきもので，そこに現れるジレンマは通常見られるようなものではありません。内省をするよりも「助けたい」という願望は，とても魅惑的なものとなります。

このため，とるべきすべがないという感覚は，亡命希望者や難民が，受け入れ国での滞在期間が短いために通訳者を必要としたり，その必要が生じるほどに言語をめぐっての困難がたびたび起こる場合には，ことに深刻になります。これは複雑な状況で，この章で解説する範囲を超えています。スーパーバイザーが通訳者の仕事に通じている場合には，通常の２人ではなく３人の人間が関わる仕事の複雑さを，スーパーバイジーが考察するときの大きな手助けになります。通訳という仕事はほとんどの場合，表明された内容をひとつの言語から他の言語へとできるだけ正確に置き換えるという単純な作業です。しかし，心理療法士やカウンセラーが関係する仕事は，そこで露わになり，分かち合われた内容は内密なものもあるため，三者の間には必然的な親密性が生じます。そこには複雑な転移や逆転移が浮かび上がり，意味深い仕事が進められる場合には，それらは度々スーパービジョンの中で有意義に内省されることになります（Ryde, 2005）。通訳者へのスーパービジョン，あるいは少なくとも支援というものも，仕事の質を確保するためには考慮される必要があります。

苦悩のレベルがこれほどに深いと，それをスーパービジョンの中で発散させることが重要になります。それによってセラピストは，クライアントの苦悩がいかに大きくとも，開放的な姿勢や生気を保つことができるからです。スーパービジョンの回数，ことにグループスーパービジョンを，別れの挨拶をする儀式まで延長することが，BCPCでは有効であると考えられています。なぜなら，ときとしてクライアントは跡形もなく消えてしまうことがあるからです。自国に送り返された場合もありますし，

たとえばその運命から逃れるために，人混みの中に自ら消えていくこともあるでしょう。

この仕事の複雑さを考慮するとき，セラピストにとって一番よいのは専門のスーパービジョンを依頼することです。BCPC のプロジェクトでは，セラピストが通常受けるスーパービジョンに加えて，専門のスーパーバイザーによる月に一度のグループスーパービジョンを提供しています (Ryde, 2004)。グループの中で経験を分け合うことは，残虐行為の話を聞いた証人の話を記録するという重要性を際立たせ，またそれは適正に守られたセラピーの境界を越えることなく，クライアントのニーズに応えることになるからです。

11. まとめ

文化の差違に対応しながら仕事をするのは厳しいことです。多くの場合困難な，そして暴力的な感情に満ちた仕事となり，長年にわたってその差違が無視されたり否定されたりしていた場合はなおさらです。それでもなお，このレベルで仕事をすることは非常に重要なことであり，ますます文化的に多様になりつつあっても，西欧の「白人」社会の規範が「標準」であるとされがちな社会においては，ことに重要であると言えるでしょう。

多くの場合は，否定され，あるいは認められないような力の不均衡のために，「機会均等」というスローガンでひとくくりに語られる差違の領域というのは，痛みを伴い対立に満ちた領域です。それは少数民族や同性愛者などの少数グループの人びとの死に至るような極端な人種的憎しみから，職場や教育現場，職種における極端ではなくとも深刻な損害を生み出すようなものまで，幅の広いものと言えます。このような苦痛を伴う衝突を目前にして，「正しく決着をつける」ための単純な処方箋が求められました。これらの処方箋のいくつかは，たとえば「（政治的に）適正な」用語を使うというようなことですが，この不均衡の領域に一般の注目を集めることに役立ちました。しかし，単に何が適正な行動かという処方箋を出すことは，実際の感情を地下に潜行させる結果を招き，そのため中傷を恐れて十分な検討が行なわれないままに，口先だけの寛容が語られることになる危険性があります。これまで見てきたように，開放的で防衛的ではない姿勢というものが，この問題の真の理解と探求に結びつくものなのです。

自分たちの文化的遺産を基盤として，偏向を持った姿勢を容認できるスーパービジョンのセッションこそが，それに挑戦し，それを変えていくような真正な探求を可能にするものでしょう。この開かれたスーパービジョンは，偏見や文化的に偏った姿勢を露呈するスーパーバイジーの根本的な価値を疑問視するものではありません。自らの複雑な思考，感情，信条を自認する心構えのあるスーパーバイジーはむしろ称賛さ

れるべきでしょう。言語化し，掘り下げた後にこそ，真正な姿勢の変化というのは現れるものであり，ことにそれが差違との真実の出会いがあった場合にはなおさらのことです。

私たちはこの章を，イスラム神秘主義の愚賢者ナスラディンが，コンサルタントに昇格したときの，ためになる小話で終わりたいと思います（Hawkins, 2005）。ナスラディンは，クルーズに参加して，それを祝うことにしました。

> 航海の最初の晩，フランス人と一緒の食卓につきました。食事の始まりに，このフランス人は「ボナペティ」と挨拶しました。ナスラディンはこのフランス人が礼儀正しく自己紹介したのだと思い，「ムッラ（イスラム教の学者）・ナスラディン」と答えました。食事は快く進みました。
> しかし次の朝，朝食も同じ儀式で始まり，フランス人は「ボナペティ」と挨拶しました。ナスラディンはこのフランス人は少し耳が遠いのかと思い，大きな声で「ムッラ・ナスラディン」と言いました。
> 昼食時も同じことが起こり，ここに至ってナスラディンは，この頭の回転の遅いらしいフランス人にイライラしてきました。運のよいことに，この日ナスラディンはフランス語の話せる同乗者と知り合いになり，何というめぐり合わせか，この人物は異文化を扱うスーパーバイザーだったのです。彼がナスラディンに，「ボナペティ」という言葉は礼儀正しいフランス語の挨拶で「よいお食事を」という意味であることを教えてくれました。
> 「いやはや，ありがとうございました」と，啓発され，安心したナスラディンは言いました。午後中彼は船のデッキを歩きながら，自分の次の介入の言い回しを練習しました。その晩，ナスラディンは準備万端で食事の席につき，新しいフランスからの友人に笑いかけながら「ボナペティ」と言いました。
> 「ムッラ・ナスラディン」とフランス人は答えました。

第9章
スーパーバイザーへのトレーニングとその発展

1. はじめに

　この章は，自らの学びと成長を願い，自分自身のための，将来に向けてのトレーニングを計画したいと考えているような新人スーパーバイザーと，経験あるスーパーバイザーの双方に向けて，およびスーパービジョンにおけるトレーニングを提供する責任を負う人に向けて書かれています。この章の後半では，異なるスーパービジョンのトレーニングに関するニーズを満たすための，さまざまなトレーニングコースについて概要を述べています。

2. 自分自身の学びの必要性を判断する

　新人のスーパーバイザーは，しばしば次のような2通りの姿勢を見せるものです。

- スーパーバイザーになったということは，何をどうするかは知っているはずだから，早速仕事を始め，仕事をこなしていくべきである。
- スーパービジョンについては何も知らないし，自分がしっかりとしたスーパーバイザーになるための唯一の方法は，スーパービジョンのトレーニングコースを一通り受けるほかないだろう。

　この考え方は両方とも役には立たず，新人のスーパーバイザーが，自分の知識や能力，またそれを超えて，何を学ぶ必要があるのかを注意深く評価するのを，妨げることになるでしょう。このような考え方は，優秀なスーパーバイザーになるために学んでいくことが，多種多様な質的資源によってもたらされる，一生涯にわたるプロセスなのだという気づきを遠ざけてしまうことになります。良質なトレーニングコースは，スーパーバイザーの発展に不可欠な要素ですが，それは，いくつかの方法のひとつであるべきです。スーパーバイザーには，異なる組み合わせで相互に効果を高めることのできるような，多種多様な学びの可能性があるのです。

　可能性のある学びのプログラムは，図9.1のようなものになるでしょう。
　この学びのサイクルは，どのような方向にも向かうことができ，ほとんどがスーパーバイザーの学びのニーズと機会に適合するような方法で，順序を変更することもで

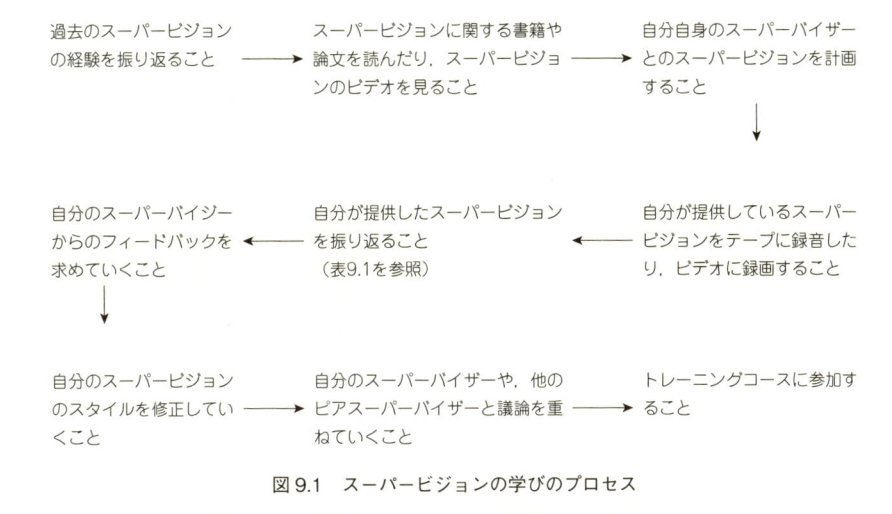

第9章 スーパーバイザーへのトレーニングとその発展

```
過去のスーパービジョン        スーパービジョンに関する書籍や       自分自身のスーパーバイザー
の経験を振り返ること     →   論文を読んだり，スーパービジョ  →   とのスーパービジョンを計画
                            ンのビデオを見ること                 すること
                                                                        ↓
自分のスーパーバイジー       自分が提供したスーパービジョン       自分が提供しているスーパー
からのフィードバックを  ←   を振り返ること                 ←   ビジョンをテープに録音した
求めていくこと               （表9.1を参照）                      り，ビデオに録画すること
    ↓
自分のスーパービジョン       自分のスーパーバイザーや，他の       トレーニングコースに参加す
のスタイルを修正してい  →   ピアスーパーバイザーと議論を重  →   ること
くこと                       ねていくこと
```

図9.1 スーパービジョンの学びのプロセス

きます。しかし，系統的に学ぶことが好きな人には，自己評価と学びのニーズの評価を第一としてプロセスを始めることが有益なことでしょう。表9.1 に，そのような評価をするために利用できる様式を掲載しましたが，これは，単なる青写真ですので，自分の環境やニーズに合わせて修正したり，書き直したりしてください。スーパービジョンの技術には多くの次元があり，幅広い能力，手腕，受容力を必要とすることを理解しておくのは重要なことです。ホーキンズとスミスは，これらの異なるレベルを次のように定義しています（Hawkins & Smith, 2006）。

- 「能力」とは，技術や道具を使うことができることである。
- 「手腕」とは，技術や道具を，適切な時期に，適切な方法で，適切な場所で使うことができることである。
- 「受容力」とは，技術というよりも人間としての質であり，何ができるかというよりも，どのような「人となり」かということである。

次に示す自己評価の質問用紙は，スーパーバイジー，同僚，指導教官，そしてスーパーバイザーから，360度のフィードバックを得る機会を提供してくれます。それぞれは，1から5のスケールで，技術のそれぞれの領域を評価するように求められます。この評価尺度をどのように利用するかについての共通理解をはかっていくために，次のような解説を示します。

第 2 部　スーパーバイザーとスーパービジョン

表 9.1　スーパーバイザーのための自己評価の質問用紙

	学びが必要		能力の所有		熟達レベル
	1	2	3	4	5

1　知識
1.1　スーパービジョンの目的を理解している
1.2　スーパービジョンの境界について明確な考えを持っている
1.3　次の要素を理解している
　　　　質的なもの
　　　　発展的なもの
　　　　資源開発的なもの
1.4　スーパービジョン契約のさまざまな種類について知っている

2　スーパービジョンの管理技術
2.1　スーパービジョンの目的をスーパーバイジーに説明できる
2.2　お互いに同意できるような、明確な契約の交渉ができる
2.3　適切な境界を維持できる
2.4　次のようなスーパービジョンの環境をつくり上げることができる
　　　　共感的
　　　　真実性
　　　　自己一致
　　　　信頼に値する
　　　　その場に即した対応
2.5　質的, 発展的, 資源開発的な機能のバランスを維持できる
2.6　スーパービジョンのセッションを時間通りに, 適切に終わることができる

3　スーパービジョン介入技術
3.1　CLEAR プロセス（第 5 章を参照）のすべての段階を利用することができる
3.2　次の種類の介入手段を利用できる
　　　　規範的（Prescriptive）
　　　　情報提供（Informative）
　　　　対決的（Confrontative）
　　　　触媒作用的（Catalytic）
　　　　カタルシス的（Cathartic）
　　　　支援的（Supportive）
3.3　次のような方法でフィードバックを提供することができる
　　　　明確に
　　　　所在を明確に
　　　　定期的に
　　　　バランスをとりながら
　　　　具体的に
3.4　次のことに効果的に焦点を当てることができる（第 6 章を参照）
　　　　クライアントの内容
　　　　スーパーバイジーの介入
　　　　スーパーバイジーとクライアントの関係

第9章　スーパーバイザーへのトレーニングとその発展

	学びが必要		能力の所有		熟達レベル
	1	2	3	4	5

   スーパーバイジーの逆転移
   スーパービジョンの関係
   スーパーバイザー自身の逆転移
   幅の広い文脈
3.5　自分自身の進め方について説明することができる
3.6　自分自身の体験を適切に提供することができる
3.7　スーパーバイジーに自己スーパービジョンの技術を発展させることができる

4　受容力，あるいは質
4.1　スーパーバイザーの役割へのコミットメント
4.2　適切な権威，存在感，影響力
4.3　勇気づけ，動機づけをすることができ，適正な楽観主義を維持することができる
4.4　スーパーバイジーのニーズに対して，敏感である
4.5　次のような項目に関して，個人的な違いに気づき，その違いに順応することができる
   性別
   年齢
   文化的・人種的背景
   階級
   性的志向
   個性
   専門の訓練
4.6　ユーモアのセンス
4.7　倫理面の成熟度

5　スーパーバイザー自身の継続的な成長へのコミットメント
5.1　自分自身のスーパービジョンの適正さを保証できる
5.2　実践家として，スーパービジョン技術と知識を更新することに継続的に取り組むことできる
5.3　自分自身の限界を認識し，スーパーバイザーとしての強みと弱さを識別することができる
5.4　次のようなところから，定期的なフィードバックを得ることができる
   スーパーバイジー
   ピア（同僚・友人）
   自分自身のスーパーバイザーや先輩

6　グループスーパーバイザーとして
6.1　グループダイナミクスの知識を所有している
6.2　スーパービジョンのプロセスを助けるために，グループプロセスを利用できる
6.3　グループの中の競争心に対応することができる

	学びが必要		能力の所有		熟達レベル
	1	2	3	4	5
7 組織の上級スーパーバイザーとして					
7.1 職種間の問題をスーパーバイズすることができる					
7.2 組織の問題をスーパーバイズすることができる					
7.3 チームや組織における発展の段階に関する知識を所有している					
7.4 チームや組織に内在する潜在的な文化を表面化することができる					
7.5 組織の変化を促進することができる					
7.6 スーパービジョンが実っていくような学びの文化をつくり上げることができる					

1．専門職としての学びのニーズ──「どのようにするのか」がわからない。
2．個人的な学びのニーズ──どのようにするのかは知っているが，実際にすることができない。
3．散発的な能力──場合によっては，うまくこなすことができる。
4．堅実な能力──実行していくときに，自然な方法でできる。
5．熟達──他の人へのロールモデルとなり，教えることができる。

　この自己評価の手順は，スーパーバイジーからのフィードバックを求めるときの様式として，あるいは，自分自身のスーパーバイザーや作業チームと，自己評価を共有したり，自身の仕事に対するフィードバックや評価を受ける様式として，協力して実施することができます。

3．トレーニングのコースを設置する

　第5章の「スーパーバイザーになるに当たって」において，新人のスーパーバイザーはみな，自分自身のスーパービジョンに対するスーパービジョンを確保するだけでなく，スーパーバイザーになるに当たって，この新しい役割に関するトレーニングを受けることも重要である，と論じました。人によってはスーパービジョンを始める前に，自分が何を提供するのか，どのように機能していくのかについてを明確にしておくために，事前のトレーニングを受けておくことを好むようです。このアプローチの限界は，すべての事前トレーニングに共通なことですが，自分自身がスーパービジョンを受けた経験以外に，トレーニングコースの最中で振り返ったり，取り組んだりする直接的な経験が訓練生にはないことです。
　私たちは，すべての新人のスーパーバイザーが，スーパーバイザーとして働き始めた1年目にトレーニングを受けることを推奨しています。新人のスーパーバイザー

が，新しい役割に対するモデルや支援としての役割を果たしてくれるような，良質なスーパービジョンをその時点で受けていない場合には，新しい役割につく前にトレーニングを受けるべきでしょう。しかし，このような場合，ただ新人を短いスーパービジョンのトレーニングコースに送り，それでスーパーバイザーとして十分に機能することを期待するのは，はなはだ不適切なことです。良きスーパーバイザーとして成長していくための最も重要な要素は，トレーニングコースによってもたらされるのではなく，自分が提供するスーパービジョンを計画し，内省することに対する十分な支援を受けることから，もたらされるものです。新人のスーパーバイザーが，スーパービジョンのチームの責任者からこのような形態の支援を受けることができないのであれば，新人のスーパーバイザーが，自身のスーパービジョンの実践を振り返るための，継続的なピアグループ，または先導してくれるサポートグループを，トレーニングコースに設置すべきでしょう。

ホーキンズとスミスは，トレーニングと発展に関する設計の基本となる，主要な原則を次のように要約しています（Hawkins & Smith, 2006）。

1. 試行的学習のプロセスを通して生まれる自己認識に焦点を当てることから始める。
2. 訓練生がスーパービジョンを行なっている小さなピアグループで，高度なフィードバックを通じて，個人の権威，存在感，影響力を発展させていく。
3. デモンストレーション，実例，取り組み例，そして，訓練生自身の人生における経験を振り返ることなどを利用しながら，できる限り生きた方法で，基本的な技術と技法を教えていく。実践し，その実践に対するフィードバックを得る機会を多く提供する。
4. 試行的学習がすでに始まっている場合にのみ，理論を教えていく。
5. ジャストインタイム（ぎりぎりの瀬戸際で）の学び。学びは，学習者が学習するものに対する必要性を認識しており，それをもう少しのところで手に入れることができる学習に当てはめるとき，最も効果的なものとなる。
6. リアルタイムの学び。学びは，学習者が過去のケースからよりも，現在の，そして未解決の実際の課題に取り組むことによって，際立って強化される。これを，ロールプレイの対語として，リアルプレイと呼ぶ。
7. 初期のトレーニングを終えた後，自己認識や技術，理論と，自らの実践体験との間で，自分なりの統合をつくり上げていく前に，学習者には長期にわたってのスーパービジョンが必要となる。

このような原則にしたがえば，養成コースは理想的には「サンドイッチ状」の形態を持つべきであることがわかります。すなわち，訓練生は中間時点で仕事に戻り，自分の受ける，または提供するスーパービジョンについて，アクションラーニングを行なう時間を持つべきだ，ということです。その上でコースに戻り，自分の経験を探索し，どのように異なったやり方で，特定の状況を扱うことができるのかについて検討

する機会を持つのです。

　コースが実践的であることを確実にする別の方法は，多くの時間を訓練生たちに割き，スーパービジョンを提供したり，受けたり，観察したりすることを一緒に行ない，その後，お互いに構造化されたフィードバックを提供するというような，本質的に試行的なコースにすることです。私たち自身が行なっているコースでは，それぞれの参加者がスーパーバイザー，スーパーバイジー，観察者となる機会を持てるように，異なった三角形の中で，多くの時間を費やすようにしています。3つの役割すべてを経験できることからの学びが非常に大きいため，これがコースで最も価値が高いと感じられる要素であると，多くのコース参加者が報告しています。

　トレーニングにおけるこの三角形を利用する別の方法については，スパイスとスパイスが次のように説明しています（Spice & Spice, 1976）。

> 　3人のグループで作業を進めることは，駆け出しスーパーバイザーが，スーパーバイザー，コメンテイター，ファシリテーターの3つの異なる役割を，順番にこなしていくことである。駆け出しスーパーバイザーは，実際のスーパービジョンの例（たとえば，オーディオテープ，ビデオテープ，ケース報告など）を提供し，コメンテイターは，そのケースを再検討し，観察したことを分かち合い，セッションについての対話を促進する。そして，ファシリテーターは，駆け出しのスーパーバイザーとコメンテイターとの間における，現在の，そのときその場での対話について，コメントを述べていく。この三角形のモデルでは，a）スーパービジョンの作業についてのプレゼンテーション，b）批評的なコメントの技術，c）意味深い自身の対話に対するコミットメント，d）そのときその場におけるプロセスを深めていくこと，の4つのプロセスで進められる。
> 　　　　　　　　　　　　　　　　　　（Borders & Leddick, 1987 にて引用）

　若者とコミュニティワークの領域で，スーパービジョンのトレーニング発展のためにさまざまな実践をしてきたハロルド・マーチャントは，「スーパービジョンは，知識，技術，手腕などを必要とする。何にもまして，それは，他の人との関係における，スーパーバイザーの態度や感情を巻き込むものである」と書いています（Marchant—Marken & Payne, 1988 にて引用）。

　それ故にスーパービジョンのトレーニングには，力量と技術のあるスーパーバイザーが身につけるべき適正な知識や技術，訓練だけでなく，訓練生の態度や思い込みを探索していくことに全力を注ぐことも，考慮されていることが重要になります。「スーパービジョン関係において，共感の概念を探索し，その表現方法を練習すること」にも焦点を当てる必要があります（Marchant—Marken & Payne, 1988, p. 40 にて引用）。

　したがって，すべてのスーパービジョンのトレーニングは，信頼，オープンさ，差違への気づき，相互的な探索の上に構築されるような，スーパーバイジーと関係をつ

くり上げるための幅広い方法に焦点を当てる必要があります。これを行なっていくに当たって，指導者は，コース自体がどのようにしてロールモデルを提供し，温かみや開放性，信頼のある環境を提供し続けることができるかに，気づいている必要があります。そこでは，必然的な恐れや傷つきやすさにもかかわらず，自分たちの経験や力量不足の両方を探索することができると，訓練生は感じられるのです。バーバラ・ダーンリイが述べているように，これは難しい作業となります。

> スーパービジョンの実践を詳細に見ていくことは，自分自身の困難なケースについて議論していくよりもずっと自らをさらけだす，幅の広い経験となることだと，理解するようになった。それはあたかも，十分なスーパービジョンを経験していると公的に確認されるということが，スーパーバイザーは間違ったことは決して言わず，また行なってはならないという，被害妄想的な期待感につながるように感じられるのだ。
>
> ダーンリイ（Dearnley, 1985）

スーパーバイザーに任命されることは，自分が学習していくためのスペースを狭めてしまうことにつながる可能性があります。なぜなら，自分たちは答えを準備している専門家であり，何をしているかがわかっていないなどと認めるわけにはいかないと考えてしまうからです。ガイ・クラックストンは，大人の学習の邪魔をする4つの信念を次のように書き表しています（Claxton, 1984）。

- 自分は有能であるべきだ。
- 自分が主導権を握っているべきだ。
- 自分には一貫性があるべきだ。
- 自分は話しやすい人間であるべきだ。

これらすべての信念は，実践家がスーパーバイザーになったときに容易に強化される可能性があり，さらにスーパーバイザーが他のスーパーバイザーのトレーニングを開始するに当たって，二重に強化されることになるのです。

トレーニングコースでは，このような態度に挑戦する環境をつくり上げ，間違いをおかすこと，異なったアプローチを試すこと，傷つきやすい状態でいることに価値を見いだすような環境がつくられる必要があります。このような環境をつくっていくために，指導者は，「非常に有能で，主導権を握っている専門家」としてではなく，依然として学ぶことにオープンで，またその必要性を感じ，自分自身の傷つきやすさに率直であるような，経験のあるスーパーバイザーとしてのモデルを示す必要があるでしょう。

コースに含まれる必要のある多くの題材は，あらゆる種類のスーパーバイザー訓練生に共通のものですが，スーパーバイザー訓練生が働く文脈に応じて，異なるトレーニングの必要性も出てきます。表9.2に，5種類のはっきりと異なったコースを示しておきます。

表9.2　スーパービジョンのトレーニングコースの種類

1　新人スーパーバイザー向けのスーパービジョンのコアコース
2　学生や実践スーパーバイザー向けのスーパービジョンのコアコース
3　チームやグループに対してスーパービジョンを提供する人向けの，チームとグループスーパービジョンのコース
4　綿密なカウンセリング，心理療法，または，その他の治療的な仕事に対してスーパービジョンを提供する人向けの，心理療法スーパービジョンコース
5　チームや組織にまたがってスーパービジョンを提供しなければならない人，スーパービジョンを人に教える人，または，上級の実践家となりたい人向けの上級スーパービジョンコース

　これから，このようなコースに何が含まれるのかを見ていきます。私たち自身のコース内容のいくつかを説明することで詳しく解説することにしましょう。

4．新人スーパーバイザーに向けてのスーパービジョンのコアコース

　コースの参加者がスーパービジョンを提供したり，スーパービジョンを受けたりした経験について確認することからコースを始めることは，有益なことになるでしょう。これらの経験は共に，学ぶための題材を提供してくれますし，コース参加者がどのような態度や前提で訓練を始めていくかにも影響を与えます。
　スーパービジョンを教え始めた頃，コースに参加する人びとは，スーパービジョンはよいものであり，それをどう実践すべきかを学びたいと考えているのだと，私たちは単純に期待していたものでした。そして，すぐに幻滅を感じました。ソーシャルワーカー，医師，作業療法士，上級管理職の指導者，保護観察官などとして，長年にわたって勤務してきた多くの参加者が，正式なスーパービジョンを受けたことがないということが判明したのです。劣悪なスーパービジョンの経験を持っている人びともいました。このような人びとにとってスーパービジョンは，過度に批判的なスーパーバイザーによって，自分は非常に力不足であると実感させられる場所であったのです。スーパーバイザーを信頼するように仕向けられ，自分たちの困難や，力不足と感じていることを話したのに，それが上級のスーパーバイザーによって，自分の不利になるように使われた人びともいました。
　コースの早い時点で，参加者のスーパービジョンの苦い経験や否定的な態度をすべて引き出すことは，コースを密かにサボったりすることを防ぐだけでなく，学びへの題材として効果的なものとすることができるため，参加者を助けることがわかりました。新人のスーパーバイザーとして，同じコースの参加者が経験した否定的なシナリオを，どのようにしたら繰り返さないですむかを探求することができたのです。
　スーパービジョンやその利点について私たちが熱心な伝道者と化してしまったり，

コースの参加者が否定的な態度を抱え込んでしまうようなプロセスを避けることも，経験から学びました。コースによっては，参加者の何名かがスーパービジョンの効果と利点を主張し，残りがその代償と否定的な側面の影響を訴えるというディベートを導入したこともありました。ディベートの途中で，参加者全員が主張する側を交代し，逆の立場から白熱した議論を続けてほしいと伝えることもありました。これは，コースをスーパービジョン賛成派と反対派に分裂してしまわないように保ち，スーパービジョンの代償と効果を明確に認識できるようにするという目的からです。

　このようなことの後に，スーパービジョンとは何かについて探求していくことは重要なことです。第6章には，この目的で利用することができる案内図やモデルをあげました。この時点で参加者には，多くの異なる理論や案内図で負担を与え過ぎないようにすべきで，CLEARモデルのように，スーパービジョンに含まれる境界，プロセス，役割を認識するのを助けてくれるような，明確でシンプルな枠組みが提供されるべきでしょう。

　このことは，スーパービジョンに関する契約の問題や，守秘義務，責任，適切な焦点など，付随する問題へと自然に発展していきます。いつ，どこで，どのようにスーパービジョンを行なうのか？　電話が常に鳴っているような雑然としたオフィスで行なうことができるか？　テーブル越しに行なうことができるか？　スーパービジョンを中断したり，延期したりすることができる出来事とはどのようなものか？

　スーパービジョンの時間を調整したり，実際に実施していく責任は誰が担うのか──スーパーバイザーか，またはスーパーバイジーか？──の検討も行ないます。また，どのようにスーパービジョンを始めるべきでしょうか？　多くの場合，最初の2，3か月のスーパービジョンのセッションが，残りのセッションの舞台や雰囲気を決めていきます。コースの早い時期に，スーパービジョンに関する基本的な倫理的ガイドラインを導入すると共に，力関係への気づきを促し，反差別的措置を基盤とすることの重要性を示すことが，大切な点と言えるでしょう（第8章を参照）。

　私たちのコースの初期段階での残りの時間は，自分たちのスーパービジョンをじっくり検討するための案内図とモデルを新人のスーパーバイザーに提供することや，スーパービジョンの技術を教えたり，実演してみせることに使われます。

　私たちが教える最初の技術は，よいフィードバックを提供する技術です。これは，優秀なスーパーバイザーになるために不可欠であるだけではなく，訓練コースを通して，仲間と一緒に働く上で用いる技術でもあるからです。

（1）スーパービジョンにおけるフィードバック技術

　どのように自分たちが経験したかを別の人に伝えるプロセスは，フィードバックとして知られています。フィードバックを提供したり，受け取ったりすることは，否定的なフィードバックが子どもの頃叱責された記憶を再び刺激し，前向きのフィードバ

ックが「うぬぼれるな」という命令に反してしまうため，困難や不安を伴ってきます。多くの人びとは，何かがうまくいかなかったときにだけ，フィードバックを提供したり，経験したりするものです。フィードバックを取り巻く感情は，多くの場合，正しく提供されなかった経験に結びついているので，それがもたらす恐怖感に拍車がかかってしまいます。変化に結びつくような有益なやりとりとなるのを助けてくれる形のフィードバックを与えたり，受け取ったりするときの簡単なルールがいくつかあります（表9.3）。

フィードバックを提供する

よいフィードバックを提供する方法を覚えておくための記号は，明確に（Clear），責任の所在を明確に（Owned），定期的に（Regular），バランスをとりながら（Balanced），具体的に（Specific）の頭文字を組み合わせてCORBS（コーブス）です（表9.3を参照）。

フィードバックを受け取る

フィードバックを受け取るプロセスにおいては，完全に受動的になる必要はありません。受け取ったフィードバックが十分な形で提供されるように，責任を共有してい

表9.3 フィードバックを提供するに当たって

明確に（Clear）――あなたのフィードバックで何を伝えたいのかを明確にする。不明瞭で口ごもったような言い方では，受け手の不安を増し，理解されない。

責任の所在を明確に（Owned）――あなたが提供するフィードバックは，あなた自身の認識であって，絶対的な真実ではありません。そのため，それはフィードバックを受け取る人についてと同じぐらいに，あなた自身について物語っています。フィードバックに，たとえば，「あなたは□□である」というよりも，「あなたが○○したときには，私は△△と感じたんです」というように，伝えたり，ほのめかしたりすると，受け手への支援となるでしょう。

定期的に（Regular）――フィードバックが定期的に提供されると，それはさらに有益なものとなります。そのようになっていない場合には，不満が大きな塊となって伝わるまで蓄積されるという危険が生じます。出来事にできるだけ近いときにフィードバックを提供するようにして，受け手がそのことについて何かするのに十分な時間を持てるようにしてください（これは，他の誰かが，その仕事をどのようにしたらもっとうまくやれるのかを伝えるまで，待たないということです）。

バランスをとりながら（Balanced）――フィードバックの否定的な側面と肯定的な側面のバランスがとれていることは大切です。他の人に提供している自分のフィードバックが，常に否定的，または肯定的である場合，それは，あなたの視点がどこかで歪曲していることを意味します。このバランスとは，批判的なフィードバックの一部に，常に肯定的なものをつけ加えるという意味ではなく，むしろ長い期間にわたって，バランスがとれていることが大切だということです。

具体的に（Specific）――一般化されたフィードバックから学ぶことは難しいものです。「あなたにはイライラさせられる」というような言い回しは，人を傷つけ，怒りをもたらすだけです。「あなたが電話のメッセージを録音し忘れたときに，イライラしてしまったんです」というような，受け手がそれを取り上げるか，無視するかを選択できる情報を提供しましょう。

くのは可能なことです。フィードバックにどう取り組むかは，ほぼ完全に受け手の責任となります。

- フィードバックが先に述べたような方法で提供されていない場合には，もっと明確で，責任の所在がはっきりとした，定期的で，バランスのとれた，具体的なものを求めることができます。
- 判断することなくフィードバックを最初から終わりまですべて聞いたり，あるいはすぐに防衛的な反応に飛びついたりすることは，共に，フィードバックを誤解してしまうことになりかねません。
- どうして自分がそうしたのかをやっきになって説明しようとしたり，または，肯定的なフィードバックに対する言い逃れをしたりしないようにしましょう。他の人のフィードバックを，あなたに対するその人の経験として聞くように心がけましょう。多くの場合，フィードバックを聞き，「ありがとうございます」というだけで十分です。
- あなたがまだ聞いたことのない，そして自分の聞きたいと思っているフィードバックについても求めていきましょう。

フィードバックについて私たちが強調したいのは，フリーマンが述べているものと同様です（Freeman, 1985）。彼の結論は，ヘスによって要約されています（Hess, 1987）。

> フリーマンは，スーパーバイザーが提供するフィードバックをめぐって，多くの重要な考察を包括的に記述している。それは，a) 体系的なもの（主観的に変化するものによってあまり影響を受けていない，客観的で，的確な，矛盾のない，信頼できるフィードバック），b) 時機を得たもの（重要な出来事の後ですぐに提供されるフィードバック），c) はっきり理解できるもの（肯定的なフィードバックも否定的なフィードバックも共に，明瞭で特定の行動基準に基づいたもの），d) 相互的なもの（提言を，問題にアプローチするための唯一の方法としてではなく，潜在的に有効な，多くの案のひとつとして提供されるような，双方向のやりとりの中で提供されるフィードバック）である。

(2) スーパービジョンの介入技術

スーパービジョンの基礎トレーニングコースに含める必要のある，技術習得の主要なその他の領域は，コース参加者のファシリテーション技術を再評価することと，それらをスーパービジョンの適切な方法として適応し，発展させていくことです。このことをするための有効な手段は，介入を6つに分類したヘロンのモデルでしょう（表9.4を参照）。ヘロンは，ファシリテーションのプロセスにおいて，利用可能なすべての介入を，6つに分類する方法を考え出しました（Heron, 1975）。これは，一対一や

表9.4　ヘロンの介入の6分類

規範的（Prescriptive）──アドバイスや方向性を与えること（たとえば，「あなたはこのことに対して，報告書を書く必要があるね」，「あなたは自分の父親に立ち向かう必要がありますね」）。

情報提供（Informative）──教え諭し，細かく指示し，情報を与えること（たとえば，「オフィスの書類整理棚に同じような報告書がありますよ」，「この録音システムはこのように機能するんです」）。

対決的（Confrontative）──挑戦的になり，直接的なフィードバックを提供すること（たとえば，「あなたが前のスーパーバイザーのことを話すときには，いつも笑っていることに，気づきましたよ」）。

触媒作用的（Catalytic）──緊張を解したり，解除反応を促進すること（たとえば，「あなたが本当はクライアントに伝えたいことは何なんですか？」）。

カタルシス的（Cathartic）──内省を促し，自分自身で問題解決するようにさせること（たとえば，「そのことについてもっと話せますか？」，「あなたならそれをどんな風にするでしょうか？」）。

支援的（Supportive）──肯定し，確認し，正当性を認めること（たとえば，「あなたがどう感じているか，よくわかりますよ」）。

グループの状況に同様に適用することができます。これらは完全なものではないかもしれませんが，これを利用することによって，私たちが使う異なる介入への気づきとなったり，私たちが適確に利用できるものや，私たちが避けたいものに気づくのを助けてくれます。これに照らし合わせながら，私たちは，実践において，自分たちの選択肢を広げ始めることができます。この定義での強調は，クライアントに対する介入への意図された効果についてです。特定の分類に，他のものよりも，意義深さや重要さの点で，優劣があるということではありません。

これらの6種類の介入は，それがクライアントやスーパーバイジーに対して配慮と関心に根ざしたものであるときのみ，真の価値があります。退化した状態で，または倒錯的に使われたのでは，これらに価値はなくなってしまいます。退化した介入とは，実践家が技術もなく，強制的に，一方的な方法で，それを行なうときに起こるものです。このような介入が，気づきの欠如に根ざしているものであるのに対して，倒錯的な介入とは，介入者のニーズを満たすことを第一の目的としたものです。

私たちは，このモデルを，スーパーバイザーが自分自身の介入スタイルを考察する際に広く用いています。どの介入を主に用いているか，そしてどの介入を一番快く用いることができないかという観点で，自分たちを評価してみるように要請します。そして訓練を受けているスーパーバイザー全員が，仲間相手に個人的なスーパービジョンを行ない，他の参加者が使われている介入のパターンを記録していきます。

スーパーバイザーの中には，管理的な役割やスーパーバイザーの役割についたときに自分のスタイルを完全に変えてしまい，たいへんに有効なカウンセリング技術の多

くを放棄してしまう人も見受けられます。このような人には，新しい文脈や役割の中であっても，自分の実践家としての技術を再評価することができるような支援が必要となります。

このモデルは，自分自身のスーパービジョンのスタイルを描写していく際に，スーパーバイザーになるための訓練を受けている人が利用することができます。訓練生の中には，自分のスーパービジョンのセッションを録音または録画し，自分が利用したそれぞれの介入に得点をつけていく人もいました。またこのモデルを，スーパーバイザーとスーパーバイジーの両方が，セッションや，スーパーバイザーの特定の介入を振り返るために利用した人もいました。この場合は双方が，変化をもたらすための介入スタイルに関して，何を強調したいかを探求することができるのです。

ボンドとホランドは，ヘロンの介入スタイルのそれぞれをどのように発展させるかについての，詳細なガイドラインを提供しています（Bond & Holland, 1998 の第4, 第5, 第6章を参照）。

(3) スーパービジョンを描写していく

私たちがスーパーバイザーの訓練生に提供している，スーパービジョンを描写するための他の主なシステムは，セッションで扱った内容が，管理的な問題から，クライアントの問題，そしてスーパーバイジーを支援していく領域へとどのように移っていくのかについて，焦点を当てた内容をチャート化するのを助けるモデルです。このモデルも，焦点化されたものを変化させる責任を誰が担うのかについて検討していきます。これについては，別の出版物で述べています（Hawkins, 1982）。

すでに述べたように，スーパーバイザー向けのコースでも主要なことは，これらの技術や，他の技術，モデルを教えることではないということです。コース内で，あるいは仕事における実際のスーパービジョンの中で振り返るためのものとして，これらの技術や案内図を利用するのだと強調した方がよいでしょう。それ故に，コースの中心は，自分自身のスーパービジョンについてさらに多くのことを見つけ出すためのリサーチツールとして，技術や案内図のひとつを利用したアクションラーニングのプロジェクトを，自分の仕事に持ち帰ることとなっているのです。

そして参加者が自分自身の経験からだけでなく，他の参加者からも学ぶことができるように，アクションラーニングのプロジェクトからの学びを収穫するために，このコースを再召集する必要があります。

この学びを実りあるものとするために，推論的なケース発表と共に，グループ彫刻の生成や，ロールプレイ，利害関係者を演じ合うロールプレイなどの，行動を基盤とする方法の両方を用いる必要があります（第10，第11章を参照）。コースのこの部分は，参加者のスーパービジョンを中心とする，グループスーパービジョンを拡大したものと見なすことができるでしょう。

5. 学生や実習者のスーパーバイザーに向けてのスーパービジョンのコアコース

　学生スーパーバイザーには，大学を基盤とするものと，実習場所や職場を基盤とするものの2種類があります。この双方のタイプの学生スーパーバイザーに向けてのトレーニングコースは，新しい第一線のスーパービジョンに要求される題材のすべてではないにしても，ほとんどの要素を含んでいる必要がありますが，コースの内容や強調点がわずかに異なってきます。

　第一に，大学を基盤とする学生スーパーバイザーは，スーパービジョンの発展的で支援的な側面が強調される場所という，スーパービジョンの契約内で機能しており，管理的な側面の方は実習スーパーバイザーあるいは管理者が担当します。ここでは実習スーパーバイザーでさえも，スーパービジョンの発展的な側面をさらに強調することでしょう。

　大学を基盤とする多くのスーパーバイザーにとっての困難のひとつに，もともとスーパーバイザーとしての役割よりも教師としての役割の方が大きいという点があげられるでしょう。ここでの危険は，そのスーパービジョンが教示的な個人指導で構成されてしまい，スーパーバイジーは，自分の経験を振り返っていくのではなしに，自分自身の「力不足」について理論的な説明を投げかけられてしまうことがあるものです。「これを読めば，そんな馬鹿なことはしなくなるだろう」というような指導を，学生は経験します。これは，カダッシンが「私がドストエフスキーについて知っていることを，あなたが知ってさえいたらねえ」と呼ぶ「ゲーム」と似ています（Kadushin, 1968）。これは，スーパーバイザーまたはスーパーバイジーのいずれかによって演じられるものであると，カダッシンは指摘しています（第5章を参照）。

　大学を基盤とするスーパーバイザーは，教育機関に共通する依存の文化に抵抗する環境を提供し，その代わりとして，スーパーバイジーが自分自身の学びに対して責任を持つように勇気づけられ，スーパーバイザーの支援，信頼，開放性に頼ることができる状況を提供していく必要があります。

　私たちのひとりが教え，カウンセリングへのスーパービジョンを提供していた，前サウスウエスト・ロンドン・カレッジにおいて，学生たちはグループや個人のスーパービジョンの両方に自分自身で契約をとりつけるように奨励されていました。学生たちは，現在のスタッフが考えるスーパービジョンを基盤とした青写真を与えられます。その一例が，表9.5に示したものです。これは，第4章で示したスーパーバイザーとスーパーバイザーの責任のリストに類似するものです。

　学生スーパーバイザーに対するコース内で，焦点を当てる必要がある他の主要な課題は，表内の「スーパーバイザーと学生が，大学，雇用者，クライアント，そしてス

表 9.5　責任についての青写真（Proctor, 1988a）

スーパーバイザーの責任
- 学生たちに，自分自身の方法で実践計画を立てるための，安全で，必要な余地を確保すること
- 学生たちの実践の根底にある，考え，思い，ファンタジーを探究し，明確化するのを助けること
- 経験や情報，技術を適切に共有すること
- 学生たちが非倫理的で愚かな，あるいは役に立たないと判断した実践に対して挑戦していくこと
- 個人やグループの中で学生が，個人的な，または職業的な盲点と見なしているものに対して挑戦していくこと
- スーパーバイザーと学生が，大学，雇用者，クライアント，そしてスーパービジョングループと結んでいる組織的な契約について承知しておくこと

学生の責任
- 自分たち自身に対するもの
- 自分たちが助けを必要としている実践課題を明確化し，グループ内で時間をとって，それらを検討するように依頼すること
- 時間と共に，このような課題をもっと自由に共有できるようになること
- どのような種類の反応を自分が望んでいるのかを明確化すること
- 学生が所属する職場や大学，またはクライアントやスーパービジョンのグループに対する組織的な契約について，より認識しているようになること
- 他の人からのフィードバックを受け入れる気持ちになれること
- 自分を正当化したり，説明したり，または防衛したりする傾向を観察すること
- どのフィードバックが有効であるかを区別する能力を育むこと

スーパービジョンのグループ内の他のメンバーに対して
- グループ内で，安全を確保することと挑戦していくことの両方が可能であるような形で，スーパーバイザーのすべての責任を他のメンバーと共有していくこと
- アドバイスをしたり，競争するような傾向を観察すること

ーパービジョングループと結んでいる組織的な契約について承知しておくべき事柄」という部分の契約に関係しています。ほとんどの場合，学生スーパーバイザーは，2人のスーパーバイザー（ひとりは大学に，ひとりは実習場に）を持つ学生に対する，拡大三角形の一部となります。第8章において，一方が「良きスーパーバイザー」となり，もう一方が「悪いスーパーバイザー」となるような分裂をつくり出す傾向を持つ，三角関係の学生ダイナミクスについて述べました。学生スーパーバイザーは，スーパーバイジーだけでなく，実習場所の相手側のスーパーバイザーとも明確な契約を交渉する方法と，スーパーバイジーおよび共同スーパーバイザーと3方向の査定と評価を行なう方法を学ぶ必要があります。

6．チームスーパービジョンとグループスーパービジョンのコース

組織の中で，数多くの異なるチームにスーパービジョンを提供することが要求され

る，地区の作業療法士，福祉サービスにおけるケア担当主任，地区若者担当者，あるいは地域の心理学者などの人びとに対して，訓練のためのコースを提供することが必要となってきています。

このようなコースは，単にコースを担当するだけではなく，チームコンサルテーションを提供するように呼ばれる機会が増加しているような，経験のあるチームリーダーやトレーニング管理者にとっても効果的なものになります。

このようなコースに参加する人は全員が，すでにスーパーバイザーとしての訓練や経験を積んでいることが重要です。そうではない場合には，この種のコースに参加する前に，スーパービジョンの基本的なコースを受講しておくべきです。

基本的なコースで行なわれるのと同様に，コース参加者の知識，技術，そして能力を確認していくことや，この特定のコースから，どのような学びが必要とされているかについて見ていくことから始めることは，たいへん役に立ちます。またこのプロセスは，グループやチームと作業を行なう際の契約をどのように交渉していくかについての，コース参加者に向けてのモデルとなるため，重要なものです。

さらにこのコースでは，個人のスーパービジョンとチームスーパービジョンの違いについて探求する機会を提供し，自分たちが直面している困難についてコース参加者に提供するように励ます必要があります。なぜなら，これらがチームスーパービジョンに特有なものであるからです。第10章と第11章では，グループやチームをスーパーバイズすることに関する特有の題材をいくつか提示するための基盤を提供していますが，コース内でも，グループダイナミクスに基づいて指導していくことの必要性，チームの形成と成長における発展段階，そしてチームの成長や，チームの発展に関する基本的な理論を含めていく必要があります。

第11章「グループダイナミクスを探求する」でも，自分たちがスーパーバイズを行なっているチームに利用するためだけでなく，コースに参加している間に自分たちの作業を探索するためにも利用することができる，チームのスーパーバイザーに対して私たちが教えているモデルや技術の概要をいくつか示しています。コースの参加者は，自分たちが探索したいチームの彫像として他のグループメンバーを利用することによって，スーパーバイズを行なっているチームのダイナミクス内に，お互いを積極的に参加させていくことができます。そして，彫像に生命を吹き込み，他のコース参加者が，同じようにつくられたグループにスーパービジョンを提供していくためのさまざまな方法を，試してみるようにすることができます（彫像をつくり出すことの詳細については第11章を参照）。

グループスーパービジョンの技術を教えていくための別の有効な方策を次に示します。

1. グループをAとBのように2つのグループに分けます。
2. まず,それぞれのグループは,別々にお互いの学習へのニーズをしばらく探索します。

3. それから，グループAは，グループBに対する相談役となりながら，そのプロセスの観察者となります。グループBも，グループAに対して同じことをします。
4. 指定された時間の後で，相談役と観察者は，相談役，観察者，コンサルテーションを提供されたメンバーとしての，3つのすべての経験を検討するために，自分たちのグループに戻ります。
5. この演習には，グループのメンバーから外部の相談役への構造化されたフィードバックを含めることもできます。

この演習は，数回のサイクルを繰り返して，すべてのコース参加者がそれぞれの役割につくまで，続けることができます。可能であれば，チームスーパービジョンのコースをサンドイッチ状に構成し，コースの参加者がアクションラーニングの段階で新しい視点からの可能性を試み，その後に他の参加者と分かち合うことのできる観察結果を手に，コースに戻るようにすることもよいでしょう。

7. カウンセリング，心理療法，その他の心理的な作業に対するスーパービジョンを提供している人のための心理療法スーパービジョンコース

このコースもまた，参加者がスーパービジョンの基礎コースに含まれる，技術，知識，テクニックを習得している必要があります。そうでない場合には，そのような項目をコースに含めていく必要があります。

このコースで，基礎コースよりもさらに深めていく必要があるのは，心理療法の関係とスーパービジョンの関係が組み合わさっている精神力動的なプロセスに取り組む方法をめぐる理解です。私たちは，この領域を教えるために「七眼流スーパービジョン」（第7章を参照）のモデルを利用し，モードを自分自身のスタイルにどのように統合するのかについて，実習と同様に，7つのモードのそれぞれについてスーパーバイザーを訓練するための，異なる経験をもたらす一連の実習を開発しました。

このコースも，発展的なモデル（第6章を参照）とスーパービジョンのスタイルをどのように変えていくかについて注意を払う必要がありますし，スーパーバイジーとスーパーバイザーの双方の関係の，発展的な段階に応じて適合していく必要もあります。

8. スーパービジョンの発展コース

このコースの参加者は，今までのコースで教えられたのと同様の知識や，テクニック，技術をすでに持っているべきです。長年にわたって，スーパービジョンの発展コースで教えてきた経験から，主な焦点は，以前のスーパービジョンの訓練から発展さ

せてきた知識や技術を自分の仕事環境に取り入れてみた結果，改めてそれらを振り返るために，スーパーバイザーに学びのスペースを提供することである，と信じるようになりました。これは，自分のスーパーバイザーとしての実践から困難な状況を提示するための十分な機会を提供することを目的として，それにあわせて構成を緩め，以前のコースよりもさらに参加者主導であるということを意味しています。

スーパーバイザーがこの段階に到達している場合には，他の一連の題材を提供することが効果的であることにも，私たちは気づきました。それには，次のようなことが含まれます。

- 事前に職場で用意されたものやコースで録画された，スーパービジョンの実践ビデオについて深く取り組むこと。
- 録画されたり実践されたりしたセッションの詳細なダイナミクスを振り返るために，「人間相互間プロセス回想テクニック」を利用すること（Kagan, 1980）。
- スーパービジョンにおける倫理的なジレンマをめぐるケーススタディのセミナーを行なうこと（以下を参照）。
- 異文化間の能力を発展させるワークショップを行なうこと（以下と第8章を参照）。
- 査定，評価，認定に関しての問題を取り扱うセミナーを行なうこと（以下を参照）。
- 組織間のダイナミクスが含まれるケースの題材を振り返ること（第12章を参照）。
- 組織にスーパービジョンの政策をつくり上げる方法や，文化，気風，計画，構造のレベルにおける組織の変化をもたらすために，どのように支援するかのセミナーを行なうこと（第13，第14章を参照のこと）。

(1) ビデオ録画と「人間相互間プロセス回想法」を利用する

ビデオ録画を利用することで，スーパービジョンの訓練に別の次元と豊かさを加えることができます。私たちのところでは，スーパービジョンの技術だけでなく，内省する技術を発展させるためにビデオ録画を利用する方法を，ケイガンたちの貢献に基づいて発展させてきました（Kagan, 1980）。ケイガンたちは1960年代に，訓練にビデオを利用することを発展させました。ケイガンたちは，外部から招いた講演者のレクチャーを必ず録画していましたが，それをその講演者が見たがったのです。録画をされたものを見ている間，「その時々に持った幅広い隠れた経験について，自発的に，意外な方法で，コメントを加えていったのでした」（Allen—Tudor & Worrall, 2004 の第9章にて引用）。ケイガンたちのさらなる研究は，自分が参加した人と人のやりとりのビデオを24〜36時間以内に見ると，その場にいたときに感じたものと同じ身体的な反応が生じますが，自分自身のためだけでなく，クライアントやその関係に関しても，何が起こったのかについて，ずっと深く内省することができることを示しています。

私たちは，1970年代後半に，スーパービジョンの訓練方法として，ビデオを使い

始めました。一方ではビデオで自分自身を見る，または見られる恐れから，もう一方ではテクノロジーを前に萎縮してしまう気持ちから，ビデオに対して初めは抵抗があったのにもかかわらず，それは部屋にもうひとりスーパーバイザーがいるようなものであるということが，急速に明確になってきました。私たちがビデオを利用した最初のコースでは，スーパーバイザーとスーパーバイジーの関係があまり緊密ではないセッションを振り返りました。しかし，ビデオを見ていくうちに，セッションを通じて，身体の向きや腕組みのような体位が多く映し出されていることは明らかでしたが，その中で最も興味深かったのは，会話が平坦なものとなり，反応があまりなくなっている間，2人の足がまるで会話を交わすかのように動いていたことでした。このとき，このことに気づいていたのは撮影者でした。それは，あたかもファインダーの狭いフォーカスが，2人の会話の力を焦点化しているようでもありました。

その後私たちは，ケイガンの人間相互間プロセス回想法（表9.6を参照）における，非常に有効な内省を促す質問に基づいて，ビデオを再生していく方法を発展させました。

画面上で何かを見つめることが催眠的な効果をもたらしたり，あるいはコメントすることに控えめであるために，ただぼーっと見つめるだけの人もいるので，上のような質問は録画されたビデオを見るときには非常に有効であることを，私たちは発見しました。事実，このダイナミクスは，人はお互いのコミュニケーションを通して，自分が考えるよりずっと多くのことを知覚し理解するものですが，その知覚に基づいて行動するのを恐れるものであるという，ケイガンの前提のひとつを反映しています。これらの質問は，題材に焦点を当てる許可や構成枠を人びとに提供しますし，はっきりと言葉にするように促されることによって，スーパーバイジーにとっても支援的な体験として理解されるものであることがわかりました。

表9.6 人間相互間プロセス回想法（IPR）における主要な質問

これらの質問は，ケイガンのIPR法によるものです。これらは，スーパーバイザーまたは心理療法家が自分たちのセッションのビデオを再考察するのを助けるために利用することができます。

1　あなたは，この時点で何を感じていましたか？
2　何を考えていたのでしょう？
3　どのような身体的な感覚がありましたか？
4　何をしたでしょうか，または何をしたかもしれないでしょうか？
5　むしろどのようにしたかったのでしょうか？
6　そのようにしたとすれば，どのような問題，またはリスクが生じることになったでしょうか？
7　あなたは，このスーパーバイジーをどのような人であると見なしているでしょうか？
8　このエピソードは，過去の状況の何かを思い出させますか？
9　このエピソードに関係して，どのようなイメージや関連づけがありますか？
10　他に，この状況があなたにもたらす感情や思いはありますか？

訓練にビデオを利用することは，多くの利点を持っています。

1. 訓練を受けているものが個人的な判断を避けて，セッションにおける現象に注意を払うのを助けること。
2. 非言語的な行動に対する感受性を高めること。
3. セッションのパターンや全体の関係性が，どのように数分間の小宇宙に反映されているのかに注意を向けることができるようになること。
4. 並立するプロセスへの気づきが，さらに鋭敏になること。
5. 自分が以前無意識的に見せていた反応に気づき，そのような反応を誘発する特定の事柄に対しての感度を減じることができること。
6. その場で完全に対応することを妨げるものは何か，に気づくこと。

訓練を受けているものが，個人的な判断を避けて，セッションにおける現象に注意を払うのを助けること

ビデオの利用は，現象学を観察するための，モード1に対する教育手段として，ことに効果的なものです。私たちは，出産前後期のトラウマを専門とするアメリカ人心理学者，ウィリアム・エマーソンの貢献に多くのことを学びました。人の顔とその非対称性にビデオカメラの焦点を当てていくエマーソンの方法は，特に興味深いものでしたし，私たちが観察できるように招き入れてくれました。ことに魅力的だった点は，人に関する直感と見なされていたものを観察することができたということでした。これは，その人の表情が「安らいで」いたときにも可能だったのです。そしてコマを止めたり，スローにしたりすることによって，見かけは単純な言葉や動きの後ろにある，その人全体の豊かな詳細を明らかにしてくれるような，表現の分単位の変化を観察することを可能性にしてくれたのでした。

非言語的な行動に対する感受性を高めること

音を消してビデオを再生することやスローにすることは，通常は目に入らない小さな動きや変化に訓練生が注意を向けることを，大いに助けてくれます。また，画像を止め，言葉のトーン，音色，音量，音の高さ，リズムなど，声の非言語的な側面だけを聞くこともできます。

セッションのパターンや全体の関係性が，どのように数分間の小宇宙に反映されているのかに注意を向けることができるようになること

アレンも，セッションの主要なテーマを観察するために，ビデオの数分だけに焦点を当てるという，私たちも気づいている現象についてコメントしています（Allen—Tudor & Worrall, 2004 にて引用）。「ケイガンは，課題，ためらい，語られていない何か，防衛，その関係において進行している何かがある場合には，どこでビデオを止めて回想の破片を取り上げてみても，それらは表面化してくるのだ，と常に主張していました」。つまり，大宇宙は小宇宙の中にあるのです。ジョン・ヘロンは，共同カ

ウンセリングを教えていたときに，ある人のある朝の食事について描写してもらえば，それはその人の生活全体を示している，と語りました。

> 人間相互間プロセス回想法（IPR）は，私たちはいかなるとき，いかなる瞬間においても，無数の感情や思い，感覚，イメージ，身体的反応を受け取り，経験しているものであるが，普段はそれに気づかず，またその瞬間には処理する時間もないにもかかわらず，それらをもとに微妙に振る舞い，反応し，相互作用をしているのだ，という考えに基づいている。それらを意識的な気づきとし，名前をつけ，一方的に判断しないで調べていく姿勢を保って，探索していくための安全な方法を見つけることができれば，私たちのやりとり，特定の状況における私たちの振る舞いのモード，私たちが他者を理解する方法，そして相手が私たちを理解する方法について，有益な情報を提供してくれるようになるのである。
>
> アレン（Allen—Tudor & Worrall, 2004 にて引用）

並立するプロセスへの気づきがさらに鋭敏になること

あるとき，ビデオを見るまでは誰も気づかなかった，並立するプロセスの見事な例がありました。このときスーパーバイジーは，クライアントの見せる魅惑的なそぶりとも言えるものに，いかに居心地の悪さを感じていたか，ということを話していました。スーパーバイザーはこの件をめぐってスーパーバイジーを支援するべく，苦闘していましたが，うまく進んでいませんでした。そのビデオの中で，スーパーバイジーが，スカートの裾を直したり，椅子の上で座り直したりと，魅惑的な方法で振る舞っていることに私たちは気づき，びっくりしました。事実，それは，非常に明白で，驚くべきことであったので，私たちはみな大笑いしました。これは，並立するプロセスと，「今ここ」における状況が，題材に直接的に取り組む機会をどれだけ提供できるかを示す好例でした。「今ここ」が，裸の王様の新しい服となってしまい，明白なものを見つめることを妨げてしまう場合もあるのです。少なくともこの特定のセッションでは，この件はビデオなしに気づくことはできなかったでしょう。

自分が以前無意識的に見せていた反応に気づき，そのような反応を誘発する特定の事柄に対しての感度を減じることができること

訓練生がスーパービジョンのセッションの中で起こるかもしれないことへの恐怖に立ち向かうのを助けることにも，私たちはビデオを利用しています。私たちは，スーパーバイザーが言ったりしてしまうかもしれないと恐れる最悪のことを分かち合い，30秒間のロールプレイとして，それをビデオに収録するように要請します。それから，「引き金ビデオ」として，それをグループ全体に見せ，すべての参加者が，次の引き金ビデオ質問（表9.7を参照）を利用して，自分たちの反応を短いビデオに記録するように指示されます。

表 9.7　引き金ビデオ質問

- 私は，何に気づいていたのだろうか？
- 何を聞いたのだろうか？
- 見ている間，何を感じたのだろうか？
- 見ている間，私の思いは何だったのだろうか？
- 次はどのようにするだろうか？
- どのような影響があったと思うだろうか？
- 代わりに，どのような対応をしていきたいのだろうか？
- このような介入はどのような影響を与えたと考えるだろうか？

その場で完全に対応することを妨げるものは何か，に気づくこと

　ケイガンが観察した2つ目のダイナミクスは，「情報のスイッチオフ」，つまり相手を見たり，聞いたりするのをやめてしまう，ということです。これは，学生がクライアントにどのような印象を持ってもらいたいかについてことに心配しているときに，よく起こったことです。ケイガンは，回想のセッションの後では，この2つのダイナミクスがかなり減少することに気づきました。私たちは，ある上級コースの中でも，この例に気づきました。参加者は，仲間にどのように見られるのだろうか，どのようにしたら上級コースに参加するべく十分に成長している必要があるのだろうかという，スーパーバイザーとしての自分たちの能力を心配していました。このような思いや心配を明確に表現していくことで，その影響を大幅に減らすことができました。

　人間相互間プロセス回想法（IPR）の質問は，セッションの特定の時点で何が起こっていたのか，何を感じていたのか，自分の身体の何に気づいていたのだろうか，どのような思いを持っていたのだろうかということを，スーパーバイザーが再考察するように招き入れていきます。これらは，関連しているクライアント，スーパーバイジー，そしてその関係性についての可能な情報に対する自分自身の反応に，スーパーバイザーが焦点を当てるモード6と結びついています。IPRは，訓練を受けているものにとって，関係性における自分のプロセスが，クライアントのものとして，スーパービジョンのケースとして，スーパーバイザーとして，あるいはスーパーバイジーとして，適切なものかどうかを認識するための，有効な手段となります。

　私たちがこの本の他の部分で述べているように，スーパーバイザーとして，あるいは人として，その場で対応することを妨げる主な障害物は，私たちの恐怖です。ケイガンの貢献は，人が自分の恐れているものに直面する「引き金ビデオ」を利用することによって，自分自身の個人的な悪夢に直面するように，人びとを招き入れるようにしたことでしょう。コースで私たちは，それぞれに，クライアントまたはスーパーバイジーから最も聞きたくない言葉を口に出すように促し，それから，その人たち，またはグループの別のメンバーが，その言葉を口にしているビデオクリップを作成して，それに取り組むようにしています。最初はビデオを通常の速度で再生して，次に

スローで再生します。自分自身の内なるプロセスを信頼して，それを分かち合うように促していくことによる，IPR での取り組みは，異なる振る舞い方や親密さを示す方法を試していくことも支援してくれます。このようにして，これは，スーパービジョンへ向けての練習だけでなく，人生への練習ともなるのです。

　他のスーパーバイザーのビデオを見たり，振り返ったりすることも，豊かな学びの形態ですし，訓練を受けているものがこの本で述べられている他の多くのモデルを利用していくことへの助けとなります。表 9.8 に，内省していくプロセスを助けるために私たちが利用している質問を示しました。

9．倫理的なジレンマに対する訓練

　第 5 章において，専門職団体の倫理規定を習熟していくことと同様に，自分自身の倫理的な原則を発展させることの重要性について述べました。そして，マイケル・キャロルの，倫理的な判断をする際の 4 段階にわたるモデルを引用しました。キャロルも，倫理的な判断に対するスーパービジョンの訓練について，非常に包括的なカリキュラムを含めています（Carroll, 1996）。参加者が持ち込んだり，私たちの過去の経験からのものを提示したりして，実際の倫理的なジレンマを再考察していくための枠組みとして，私たちのコースで利用するために，このカリキュラムの簡略版を提供しています（表 9.9 を参照）。

表 9.8　スーパービジョンを内省するための質問

- スーパーバイザーが何に焦点を当てていたかに気づきましたか？
- スーパーバイザーはどうしてこのようにしたと思いますか？
- このセッションは何を成し遂げたと思いますか？
- (a) クライアント，(b) 心理療法家，(c) スーパーバイザーの中で，何らかの抵抗に気づきましたか？
- スーパーバイザーがどのような方策を使用したかに気づきましたか？
- 自分で取り組むことができたもので，スーパーバイザーが扱わなかったものは何かありましたか？
- 自分では取り組まなかったもので，スーパーバイザーが扱ったものは何かありましたか？
- (a) 心理療法関係，(b) スーパービジョン関係に対して何らかのシンボルを見つけてください。

スーパービジョンの 7 つのモードを利用すること

- スーパーバイザーは，スーパービジョンのどのモードを利用していますか？　どれが使われていないのでしょうか？
- あるモードから別のモードにどのように切り換えていったのでしょうか？
- スーパーバイザーにとって，何が切り換えを行なう要因となったと思いますか？　また，この切り換えはどのような効果があったのでしょうか？
- 次のどのような側面がその場に存在していましたか？　そしてなぜ探求されなかったのでしょうか？
    並立するプロセス
    スーパーバイジーの逆転移
    スーパーバイザーの逆転移

表9.9 スーパービジョンの訓練における,倫理的な判断をする際のチェックリスト (Carroll, 1996)

1 倫理的な感受性を持つこと
- 道徳に関する自分自身のリストをつくり上げること
- 倫理規定と関連する文献を読むこと
- 倫理や文化をまたがった課題に関する挿話を検討すること
- 参加者自身の経験から危機的な出来事を分かち合うこと

2 道徳的な行動方針をつくり上げること
- 倫理的な問題やジレンマを認識すること
- 潜在的に含まれる課題を認識すること
- 適切な倫理課題のガイドラインを見直すこと
- 他の誰に相談すべきかを確認すること
- 可能性のある,そして実行できそうな行動方針を検討すること
- さまざまな選択肢の結末を列挙すること
- もっともよいと考えられる行動方針を決めること

3 倫理的な決定を実行していくこと
- その決定を実行していく際の,潜在的な困難を予測しておくこと
- 内在する恐れと,行動に移していく際の抵抗を探求すること
- 潜在的な困難と抵抗に対処するために必要な支援と方策を設置していくこと

4 倫理的な決定の曖昧さと共存していくこと
- 決定に伴う不安や恐れに対処すること
- 内部の,そして予想される外部の重大な判断に直面すること
- そこにある限界を受け入れること
- 他で応用することができるように,経験から学ぶための方策を練ること

10. 文化をまたがったスーパービジョンに対する訓練

　この領域における訓練は,第8章に含められた題材を利用することできます。ジュディ・ライドは,「スーパービジョンとチーム発展のためのセンター」におけるワークショップで,人びとに自分の文化的な背景について分かち合うようことをまず要請しています。多くの西欧白人は,自分たちが文化を持っていないと思いがちで,他の文化が自分たちにとって「普通」に見えるか,あるいは違うものであるか,という方法で他の文化をはかろうとします。自分自身の文化的な規範,思い込み,価値について,コース参加者の感受性を増すことによって,このことを扱うことは重要なことです (Ryde, 2005)。たとえば,最初に,自分たちの名前の歴史について分かち合うように尋ねることから,注意を喚起することができます。この実習は,「白人」と「白人ではない人」の両方にとって,妥当なものとなるでしょう。
　コースに参加するものにとって,自分たちが自身の文化的な思い込みに根ざして行

動しがちなこと，そして文化における差違にまたがって働く方法を学ぶ必要があることを理解するのは，重要なことです。これは，特に第8章で示したように，三角形のスーパービジョン状況においては複雑なものになりますので，私たちは，このような課題を探索するための実習をいくつかつくり出しました。そのひとつを次に示します。

- AがBに「私の文化的背景について，あなたに知っておいてほしいものは……ということです」と伝える。
- Bが「私が聞いたことは，……ということでした」と返す。
- Aが具体的に説明する。
- Bが「私が聞いたことを基礎として，どのようにスーパービジョンを違ったものとしてきたいのかというと，……ということです」と伝える。
- Aは，Bによる提案で何が助けとなるかについて，フィードバックを返す。
- 以上のことを，AとBの役を交代して行なう。
- お互いの差違を探求することによって，AとBは気づくことなしに類似した方法を用いていることを分かち合う。

引き続き，第8章における挿話を利用して，グループに次の3つの質問を尋ねることもできます。

- 心理療法家とクライアントの振る舞いの中で，どのような文化的な思い込みが働いているかもしれないと考えますか？
- 文化をまたがり，適正な姿勢で働くためには，物事の考え方や振る舞いをどのように変える必要があるでしょうか？
- あなただったら，どのようなスーパービジョンをこの心理療法家に提供しますか？

これに引き続いて，簡単な事例から心理療法家とスーパービジョンのセッションをロールプレイすることもできます。

11. 評価と認定

この本の初版を出版して以来，スーパービジョンの訓練と認定の領域全体が成長し，より固定化してきました。1980年代には，スーパーバイザーになるための正式な認定基準がありませんでしたし，正式な訓練の方法もわずかしかありませんでした。ほとんどの実践家は，十分に長い実践経験を経た後に，スーパーバイザーになっていました。スーパービジョンの分野における研究，訓練，認定などに関しての成長を歓迎する一方で，継続的な学びの喜びに，外部でつくり上げられた条件を満たす必要性と，そのことがもたらす不安が影を落としてくるのではないかと，私たちの懸念

は深まっていきました。

　認定は，何らかの形態の査定から始まります。すべての査定は，個人が自分自身を査定することから始まるべきであり，自分自身の強さと弱さに率直に直面することを求められるべきであると，私たちは信じています。この上に，教官やもっと経験を積んだスーパーバイザーはもとより，スーパーバイジーや同じ訓練を受けているスーパーバイザーから，構造化された360度のフィードバックというような，何らかの形態による査定が伴うべきです。このようにする理由は，自分自身の権威を自覚するスーパーバイザーを支援すると同時に，スーパーバイザーが他の人の権威に依存したり反発したりする度合いを低減させるためです。その他の理由としては，スーパービジョンの能力は，常に関係性の中に組み込まれており，決して機械的なプロセスにはならないこともあげられます。そのため，評価は，理想的には間主観的で，そこに働く力関係を認識した上での関係性の中で行なわれるべきでもあります（第8章を参照）。

　この章で，自分自身の査定を行なっていく様式を提供しました。同じ様式は，スーパーバイザーを査定するために，スーパーバイザーのスーパーバイザーはもとより，スーパーバイジーも利用することができます。その上，三者すべてから与えられる評価の差違を再考察することも可能ですし，査定される人が，他者の視点から，自分の熟練度や学びのニーズをどのように見ているかについて再考察することも可能です。

　認定が専門職団体によって正式に行なわれるところでは，一方では「個人的な自主性」，他方では「組織的な自主性」を無視するという，二重の危険性を避けることが重要になります。

（1）個人的な自主性の危険性

　個人的な自主査定や同僚の査定に形ばかりの承認判をおすような認定は，実践的な専門家のコミュニティに新しいメンバーを導入する際に求められる，その専門団体の経験者の責任を破棄してしまうようなものでしょう。これには，自分の自己認識への挑戦と，訓練グループにおける同僚間の馴れ合いへの挑戦が含まれ，スーパーバイズしていく作業に関しての適切な，十分に深く広い，訓練と経験があることを確実なものとすることが要求されます。最も重要な挑戦は，認定を求めるスーパーバイザーが，自身の短所や個人的な先入観に気づいた上で，これらの点に対するフィードバックに対して，いっそうの学びや成長に結びつくような，率直かつ防衛的ではない姿勢で答えていくことです。

（2）組織的な自主性の危険性

　もうひとつの危険性は，専門職の団体が専門的な要求に対してだんだんと固定化していき，スーパーバイザーが訓練や経験を通じて発展させてきた質や能力よりも，スーパーバイザーが受けた訓練での，定量化できるインプットにますます比重を置くよ

第9章　スーパーバイザーへのトレーニングとその発展

うになることです。評価のプロセスは，直接的な関係性の形態の中で起こる必要があり，遠く離れ，会ったこともない委員会による，ペーパーワークの試験で行なわれるべきではありません。また，専門職の団体は，評価するものに要求される基準を絶えず高くしていくという傾向があります。これは，改善したいという要望によって正当化されますが，すでに十分に混み合ってきている市場への門戸を制限するという，専門家の社会経済的なプロセスによっても動かされます。また，人間として無知や誤りを免れない傾向を受け入れるよりも，完璧さを求めるという集団的な心理的プロセスが働いてもいます。第1章で「ほどよい」スーパービジョンについて述べましたが，認定とは，誰かを「ほどよい」スーパーバイザーとして，そして継続的な学びと成長を続けることができる人として，評価しなければいけないということです。

　スーパーバイザーの評価と認定は，認定されたスーパーバイザーが，スーパーバイザーの役割と，自分のスーパーバイジーを評価または認定することとを，しばしば組み合わせなければならないため，注意深く管理される必要があります。健全な関係性の中で，支援と挑戦のバランスがとれた形で，これをどのように効果的に，そして感受性をもって行なうかを経験することは，たいへん重要となります。

12. まとめ

　この章では，経験を基盤とし，実践的で，アクションラーニングを含み，コースの参加者が提供するスーパービジョンの種類に見合った，スーパービジョンの訓練の重要性を強調しました。しかし，スーパービジョンのコースは，自分で良質なスーパービジョンを受けることの代用にはなりません。

　スーパービジョンをめぐる健全な伝統や実践がないチーム，組織，専門職において，突発的に訓練コースを設けることによってこの欠如を補おうとすることは，非現実的と言えましょう。スーパーバイザーの訓練は，組織における学びの文化をつくり上げるための方策の一部となっているときに，最も効果的となります。スーパービジョンが実っていくような，「まともな」組織やチームの環境をどのようにつくり上げるかについては，第13章と第14章で詳細に検討していきます。しかしその前に，組織をまたがる，または組織間のスーパービジョンで挑戦していくべき領域を見ていくことにします。

第3部

グループ，チーム，ピアグループのスーパービジョン

第10章
グループ，チーム，ピアグループのスーパービジョン

1．はじめに

　ここまでは，主に個人のスーパービジョンに重点を置いてきました。それは，グループスーパービジョンよりも多く行なわれているためと，グループのより複雑な状況について検討する前に，比較的単純な状況において，主要な問題とその過程について説明することができるからです。しかし，契約，スーパービジョンのモード，すべての文化に共通する反抑圧的実践や倫理の重要性など，今まで扱ってきた多くの論点は，グループやチームにおけるスーパービジョンにも適用することができます。

　この章では，まずグループスーパービジョンのメリットとデメリットについて探求していきます。そして，スーパービジョングループの異なるスタイルについて検討し，それぞれにおいてファシリテーターはどのような役割を果たすのかについても検討していきます。スーパービジョングループを設置することと，契約や環境の設定についても，引き続き検討します。その際に，複数の参加者を活用する場合に特に効果的であることがわかった，いくつかの技術について解説します。最後に，チームスーパービジョンやピアスーパービジョンに伴う課題を探求していくことにします。

2．グループスーパービジョン

(1) メリット

　個人的なスーパービジョンよりもグループスーパービジョンを選択する理由は，いくつかあります。まず，時間，料金，専門家の無駄を省くことに関連する点でしょう。明らかにスーパービジョンを提供できる人が不足していたり，その人たちの時間が限られているのであれば，グループスーパービジョンを行なうことによって，より多くのスーパーバイジーに対応することができるでしょう。しかし理想的には，グループスーパービジョンは，グループやスーパーバイザーに押しつけられた妥協からではなく，建設的な選択からであるべきです。

　第2のメリットは，一対一のスーパービジョンとは異なり，グループでは新しいスタッフや研修生が不安を共有し，他人も同じような課題に直面することに気づくような，同僚を支援する環境を提供できる点です。

　第3のメリットは，グループスーパービジョンでは，スーパーバイジーがスーパー

第10章　グループ，チーム，ピアグループのスーパービジョン

バイザーからだけでなく，グループの同僚からのフィードバックや，そこで共有されたもの，あるいはアドバイスから得るものがあることです。そのためこの状況は，過度な影響や依存が一転に集中する危険を伴うようなスーパーバイザーによる支配が，潜在的により少なくなります。このことについては，異なるスーパービジョンのスタイルと焦点の章で，さらに詳細に見ていくことにします。また，グループでは，それがうまく機能しているときには，スーパーバイザーの盲点についての異議申し立ても可能となります。

　第4のメリットは，スーパーバイザーのために，他のグループメンバーが同じような反応を見せるかどうかを確認することによって，提示された題材への感情的な，または直感的な反応を試す方法を，グループが提供できることです。

　第5のメリットは，グループであることが幅広い人生経験を提供することになり，このことによって，グループ内にスーパーバイジーとクライアントの両方を理解する人がいる確率が高くなります。グループは，ただ性別，人種や年齢というレベルだけでなく，性格特徴についてもより幅広い共感枠を提供することができます。

　第6のメリットは，グループがスーパービジョンの一部として，アクションラーニング法を利用する機会を提供できることです。この点については，この章の後半で説明しましょう。

　グループスーパービジョンの最後のメリットは，可能な場合には，スーパービジョンの文脈が，スーパーバイズされた治療的文脈に反映されるということです。それ故に，スーパーバイジーたちがグループを運営している場合に，その学びが他のグループリーダーに対して行なわれるグループ内のスーパービジョンから得ることができるという点です。これは，どのようにスーパーバイザーがグループを運営するかを学ぶ機会を提供しますし，また，提供されたグループのダイナミクスがスーパービジョンのグループ内でどのように反映するかを見る機会にもなります（第7章の並立する状態についてを参照）。

(2) グループスーパービジョンのデメリット

　グループによるスーパービジョンには，いくつかのデメリットもあります。グループスーパービジョンは，個人のスーパービジョンほどには，個人の心理療法のダイナミクスを反映することはできません。

　また，取り組む必要のあるグループダイナミクスも存在するかもしれません。グループプロセスにおける自分たちの役割を認識することを通じて，そのダイナミクスがグループ内で理解され，自覚を高めることへの助けとして利用されるときには，利益をもたらします。しかしまた，グループのプロセスは，破壊的で，スーパービジョンのプロセスを弱体化させるものにもなりかねません。そのために，挑戦することが難しい，非常に強い規範をつくることもあります。これは，グループのリーダーが設置

することもできますが,何に由来するものであれ,威圧的な力を発揮するため,個々のメンバーが疑問を投げかけるのをためらうことになりがちです。またときとしては,きちんと認識されないでいると,全体を弱体化させてしまうような対抗意識がグループ内に生じてしまいます。さらにスーパービジョングループのダイナミクスが最大の関心事になってしまうこともあります。スーパービジョングループの中で,そこで対応すべきクライアントへの興味関心が徐々に除外されていき,グループダイナミクス自体が関心の中心になるようなことも,私たちは経験しました。次の章で,グループダイナミクスについて,検討していきます。

最後のデメリットは,それぞれがスーパービジョンを受ける時間が少なくなるということです。それぞれ3回のセッションに1回ぐらいしか順番が回ってこないので,セッションが2週間ごとであるとすると,実際には,6週間に1回の直接的なスーパービジョンとなってしまいます。

(3) グループをスタートさせる前の,初期のステージにおける契約

グループが最初にどのように契約されたのかが,全体のプロセスの色調を決めていきます。初期の契約において,意図と境界を明確にすることも重要なことになります。グループメンバーがお互いのクライアントを知っているかどうか,たとえ組織内で同じチームではなく,立場も異なるとしても,メンバーが同じ組織で働いているかどうか,あるいは,メンバー間に職業的なライバル関係または未解決の問題があるかどうかも,考慮されるべき事柄でしょう。すべての要因が,グループの構成や目的を明確に考え抜いていくために重要となります。たとえば,私たちのひとりが,従業員がわずかなスーパービジョンの知識しか持っていない組織に呼ばれたことがありました。契約担当者との調整の中で,この組織がいかにひどいところであるかを聞くという隠された意図があることが明確になりました。この担当者は,グループのメンバーに,クライアントのグループとではなく,上の管理職との困難に関心を払ってもらいたいのでした。一対一のスーパービジョンでは,誰が出資者で,スーパーバイザーは誰に対して責任を持っているのかを明確にするのが大切なことです。さらに多くの人びとが関係する場では,守秘義務の問題がさらに複雑になることになります。

考えておくとよいと思われる,問題のいくつかを以下に示します。

- どのようにサイズやメンバーを決めていくのか？
- グループをオープン（誰でも参加可能）なものにするか,クローズド（メンバーを固定）なものにするかは,誰が決めるのか？
- メンバーになる条件や出席について,グループメンバーにどのようなメッセージを伝えていくのか？ たとえば,それは,必要条件なのか,選択できるものなのだろうか？

第10章　グループ，チーム，ピアグループのスーパービジョン

グループでは，一対一のセッションよりも強い感情が引き出されることが多いので，グループは潜在的に変化への強力な力になると，私たちは考えています。この強力なエネルギーを管理することは，グループスーパービジョンの重要な一要素で，グループが始まる前に，スーパーバイザーは，グループにどのぐらい気軽に参加できるかを思案することも重要であると私たちは考えます。人によっては威圧されていると感じたり，一対一の状況の方がもっと気軽なこともあるでしょう。グループの生存について理解することは，飼い慣らし，支配されなければならない，手に負えない動物としてではなく，資源としてグループを考える方向に向かっていくことの大きな助けになります。安全の確保を支えることは，最重要課題となります。スーパーバイザーの非言語的コミュニケーションを通じて，多くのことが伝わっていきますが，選択肢についてはできる限りはっきりと言明するように努めるべきであると，私たちは信じています。次の章では，リーダーシップスタイルの選択肢について，いくつか説明していきましょう。

(4) グループスーパービジョンのスタイルと注目点

　グループメンバーは，よほどの経験者でない限り，グループのスーパーバイザーから主導される場合が多く，同様なスタイルと注目点を利用して介入を行ないます。このため，スーパーバイザーが，提供される題材に対応していく方法をいかにモデル化していくかについて理解していることは，非常に重要なことになります。インスキップとプロクターの類型学と同様に，私たちは4つの象限のモデルをつくりました。

　図10.1は，4つの象限を示しており，それぞれが異なるスタイルのグループスーパービジョンに対応しています。象限Aでは，スーパービジョンのグループがより直接的にグループのスーパーバイザーによって先導され，グループのプロセスに強い焦点が置かれます。象限Bでは，スーパーバイザーは中心的な先導役を果たしますが，提示されたケースの内容に多くの焦点が置かれています。象限Cにおいては，グループがメンバー間のリーダーシップについて，より多くの責任をとり，ケースに注目していきます。象限Dでは，グループが自分たちのプロセスのどこに注目していくかに対する責任を負います。

　それぞれの象限では，スーパービジョングループがただひとつのスタイルにはまり込んでしまうときに，そこに潜む陰の部分が表面化してきます。象限Aのグループは，メンバーの個人的なニーズに関心を向けていくようなセラピーグループになってしまい，クライアントの問題を無視してしまうこともあります。象限Bのグループでは，グループのスーパーバイザーの専門的知識をひけらかすための公開討論会に陥ってしまい，グループメンバーの依存心を助長してしまうことがあるでしょう。象限Cにはまり込んでしまうスーパービジョンでは，「私があなただったら」という解決方法で，相手より優れていることを示そうとするグループメンバーが，対抗意識のあ

第3部　グループ，チーム，ピアグループのスーパービジョン

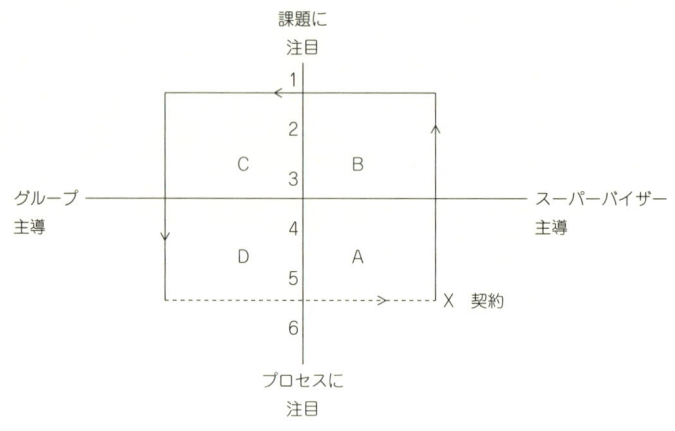

```
                    課題に
                    注目
                     ↑
          ┌─────1←──────┐
          │      2       │
          │   C     B    │
          │      3       │
グループ ──┼──────────────┼── スーパーバイザー
主導      │      4       │   主導
          │   D     A    │
          │      5       │
          └──────→──────┘ X 契約
                   6
                     ↓
                  プロセスに
                    注目
```

図 10.1　グループスーパービジョンのスタイルのモデル

るメンバーにアドバイスを与える場となってしまうことがあります。象限Dのスーパービジョングループは，内部に注意を向け，課題に向き合うことのできない，象限Aのグループに似た，馴れ合いの傾向が強過ぎる，ピアサポートグループとなってしまうこともあり得ます。

　良質なグループスーパービジョンを維持するためには，グループのニーズとグループの発展段階に応じて，すべての領域を柔軟に動けることが必要となるでしょう。一般的に，スーパービジョンのグループは，形成段階と契約段階において象限Aから始まり，その課題が落ち着き始めると象限Bに移ります。それからグループが成熟していくにつれ，自分たちの責任を負えるようになってくると，象限CやDに徐々に取り組めるようになってきます。しかし，良質なスーパービジョングループは，ひとたびうまく立ち上がると，4つのすべての象限を繰り返しめぐっていき，ひとつの中にとどまって陰の部分に陥るのを避けることができるものです。

　このモデルは，私たちの七眼流スーパービジョンモデルとも関係づけることができます（第7章を参照）。それぞれの注目点は，図10.1に示したように垂直軸に相当します。

　スーパーバイザーがさまざまな選択肢や契約についてグループに説明できるように，自分のスタイルに気づくようになっておくため，私たちはこの類型を含めておきました。たとえば，スーパービジョングループの訓練の初期において，私たちはスーパーバイザーの主導色の強いスタイルで行ないます。これは，安全につながることを目的としているからです。事前にこの理由を明確に説明しなかったら，グループメンバーはこれが唯一のスーパーバイズの方法であると思ってしまうかもしれません。

　グループのスーパーバイザーは，グループでのスーパービジョンがいろいろな文脈

第10章　グループ，チーム，ピアグループのスーパービジョン

の輪の中に含まれるので，同時に起こる数多くのプロセスを処理する必要があります（図10.2，図12.2と同様のモデルを提示しているInskipp & Proctor, 1995, p. 86を参照）。

　内省することができるスーパービジョンを促進していくための中心的な技術は，一対一での作業に似ています。しかし，グループの豊かさを十分に利用するためには，グループのスーパーバイザーは，グループメンバーの反応を促進させ，それらの反応をケースに関係づけていく必要があります。

　3番目の同心円の背景には，グループダイナミクスを管理し，発展段階やグループプロセスの発展への必要性に注意を向けることがあります。外側の輪は，スーパービジョンが適切な契約と境界の中でなされていることを確実にするためのものです。すでに述べたように，グループの契約は，1回きりのものではなく，定期的に立ち戻る必要があるものです。契約は，グループスーパービジョン組織という文脈で行なわれることもありますが，メンバーが異なる組織から集まっている場合には，グループメンバーとスーパーバイザーだけでなく，さらに多くの人が関係してくるかもしれませ

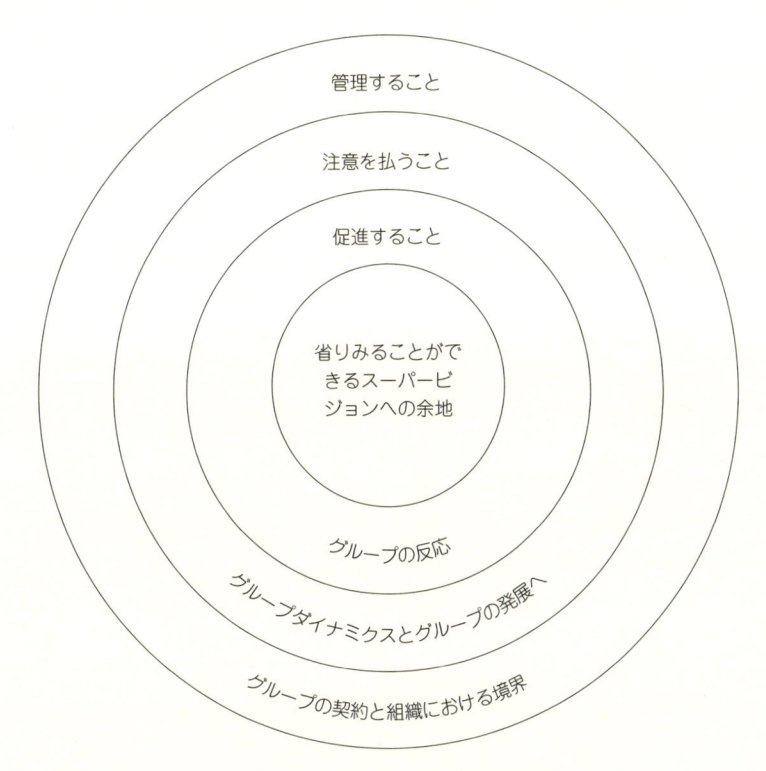

図10.2　グループスーパービジョンにおけるプロセスの同心円

ん。これらの組織との境界と関係性は，スーパービジョンが適正に定着できるよう，スーパーバイザーが注意を払うべき重要な文脈となります。

プロクターとインスキップのグループの分類は，リーダーと参加者の役割を理解する上で非常に有益であると，私たちは考えます（Inskipp & Proctor, 2000）。2 人は，スーパービジョングループを 4 つの異なる種類に分類しています。

1. 権威的――グループスーパーバイザーが，グループメンバーの前で，一対一のスーパービジョンを行なう。
2. 参加型のスーパービジョン――参加者がスーパービジョンに貢献するように招かれる。
3. 協力的――司会者がグループの境界について管理していく責任を負うが，スーパービジョンはグループメンバーに委ねられる。
4. ピアグループスーパービジョン――すべてのメンバーが，すべてに対して共同の責任を負う。

それぞれを見ていけば明らかですが，これらの種類は別々のものではなく，重なり合うものです。ときに，グループは流動的で，たとえばタイプ 2 から 3 に移った後で，もとに戻ったりします。ときとしては，経験のあるグループとでさえ，ひとりでスーパーバイズをすることが必要になる場合もあるでしょう。ことに複雑なケースが提示され，多くの意見が提示されることが混乱を助長するようなときに，これが当てはまります。

プロクターとインスキップはそれぞれのタイプのメリットとデメリットを提示しています。たとえば，権威的なスーパービジョンのグループは，非常に優れたクラスとなりますが，メンバーが受け身となり，グループ内の技術を利用するようにならないことがあります。参加型のスーパービジョングループは，メンバーを参加させていくことができますが，それが競争に発展し，スーパーバイジーを攻撃してしまうこともあります。協力的スーパービジョングループは，（実にすべてのグループにこの可能性がありますが）クライアントを除外し，グループプロセスの中に溶け込んでいってしまうことがあります。これがうまく働くときには，真にメンバーやグループ全体をエンパワーしていきます。これは，ピアグループにも当てはまるでしょう。

どのスーパービジョン関係をつくり上げるときにも，スーパーバイジーにどの程度の経験と技術があるのかを知っておくことは重要なことです。経験豊かな実践家と権威的なグループの組み合わせは敵意につながってしまうことがありますが，経験の浅いスーパーバイジーに対しては安全を提供することになります。協力的なグループは，参加者に多くを望み過ぎると，参加者をまごつかせることになりますが，他の人がリスクを背負っていくことを勇気づけることになるでしょう。

(5) 契約していくこと

　グループの異なるスタイルは，グループが契約していく段階のひとつの要素でもあり，この過程において，スーパーバイザーは自身のスーパービジョンのスタイルについてはっきりと明示することができます。異なる専門職，背景，または経験値を持つ多くの参加者には，グループへの期待と目的にも多様性があることは大いにあり得ることです。たとえ数回は参加者たちが望んでいたものであった場合でも，ことにグループという状況においては，最初の会合における不安が高いということを，覚えておくことは有益なことになるでしょう。参加者は同意された内容を異なって解釈してきているので，一対一のスーパービジョンの形で，契約に立ち戻ることはいつも有益なことです。また，メンバーが他のスーパービジョンを受けているかどうかを明確にするのも大切です。なぜなら，その時間的な制約のために，グループではすべてのクライアントに対応するのは難しいことであるからです。別のスーパーバイザーがいる場合には，クライアントに対して責任をとるのは誰になるでしょうか？

　クライアントのケース（課題）を提示する場合と同様に，グループが安心感と支えを提供する場となることを維持する必要性を説明しました（象限AとD）。有益で関連性のあるフィードバックを，グループがどのように出していくかを考案していくのは，非常に重要なことです。そのため，情報を提示した人のためになるようなフィードバックではないと感じたときには，私たちはそれを遮ったりすることもあります。

　一対一のスーパービジョンにおいては，評価の役割はどのようなものであっても明白にしておく必要があります。これが，題材を提示するときに，抑制力を働かせる主要な要素であることを，私たちは理解しています。明白な評価と同様に，グループメンバーのお互いの評価における暗黙の評価も常に存在することを，心にとめておく必要があります（以下を参照）。

(6) 環境を整えること

　次に行なうべきことは，（常に恐れと不安の伴う過程ですが）他の人に自分の仕事を打ち明けるスーパーバイジーに対して，安全な環境を整えていくことです。

- 「私のことが露見してしまうのだろうか？」
- 「自分で気づいていない欠陥を，私の仕事に関してではなく，私という人間に関して，誰かが見つけ出してしまうのではないだろうか？」
- 「『この人は，こんな態度やこだわりがあるのに，自分のことを本当にセラピストだと思っているのか？』などと，他の人が思ったりしないだろうか？」

　トレーニンググループにおいては，グループメンバーが同じような不安を抱いていないかどうか，またこの不安を自認していることがスーパーバイジーにとって有益なことだということを，スーパーバイザーが理解するように，私たちは奨励しています

す．いつでも答えを知っているグループリーダーではなく，自身の不安や心配，そしてわからないときが時々あることなどを理解して，メンバーに自己開示をすると，それは安心感につながります（Jourard, 1971 を参照）。グループメンバーをこき下ろしたり，「患者グループ」に変えたりすることなく，傷つきやすさや不安を共有できる環境をつくるのが，私たちのねらいです。セラピストというもっと安全な役割につくことを可能とする患者グループを見つけることによって，自分の不安感を回避することは，グループメンバーにとって安易な逃げ道となるからです。

すべての声明文が認められることや自分自身の経験から話すことなどのような，簡単な基本原則が，破壊的なグループプロセスを回避するためには有効となります。このようにして，グループメンバーがありきたりの忠告（「もし私があなただったら，○○しただろうね」）やお説教（「セラピストは温かく，受容的であるべきなんだ」）などを口にするのを避けることができるでしょう。第9章であげたもうひとつの有効な基本原則は，グループメンバーからのフィードバックは，具体的でバランスのよい，共有されたものであるべきだ，というものです。すべてのグループメンバーの間で，等しい段階で，ほぼ同量の自己開示が行なわれ，共有されるように，グループリーダーが努力するのは重要なことです。

しかし，安心感と同時に，私たちはリスクを負担していくことも求めていきます。事実，リスクを負担できないと，グループは安心感を持てないという逆説が成立し，スーパーバイザーがくつろぎのひな形を提示する必要がでてきます。

最後に，作業を行なっていくいかなるグループも，リーダーの誠意（グッドウィル）に頼っています。私たちはこの点を明確にし，私たちすべてが同じ目標（クライアントの福祉，私たち自身と私たちの実践の発展）を共有しており，お互いを助けるためにここにいるのであると，伝えておきたいと思います。訓練生のひとりが，このことを強調するために，これを映画の題からとって「グッド・ウィル・ハンティング」と呼びました。どんなに多くの規則をつくろうとも，どんなに明確な契約をしようとも，私たちすべてが誠意を持って，取り組む必要があるからです。

(7) グループを構成していくこと

グループのスーパーバイザーが，グループのセッションをどのように構成していくかについては，多くの選択肢があります。選択するものは，本人のスタイルや好みと同様に，グループの種類とサイズによって決まります。時々私たちは，心理療法の訓練の一環として，グループスーパービジョンのセッションを開始し，そこで，グループメンバーのそれぞれが，グループにどのような課題を提示したいかを順に述べていきます。この後で，競合する要求に対して，順番を決め，それぞれのメンバーがどのぐらいの時間を持つのかについて，取り決めていきます。

このアプローチの中で，私たちが時々利用する別のやり方は，誰の課題がグループ

第10章　グループ，チーム，ピアグループのスーパービジョン

の「核心となる関心」を最も明確に表しているかについて，探求する場を設けることです。これは，自分自身の課題は別として，取り組むことで最も深い学習ができる課題はどれかを尋ね，一番関心の高い課題を探求することによって行なわれます。このことは，作業の中心にいる人が，自分自身のためにだけ作業をするのではなく，グループに寄せるエネルギーと関心を持っているのだということを，確かなものとします。

　参加者のそれぞれがみな，グループからの注目を得ることができるように，グループの時間をすべての参加者で等分するグループもあるでしょう。これは，グループが大き過ぎたり，時間が短過ぎたりするときには，実用的ではなくなります。

　グループで，発表する日を事前にわかるように，スケジュールを組むこともできます。こうして事前にケースの概要などを配布しておくことも可能になります。この場合，グループセッションは，現在の関心や困難に焦点を当てることよりも，概要から学んでいくことをより強調するグループ・ケーススタディに移行していくことになります。この構造は，より差し迫っているスーパービジョンの必要性に対して，グループメンバーが他のスーパービジョンを利用する必要が出てくるかもしれません。

　また，「プロセスを信頼」し，何が出現するか，グループの関心がどこに動くのかを見守っていく方法もあります。前回のセッションで，探求した課題がどう進展したかについて確認することから，始めることもできます。

(8) グループスーパービジョンの技術

　グループスーパービジョンの技術は，グループメンバーが有益な形で貢献し，積極的に参加するとき，最もうまく機能します。多くの資源や観点を共有できることが，すでに述べたように，グループとしての大きな利点のひとつです。

質問に対する反応を共有すること

　最も単純な技術は，発表者が一定の時間内で（最大5分間），クライアントについて説明することです。その後に参加者のそれぞれが，ひとつだけ質問をすることができ，発表者は最も関連の深い質問は何かを尋ねられ，それに沿った探求を深めていきます。

反応を共有すること

　これはさらに複雑なやり方で，あるメンバーがクライアントについて説明しているときに，それぞれのメンバーに，自分に何が起こっているかをどう認識するかについて，尋ねていくことです。これは間違うことができないものであることを，私たちは説明しておきたいと思います。たとえば，おなかがすいたとか，落ち着かないというような感情でも，それを共有することは重要なのです。痛みのような肉体的な感覚もたいへん貴重な情報をもたらします。飽きたと感じたり，説明はできないけれど悲しみや怒りを感じたり，興味を持てなくなることなど，これらも有益なものです。私たちは，思い，イメージ，感情，身体の感覚，そして空想などについて尋ねていきま

す。このように枠づけすることは、さまざまなことを提供してくれます。まず、それぞれが貢献する機会を与えてくれます。そして、異なる経験の様式を許容してくれます。ある返答が他のものより優れているわけではないということを示唆してくれます。間違うことはないので、「突拍子もない」意見も許諾されます。それらはすべて経験として認められ、メンバーが自分たちの直感を信用し始めるのを励ましてくれるでしょう。

　ここに内在している理論は、私たちが他の人にすることは、私たち自身に対してもなされるべきだということです。しばらく前に、「はい、でも……」と自分のカウンセラーに言うクライアントがいて、そのカウンセラーは自分のスーパーバイザーに「はい、でも……」と言い、そのスーパーバイザーは自分自身のスーパーバイザーに「はい、でも……」と言う、並立的な過程について述べてみました（第7章のモード5を参照）。つまり、別の言い方をすれば、「飲み込む」または「消化する」には多過ぎるものは、後で「吐き出す」ことになるということです。クライアントのとらえ方をめぐって消化できていないケースが、通常スーパービジョンに持ち込まれることになります。ケースが提示されたとき、自分たちが経験したことについて何に気づいているのかを尋ねていくことによって、並立的な過程をとらえる機会を提供しているわけです。グループで作業していると、異なる反応が生じるので、ここでのスーパーバイザーの役割は、反応のどれが有益なものかを発表者が検討するのを助けることになります。この過程における不可欠な要素は、すべての反応をグループリーダーに向けて発表するような形をとることで、その目的は発表者が圧倒されることなく聞き入ることができるように、そして反応を示した人を動揺させないような返答をする必要のないように、ということです。発表者はただ聞き、そして、どの反応についてさらに検討していきたいかを伝えるようにします。

　次に、この過程の実際を示している私たちの作業の例を示します。

　　治療的組織のメンバーが相手のスーパービジョンのコースで、新しいスタッフが、困難を感じているクライアントについて説明しました。最初は熱心に、心を開いて話してくれたのですが、その後クライアントは彼女のセッションに現れなかったり、あまり話をしてくれなくなりました。このスタッフが自分のクライアントを説明し始めるとすぐに、私自身の興味が失われてしまったことに気づきました。ただ煩わされたくなかったのです。それでも、できるところまで、適切に思われる質問を数分間し続けました。躊躇しながら、自分の興味が持てない気持ちを明確にしたところ——その気持ちが適切であるようには見えませんでした——グループのメンバーは非常に関心を示してくれました。事実、グループがおよそ半分半分に分かれました。半分は非常に関心を示しており、半分は完全に興味を失っていますが、関心を見せるように努力していたのです。発表者は、クライアントに対する彼女の両方の感情が、いかに正確に反映されているかに驚きました。一方で非常に関心を示し、彼女に共鳴していましたが、もう一方では彼女

について知りたくないと思っていたということです。グループは，現存の消極性を共有しただけでなく，その妥当性も確認できたことで，本当にうまく機能し始め，その後はより深く機能することになりました。これは，逆転移がスーパーバイザー自身の心理状態から来たものなのか，あるいは提示された題材によって引き起こされた適切な反応であるかを確認するひとつの方法です。

発表者のいない場所で

このやり方は，発表者にグループの外に座ってもらい，グループが発表されたものについて話し合うのを聞いてもらう方法です。グループには心の中に思いついたものは何であろうと言ってもよいという許可を与え，その考えをお互いに引き出すように設定します。その後，そのスーパーバイジーはグループの中に戻るように誘われ，グループが見いだしたことの中に有益なものがあったかを尋ねられます。

実習グループ

ホーキンズとスミスは，他の専門家におけるグループスーパービジョンにも利用できるように，コーチや教員，組織のコンサルタントを訓練するために，実習グループと呼ぶ，スーパービジョン・アプローチを開発しました（Hawkins & Smith, 2006）。

グループメンバーのそれぞれが，次の役割のいずれかにつきます。「スーパーバイジー」は，現在実際に抱える困難なケースを提示します。「スーパーバイザー」は，スーパーバイジーがケースをめぐって，どのように考え，どのように感じ，どのように行動するかについて，約45分の間に変化をつくり出すことを目的とします。「影のスーパーバイザー」は，スーパービジョン過程のいくつかの様相を監視する責任を負います（たとえば，7つのモード，第9章の介入に関するヘロンの分類，非言語的コミュニケーションなど）。一定の間隔をおいて，「ファシリテーター」または「スーパーバイザー」が一時的な中断を求め，そこでは，スーパーバイジーは静かに座っており，影のスーパーバイザーとファシリテーターが，スーパービジョンについて，スーパーバイザーをスーパーバイズしていきます（図10.3）。

ホーキンズとスミスは，次のように書いています。「変形のスーパービジョンにおける意図は，課題を持ち込んだ人またはケースに対して，新しい洞察や『しなければいけないことのリスト』を残すことではなく，むしろ懸念している状況について，違った風に考え，感じ，行動し始めるような，『変化の感覚』をセッション内で引き起こすことである」（Hawkins & Smith, 2006）。私たちの研究では，実際の状況に則した変化や学びの機会は，人びとが好意的な意図を持ってその場を去るときよりも，この「変化の感覚」が起こった後の方が，もっと高いことが示されています。

実習グループにおいて，私たちは「並立的なプロセス」への体系的な理解を持って作業をしていきます。これは，影のコーチの仕事がコーチに移行し，それによってどうコンサルタントと関係するかに移行し，そこでコンサルタントが移行し，どのようにクライアントと関係するかに移ると，私たちはクライアントのシステムが有効に機

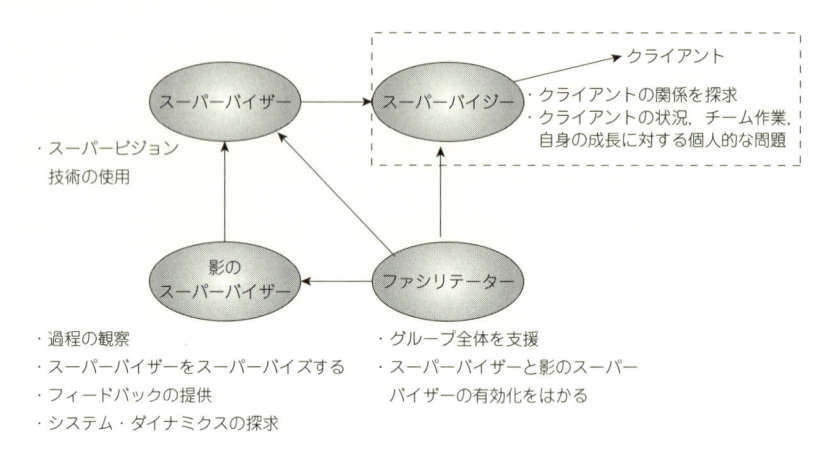

第3部　グループ，チーム，ピアグループのスーパービジョン

```
                            ┌─────────────────────────────────┐
                            │                 → クライアント    │
     スーパーバイザー  →  スーパーバイジー ・クライアントの関係を探る │
                            │         ・クライアントの状況，チーム作業， │
・スーパービジョン           │          自身の成長に対する個人的な問題 │
  技術の使用                └─────────────────────────────────┘
        ↑              ↑
        │              │
      影の    ←    ファシリテーター
   スーパーバイザー

・過程の観察                    ・グループ全体を支援
・スーパーバイザーをスーパーバイズする   ・スーパーバイザーと影のスーパー
・フィードバックの提供                バイザーの有効化をはかる
・システム・ダイナミクスの探求
```

図 10.3　実習グループの役割

能することに自信を持つことができるようになるのです。

「システムアプローチ」とは，システムのどの時点における変化への介入であっても，あらゆるレベルにおける変化をつくり出しながら，全体に波及していくということを意味します。ただしこれは，最初の介入の時期が，変化への最大限の効果，あるいは最小限の抵抗をねらって選択された場合に限ります。

タグスーパービジョン

最大限の効果をねらって私たちが利用している技術のひとつは，7つめのモードと併用したタグスーパービジョンです（第7章を参照）。誰かスーパーバイジーになる人を選び，その前に誰も座っていない椅子（エンプティチェア）を置きます。それから，グループの他のメンバーのそれぞれにモードを割り当てます。訓練を受けているグループは比較的大きい集団であることが多いので，それぞれのモードに複数の人を当てはめることができるため，グループに対してはよく機能します。スーパーバイジーは，たとえば次のような言葉で始めることにします。「摂食障害のあるクライアントXについて話をしてみたいと思います」。ファシリテーターが，たとえば「4」などの数字を大きな声で言うと，モード4に割り当てられた人がエンプティチェアに座り，「この人はあなたに誰を思い出させますか？」とか，「この人と話しているときに，あなたはどのような経験をしているのですか？」，または他のモード4の介入をします。この人は自分でその席を離れるときを決めることもでき，同じグループの誰かがそこに座ることにするか，あるいはスーパーバイザーが時期を決めて，別のモードを提案したりします。最初はためらう人もいますが，多くのメンバーが椅子に座って，介入したがるようになります。

タグスーパービジョンは，多くの面で有益であることがわかりました。これは，モードを練習したり，他の人がモードを用いているのを観察する機会になりますし，その上，それらがどのように組み合わさるかも見ることができます。この方法は人工的で，ばらばらなように見えるかもしれませんが，結果として浮かび上がるスーパービジョンは，グループメンバーにスーパービジョンのいくつかを提供するリスクを負うために一見気軽な方法を利用しているように見えて，実は驚くほど徹底的で，洞察力のあるものとなります。

実際のケースを提示するのと同様に，スーパーバイザーとして，メンバーがいつか直面するであろう，または直面したことのある最悪の状況について描写するように尋ねていくことも，私たちは時々試します。メンバーに初めの一文を考えるように促します。非常に一般的なものは，「このスーパービジョンがうまくいっているとは思えないので，スーパーバイザーを変えたいんです」というものです。もうひとつ恐ろしいのは，「実は，私は自分のクライアントと関係を持ってしまっていることを，伝えなければなりません」というものでしょう。タグスーパービジョンは，私たちの経験では，このような心配を掘り下げていくための有益な方法であり，非常に強力な学習ツールです。

(9) グループダイナミクスを認識する

理由が何であれ，グループの雰囲気を安全と感じることができなかったり，メンバーが貢献するのを躊躇するときがあります。たぶん，明白な，または隠れた対立があるときでしょう。グループのリーダーが，グループダイナミクスを認識しないまま進行していくことがないように，そしてそのダイナミクスに気づきをもたらすような方法を見つけることを確実にするのは，それがグループの主な焦点としてとって代わらないように，メンバーがそこに関心を向け，そこから学びとることができるために，欠くべからざるものとなります。そのときその場におけるダイナミクスへの気づきを利用することは，学習プロセスの主要な一部となりますが，スーパービジョンのグループと，Tグループ（訳注：1940年代に心理学者クルト・レヴィンによって始められた一種のエンカウンターグループ）や出会い，セラピーなどのグループとの区別は明確にしておかなければなりません（詳細については第11章を参照）。

3．チームスーパービジョン

チームスーパービジョンは，グループスーパービジョンとは異なります。これには，共同でのスーパービジョンを目的とするのではなく，グループ以外の場で相互に関係のある仕事についているグループとの作業が含まれます。そのため，今までに説明してきたようなグループスーパービジョンへのアプローチの多くは有効ですが，対

処しなければならないその他の要因もあるでしょう。

　精神科病院におけるメンタルヘルスのチーム，または老人ホームのスタッフのように，同じクライアントへの働きかけを共有するチームと，同じ地理的な枠内で，同じようなアプローチを共有するものの，ホームドクターの現場やソーシャルワーカーの現場のように異なるクライアントを持っているチームとでは違いが生じます。チームの性質を分類するときの簡単な方法は，スポーツにたとえることでしょう。サッカーのチームでは，すべてのメンバーが，異なる特別な役割につくものの，同じゲームに参加し，相互依存関係は高くなります。テニスのチームでは，チームのメンバーは同じゲームに参加しますが，個別に，またはペアでプレイするのです。陸上競技のチームでは，メンバーは，異なるときに，異なるスポーツに参加しますが，ときには一緒に競技に参加したり（リレー競技），一緒にトレーニングをしたり，それぞれの得点を合計したり，お互いの士気を支え合ったりします。

　ケイシーは，すべての作業をチームでしなければならないという考え方の危険性を指摘し，いつチームワークが必要になるのかを決めるためのモデルを提供しています（Casey, 1985）。ペインとスコットも，どのようなスーパービジョンが，どのようなチームに適しているのかを考える上でのガイドラインを提供しています（Payne & Scott, 1982）。カッツェンバッハとスミスは，ワーキンググループとチームの間の非常に有効な区別を示しています（Katzenbach & Smith, 1993）。提示されたそれぞれの性質は以下にまとめられます。

ワーキンググループ
- 強く，明確に焦点化されたリーダーシップ
- 個別の責務
- より幅広い組織の使命として，グループの目的が共通
- 個別の作業成果
- 効果的なミーティングの運営
- 他者に与える影響によって，非直接的に効果を測定する（たとえば，仕事の財務実績）
- 議論し，決定し，そして委任する

チーム
- リーダーシップの役割の共有
- 個別の，そして相互の責務
- チームが担う特定の目的
- 共同作業による成果
- 自由討論と，積極的な問題解決指向のミーティングの推奨
- 共同作業の成果を評価するために，直接的な実績を測定する
- 議論し，決定し，そして共同作業を実現する

第 10 章　グループ，チーム，ピアグループのスーパービジョン

このことから，チームではより多くの協同的な活動と共同の責務を担い，ワーキンググループではメンバーが同じ上司に報告するという事実だけを共有するという違いがわかります。

カッツェンバッハとスミスは，自分たちの研究から得た効果的なチームの特徴を描写しています（Katzenbach & Smith, 1993）。

- 意図と目標の共有と認識
- 達成目標の共有
- 取り組み方法の共有
- 相互間の説明責任
- 敬意を払った技術と姿勢
  - 技術的／機能的な側面
  - 問題解決／意志決定のスタイル
  - 対人関係のスタイルと性格特徴

お互いのクライアントを共有するチームにおけるスーパービジョンにはメリットとデメリットの両方が存在します。なぜなら，スーパービジョンの中で，「向こうにいる」クライアントに関心を向けることなく，どのようにクライアントがスーパーバイジーの精神内部の生活に入り込んでくるかについて，しばしば関心が向けられてしまうからです。

　　子どもたちの養護施設のスタッフであるジェーンが，ロバートという難しいひとりの子どもに対して深い焦燥感を抱いているところで，チームの他のメンバーすべてが，ロバートを扱う方法について提案を浴びせました。ロバートが何を彼女の中に引き起こしたのか，ロバートが彼女に誰を思い起こさせたのかを探求し，彼女自身の選択肢の幅を保つために，スーパーバイザーはジェーンの周りに空間が確保されるように，根気よく働きかけなければなりませんでした。スーパーバイザーは，彼女が対応に苦しんでいるロバートが，メンバーのそれぞれが述べているロバートとは，異なるロバートであるように考えられるとチームに指摘することによって，この空間をつくり上げました。これは，2つの点で真実であろうと思われました。第1に，ロバートは分裂的で，スタッフのそれぞれにまったく異なる対応を見せるような，人を操作するような少年でした。そして，スタッフの一人一人が，その性格，歴史，そして反応の方法に応じて，それぞれ異なった形でロバートから影響を受けていたのです。

　　このケースをめぐっては，ジェーンの空間が確保されるか，あるいは，ロバートに対応するチームの救いがたい一面を背負い込むスタッフとして，彼女が祭り上げられてしまうかのどちらかの選択が，非常に重要な要素となりました。チームのメンバーが，ロバートへのすばらしい対応法を，ジェーンに押しつけることを許可してしまえば，このスーパービジョンは，チーム内の亀裂，そしてそれはロバートにおける亀裂でもあるのですが，それをさらに強めるために共謀するものとなってしまったことでしょう。ジェ

ーンの無力感に働きかけ，彼女自身が理解し，より創造的な選択肢を選び出した後にこそ，題材をチームの中に戻して，チーム中に散らばっている分断された感情を徐々に一緒にするために，それぞれの異なる経験や少年の見方を探求することが可能になったのです。

チームスーパービジョンをするに当たり，依然として，グループの選定が問題となっていました。まず，どこにチームの境界を設定するかを決める必要がありました。助手，事務職員，または研修生たちは含まれるべきでしょうか？ これが異業種間のチームであったとすれば，誰を含め，誰を除外するかの問題がさらに緊迫したものとして，のしかかってくるでしょう。

第2に，良質なチームスーパービジョンでは，チームに，欠員を「私たちと同じような人たち」で補充しようとする傾向がある危険性に，注意を払わなくてはなりません。チームには，ある程度の同質性が必要となりますが，性格特性，年齢，性別，そして技術の点においてのバランスも必要となるのです。ベルビンは，チームが効果的になるためには，どのような範囲の役割が必要となるかの，古典的な研究を残しています（Belbin, 1981）。

チームスーパービジョンは，スーパービジョングループ内の個人個人に加えて，チームがスーパービジョンを必要とする主体であると考えられるので，スーパービジョンを必要としているチームメンバーに加えて，もうひとつの主体があると，想定されます。チームはその部分の集合以上のものとしての一主体であり，性格特性を持ち，それ自身の精神内部生命を持っていると，私たちは理解しています。これが，チーム文化，またはチームダイナミクスに当たることが，何人かの著者によって述べられています。このことについては，第11章でさらに詳しく説明します。チームスーパービジョンは，必然的にチーム発展の形式が含まれるという点で，スーパービジョンの他の形式とは異なります。

スティーヴ・ファインマンは，自身のソーシャルワークの発展における研究において，5つの異なるチームを考察しました（Fineman, 1985）。そのチームのひとつが，他の4つよりも高いモラルと低いストレスレベルを維持し，特筆すべきほど効果的であることがわかりました。この成功の主要な要因のひとつは，チームリーダーによる効果的なチームスーパービジョンでした。

> 確立された相互の信頼が，促進された支援の中で，チームリーダーの活動と結びついたのである。実に，彼とスタッフとの統合的なミーティングは，彼自身とスタッフからの報告から判断されるように，非常に真剣に，繊細な感覚を持ってとり行なわれたのだが，それが支援的な環境をつくり上げる際の，決定的な要因となったのであろう。
>
> ファインマン（Fineman, 1985, p. 106）

第 10 章　グループ，チーム，ピアグループのスーパービジョン

次の章で私たちは，チームダイナミクスを探求し，改善する方法について説明を加え，組織内において，組織とチームの両方の文化を評価し，変革していく方法について議論します。

4．ピアスーパービジョン

　私たちのコースに参加した多くの専門家は，直属の上司に時間がなかったり，スーパーバイズをする能力がなかったりするので，良質なスーパービジョンが受けられないと，苦情を述べます。自分たちのためのピアスーパービジョンを設けていく可能性についてさえ思いをめぐらさないことに，私たちはしばしば驚きを覚えます。しばらく前に，ピーターは治療的なコミュニティを運営したのですが，直属の上司は，治療的なコミュニティやスーパービジョンに直接的な経験がない，大規模なメンタルヘルス慈善団体の副所長でした。この経験は，ほとんど臨床的な経験がない管理職によって，名目上スーパーバイズされることになるという，さまざまな専門職についている経験のある実践家が遭遇する，多くの状況に似ています。この状況に応えて，ピーターは一連のピアスーパービジョンを設立しました。最初に，クライアントとの仕事においては自分よりも経験のある，彼の補佐役とのスーパービジョンを設立しました。これは，クライアントへの取り組みに対するスーパービジョンを確保するについては非常にうまく機能しましたが，スタッフのチームを相手とする彼のリーダーシップに対するスーパービジョンを確保するという問題を解決することにはなりませんでした。
　ピーターの2番目のピアスーパービジョンは，さまざまな治療的コミュニティで長年にわたって活動してきた組織内の，上級指導員とのものでした。ここでも，しばらくはうまく機能しましたが，2人とも組織の管理職のミーティングに出席していたので，管理構造に対する自分たちの葛藤を共有することに，優先的に焦点が当たる傾向が生まれてしまいました。
　ピーターの3番目のものは，治療的コミュニティ内に，経験のあるスタッフに対するピアスーパービジョンのグループを設置するために，専門職の協会の施設——この場合には治療コミュニティ協会——を利用することでした。ボランティア組織，社会福祉部門，そして国民保険サービスで働く多くの経験ある実践家たちが，スーパービジョンの不足と必要性を共有していることを理解して，彼は驚きました。これは，コミュニティ全体の問題とダイナミクスに焦点を当てる機会を提供し，豊かで実りの多いグループとなりました。このグループは，ピーターや当初のメンバーが去った後にも，うまく存続していきました。
　後に，ピーターは，コンサルタントである精神科医／心理療法士と，臨床家である心理士／セラピストとによる同僚の三者関係を持つ，心理療法をめぐる自身のピアス

第3部 グループ,チーム,ピアグループのスーパービジョン

ーパービジョンを設けました。それぞれのミーティングでは,3人のメンバーのひとりが,スーパーバイザーの役割を受け持ちました。他の2人は,それぞれ40分のスーパービジョンを受けます。それぞれのスーパービジョンの最後に,スーパーバイジーは,スーパーバイザーと何が助けとなり,何が困難なことであったかを共有し,スーパーバイザーは,セッションに対する自分の内省を共有しました。このセッションは,スーパーバイザーにポジティブとネガティブの両方のフィードバックを提供しながら,観察をする役割を果たしていた,第3のメンバーによって引き継がれます。この方法は,自分の心理療法に対するスーパービジョンだけでなく,フィードバックやスーパービジョンをどのようにするかを学んでいく,三者関係にいる人の必要性を満たすものでしょう。

このことは,ピアスーパービジョンが個人的にどう相互互換的となるか,または同じような必要性,アプローチ,そして専門技術のレベルを持つ,働き手のグループでどのように行なわれるかを表しています。また,自分が所属する職場だけではなく,組織内における同じような職場や,他の組織における働き手とも,ピアスーパービジョンを求めていくことが,どのように可能であるかということも示しています。私たちは,数多くのスタッフが自分自身のピアスーパービジョンのシステムを立ち上げるのを支援することに関わってきました。これらは,ある地方自治体での,お互いに相互互換的なスーパービジョンを提供する子どもの施設のリーダーや,別の地方自治体で,ピアスーパービジョンを定期的に行なっている上級職員のグループ,あるいはコミュニティのメンタルヘルスチームにおける異業種間のピアスーパービジョンのシステムなどを含んでいます。

ピアスーパービジョンを発展させるように積極的に働きかけてきた領域に,人間性主義心理療法があげられます。これは,訓練を受けているときだけでなく,専門職についているときにもスーパービジョンを受け続けることが,職業や,人間性主義心理学実践家協会（AHPP）や精神療法英国委員会の人間性主義・統合部門のような組織が有する専門家としての責務とされているためです。これは,5年ごとに会員への再申請をすることが義務づけられているため,再申請書に,現在何のスーパービジョンを受けているのかを記載する必要があることによって,裏づけされています。

ピアスーパービジョンは,明らかに多くの利点がありますが,多くの落とし穴や罠もあります。グループリーダーが不在の状態では,しっかりとして明確な構造の必要性が増大し,グループメンバーの参加意欲がさらに必要となってきます。

ゲイ・ヒューストンは,ピアグループが陥ってしまう,いくつかの罠,または（交流分析にあるような）ゲームについて書いています。

- 「男根比べ」——ヒューストンは,お互いがどれだけうまくやっているかを示す必要性を感じて,それぞれのメンバーが非常に競争的になるグループについて描写し

第10章　グループ，チーム，ピアグループのスーパービジョン

ています。しばしば，自分たちのグループに対して，次のような決まり文句が使われます。「私のところは，本当に協力的なんだ……うちは，僕がみんなを本当に助けているって言ってくれるんだよな」，「本当に力強い経験だったんだ」。ヒューストンは，「私の知っているアメリカ人コンサルタントは，このような行動を『男根比べ』と呼んでいる」と書いています。そこに含まれている声明は，「自分のは，お前のより立派なんだ」ということになります。誰かが勝ち，最も多くのものを得るか，または最もよいものとされると，他の人たちが負けになるので，全員が緊張を感じています（Houston, 1985）。

- 「本当に，ひどいわよね！」──このゲームでは，お互いの無力感を強調しながら，ピアグループが輪になって座っています。このゲームのもうひとつ形は，このような「権威」の元や「病院」で働くなんて，自分は気が狂っているに違いないことを，共有する時間を持つことです。セラピストやカウンセラーにとってのもうひとつの変形は，いかにクライアントが，自分のあらゆる最上の努力や試みに対して抵抗を示し，不愉快で，敵意に満ちており，人を操る存在であるかということを示す時間を共有することです。これは，「クライアントを逮捕せよ」と呼ばれる別のゲームに漏れ出てしまうことがあります。

- 「私たちって，みんなすごいのよね」──ピアグループのメンバーは，批判されることへの不安や，指摘を受けることを避けるために，相手側からの未払いの好意に対する暗黙の支払いとして，他のメンバーに過度の賞賛を惜しみなく与えることがあります。これは，隠れた形での「ショバ代」となってしまい，長期にわたっては，覆い隠されたものが明るみに出てしまうことを恐れるために，新しいメンバーの参加や，古くからのメンバーの離脱を，グループが極端に恐れるようになったりします。ジョン・ヘロンは，このことを「総意による結託」と呼んでいます（Heron, 1975）。

- 「どのスーパーバイザーが一番かしら」──これはその場が，グループスーパーバイザーがいない空白を満たすための，率直ではあるが明言されない，または公然の競争であったりすることです。このことは，グループメンバーが最も気のきいた，または有益なコメントを言おうと懸命になることを通じて露わになったり，または，このアプローチが効果的か，あのアプローチが効果的かなどの，重要ではない議論で惑わせることを通して，露わになったります。ピアグループは，しばしば，グループダイナミクスに対処するメカニズムを持たず，不幸なことにそのプロセスを指摘するようなグループメンバーは，「スーパーバイザー」になるための競争に取り込まれてしまうことになりがちです。

- 「患者を追え」──グループは，家族の場合と同様に，患者となるひとりのメンバーを決め，他のメンバーにもあることを自白したくないような，無力で困難な感情に焦点を当てることがあります。このように決められた患者がいることで，他のグループメンバーは，セラピストの安全な既知の役割に退き，協同でこの選ばれた患者を治療することができるでしょう。実は，他のメンバーは，このメンバーが本人の恐れを探索するのを助けている間，自分たちの中にある同様の恐れに直面することから，自分自身を守っているのです。

これらのゲームは，ピアグループに限られた特徴ではありませんが，プロセスを見守ることを仕事（または，ひとつの仕事として）とする外部のファシリテーターがいないので，グループがこれらのいくつかの状況に陥ってしまう可能性は高くなります。これらのゲームについては，第11章でより探求していきます。

(1) ピアスーパービジョンのグループをどのようにつくり上げていくか

ピアスーパービジョンには多くの落とし穴があることがわかりましたが，それが適切に組織された場合には，多くのメリットも兼ね備えています。私たちが行なっているワークショップではしばしば，ピアグループをどのように始め，運営したらよいのかについてアドバイスを求められますので，一般的な事柄を次に示しておきます。

- アプローチの幅ではなく，価値を共有するグループを形成するように努めること。適度に共有された言語と信念体系の中で，一緒に会話ができることは重要なことですが，メンバーがすべて，同じトレーニングと仕事のスタイルであるならば，グループはより共謀的になり，離れた距離からの視点を欠くことになります。
- グループは，7人以上になってはいけません。すべてのメンバーの必要性を満たす十分な時間を持つことを確実なものとしなくてはなりません。7人以上のメンバーのピアスーパービジョンのグループは，少なくとも2，3時間の会合で，ごく定期的に会わない限り，スーパービジョンを必要とするクライアントの数が多くなるので，よいものとはなりません。
- 参加責任について明確化しておくこと。グループメンバーが参加すべきだと考えて加わったものの実際には参加できないのでは意味がありません。メンバーが，スーパービジョンの会合に出席するときのためらいを共有するように，可能であれば，どのようにしてスーパービジョンのグループを避けたり，妨害してしまうかもしれないかを共有するように，奨励する必要があります。たとえば，あるメンバーは，より切迫した事情で忙しくなりそうなことをグループに伝えますが，別のメンバーのパターンは，ひどい頭痛を起こしたりすることであるかもしれません。
- 明確な契約を結ぶこと。頻度，場所，時間の限度，守秘義務，そして時間がどのように割り当てられるのか，プロセスがどのように扱われるのかについて，明確にする必要があります。他のメンバーがスーパービジョンに持ち込んだクライアントを個人的に知っているメンバーをどのように扱うのか，クライアントについて議論されている間，そのメンバーはその場を離れるのか，そのクライアントについてのスーパービジョンを他のどこかでするように手配するのか，などの事柄です。また，経験のあるグループの場合は，投影，転移，逆転移や並立的なプロセスのような精神力動的なプロセスを，クライアントとの作業の解明や探求に利用する方法や，同時に守秘義務をめぐる明白なジレンマを探求する方法を見つけることです。
- 異なる期待を明確化すること。メンバーの何人かは，他の人が快適に感じるレベル以上の，個人的なプロセスへの焦点化をより多く期待しているかもしれません。個

第10章　グループ，チーム，ピアグループのスーパービジョン

人的なスーパービジョンを他の場所で受けているメンバーもいるでしょうし，自分たちのクライアントとの作業がすべてこのグループによって取り上げられることを期待している人もいることでしょう。他のメンバーがロールプレイや他の経験的知識を利用するのを期待している一方で，次に何をなすべきかについてのアドバイスに，大きな期待を抱いている人もいるかもしれません。グループの中に隠れた意図がないかどうかを見つけ出す努力が必要です。自分たちの関係について解決しようとしている2つの異なるサブグループからなる，ひとつのピアグループに出くわしたことがありました。

- 役割についての期待を明確にすること。誰が時間の限度を維持したり，介入を扱うのでしょうか？　誰が部屋を確保するのでしょうか？　毎回，運営していくことに主な責任を担うメンバーがいるのでしょうか？　グループプロセスの一部として，このことが明らかになってくるのでしょうか？
- スーパービジョンのプロセスがそれぞれの人にとってどのようなものであったかのフィードバックを行なうために，いくらかの時間（5分から10分程度）をそれぞれの会合に設けること。ここには，感謝や，憤りの感情などを含めることができます。
- 3か月ごとに評価セッションを設けて，すべてのメンバーがグループ内での役割に対するフィードバックを受け，グループのダイナミクスを考察し，契約を再交渉する機会にします。チームやグループのダイナミクスを探求するために，その評価のセッションの中で，第11章で述べられているエクササイズやアプローチの多くが利用可能となります。

心理治療的な作業に対してピアグループを設置していくための，有益なヒントを提示しているいくつかの書籍があります。ピアスーパービジョンのグループとは異なる焦点に注目していますが，しばしば同じようなダイナミクスについて記述しています。

(2) ピアスーパービジョンの会合を組織していく

グループスーパービジョンを構築していくことに関しての，これまでの多くの提案は，ピアグループでのスーパービジョンにも適応できます。

- 基本原則を決めること（たとえば，メンバーは直接的で，バランスのとれた，正直なフィードバックを提示すること，指導者ぶったアドバイスを避けること，時間を均等に分かち合うことなど）。
- それぞれのニーズを確認していくこと，あるいは時間を配分する輪番制を利用して，毎回のセッションをスタートさせること。
- その場で共有する題材に関して，グループから何を必要としているかを明確にするように，すべてのメンバーに促していくこと。ただ傾聴されることが必要なのか，フィードバックがほしいのか，クライアントに対する無意識の反応を探求してほし

いのか，または次にどこへ向かうかを探求する手助けがほしいのか，さまざまな選択肢を選ぶのを手伝ってほしいのか，などがあげられます。そのメンバーが何を欲しているのかわからないときには，「何があなたに，この特定の問題をここに提示させたのでしょうか？」とか，「このケースに関してあなたが必要としているものは何でしょうか？」などと尋ねてみることは，しばしば有益なことでしょう。
- 非公式な時間の持ち方について決めておくこと。社交の時間や非公式な時間がないと，お互いの最近の様子を聞いたり，うわさ話をしたり，個人的なやりとりをする必要性が，グループの他の時間に割り込むことになります。ピアグループの中には，スーパービジョンの初めや終わりに，短い社交の時間を組み入れているところもあります。

5．まとめ

　グループのメンバーが提供できる学習機会の可能性や異なる視点の幅という点で，個人のスーパービジョンよりも，グループが多くの利点を有しているのははっきりしています。同時に，そこには多くの落とし穴の可能性もあります。優れたスーパービジョングループには，グループダイナミクスへの気づきと取り組みが必要であり，グループのリーダーシップとダイナミクスに関する訓練が必然的に伴ってくるでしょう。ピアグループも，スーパービジョンの作業をそらしたり，妨害するのではなく，それを健全に支援し続けるために，それ自体のプロセスに注意を向けるシステムを持つことが必要になります。
　スーパービジョンのモードは，何についてスーパーバイズするのかを反映しているべきであり，そのためグループスーパービジョンの形態は，理想的にはグループでの作業に対してスーパーバイズされることに適しています。グループスーパービジョンは，個々の作業に関連して利用できる，ものの見方の範囲を広げることにも有効ですが，掘り下げていく個人のカウンセリングや心理療法の場合には，グループスーパービジョンは，個人的なスーパービジョンの代用ではなく，付加的なものであるべきだと，私たちは提言したいと思います。ただし，ピア，またはグループスーパービジョンが，自身の個人的な能力だけでなく，自己のスーパービジョンの統合的な形態を発展させる過程にあるような，経験のある実践家に対しては例外的に適切なものであると言えるでしょう。

第11章
グループダイナミクスを探求する

1．はじめに

　前の章では，スーパービジョンのグループの中で生じる可能性のあるダイナミクスについて，いくつか触れました。この章では，このようなダイナミクスをもう少し詳しく検討し，それらに対処するための対応策を提案します。あなたのスーパービジョンのグループは指導者のいるものか，ピアグループか，あるいはワーキングチームの一部であるかもしれませんが，その有効性は，メンバーが優勢となっているグループダイナミクスに気づき，それに対応できるかどうかに大きく依存しています。そのため私たちは，グループにおけるスーパービジョンを考慮する人びとすべてが，この領域のトレーニングを受けるべきであると信じており，ここに最も頻繁に起こると思われる事象をいくつか説明します。これは，グループが通過する基本的な段階を理解し，そのさまざまな段階においてグループをどのように発展させるかを含んでいます。

2．グループの段階

　マーガレット・リオックは，スーパービジョンとグループダイナミクスの接点について，広範囲にわたって執筆しています。彼女の著作『セラピストに向けてのダイアログ』で，トレーニングを受けているセラピストと，一式の完結したグループスーパービジョン（彼女はセミナーと呼んでいますが）の図式を提示しています（Rioch et al., 1976）。それぞれのセミナーの後で，彼女はグループダイナミクスについてコメントし，「グループのやりとりは，プロセスの重要な一部であり，ときには学習を促進させ，ときには妨げるものであることも明確である」と結論づけています。
　ほとんどの理論や私たちの経験は，一連の識別できる段階を通じて，大多数のグループが成長する，と示唆しています。これらは，あらかじめ決められていることであるとか，必然的なこととして見るべきものではありません。ほとんどの場合グループは，自分たち自身の境界，会員の構成，グループの規則，期待などを扱うことから始まります。このことを，シュッツは「包括」，タックマンは「形成化し，標準化する段階」と呼んでいます（Schutz, 1973; Tuckman, 1965）。これは，グループスーパービジョンにおける契約の段階です。ここでは，守秘義務の問題，グループへの参加規範，時間の割り振り，何に焦点を当てるのか，何が除外されるのか，などについて決

定し，明確化する必要があります（表11.1）。

　スーパービジョンのグループの基本的な構造を明確化するこの期間の後に，グループ内の権限，裁量力と権威の確立を試す期間が続きます。これは，張り合うような競争の形式をとります。「誰が一番いい仕事をするだろうか？」，「誰がクライアントのことを一番考えているだろうか？」，「誰が最も難しいケースを抱えているだろうか？」，「誰が最も一貫性があり，洞察力のあるコメントをするだろうか？」などです。あるいは，スーパーバイザーのアプローチに挑戦することによって，ある者が他の者よりもグループのメンバーにスーパービジョンを提供できることを示そうとしたり，または，スーパービジョンが機能していないことを示すため，そこでの提案を誤って適用することによって，スーパーバイザーの権威を試す形をとることもあります。これは，ビオンによれば「闘争／飛躍」の段階であり，シュッツによれば「権威」の段階で，タックマンによれば「混乱期」となります（Bion, 1961; Schutz, 1973; Tuckman, 1965）。

　このような段階にうまく対処した場合にのみ，それぞれのメンバーに対して敬意を示す環境で，かつスーパーバイザーとの関係において依存や対抗心がない状態で，グループが最も生産的な作業をしていくように落ち着くことができるのです。グループは，時々はこの段階に戻ってくることがありますので，関係しているダイナミクスを理解していることが，グループの活動を通して必須の要件となります。

表11.1　グループ／チームの段階――比較モデル

タックマン：グループの段階	シュッツ：主なダイナミクス	ビオン：基本的な仮定	スコット・ペック：コミュニティの段階
形成期	包括／除外	依存	擬似的なコミュニティ
混乱期	権威	闘争／飛躍	混沌
標準化期	愛着	ペア	空虚
実行期		ワークグループ	コミュニティ
哀悼期			

3．グループダイナミクス

　リオックが実践しているセミナーの描写からは，グループのスーパービジョンを行なうときには，グループの発展段階がいかに無視することができないものであるかを示しています。グループ発展の理論を理解し，グループダイナミクスへの洞察を持っているだけでは，十分ではありません。グループのスーパーバイザーは，グループのプロセスにどのように直面し，グループが建設的な行動をとるように支援する方法を知っている必要もあるのです。リオックらは，スーパービジョンのグループにおける競争と権威の両方の問題に直面することの重要性を，詳細に説明しています（Rioch et al., 1976)。セミナーの中で，参加者との長い議論の後で，彼女は次のように質問します。「このセミナーは，ここで誰が一番よいセラピストであるかという問いを避けて通ろうとしているでしょうか？ これが，厄介な問題であることは間違いありませんね。でももっと厄介な問いは何かと言うと，誰が一番悪いセラピストかという問いかけなんです」。

彼女が書いている競争とグループプロセスの問題を見てみましょう。

> 競争の問題は，すべての人ができる限りのことをしようとしているのであれば，グループの作業に貢献することができます。拒否されたり，羨望の的になることを恐れ過ぎてしまうと，それは障壁となるでしょう。このセミナーにおいては，ほとんどのグループがそうであるように，競争の要素が強くあります。インストラクターは，参加者たちが明らかに他の問題を議論している間にも，このことが進行しているのを指摘しようとしています。グループ自体のプロセスについて学んでいくことは，グループの第一義的な課題ではありませんが，ことにグループのプロセスが，クライアントに対して効果的であろうとすることを学ぶ第一義的な課題に干渉している場合には，グループが何をしているのかを観察することは，しばしば望ましいものとなります。セミナーにおける問題は，クライアントを支援するという課題に貢献することをめぐって，インストラクターに対する参加者の競争，抵抗，転移を使うことなのです。

リオックは，スーパーバイザーがこのプロセスの一部でもある，という重要な指摘もしています。

> 教員やスーパーバイザーも，学習者に影響を与えるのと同様なグループによる圧力の支配下にあることを覚えておくことは，助けになるでしょう。言い換えれば，教員やスーパーバイザーにも競争心があり，自分の失敗，無能さ，不安感をさらけ出すことへの抵抗やためらいがあるのです。大切なことは，とても達成できない完全さではなく，自分たちの不完全さから学ぶことに対する意欲を見せることで，学習者へのモデルとなることなのです。

権威の投影を受け取ること，そのことに対して心地よくいられるということは，スーパーバイザーと援助者の役割の双方の一部を構成しています。

> セミナーに参加したメンバーの認識レベルで適度に好感を持たれているインストラクターは，実際メンバーは時々そう感じたのですが，メンバーがおとぎ話の中の虐げられた子どもたちのようだと感じたときに，セミナーのメンバーの無意識の空想に出てくる老魔女の役割に快くつくことができます。ヘンゼルとグレーテルが，クライアントを相手に治療的な位置につくことはほとんどありません。メンバーたちは，ハッピーエンドで，オーブンに押し込まれてしまう老魔女に対して，温かい感情を抱くことはないのです。
> リオック，クルター，ワインバーガー (Rioch, et al., 1976)

リーダー不在の方が，もっと自由でよいということをグループのメンバーたちがそれとなく語った議論の後で，メンバーのひとりが，「本当の問題は彼女がいなければどんなによいかではなく，彼女とどのようにやっていくかなんですよね。そして，彼女とだけではなく，他のすべての権威とどう折り合っていくかということなんですよ」と言いました。リオックは，私たちが考察している感情の両面性は，スーパービジョンのグループ，特にトレーニングを受けているグループに多くの場合存在すると，要約しています。そして，次のように言います。

> 成熟した若い人たちが真剣な学習に従事しているときには，学生たちは意図的に，指導教官を打倒すべき敵対者や，逆に自分たちを養護する親としてではなく，教師または資源の源として利用したいと考えています。しかしそこには，すべてのグループに見受けられるように，あまり意識しないときには，青年期の反抗や子どもじみた依存の要素が顔を出し，のさばっているのです。

別の落とし穴は，（以前に「患者を追え」として説明しましたが）セラピーに従事してしまうことです。問題のあるケースまたはメンバーは，多くの場合同情を伴う姿勢で，しかし，かすかにけなすような形で扱われるようになります。このゲームの目的は，複数のグループメンバーが，自身の不安や無力さを減少させて，もっと楽な，人を助ける役割に移行することなのです。

最後に，夢を検討するのと同じようなやり方で，スーパービジョンにおける提示方法のダイナミクスを検討することも可能です。ロビンが夢に関するグループを運営するときは，実際の夢に対してのみ注意を払うのではなく，グループの営みの中で，いつ，どのようにそれが語られるかについても注目します。たとえば，ある場所に行こうともがいている夢を語り，誰も自分を助けてくれないことにいら立ちを感じているということを誰かが報告したとすれば，夢を見ている人は夢の中だけではなく，グループの中でもこのように感じているという仮説を心にとめておきます。夢が語られた方法も何らかの鍵を与えてくれるのです。その人が前進することができなかった夢は，グループがその夢を異なる方法で解釈しようともがいており，「はい，でも……」によってふさがれていたので，グループ内のことを反映していたのでした。同様に，スーパービジョンに提示されるケースは，グループへの声明であり，スーパーバイジーがクライアントを通して，グループの中でどのように感じているのかの反映であることがあります。

この例は，コースを継続する苦しさを経験していたある訓練生に起こりました。彼女は，絶望しかかっているクライアントについて提示し，このクライアントと取り組むのは遅過ぎるかどうか考えていたのでした。グループは，助けとなるような提案を出しましたが，彼女にはどれも役に立たないように感じられました。そのときスーパーバイザ

ーは，彼女にとって訓練コースが難しくなり過ぎるのを恐れているので，カウンセラーとしてクライアントに働きかけるのは遅過ぎると恐れているのではないか，と指摘したのです。彼女はクライアントの事例を通じて，グループのメンバーに自分の絶望を伝えようとしたことを理解したので，これは，途方もなく大きな安堵となりました。

またあるときは，スーパービジョンのグループ内で極端な緊張と停滞が感じられた折りに，あるメンバーがケースの発表を自発的に申し出ました。そのときのグループは支援的な場とは言えなかったので，その申し出はいささか自虐的に思われました。私たちは，彼女は本当に発表したいのかを確認しました。本人は私たちにグループの緊張は気にならないと請け合ったのですが，私たちは，発表された内容にただそのまま取り組むのではなく，グループプロセスに注意を払っていくことに決めました。そこで明らかになったことは，彼女が他のスタッフメンバーの仕事のために自分が利用されていると感じている組織の中で，働いているということでした。これがグループで起こっていることに並立しているのは，明らかでした。また，彼女は自分の家族内でも，常に物事を解決しようする人物であることがわかりました。この，他の人のために働くという状況は，家族，職場，グループ内の3層において，生じていたのです。グループプロセスに批評を加えることによって，彼女がこの場に立ち往生せずにすむことを確実にし，個人と同様にグループの役割を促進させることができました。

4．グループまたはチームの振り返りを促進する

スーパーバイジーは，クライアントとの作業による関係からよりも，同僚との難しい関係からさらに強いストレスを感じることに，私たちは気づきました。スケイフとウォルシュは，「私たちの経験では，クライアントとの関係をめぐる仕事で生じる感情の幅は，同僚によって喚起される感情と同じ程度にこそなれ，決してそれを超えるものではない」と述べています（Scaife et al., 2001）。時々，個人的なスーパービジョンにおいて，同僚との関係に関心を向けることは有効なことがあり，ことにすべての参加者が出席しているときに行なわれると，さらに効果があがります。このような課題を扱うことのできる適切なミーティングの場がないときには，スーパーバイザーは，スーパーバイジーが次のような点に取り組むために必要な支援に，焦点を絞らなければなりません。

- スーパーバイジーは，やりにくいと感じている同僚と実際どの程度似ているのか？
- これは，どのような並立的なプロセスとなっているのか？
- その感情に関連する人と課題を話し合うことができるようになるためには，どのような支援が必要となるか？
- このような種類の課題を扱うチームミーティングを設置するためには，どのような支援が必要となるか？

このような段階を踏まずに題材を再利用していくことは、ゴシップになってしまうか、スーパーバイジーを「犠牲者」の役割につけてしまうか、またはその両方になってしまいます。チームスーパービジョン、同僚間の対立を個人の人間関係のレベルでどの程度扱う必要があるのか、あるいはチームのダイナミクスの一現象としてか、組織的な対立として、あるいはクライアントのダイナミクスをめぐって集合的に並立する現象としてかを、深く探求していくことは、チームスーパービジョンの場の方が容易です。

スーパービジョンのチームは、チームのコーチ、またはチームの発展コンサルタントの役割を果たす人と多くの共通点があります（Hawkins & Smith, 2006）。これらすべての役割において、チームやその発展に関して限界を設定していく思考様式にチャレンジすることは重要なことでしょう。ホーキンズとスミスは、これらの信念やそれに対抗する手段を要約しているので、次に示します（表11.2, Hawkins & Smith, 2006）。

コンサルタントやスーパーバイザーとしての役割を持つ私たちは、グループ、チーム、ピアグループがダイナミクスを探求し、機能していくためのよりよい方法を見つける促進をするために、招かれることがあります。これは、一度だけのミーティングから、3日間の徹底的なチーム発展研修、あるいはチームへのコーチとしての継続的な役割までの範囲に広がります。期間がどれくらいであれ、また集団がチーム、グループ、またはピアグループであれ、私たちが探求する課題と、その探求方法は同じようなものになります。

(1) 契約に当たって

私たちはメンバーの人びとと、グループやチーム発展の活動から何を得たいのか、特に成功とはどのような形をとるものなのかについて、明確な契約を交わすことから始めていきます。

- この出来事は、○○であったとしたら、チームとしての私たちには成功と感じられるだろうか？
- この出来事は、○○であったとしたら、私たちの組織にとって成功と感じられるだろうか？
- この出来事は、○○であったとしたら、私たちのクライアントにとって成功と感じられるだろうか？

それから私たちは、このような成功を達成するために、相互のチームメンバーから、そしてチームのコンサルタントまたはファシリテーターとしての私たちから、何を必要としているのかを尋ねます。

第11章 グループダイナミクスを探求する

表11.2 チームの発展へ働きかけていくに当たっての10の制限的思考様式と対抗手段
(Hawkins & Smith, 2006)

制限的思考様式	対抗手段
1 チームが最初に形成されたときにのみ，チーム構築作業が必要となる	最もよいチームは，生涯にわたる学習と発展に従事するのである
2 何か困難なことが生じたときのみ，チームの発展が必要となる	人間関係の問題を最初に扱うのが離婚の法廷であったならば，それは遅過ぎると感じるだろう
3 チームの能力は，チームメンバーの能力の総和である	チームは，その構成要素の総和以上の能力を発揮することもできるし，それ以下になってしまうこともある。付加価値のあるチームに焦点を当てることが大切である
4 チームの発展は，お互いによりよく関係していくことである	チームの発展は，どのようにチームがすべての利害関係に関わり，より幅の広い組織の使命に足並みをそろえられるかにもかかっている
5 チームの発展は，チームがよりよい会合を持つことである	チームとその構成要素がチームの利害関係とかみ合ったときに，チームの能力が発揮されるのである。チームの会合それ自体が稽古場であり，本番の試合ではないのである
6 チームの発展は，現場を離れた研修で起こるものである	チームの発展は，現場を離れた研修によって支援されるが，中心となる発展は，一緒に働いている真っ最中に起きるのである
7 チームの発展は，お互いに信頼しているチームにおいてである	人間同士の完全な信頼は，特に仕事のチームにおいて，実現不可能な目標である。より有益な目標は，不信を表明するのに十分な信頼を分け合うチームとすることである
8 チーム内の対立は，悪いことである	チームにおいては，大き過ぎる対立も，対立がないことも，助けにはならない。よいチームは，より幅広いシステムにおける葛藤するニーズを通して，独創的な作業ができるのである
9 「一緒に同じことに取り組まない限り，私たちはチームではない」	チームは，お互いのつながりによって働いているメンバーによってのみ達成されるような，共通の事業を持つものであると定義されるのである
10 チームの発展は，それ自身の終結である	チームの発展は，チームの業務能力の向上と関係しているときに限り，価値があるのである

　成功する契約とは，心の中に終結時点のイメージを持って開始することと，次のような意図的で素朴な質問に対する返答が含まれます。

- ミーティングの目的は何でしょうか？
- お互いから何を期待しますか？
- なぜあなた方は，私をコンサルタントとして招いたのでしょうか？　そして，なぜ今なのですか？
- このコンサルテーションがあなた方にとって成功だったと，どのようにして知ることができるでしょうか？
- ことに，どのような事柄が違った形で起こることを期待しますか？

　明確な契約を交わすことは，コンサルテーションが成功するために重要なだけでなく，その契約が，チームやグループのメンバー間のモデルともなるからです。それには，通常どのようにミーティングを持つか，また，メンバーのスーパービジョンの必要性について，どのようにグループと積極的に交渉していくかも含まれます。

(2) フィードバックを提供すること

　グループやチームがどのように変化することができるかを見ていく前に，それが現在どのような状態であるかについて，見つけることから始める必要があるでしょう。こうするためのひとつの方法は，グループやチームのすべてのメンバーから，各自のグループに対する貢献について，何が評価され，何が困難に感じられるかという点について，グループメンバーがフィードバックを提供することです。

　その後，それぞれのメンバーが，グループ全体として，一番高く評価することは何か，そして最も困難であると感じていることは何か，を伝えていきます。この活動は，3点のリスト作成の導入となります。それらは，積み上げていきたいグループの価値と必要性は何か，何を変えていきたいのか，そして不足しているものは何か，の3点です。

(3) 仲たがいのエクササイズ

　これは，チームやグループで，扱う必要のある課題を探索していくための別の方策を提供するものです。このエクササイズでそれぞれのメンバーは，自分たち自身とはまったく異なる，スーパービジョンについての国際会議に出席するような人物の役割につきます。この人は，異国から来ており，異なる性別で，メディア関係者かもしれません。物事を非常に異なる視点から見ることができる人を選ぶことが重要ですが，その視点は採用可能なものであることも重要です。

　グループのメンバーはそれぞれの役割につき，名前を決めてから，目を閉じて，リラックスするように促されます。それから，国際会議への到着，人との出会い，会議の聴講などの空想を通じて役の中に入っていきます。そして，スーパービジョンのグループがどのように運営されているかを見学に行きます。それは，メンバーが本来所

属しているグループであったのです。空想の中で，到着したときに何に気づいたか，誰に，どのように受け入れられたか，グループはどのように開始したか，誰が主導していったか，開始の儀式は何だったか，他のどのような役割が取り上げられたか，誰が一番多弁だったか，誰が一番無口だったか，どのような非言語的な行動があり，それらは何を示唆していたか，グループが進展するのを見て，どのように感じたか，グループはどのように終わり，終了の後に何が起こったか，に注意を払うように指示されます。

依然として空想の中で，グループにさよならを告げ，ひとつのメッセージが待っている会議へと戻っていきます。それは，今訪れていたグループへ手紙を書き，フィードバックを提供してほしいというものでした。これは，次のような形式で要請されます。

- これからさらに発展させる必要があると思われる，グループの最もポジティブな面は，何でしょうか？
- 変更されるべき，最も問題のある面は，何だと思いますか？
- グループが導入すべき新しいことを，ひとつあげるとすれば，何だと思いますか？

役についたままで，人びとは，ファンタジーの旅路から抜け出し，自分に対して実際に手紙を書きます。ペンを置き，役割から抜け出して，グループへの自分自身の手紙やお互いの手紙を読み，3つの異なる見出しに沿って，課題を収集していきます。

これは，再契約段階を目指して，グループの機能がどのように変化すべきかを探求するための，検討課題を提供することになります。同時にこれは，無意識のダイナミクスをより深く探求することも可能にするのです。

(4) グループダイナミクスを探索する

グループのダイナミクスをより深く探索するときに，次のような記述は有益なものとなるでしょう。

- グループの明記されていない規則は……
- このチームの自分の仕事に関して，認めるのが難しいと，私が気づいていることは……
- ここで，話すのを避けていると，私が感じていることは……
- ここで，他の人のことについて話さないことにしているのは……
- このグループが持っている隠された検討課題とは……
- 私たちが最も本領を発揮できるときは……
- 私たちが本領を発揮するのを邪魔するものは……

(5) グループを形づくっていく

これは，ソシオドラマから取り入れられたものですが，チームやグループの内在するダイナミクスを探索するために，私たちが変更を加え，発展させたアプローチです。

- ステージ1　何がグループの核心であるかを表す「もの」やシンボルを見つけるように，グループは促されます。
- ステージ2　言葉を交わさずに，グループのメンバーは立ち上がり，自分たちのグループ内の位置を，象徴的に表している地点を見つけるまで，動き回ります（たとえば，自分たちがどれだけ中心から離れているか，誰に近いか，誰から距離があるかなど）。それから，自分たちがグループ内でどのように振る舞うかを象徴するような，彫像のポーズをとります。これには，他の人の動きに影響を受けてメンバーが動くので，通常は数分かかります。
- ステージ3　それぞれのメンバーは，「グループ内のこの位置から，私は，○○のように感じます」という声明文をつくるように促されます。
- ステージ4　すべてのメンバーに，グループで異なる位置につくとすれば，どこに行きたいか，そして，そのような動きは自分自身と他の人に対して，何を引き起こしていくのだろうか，ということを探索する機会が与えられます。たとえば，グループの外側に自分の像をつくっている人が，グループの真ん中にいるようになりたいと言うかもしれません。この希望を言葉で表現することによって，中心に移動するための方法を見つけるように促され，この動きが，中心にいる自分や他の人びとにとって，どのように感じられるかを見ていくことができます。
- ステージ5　メンバーは，次のように問われることによって，グループを再構成するように求められます。「このグループが家族であるとしたら，どのような種類の家族であると思いますか？」，「誰がどのような役割についているでしょうか？」，「誰が患者と見なされた者になるでしょうか？」などです。または，「このグループがテレビ番組であるとすれば，どのようなプログラムになるでしょうか？」と問いかけることもできます。その際にも，「誰がどの役割について，どのようなやりとりがあるでしょうか？」などと質問できます。

    グループに対して，自分たち自身の枠組みで試すことも可能です。それには，食事，動物，国，交通手段，神話，シェイクスピアの劇など，数え切れないほどの可能性があるでしょう。
- ステージ6　そして，「創造的なコンサルタントの椅子」として，椅子をひとつ導入します。それぞれのメンバーが，その椅子に座るように招かれ，次のような声明文をつくります。「私がこのグループに対する創造的なコンサルタントであったら，……」。これは，それぞれのメンバーに，役割に固定された視点から離れ，全体を見渡し，外部からのコメントを述べるという機会を提供します。

(6) グループが存在する幅の広い文脈を探索する

　個人のスーパービジョンの場合と同様に，仕事をする際のもっと幅の広い，社会的，組織的な文脈に焦点を当てていく第7のモードにおいては，チームの境界を取り囲む文脈に焦点を当てることも重要です。すべてのチームやグループは，それが影響を受けると同時に，影響を及ぼしていくような，幅広い文脈の中に存在しています。そのため，ソーシャルワークのチームは，関わっているクライアント，所属する組織全体，連携する他の組織，そして，活動を管理する地方税納付者や市役所の文脈内に存在します。

　心理療法家のピアスーパービジョンのグループには，異なる文脈があるでしょう。それらが影響を受けると同時に，影響を及ぼしていくような人びとは，クライアント，家族，友人，自分自身の心理療法家，そして，自分が会う個人的なスーパーバイザーなどであるかもしれません。

　この広範なシステムも，私たちが「役割セット」と呼ぶものを通じて，形づくることができます。

- ステージ1　グループまたはチームで，グループが影響を受けたり，影響を及ぼしている，すべての重要な役割をブレインストーミングによって，思いつく限りあげていきます。それから，探索する必要のある，最も重要な役割や関係を選択します。
- ステージ2　幅の広いシステムに見受けられる側面のそれぞれについて，ひとりずつ役割を引き受けます（たとえば，ひとりがすべてのクライアントの役割を引き受け，グループメンバーのすべてのパートナー役を引き受けます）。
- ステージ3　グループを象徴的に，部屋の真ん中に配置し，さまざまな役割を，グループに関連した位置に配置し，それらの彫像をつくります。
- ステージ4　それぞれの役割が次のような声明文をつくっていきます。
「私が，このグループに提供しているものは……」
「私が，このグループから期待しているものは……」
「このグループの中で何が起こっているか，私にわかったことは……」
- ステージ5　それから，グループ間や，関連する人びとや役割との間で，ドラマの対話のように探索していきます。

　この演習が終わってから，グループは，相互関係を持つ人びととの状況をどのように変えていきたいかを考察することができます。次に，その例を示します。

　　ある福祉事業のチームは，自分たちのチームの機能をどのように向上できるかについて，探索してきました。そこで，2日間のチーム発展のためのワークショップを行ないました。最初の日に，内部のダイナミクス，サポート，スーパービジョンの機会などについて取り組み，お互いに多くのフィードバックを得ることができました。2日目に

は，幅の広いネットワークとの関係を，どのように変えることができるかを探求したいという希望がありました。幅の広いネットワークの中で，それらがどのように機能するのかという点をめぐって，利害関係にある重要な相手は誰かを確立するために，ブレインストーミングを始めました。このリストから，次のような利害関係者との関係を探索するという選択が生まれました。

- 管理職のチーム
- チームが責任を負う公共レジャー部門の責任者
- 地域社会の公共レジャー委員会
- 地方税納付者
- 役所の人事部
- 福祉事業部門
- 教育委員会

ここにあげたすべての役割をチームメンバーがひとりずつ引き受け，他の利害関係者との状況と，福祉事業のチームを象徴する椅子に関連した位置づけを考慮して，自分たち自身を彫像にしました。それから，役割についたそれぞれが，次の3つの声明文をつくりました。

・「私が，このグループに提供しているものは……」
・「私が，このグループから期待しているものは……」
・「このグループの中で何が起こっているか，私にわかったことは……」

他の利害関係者の役割から発言するときには，自分のチームに対して，取り組みがいのあることをたくさん言うことができることに気づいたので，多くの笑い，楽しみ，驚きが生まれました。

その上，メンバーのひとりがチームを代表して発言し，別の人が役割（たとえば，教育部門など）について答えるような対話をつくり上げることによって，これらの利害関係者との関係性を劇のような形式で探索することが可能となります。

5．まとめ

チームの中で働いたり，グループまたはピアグループでスーパービジョンを受けているときに，そのプロセスの内部で機能しているダイナミクスについて，日常的に注意を払っておくことは，重要なことと言えます。他のグループと同様に，スーパービジョンのグループでも，グループ内の個人と，グループを維持する活動の間に，課題に注目しながらバランスをつくり上げることは，大切なことです。作業の必要性は，グループのメンバーがクライアントと取り組んだ仕事の改善に取り組むことが，中心となるでしょう。個人の必要性の中には，成長，支援，安心，是認，受容などを確立

することが含まれます。グループ維持の必要性の中には，競争力，競争心，権威，包括や除外，サブグループなどに対処する課題が含まれてきます。

　良質なグループスーパービジョン，またはチームスーパービジョンが存在するときには，これら三様の必要性のすべてに注意を払い，お互いに調整のとれた状態に置くことができます。しかし，チームリーダーは，単にダイナミクスに注目するだけの人ではなく，機能しているダイナミクスの一部でもあります。このような複雑なシステムの中で，チームやグループのスーパーバイザーが気づくことのできる量は，必然的に限られてしまいます。そこでグループ全体で，作業のニーズだけでなく，個人のニーズやグループ維持のニーズに対しても，焦点を当てる責任を分かち合うことができるような構造をつくり上げていくことが必要になります。

　たとえば，終わりの10分間を使って，グループメンバーのそれぞれが，「今回のセッションで，最もありがたいと思ったことは，……でした。また，今回のセッションで，最も難しいと感じたことは，……でした」という発言を共有するような形で，グループスーパービジョンの会合の構造の一部とすることもできます。その他には，グループがどう機能しているかについて，グループのファシリテーターやメンバー各自に対する構造化されたフィードバックで，3か月ごとに振り返るような，もっと長い間隔で行なわれるものもあることでしょう。

　常日頃集中して共に働くチームは，最前線の業務のプレッシャーから離れる時間を定期的にとり，一歩後ろに下がって，個人的にも，集団的にも，自分たちがどのように機能しているのかを見つめたり，機能している広範なシステムとどのように関連しているのかを見つめることも必要になるでしょう。これは，1日研修，チーム発展ワークショップ，外部コンサルタントとのセッションの形式をとったり，大きな組織変化の一部や発展プログラムの一部という形をとることもあります。

　チーム，またはグループが自分たちのダイナミクスを，どのような方法で管理すると決断したにせよ，プロセスの中で何が起こっているかに焦点を当てる時期は，物事が順調に進行しているときであり，グループやチームが危機に陥るまで待つべきではないことを，覚えておくのは大切なことです。対立，痛み，恐れのレベルが上昇しているときには，何が起こっているのかを見つめ，変化をつくり出す危険をおかすことは，非常に難しくなります。しかし，チームによっては，危機状態に陥ったときにこそ，何が起こっているのかに直面する動機が生まれ，ときには「危機が新しい学びを鍛える情熱を生み出す」ことがあることも，覚えておきましょう（Hawkins, 1986）。

第4部

組織的なアプローチ

第12章
スーパービジョンのネットワーク

1．はじめに

　第11章では，すべてのレベル，つまり個人，チーム，部署，組織でのスーパービジョンの必要性について提唱してきました。さらに各レベルが統一体としてスーパーバイズされるべきことも推奨しました（たとえば，組織の部署はどのように部署として機能するべきかについてスーパーバイズされます）。スーパービジョンは，社会福祉課，病院，学校など，どこであろうとも各レベルにおける抑制，抱え込み，そして，その中で何が起こっているかを理解するための基準を提供するために必要なものです。

2．抑制と排除のバケツ理論

　私たちはときおりこの抑制のプロセスを，ある組織が「バケツ理論」と名づけたものを使って説明します。すべての対人援助組織は，その特性により苦痛，騒乱，崩壊，貧困などをその内部に持ち込んでしまいます。これらは多くの場合，組織内の個々の働き手が対応するのですが，この人たちがクライアントの苦痛にとても共感的に関与している場合には，働き手自身の内面においてもクライアントと同様の騒乱，崩壊を経験することになります。これらをどれくらい抑制して仕事を成し遂げることができるかどうかは，働き手自身の感情の箱（すなわち，「バケツ」）の大きさ次第となります。そしてそれは個人の性格，精神的成熟度，専門家としての発達度，さらには現在抱えている仕事や家庭のプレッシャーやストレスの量などに関係しています。そして最も大切なことは，働き手が受けているスーパービジョンの質と頻度でしょう。

　このレベルで抑制されないものが，個々の働き手の機能低下をもたらし，さらにはチームを崩壊にまで導いてしまいます。頻繁にストレスを感じる働き手が，そのストレスを同僚にぶつけてしまうような形で表面化します。また秘書に対してイライラしたり，上司に怒りをぶつけたり，同僚に対して非協力的になったりします。誰に，何に対して責任をとるのか，あるいは作業の割り振りをめぐって口論が起こってきます。チームミーティングの開始も徐々に遅くなり始め，手に負えなくなってくるでしょう。

第12章 スーパービジョンのネットワーク

　第10章「グループ，チーム，ピアグループのスーパービジョン」において，個人や全体としてどのように機能していくかということを，チームとして把握し，蓄えておく必要性があるということについて述べてきました。良質なスーパービジョンは，プレッシャー，ストレス，騒乱を抑制し，チームとしての機能を増加させるものです。チーム内で抑制できなかったものは，再び部署や組織全体に流れ出していく可能性があります。そうなった場合，まず最初にコミュニケーション経路に障壁が認められ，その影響はチームからマネジメント，さらに他のチームへと増すだけでなく，組織の他の部分からチームへの影響も増していくことになります。

　こうしてチームは，組織内における「認定患者」，もしくは「生け贄」になりかねません。つまりは組織内の問題児として扱われるのです（第13章の病理的文化を参照）。認定患者，もしくは生け贄とされるということは，チームが独自の問題を抱えているというだけでなく，組織の他の部分からの騒乱も投影され，抱え込みが生じるということです。

　組織としては，一歩引き下がって，自身の健全性と機能を振り返るための，定期的で良質なスーパービジョンが必要となります。これは不可欠であるにもかかわらず，特に予算などが削減されるときには多くの場合無視されてしまいます。結果的に，顧問精神科医や部署のディレクターたちが協力的に働くのをやめてしまったり，減少していく予算を奪い合ったり，地位の低い働き手たちが自分たちの居留地であるチームにとどまり続けるようになります。

　組織のスーパービジョンのいくつかは，組織内における指導者によって行なわれる必要があります。指導者の仕事は，人からもらった混乱を明確なものにして，その人たちに返すことである，と毛沢東は述べています（Mao, 1957）。しかし，介護や対人関係の組織内には，監督全般に必要な技術や組織のプロセスに必要なシーダーシップについて，適正なトレーニングを受けた人びとはあまりいません。指導者になるためには，よいマネージャーになるのとは別の，さらに高度な技術が要求されます。

　また，顧問精神科医，社会福祉課のディレクター，学校の代表者の統率力や「ヘリコプター的技術」がどれだけ高度なものであるにせよ，これらの人びとは常に自らが支援し，管理しようとしている組織の一部です。つまり，自分たちも組織の問題の一部であり，無意識的ながらも，自分たちの組織文化特有のものの見方にとらわれているということです。さらには，システムにおける上層部の見方，当然ながら偏った見方にとらわれてもいると言えましょう（Oshry, 1996）。

　組織が抑制しなかったり，処理しなかったり，理解しなかったものは，全組織の境界線まで流出し，専門家と組織の間で噴き出します。これは，すべての対人援助の専門家が大きな犠牲を払うことになるだけでなく，管理面でもたいへん難しいものになります。このような場合でも，何らかの形で外からの顧問スーパービジョンが常に必要となります。

最前線にいる働き手を通してクライアントからのストレスが常に組織にも入ってくるだけではなく，未解決の社会的問題も対人援助組織にストレスを生み出し，そしてそれが処理されず，融合されないでいると，最前線の働き手やクライアントにストレスを生じさせるということを覚えておくのも大切です。ひとつ例をあげてみましょう。一般の人びとができるだけ税金を払わずに，健康や社会福祉により質の高いものを要求する場合には，対人援助組織はより少ない資源でより高い成果を要求されることになります。

　リーダーシップの仕事，そして実にスーパービジョンの役割とは，組織の中に流れる多くのストレスを仲介し，融合させ，未処理で出ていくものの量を最低限にする仕事と言えるのです。

　ここで，さまざまな対人援助組織とクライアントの間に起こった3つのケースを紹介します。スーパービジョンが，組織内や組織間においての複雑な問題を，どのように対処したかについて見ていきましょう。専門家同士の競争を通してではなく，働き手が共にクライアントの利益のために協力して働くために，スーパービジョンはどのような支援をしたのでしょうか。

　守秘義務のためにケースの主な内容は変更され，いくつかのケースが融合されています。しかし，これらのケースは私たちが経験したさまざまな組織間における協力に関して，本質的な事実であり，また典型的なものです。

3．アンドリューと治療機関にまつわる話

　最初のケースは，クライアントがどのように，それぞれ異なった期待を抱いた対人援助専門家のネットワーク全体を巻き込むかを描写しています。このケースで私たちが解説したいのは，クライアントが，それぞれの個人的な関わりとクライアントへの見解を持った専門家たちを，どのように巻き込んでいくかということです。これらのようなケースにおいてスーパーバイザーは，単にスーパーバイジーとクライアントとの関係だけに焦点を当てるのではなく，外の専門家のネットワークとクライアントの多様な状況が，どのように成立しているかについても焦点を当てなければなりません。

　ここで，クライアントをアンドリューと呼ぶことにしましょう。彼はスーパーマーケットに放火し，触法精神障害者として数年を特別病院で過ごしました。その後コミュニティへ徐々に社会復帰させるため，中間に位置する治療施設に送られました。違法行為を繰り返した場合には，直ちに特別病院へ搬送されることになっていました。

　治療施設にいるカウンセラーは，クライアント（アンドリュー）の表明する要求に応えるばかりでなく，アンドリューの関係している個人的，専門的なネットワークからのプレッシャーや要求にも折り合いをつけなくてはなりません。

病院は，治療施設がアンドリューに再違法行為の機会がないということを保証してくれるよう切望しています。過労に加えて，チームの人員不足のためにプレッシャーを抱えている地域の保護観察官は，アンドリューが自分の手を煩わすことのないように，コミュニティが抱え込んでくれることを願います。アンドリューは，コミュニティ内で混乱したり，寂しくなったりしたときには，必ずこの保護観察官に電話をいれていました。それはあたかも，全寮制の学校に新しく入った少年が母親に電話を入れるかのようでした。

アンドリューの両親は，アンドリューが自分たちと同じようなとても宗教的で，ビクトリア朝的価値観に戻れるようにコミュニティに助けを求めていました。両親は，アンドリューの宗教的価値観からの逸脱が，問題の原因と考えています。そこで地域の神父がアンドリューに定期的に電話を入れるようにとせがみました。

アンドリューが治療施設にいるための費用を支払っている地方自治体は，アンドリューがいつ働き始めて，自治体の経済的負担が軽減するかをを知りたいと願っています。

アンドリュー自身は，自分の心を決めかねています。一方では，グループ内においてやカウンセリングで心を開き，自分自身について探ってみたいと思っています。しかし他方では，スタッフの魔法によって，自分の煮えくり返るような怒りを排除してもらったり，今まで一度も受けたことがない初期的なしつけをしてもらいたいと願っています。彼は冷静沈着で何も問題がないかような印象を与えます。彼のすべての不安と恐怖は，治療施設外の専門家たちに注ぎ込まれます。施設のカウンセラーには，なぜ他の専門家たちが心配し，アンドリューの思考プロセスがネットワークのレベルにおいてどのように表出しているかを理解するための，スーパーバイザーの支援がなぜ必要なのかがわかりません。スーパーバイザーは，ネットワークにいる人びとが，自分たちもまた治療的チームの一員であるということだけでなく，自分たちの行為もまたアンドリューの思考プロセスとして現れることも理解できるように，ネットワークとともに仕事をする責任も負っています。

どのような場合においても，ひとり以上の対人援助専門家が参画しているところには，そのネットワークの中で人びとが会い，誰が主な働き手であり，誰が支援ネットワークを管理し，誰がスーパーバイズするか，を決めておくことが重要となります。

4．ブレンダと広がる不安にまつわる話

ブレンダは，ロンドン出身の20代前半の女性で，開業医のクリニックに併設しているカウンセラーに会っています。彼女の父親は前年に他界し，母親は常に軽いうつをわずらっているので，ブレンダにはあまり支援をすることができません。ブレンダは大学にうまく適応できず，開業医は低量の抗うつ剤を処方して，研修医の女性カウ

ンセラーに彼女を紹介しました。カウンセラーは，2週間に一度，1時間の面接で，ゆっくりと定期的にクライアントと面談を重ねています。クライアントは常に防衛的な姿勢で，非常にゆっくりとしたペースで心を開いていきます。とても感情的な面接の後では，クライアントは次の面接を避ける傾向があります。

　1年にわたる面接の後，まだ困難と過剰反応があるにもかかわらず，ブレンダは6か月間大学に戻ることができるようになりました。しかし彼女は腰痛を訴え始め，また講義を欠席することとなります。カウンセラーは，自分が通っている整骨医のことを話しました。クライアントもこの整骨医に行き，初めは喜んでいました。治療は痛みを和らげ，気分もよくなるようでした。ところがふとしたことから，男性の整骨医による治療を通して，男性による性的干渉をめぐる感情に目覚め，結果としてブレンダは整骨医とカウンセラーの両方に会うことをやめてしまいます。

　ブレンダのうつはひどくなり，これを心配した開業医が地域の外来精神科に彼女を紹介します。そこで若い研修医が以前のカウンセラーと何の協議をすることなく，ブレンダの心理療法を行なうことを決めてしまいます。

　ここでは明らかにクライアントのプロセスが，抑制された治療的な場面だけでなく，4人の別々な専門家たちに複合的な転移を通して展開されているのです。専門家たちは，クライアントの崩壊したプロセスを共同して統合していくという仕事に失敗するだけでなく，このような職種に特有の，専門性の内部のみならず専門家同士の間にある典型的な競争心を煽ることになっているのです。

　転移が分裂や多様化してしまって，どの対人援助者もそのプロセスを全体として扱えないという確信を強めている場合においては，ケースカンファレンスという困難なスーパービジョンが必要となります。ここにあげられているケースの場合，ケースカンファレンスには，開業医のカウンセラー，開業医，整骨医，精神科研修医，さらには大学の個人指導員までが参加することが必要とされます。このケースカンファレンスが成立するためには，以下に示すいくつかの重要なハードルを乗り越えなければなりません。

- クライアントは無意識に専門家たちを引き離そうとしているということ。
- 現在，明らかな危機的状況にいるわけではないクライアント（まだその状況にまで至っていない）に関するケースカンファレンスに，多忙な専門家たちが時間を費やすことはほぼないということ。
- 異なる職種の専門訓練が，専門家間の作業をめぐって不利に働くということ。正統派医学と補完医学の施術者は多くの場合，お互いを信用しておらず，共に働くことを避けようとします。医師以外のスタッフを，補助的な医療員として扱うように教えるような医学研修も存在します。
- 誰がこのようなカンファレンスを招集し，誰が管理面の全体像を提供するかということも問題となります。誰もこのような全体像を提供することができなかった場

合，ケースカンファレンスは，深い理解をもたらし，新しい方向性にたどり着くものにはならず，クライアントの思考プロセスを再現してしまうだけの危険なものとなります。

良質なスーパービジョンは，この状況を改善することができたことでしょう。最も多くの変化を生み出す可能性のあった場面は，精神科研修医のスーパービジョンのはずでした。しかし，この研修医は顧問精神科医とのグループスーパービジョンに参加し，6週間おきに一度だけケースを発表していて，しかもこれはクライアントとの一対一の関係に重点を置いていたので，これは役に立ったとは言えません。

おそらく精神科の顧問医師が，このケースカンファレンスを招集するのに一番適した地位にいたと言えます。そしてこのケースカンファレンスにより，精神科のサービスだけが治療作業のすべてを担当するのではなく，コミュニティやその前線にいる働き手が治療作業の支援をするように，その技術や資源を利用することができたでしょう。

開業医のチームも，なぜクライアントの精神状態の悪化への対応として，患者を精神科医に紹介する傾向にあるのかということを，スーパービジョンの中で探索する必要がありました。そしてまずは，すでにクライアントに関わっているチーム内のカウンセラーや医療関係者と話し合う必要がありました。開業医は，仕事の妨げとなりそうなノイローゼのクライアントをよくカウンセラーに紹介しますが，その後でこの同じ患者が混乱したり不穏な様子を見せた場合には，何が起こっているかをカウンセラーと話し合うことなしに，精神科に送ってしまう傾向にあります。実際には，クライアントが病院で会う若手の研修医より，カウンセラーの方が精神治療に関してよいトレーニングを受けているにもかかわらず，このようなことはよく起こります。

スーパービジョンは，クライアントに関与した他の専門家たちの経験から学ぶ量を増大させます。カウンセラーは，クライアントに自分の男性整骨医を紹介した無意識の動機をスーパービジョンにおいてより探求することができるでしょう。

整骨医もまた，性虐待の体験のある女性クライアントからのサインに気づき，女性の同僚に紹介されたこのようなクライアントに対して，適切で，繊細な治療的対応ができるための学習の手助けとなるような，スーパービジョンが必要だったのです。

5．キャロルと性虐待にまつわる話

イギリス中部にある全寮制学校6学年のキャロルが，実家の近くにある精神科病院を訪れました。彼女は過去2年間，拒食傾向にありました。彼女には15歳になる妹と，3歳になる双子の異父弟がいます。実父は，キャロルが12歳のときに家を出ました。キャロルはまだその実父を慕っていました。

第4部　組織的なアプローチ

　キャロルはまず学校の先生に，2人の男性――顔見知りではない男性――に性的な関係を強制されたと告げました。この情報は病院で共有されました。キャロルは，まず男性の相談員に会いましたが，後にこの男性相談員のチームに所属し，彼がスーパーバイズする女性の看護師兼セラピストに紹介されました。学校の先生が「悪者」で，セラピストが「賢者かつ援助者」という形の分断と，いくつかの転移がすぐに現れました。分断は，後に2つの組織を巻き込むまでに広がりました。キャロルはクリスマスには家へ帰らずに，病院に入院することになりました。彼女は復活祭の休みにはまた，病院に行きたいと学校に申し出ました。そして，再びそうなった場合は，学校に戻ることは許可されないと，学校から告げられました。それにもかかわらずキャロルは入院し，この同じ看護師兼セラピストから週2回の精神力動的精神療法を受けました。

　次の3か月間は，何の行動療法もなかったため，キャロルの体重増加を招いてしまいました。体重の増加とともに，彼女は次第に動揺しがちになり，不満が多くなりました。そこで，彼女の睡眠を助け，動揺を軽減するために抗うつ剤の治療が必要となりました。

　精神療法を通して，キャロルが義父から性的虐待を受けていたことがあからさまになりました。この虐待は軽度のものではありましたが，幼い双子の安全を考え，用心のためこの件は家庭医に報告されました。報告を受けた医師は，双子の弟たちは無事で，身体的あるいは性的な虐待の兆候はないと確信していました。

　義父による虐待は，それ以上の処置をとったり，患者の守秘義務が破られたりするまでには至りませんでした。念のためにスーパーバイザーがメディカル・ディフェンス・ユニオン（医療従事者支援会）に連絡を入れ，どのような場合において守秘義務の適応が無効になるかについて問い合わせました。誰かが重い罪を犯した場合には，守秘義務を遵守しないことが適切であるというのが返答でした。地域の保健庁の決まりによると，少しでも幼児虐待の可能性が認められたときには，幅広くさまざまな職種の人びとに報告するように奨励されています。それには，関係している医療従事者の主任，社会福祉課，警察，家庭医などが含まれます。

　その後キャロルはセラピストに，実は虐待が性交を含む，2年にも渡る過酷なものだったことを話しました。後になってから，セラピストとスーパーバイザーが理解したのは，キャロルがセラピストにこのことを報告したのが，キャロルの妹が家へ戻って来る前日だったということでした（つまり，キャロルは無意識に自分の妹を守っていたのです）。最初キャロルに，妹のことを尋ねたとき，妹は危険にはさらされていないと答えていましたが，その後には，キャロル自身が家にいる限り，妹は危険にさらされないという説明をしました。

　スーパーバイザーはこの情報を受けた後，キャロルの母親と義父に，この情報に直面させるために連絡をとるよう手配しました。スーパーバイザーは危険にさらされて

第12章 スーパービジョンのネットワーク

いる妹を守るために，今や責任を感じていました．しかし，社会福祉課に連絡を入れるかどうかについてはまだ迷っていました．このような状況において，過去に社会福祉課や警察を巻き込んだときの経験が，望ましいものではなかったからです．たとえば，家族内の混乱を増加させるだけであったり，家族の状況に何の解決ももたらさなかったり，加害者や母親が責任を受け入れなかったり，ということなどでした．

また，スーパーバイザーとセラピストは，守秘義務を遵守しないことに対しても不安を感じていました．クライアントが提供した情報はセラピーの中において提供されたもので，秘密厳守ではありますが，場合によってセラピストはスーパーバイザーとケースに関して話し合いをしなくてはなりません．そしてセラピストとスーパーバイザーは，共に困惑，不安，怒りを感じ始めました．

スーパーバイザーは，関連する社会福祉のチームリーダーに電話を入れ，実名を出さずに，理論上の話として相談しましたが，短時間の話し合いの後に，幼児虐待の可能性という公式な警告をするという一方的な判断を下しました．

スーパーバイザーは，自分のスーパービジョンの中でこの状況を探求しました．何が彼の気持ちを変えたのか，なぜ患者，患者の妹，セラピストに対して責任を感じ，それを自分ひとりで抱え込んできたのか．自分がどう感じていたか，全システムに対する責任感だけでなく，ふがいなさ，傷つきやすさなどについても探求しました．彼が患者（彼自身，少年期に多くの混乱を経験したことによる共鳴）と加害者（男性，父親，そして権威ある仕事についている人としての共鳴）の両方に，どのように共鳴したかを描写しました．

このケースは非常に煩わしいケースで，スーパーバイザーとセラピストが仕事場にいないときでさえ，苦痛を生じさせるものでした．自分たちの感じていることについて，スタッフとのミーティングの中で少し触れてもみましたが，それは自分たちが支援されていないと感じることにつながり，それはあたかも他のスタッフが内に秘めている怒りや敵意のすべてを受けとめることになったような感じがしました．

一方精神科医はスーパービジョンを通して，このケースに関して抱えていた多くの込み入った感情を表現する支援を受けました．これらのことをスーパーバイザーに支援と共に聞いてもらえたときに初めて，精神科医は，なぜ自分の所有物ではないさまざまな感情や責務を抱え込んでいたかについての挑戦を受けとめることができたのです．精神科医は彼自身がどのように「全能」を防衛として使う傾向があるかということ，またこれは単に個人的習性だけではなく，医療研修の文化の中に存在するものでもあるということにも気づきました．

精神科医はまた，セラピストが患者と面と向かって話をすることを要求しなかった彼自身の失敗についても探索し始めました．そのために葛藤を，本来帰属するべき患者の家庭から，一段階離れたところで他人が抱える葛藤として，再び成立させてしまったのです．第一に，虐待を受けた少女が，義父に帰属するべき葛藤を強制的に引き

受けさせられました。次に，教師とセラピストがこの少女のために，この葛藤を抱えてしまいます。さらには，精神科医が責務を負ってしまいます。もし何が起こっているかということがこの過程で気づかれずに，しっかりと負担を本来帰属するところに返さなかった場合には，精神科医のスーパーバイザーが次にこの葛藤を抱え込んでいたことでしょう。

　看護師兼セラピストには，キャロルが妹の虐待を無意識にどれほど心配していたかということを指摘するための，精神科医からの支援が必要でした。また，キャロルが一方では，虐待をめぐって義父を責めたくはなくとも，他方では虐待だけではなく，実父に属する家族内の位置への侵入者として密かに彼を懲らしめかたかったということに関して，どれほどの責任を感じていたかということを，キャロル自身が理解する手助けをしたかったのです。

　精神科医にすべてを任せることになったとき，セラピストは再び，このプロセスを若い少女と権力を持った年配男性の間に差し戻すことになってしまいました。つまり，キャロルの母親がしたように，手を引いて，見て見ぬ振りをする行為を反復することとなってしまったのです。

　患者とセラピストは，どうやってこのジレンマをうまく処理するかを決めるに当たり，共に積極的な参加者でなくてはならなかったのです。たとえ患者が状況に直面するという責任から逃れようとするときも，セラピストと精神科医が何をしようとしているかを常に伝えていかなければなりませんでした。

　この家族は，社会福祉課や警察へ手渡されるのではなく，社会福祉課がどうやってこの状況にチームとして共に立ち向かっていくのかを，（ケースカンファレンスをするためのスーパーバイザーとしての精神科医も含めて）キャロルとセラピストに会って話をすべきでした。もし義父が犯罪を犯しているとなれば，その時点で警察がこの治療的チームに加わることができたでしょう。

　このプロセスを通して，苦悩や傷つきやすさというものは，責任や潜在力を負っている者から切り離して考えられてはいけないということの大切さが，明らかになりました。この２つは，分断を避け，適度に抑制された治療作業を可能にするためには，必ず一緒に考慮されなくてはならないのです。

6．クリーブランドでの性虐待にまつわる話

　性虐待疑惑のケースがどのようにクリーブランドにおいて処理されたかの調査を追跡したバトラー＝スロスの報告は，医療機関，社会福祉機関，警察，そして開業医間のさらなる協力体制を推進しました（Butler-Sloss, 1988）。この重要で効力のある提案を実施することの難しさのひとつには，このような多くの専門分野にまたがる良質なスーパービジョンを提供できるかどうか，ということにあります。これまでの２つ

第12章　スーパービジョンのネットワーク

のケースで解説したように，各分野内における良質なスーパービジョンが充分に整っていない上に，すべての治療的ネットワークにわたるスーパービジョンがなくてはならないからです。

　ひとつのモデルをあげてみましょう。加害者，被害者，援助者による三角形です。これは，この三者が組織間でどのように関連し合っていくかがよく理解できるような，簡単なモデルです。このモデルの中では，それぞれがシステムの中で一定の役割にとらわれているばかりではなく，同時に役割が突然にかわってしまうこともあり得ます。これをクリーブランドの状況から，検討してみることにしましょう（Butler-Sloss, 1988; Campbell, 1988 も参照）。

　この状況は，100件以上の性虐待を診断したという2人の医師から始まります。この医師たちは，社会福祉機関にこれらの子どもたちを保護することを勧めました。このときは図12.1の三角形の状態にあります。

　すぐに両親たちから巨大な抗議が巻き起こり，マスコミによって，性虐待が広がっているといった懐疑がまかれます。地方議会やいくつもの地方，全国新聞が被害にあった家族を支援するための反対運動を始めます（図12.2を参照）。

　しかし，このような三角形においてよくあるように，援助者が加害者を攻撃し，専門家としての仕事をしようとしている人と見なすことなく，不道徳な極悪人として描写したりして，加害者を攻撃します。関係した女医は，無実の家族を引き裂こうとした魔女であるかのように，いくつかの有名紙によって描き上げられました（図12.3を参照）。

　すべてのプロセスがそうであるように，このケースも長く続いていたかもしれません。このプロセスをやめる唯一の方法は，選ばれた援助者が以前の加害者を迫害しようとせずに，このプロセスを全体として理解することです。この点において，バトラー＝スロスと彼女のチームはたいへん有益な報告書を作成しました。軽はずみに批難を投げかけたりするような三角形に引きずり込まれず，その代わり，すべての状況を理解しようとする良質なスーパービジョンを提案しました。そのスーパービジョンには，「善人も悪者」もおらず，そこにいるのは，間違いを起こしたり，誤って導かれただけの善良な意図を持った人びとがいるだけなのです。

　悲痛で大きな犠牲の出たクリーブランドのケースから学んだ重要なことのひとつは，すべてのスタッフ，熟練した小児科医や社会福祉課のディレクターをも含めて，何らかの形でのスーパービジョンが必要だったということです。このスーパービジョンは，自分たちの仕事に対する疑問を持つことを支援し，手助けするので，自分たちが全能だという信念に後退したり，見て見ぬ振りをしたりすることを防ぐことができます。クリーブランドのケースにおける専門家たちが，他の専門家が見過ごしていたかもしれない幼児虐待の事件を発見したのだということも忘れないでおきましょう。

第4部　組織的なアプローチ

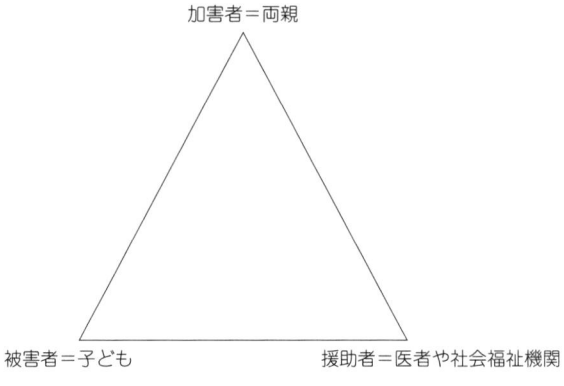

```
          加害者＝両親
             △
被害者＝子ども    援助者＝医者や社会福祉機関
```

図 12.1　加害者／被害者／援助者の三角形（ステージ 1）

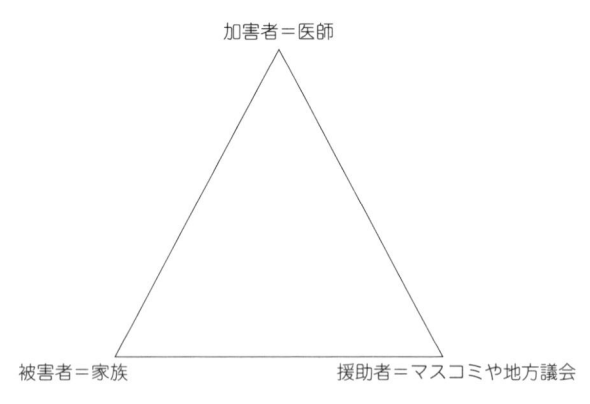

```
          加害者＝医師
             △
被害者＝家族     援助者＝マスコミや地方議会
```

図 12.2　加害者／被害者／援助者の三角形（ステージ 2）

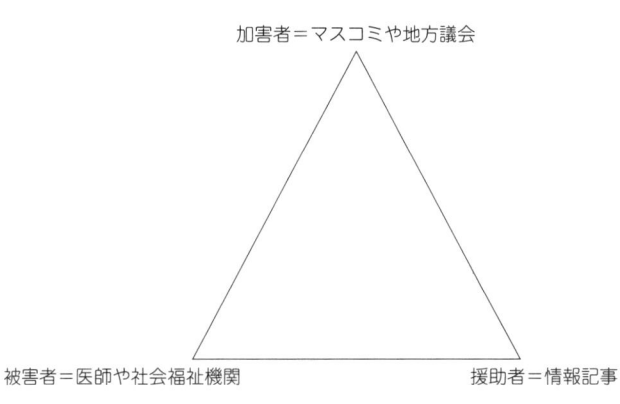

```
      加害者＝マスコミや地方議会
             △
被害者＝医師や社会福祉機関   援助者＝情報記事
```

図 12.3　加害者／被害者／援助者の三角形（ステージ 3）

7．まとめ

　この報告書は，すべての対人援助組織間のさらなる協力を提唱しました。さらに発展させていかなければならないものは，社会福祉課，病院，開業医，警察などの熟練スタッフが，良質なスーパービジョンについてだけでなく，さまざまな分野が入り組んだ困難な状況に対して，どのようにスーパービジョンをしていくかについても訓練されるべきだということです。

　私たちが他の箇所でも述べてきたように，すべて最前線のスーパーバイザーは，スーパービジョンのトレーニングを受けるべきです（第9章を参照）。また，組織内のさらに上部の立場からスーパービジョンをするのであれば，ことに複雑な組織内や専門家と共に働くという状況に焦点を当てるような，上級のスーパービジョン技術を学べるトレーニングの機会が与えられるべきだということを，私たちは提唱します。

第13章
学びの文化に向けて―スーパービジョンをめぐる組織的文脈

1. はじめに

　スーパービジョンの七眼流プロセスモデル（第7章を参照）におけるモード7は，スーパービジョンが行なわれる文脈に焦点を当てています。その主要な文脈のひとつが，治療的作業とスーパービジョンが行なわれる組織の文化です。第4章では，組織の文化がどのようにスーパービジョンの枠組みや構成に影響を与えるかということだけでなく，効果的なスーパービジョンを阻害してしまうこともあり得ることを提示しました。また第8章では，クライアントとの作業やスーパーバイジーとの作業の両方に影響を与える，幅広い社会的文化について探索しました。
　この章では，対人援助組織において広く普及しているさまざまなタイプの文化を描写し，またそれらの文化がどのようにスーパービジョンに影響を与えるかを示していきます。第14章においては，スタッフの学びとスーパービジョンをさらに促進するような文化を生み出すための変化を，どのようにして組織の中に生み出すことができるかを検討します。

2. 文化とは何か？

　第8章で私たちは，文化を「異なる集団の人びとの行動と社会的所産に影響を与えるような，それぞれに異なる明白な，あるいは暗黙のうちの思い込みや価値観である」と定義しました（Herskovitz, 1948）。
　組織的な文脈というものをより深く理解するために，文化人類学に由来する解釈が最近多く利用されています。ホーキンズとマックリーンは，組織的な文化を研究したさまざまな研究者の定義を引用しています（Hawkins & Maclean, 1991）。

> ……ここでは，物事がどのように行なわれるのだろうか。
> 　　　　　　　　　　　　　　　　　　　　　（Ouchi & Johnson, 1978）
> ……組織に属するメンバーが共有するようになった価値観と期待観である。
> 　　　　　　　　　　　　　　　　　　　（Van Maanen & Schein, 1979）
> ……組織をまとめる社会的な接着剤である。
> 　　　　　　　　　　　　　　　　　　　　　　　　　　　（Baker, 1980）

第13章　学びの文化に向けて―スーパービジョンをめぐる組織的文脈

……特定のグループを特色づける考え方，話し方，交流の様式である。
(Braten, 1983)
……自らの社会環境をめぐって，人びとが当然と見なし，共有する見解である。
(Wilkens, 1983)
……ある組織の中で，人びとが行動し考えるすべてにわたって浸透している文脈を形成している伝統，価値観，政治，信条や姿勢の集合体である。
(McLean & Marshall, 1983)

　マックリーンとマーシャルは，ロゴ，評判の高いイベント，トレーニングプログラムなど，組織の輪郭のはっきりしているシンボルだけでなく，輪郭のはっきりしていないシンボルによっても，文化がどのように表現されているかを検討しています(McLean & Marshall, 1986)。
　本質的に，組織におけるあらゆるものが象徴的なものです。文化における意味のパターンは，いろいろな形で表現され，映し出されています。それらは，言語であったり，関係性であったり，ペーパーワークであったり（あるいはその欠如であったり），物理的な環境であったりするのです。この物理的な環境というのは，どのように会議が招集され，進行するか，誰が誰の隣に座るか，誰が異議を唱え，いつ異なった議題が出され，どのような論法が優先されるか，などを指します。
　このように，組織におけるスーパービジョンの文化は，スーパービジョンをめぐる組織内の規定のように，輪郭のはっきりしたシンボルとしても見られますが，より正確には，組織内の輪郭のはっきりしていないシンボルの中に見いだされるものです。たとえば，スーパービジョンの行なわれる場所，誰がスーパービジョンをするか，どの程度の頻度で行なわれるか，それらにどのような重要性が与えられているか，また時間が切迫して何かがキャンセルされる必要があるときには，何が優先されるか，ということなどです。
　アーギリスとションが，「信奉される理論」と「実践されている理論」の間に区別をつけたのと同様な不協和が，高い文化と低い文化の間には存在するかもしれません(Argyris & Schon, 1978)。ある社会福祉課では，スーパービジョンとスタッフの継続的な成長，そしてスタッフへの支援が重要な鍵であることを，ポリシーとして大きくかかげていますが，スタッフが不足したときには，真っ先にスーパービジョンがキャンセルされてしまいます。
　他の研究者たちは，組織の文化とは，何が起こったかを体験する方法に組み入れられているもので，組織的な無意識の総体を象徴するものである，と述べています。そのためこれらの研究者は，文化とは，何が行なわれるかではなく，どう見られ，聞かれ，経験されるかに関係するものであると考えています。

第4部 組織的なアプローチ

3．文化のレベル

　ギアーツとシャインの著書と同様に，ホーキンズは組織的文化をめぐる5段階レベルのモデルを提唱しました（Geertz, 1973; Schein, 1985; Hawkins, 1995, 1997）。各々のレベルは，その下位のレベルから根底的な影響を受けます。

- 人工物　習慣的行為，シンボル，芸術，建造物，使命記述書，方針など
- 行動　関わりや行動のパターン，文化的規範
- 思考様式　世の中に対する見方と経験を構成する枠組み
- 感情の基盤　意味づけを形づくる感情のパターン
- 動機づけの根　選択を動機づける基本的願望

シャインのように，私たちもスイレンの花の絵を使ってモデルを描いてみます（図13.1; Schein, 1985）。
　スイレンの花が示しているのは，文化を最も如実に表す「人工物」です。それは建造物，ロゴ，使命，年間報告書などであり，スイレンの花で表されます。丁度水面の上に見えるスイレンの葉は，文化の典型的な行動を象徴します。人工物が組織内で信奉される価値観をはっきり示しているとすれば，行動はその価値観を実践として表すことになります。組織の美辞麗句（言っていること）と現実（やっていること）の間に不協和が生じたときには，多くの組織が困難に遭遇することになります。
　水面の下には「思考様式」があり，これが文化の信条を抱え込んでいます。そしてこれは「感情の地盤」，もしくは組織の風土から生えています。「動機づけの根」は，個人の目的や向上心を集団組織のものと連帯させていくものです。

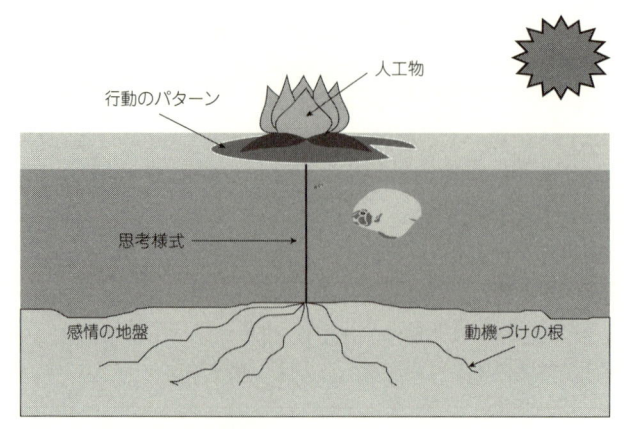

図 13.1　組織的文化の 5 レベル（Schein, 1985）

4．スーパービジョンの後退を引き起こす組織文化のダイナミクス

　数々の公共医療施設，社会福祉課，保護観察チーム，カウンセリング，心理療法組織，ボランティア組織などで，組織のコンサルタントとして働くうちに，私たちには，すべての対人援助組織に共通する，独特で典型的な文化があるということが明らかになりました。
　これらの文化的なダイナミクスを，私たちは次のように呼んでいます。

- 個人的病理を追求する。
- 官僚的効率性を目指して奮闘する。
- 背後の敵に目を配る。
- 危機感に駆り立てられる。
- 組織依存にはまり込む。

　すでに多くのものが存在しているので，組織文化の類型や分類をこれ以上につくりたいわけではありません（Harrison, 1995; Handy, 1976）。むしろ，主要な組織文化における，認識可能なシステムのダイナミクスとして，そのパターンを見ていきたいのです。実際のところ，ひとつの組織がこれらのパターンのいくつかを同時に抱え込んでいることも，あるかもしれません。これらの文化的パターンのそれぞれが，スーパービジョンに対する異なった動機，感情，態度，行動，方針などを生み出します。そしてそれぞれが，スーパービジョンの後退や，さらには害を及ぼすようなスーパービジョンを導くことになってしまいます。

(1) 個人的病理を追求する

　あらゆる問題はある個人の個人的病理の中に位置づけられているということを，この文化は基盤にしています。これは精神力動的なケースワーク理論にとても強く影響を受けていますが，グループダイナミクスや，どのようにシステムが機能するかについては，あまり理解がありません。
　ある部署で問題が起こり，適正に機能していなかったとしましょう。そこでこの文化の考え方に浸かったマネージャーが一番初めにすることは，問題の張本人を探し出すことです。これは，多くの場合，その部署の長ということになります。この信条によれば，病気を持つ個人を治療すれば，部署は健康になるからです。この病気の個人が治療に反応しなかった場合には，この人を取り除く方法を探すようになります。
　このアプローチは，組織のすべてのレベルで生じる可能性があり，罪を着せる対象

を探すことへと退化していくことになりかねません。たとえば，子どものグループホームでは，幼いトミーを他のどこかに移す方法さえ探し出せれば，すべての問題が解決したと報告することができるでしょう。しかし，トミーを別のホームへ移したとしても，次にはサリーが問題児となっていくのです。

またすべてのチームのすべての問題を，たったひとりのメンバーの上に積み上げてしまっていたチームとも，作業に取り組んだことがあります。「ジャックさえ早期退職をしてくれれば」とみなため息をついていました。自分に属していない問題をその人が解決することはできませんから，この姿勢は，共有するチームの問題について，メンバーが取り組んでいく力のないことを表しています。

ある大きなボランティア組織において，個々の家族が次々と組織の「問題児」とされていました。暗黙の了解は，これらの家族さえ整理されれば，組織全体の問題がなくなるというものでした。

この文化においては，問題がスーパービジョンの中心となり，その目的が病理を治すことになりかねません。このことは，クライアントの病理に焦点を当て続けなければ，自分自身が「治療の必要なケース」にされてしまうという恐怖観念を持つスーパーバイジーに，微妙な形の被害妄想を与えることになるかもしれません。私たちのスーパービジョンのトレーニングコースで，ある老人ホームの主任が，自分のホームでスーパービジョンを導入することを，中間プロジェクトとして持ち帰りました。彼はスタッフミーティングで，これからスーパービジョンを導入し，まずはジェームズから始めると発表しました。するとジェームズはすぐさま声をあげて言いました。「なんで私が選ばれたのでしょうか，私が何の間違いをしでかしたのでしょうか？」

この文化では，「何も問題はないので，今週はスーパービジョンの必要はありません」とスタッフが言う傾向にあります。チームリーダーたちは，「問題が出てきたとき」に応じて，その場その場のスーパービジョンをしていると答えるでしょう。この文化においては，スーパービジョンに行くのは，問題を抱えているからだ，さらに致命的ななものとしては，自分自身に問題があるに違いないという信条を生みがちです。この姿勢は，学生がまず定期的なスーパービジョンを受け，次にスーパービジョンが多いのは新しいスタッフであり，上級のスタッフにはスーパービジョンがないという方針によって強化されます。この輪郭の不鮮明なシンボルに込められたメッセージは，非常に明らかなものです。「この文化の中でうまくやっていきたければ，スーパービジョンが必要ないということを示さなくてはいけない」，あるいは「スーパービジョンはトレーニングのない者，経験のない者，不適切な者，または，支援を必要としている者のみのためにのみあるもの」という意味なのです。

この文化パターンの中で解釈されたスーパービジョンは，スーパービジョンがセラピーまがいのものになったり，「2人でクライアントの分析をしましょう」というようなものになったりという退化を引き起こしてしまうでしょう。さらに重要なこと

は，このアプローチが，長所や，何がうまくいっているかを探求することを基本におく「良さを見いだす質問法（アプリシエイティブ・インクワイアリー）」などのスーパービジョンを積極的なプロセスとして見ることを，不可能にしてしまうことです。別の言い方をすれば，スーパービジョンは，問題を基盤とした取り組みの見本ではなく，健全性を基盤とした取り組みのモデルともなり得るということです。クーパライダーとスリバストゥバは，良さを見いだす質問法について，また「問いかけていく方向に沿って，組織がどのように変わっていくか」について，書いています（Cooperrider & Srivastva, 1987）。

(2) 官僚的効率性を目指して奮闘する

組織におけるこの形態は，イソベル・メンジースの著した，病院内における看護文化についての「不安に対する防衛としての社会システムの役割」という代表的論文に大きく論じられています。この形態は，仕事中心の組織では高く，人間的な関係性の多いところでは低くなります。あらゆる偶発的事故を防ぐための要項や規則が組み込まれ，すべての会合に厳しい検討課題が持ち込まれます。

この文化においてのスーパービジョンは，すべての作業が正しく行なわれているかどうかを調べ上げることが，主な関心事となります。修理工のチェックリストのような検討課題を手に，スタッフとスーパービジョンを行なうチームリーダーと，私たちは一緒に働いたこともあります。すべての項目を照合したときに，スーパービジョンは終了となります。おそらく部屋から退出するときになって，「ところで調子はどう？」というようなことを聞くかもしれませんが，その場で返事を聞くために待つようなことはないでしょう。スーパービジョンの中の管理的機能，もしくは質的機能が優先されます。

スーパーバイジーにとって，スーパービジョンは自分が達成したこと，あるいは達成できなかったことを報告していく手段のひとつとなります。この文化も問題中心型ですが，今回の場合その理念は，病気や治療というよりも修理作業のものです。整然とした答えを追求する中では，理解を探っていく余裕はありません。

(3) 背後の敵に目を配る

組織文化のこの形態は，政治的，もしくは競争の要素の高い環境で明らかなものとなります。サブグループ間に内在する権力争いに引き裂かれている部署もあるでしょう。これらは，政治的，人種的な背景を持つ場合もありますが，ときには派閥をめぐって，誰が誰の側についているかということもあります。このような雰囲気の中では，相手側が知っていることを自分に対して利用することのないように，相手側が情報のすべてを持つことがないのを確実なものとするために，多大なエネルギーを使ってしまいます。しかも同時に，できる限りすべてのものを利用して，相手側を暴くよ

う努めるのです。

「組織を理解する」という本の中で，チャールズ・ハンディは次のように書いています（Handy, 1976）。「あらゆる組織の中には，影響力や資源，意見や価値観の違い，優先順位や目的の対立をめぐって，競い合っている個人やグループがいるものだ。圧力団体やロビー，派閥や徒党，対抗や競争があり，人格の衝突や同盟の結束などが存在するのである」。対人援助の専門家の間での権力闘争や競争は，多くの場合否認されますが，やがてそれらは，姿を現さない影の形をとって，さらに強力になっていくのです（第2章を参照）。

文化のこの形態は，何事にも首を突っ込まないという人たちの昇進が保証されるような風土のある，階層型の組織で強くなります。この文化では直面している困難や力量不足，または問題を共有することなどは自分の不利になるため，スタッフはそれらを隠すようになっていきます。

> 私にはスーパーバイザーとのミーティングが定期的にあるのですが，報告をするときには，問題に触れない方向へと向かっていってしまいます。彼女は信用できるだろうか？　昇進のためには彼女の後ろ盾が必要ですが，彼女はこのようなことを自分の足を引っ張る証拠として使わないだろうか？　話すことができなかったつらいことも今までにあったのです。それらについては，本当は話されなければならなかったのです。これは私にとって，とても深刻なジレンマなのです。
>
> ファインマン（Fineman, 1985, p. 52）

この文化におけるスーパービジョンで何が起こるかは，あなたのスーパーバイザーが誰であるかにかかっています。自分の属する派閥のサブグループからスーパービジョンを受けるのであれば，スーパービジョンは共謀的なものになり，「相手側がいかにひどいか」を討議するものとなってしまいます。そしてスーパーバイザーが「相手側」であったり，あなたが信用していないマネージャーである場合には，取り繕いや，自分のやった仕事のうわべを飾り，あなたが好意的な視線で見てもらえるようにするということが，スーパービジョンの中心となります。

(4) 危機感に駆り立てられる

対人援助の典型的役割（第5章を参照）についてのあるコースで，コース参加者のひとりが，スーパーバイザーが演じる典型的な役割のひとつに「スーパーマン」があることを指摘しました。その指摘は，私たちの目には，その次のコースまで，疑わしいものに思われました。そのコースでは，とても静かな，子どもの施設の主任が隅に座ってノートをとっていました。この人物は，ネクタイとジャケットという，他の参加者よりも古風な服装をしていました。加えて，その眼鏡と勤勉な風貌のため，彼は社会福祉家というよりは図書館員のように見えました。2日目の途中で，彼の施設で

第13章　学びの文化に向けて—スーパービジョンをめぐる組織的文脈

問題が起こったという連絡が入りました。彼はセッション中に突然立ち上がり，その姿は私たちの目の前で大きくなったかのようでした。「行かなくてはなりません。施設でたいへんなことが起こっているんです」と，彼は声高く叫び，部屋からさっそうと出て行きました。対処するべき手頃な危機があるときには，この主任が俄然生き生きとすることは明らかで，彼が対応するための定期的な危機をきちんとつくり出す義務がそのクライアントにはあることが，私たちにはよくわかりました。

　スタッフの誰かが常に新しい危機に対処しなくてはならないため，スタッフが邪魔されずに会合を続ける時間をとることのできないような病院や部署を，私たちは訪問したことがあります。このような組織の中では，仕事について，あるいは先の計画についてじっくり考える時間もないため，常にその瞬間の厳しさに焦点が当てられてしまうのです。クライアントはこの文化を理解し，次に述べる例のように，この場所で注目を浴びたかったら，危機をつくり出さなければならないということに気づくことになります。

　私たちが成人の精神病患者たちが社会復帰の前に滞在するような，中間的な治療施設で初めて仕事をしたとき，リストカットが伝染したかのようにたびたび起こりました。それまでにリストカットの記録のない者たちも，リストカットをし始めました。スタッフがあわてて包帯された腕を支えながら，地域の救急医療センターに駆け込むことが多くなりました。しばらくして私たちは，スタッフがこれについてよく考えるためのミーティングを持ち，危機的状況が発生するのをくいとめることに成功しました。リストカットをする人が，他の人よりはるかに注目を浴びていることに気がついたのでした。私たちはスタッフのグループの一員として，この特殊な危機的文化を恒久化させていたのでした。そこでスタッフは，今後は過剰摂取やリストカットをした人たちを病院に見舞うことはせず，代わりにそのような行為を避けたコミュニティの人びとに，いっそうの関心を払っていくことを明言しました。危機の数はすぐに劇的に減ったのでした。

　他の組織においても，管理職との時間をつくるための唯一の機会は，自分の持ち場で危機が発生したときに，常にスタッフに会うには忙し過ぎる管理職が，大至急会いに来るように召喚状を送ってくるときだけだと，あるスタッフは語ってくれました。別のボランティア組織では，理事長補佐が飛行機やヘリコプターで飛んできたついでに，自身の「基地」に飛び帰る前に，近くのカフェやパブ，バーなどでスーパービジョンを行なうのだそうです。

　この文化においては，スーパービジョンが高い優先順位にあるということはまれで，常にもっと大切な用件を理由に，スーパービジョンは定期的にキャンセルされます。スーパービジョンがあるときには，とても切迫した雰囲気の中で行なわれ，あたかも，高波や攻撃が襲来する前に何とかしなければいけないという状況のように，急いで問題解決しなければいけないと感じさせます。

(5) 組織依存にはまり込む

　第1版を出版して以来，私たちは2人とも，広範囲にわたって依存症治療センターと仕事をし，同時に依存症に取り組む組織の概念に携わってきました。アン・ウイルソン・シェイフとダイアン・ファッセルによる『依存症に取り組む組織』という本の批評を1991年に書きました（Schaef & Fassel, 1990; Hawkins & Shohet, 1991）。その中で私たちは，組織内における依存症の4つの主要な形態を，次のように表しました。

- 組織内のキーパーソンが，依存症患者であるもの——アルコール依存症者であったり，人生のすべてが職務と同化したような仕事中毒の社長や最高経営責任者に，私たちは数多く遭遇しました。
- 組織の中の多くの人が依存的，あるいは共依存的なパターンを反復するもの——ファッセルは別の本の中で，アメリカの83パーセントの看護師がアルコール依存症者の親を持つ長子であるという，驚くべき調査の統計を引用しています（Schaef, 1992）。
- 組織自体が依存性のあるもので，高い度合いでの依存や仕事中毒を組織のメンバーから引き出すもの——ここで成功したいと思うなら，昼休みをとらない，あるいは夜遅くなるまで帰宅しないなどの，暗に示されるメッセージにより，この依存性はさらに煽られます。
- 依存症的人格と組織のシステムが並立して機能するため，組織自体が依存者であるもの——組織は己の真実に直面することや，己の困難に立ち向かうことができなくなり，不誠実や虐待的行為を正当化したり弁護したりし始めます。

　シェイファとファッセルによって使われた依存症の分野で，重要な観念のひとつが共依存です。依存者とその人の依存性に便宜をはかりながら，その人を守っていくパートナー，家族，もしくは仕事仲間がいるということです。依存症的な組織においては，そこに働くすべての人びとが依存しているかのような役割を演じるか，共依存として結託しているかです。

　私たちは記事の中で読者に，自分が働いている組織について，もしくはスーパーバイズしている組織についてよく考え，次の質問に答えるよう呼びかけたことがありました。

- 組織における「家庭の秘密」と言えるものは何か——ほとんどの人が知っていることだが，公的な場所で大っぴらに話すことのできないことは何か？　なぜそれは話してはならないのか？
- 誰の行為について話されることがなかったり，批判されることがないのか？
- 組織において，かつて働いていた人びとを奮い立たせたことのある，失われた理想や原動力的な展望は何か？

- 機能不全家族のシステムを構成する次のルールのうち，そのいくつが組織に当てはまるだろうか？（Subby, 1984）
  ─ 問題について話すな。
  ─ 感情は大っぴらに表現するな。
  ─ コミュニケーションは，ひとりが当事者間のメッセンジャーの役割をしているような，間接的なやりとりが一番よい。
  ─ 強く，立派で，正しく，そして完璧であれ。
  ─ 誇らしい気持ちにさせてくれ。
  ─ わがままを言うな。
  ─ 私がやるようにではなく，私が言う通りにしろ。
  ─ ふざけたり，冗談を言ったりするな。
  ─ 波風を立てるな。

　組織に依存症的な文化が存在している場合には，他の方法による発展を試みる前に，否認や不誠実を阻止することが大切です。シェイファとファッセルは，依存症的な状態でいることに磨きをかけるような，クライアント組織を助長する組織的発展のための数々のアプローチを厳しく批判しました。彼女たちが批判したのは，次のようなことです。

- それぞれのマネージャーたちの仕事中毒を，さらに長期的，集中的に保持する技術を助けるようなストレス管理プログラム。
- 巧みに管理していくための労働者参加型のプログラム。
- 「麻薬注射」ともなるような使命記述書。「それはが私たち貴重な存在で，貴重な仕事をしていると，請け負ってくれるのです」。

5．文化的なパターンを変化させる

　文化的なパターンを変化させていくための第一歩は，その文化に気づくことです。これは，それほど容易なことではではありません。中国のことわざには「最後に海を知るのは魚である」とあります。組織的な文化の定義の中で，私たちが気に入っているのは，「そこで3か月以上働いたときに，気づかなくなったもの」というものです。新参者や外部からの訪問者は，そこの文化に対して洞察に満ちたフィードバックを提供してくれます。また，自分自身の文化にアクセスするための，バース・コンサルタント・グループによって考案された，数々の演習もあります。

- 行動の典型的パターンを見ていく。
- 英雄，悪党，道化師の物語。
- ありふれた比喩。

- 非公式な導入プログラムの演出。
- 明記されていない規則のリストをつくる。

ホーキンズ（Hawkins, 1994c）

　このような演習を利用すれば，グループは，自分たち自身の文化について，上記のすべての項目に関して，かなり詳しい記述を手に入れることができるでしょう。
　文化を水面上に浮かび上がらせることだけでも，ある程度の変化のきっかけとなります。個人や組織が，慣行化された信条や働き方を維持継続する必要のないことに，突然気づくかもしれません。自分たちの新しい気づきは，より重大な選択となっていくのです。
　自分たち自身の文化を表面に浮かび上がらせることによって，組織はこの文化をどのように変化させたいのかへの探索に移行することができるのです。このプロセスを開始する方法のひとつに，「3通りの仕分け」というのがあります（Hawkins, 1994c）。チームや組織は，上記の演習から自分たち自身の文化についてかなり多くのデータを取り出すことができたでしょうから，そこから，3つの新しいリストをつくり出します。

- 組織が前進するに当たって，保障し，育成し，保全される必要があるものは何か？
- 破棄するべきものは何か？ もはや適正とは言えず，実用期限の切れたものは何か？ 変化を減速させるような，余分な荷物は何か？
- 合併され，習得され，異なった方法で行なわなければならないものは，何か？

　この演習は，文化の転換を生みだす最初の一歩を示しています。真の意味で文化を転換し，それを維持継続していくことは，より長期的で困難を伴うプロセスであり，これは本書の枠組みを超えることなので他の本で述べています（Hawkins, 1995, 1997）。しかし，ここで私たちが訴えたいのは，対人援助の専門家すべてが，上に述べたような機能不全の形態から離れ，さらなる学習と成長をその基盤に置く文化へと向かう必要性なのです。

6．学びと成長の文化をつくり上げていく

　スーパービジョンは，学びと成長の文化において，最も多くの実を結ぶことができます。あらゆる対人援助職における仕事の大部分は，最初に訪ねてきたときよりも，もっと多くの選択肢を持って帰ることができるような方法で，クライアントが自分自身と自身の環境を理解するための土壌と関係性をつくり上げることであるという，信念体系の上に構築されています。さらにそれは，自らが学び成長していくよう，対人援助の専門家たちが常に支援されていれば，他者が学ぶことを最大限に手助けできる

第13章　学びの文化に向けて―スーパービジョンをめぐる組織的文脈

という確信でもあります。組織の上から下にわたって常に学びと成長が起こっている場合には，クライアントのニーズが満たされる可能性ははるかに高くなります。なぜなら，そのこと自体が，スタッフのニーズに応えることにもなるからです。著者のひとりは，以前から学びの文化について幅広く書いていますが，ここでは，そのような文化の主要な特質と，それらがどのようにスーパービジョンに影響を与えるかについて，まとめておきましょう（Hawkins, 1979, 1980, 1986, 1991, 1994a, 1994b）。

- 学びと成長は，継続的で，一生涯にわたるプロセスとして見ることができます。したがって，このような文化においては，最も経験があり，最も勤務経験の長いスタッフが継続的なスーパービジョンやコンサルテーションを受け，スーパービジョンが単に訓練が十分ではない者や経験の浅い者のためにあるものとは考えません。管理職の行動は，明文化された方針よりも重視され，何にもまして自分たち自身がスーパービジョンを受けることによって，学びの文化を顕著に示していくことが重要となります。
- 学びの文化は，個人的にも集団的にも，あらゆる仕事の状況に学びの機会があるという可能性を強く主張します。学びは，教室や訓練プログラムの中でたまたま起こる何かではなく，あらゆる仕事の場面に織り込まれているものなのです。
- 問題や危機の発生は，個人的にも組織的にも，学びと成長の大切な機会と見なされます。深刻な危機状況は，成長の機会であるとされ，この文化の中でリスクを負うのは安全であるとされます。なぜなら，失敗は個人を迫害する際の証拠としてではなく，学ぶための出来事と見なされるからです。
- 良き実践は，次々に生じる問題や危機に対処しているだけの行動の文化や，現実の問題に直面することなく，紙に書かれた理論的方針を並べるだけの理論の文化からは生まれません。良き実践は，行動に始まり，振り返り，新しい思考を考案し，計画し，そしてまた行動に移すという，学びの周期のすべての部分が，適正なバランスのとれたスタッフや，チーム，担当部署からもたらされるものなのです（第3章を参照）。
- このことは，スーパービジョンが性急な解決策を出すことを避けるだけではなく，概念の理論化に没頭してしまうのを避ける必要があることを意味します。むしろ，まず具体的な経験をじっくり考え，自分自身の世界に対する見方，考え方に挑戦する機会を与えるという形で，理解しようとすることから始めるべきです。しかし，スーパービジョンは新しい視点に到達したところでとどまっていてはいけません。この新しい視点が新しい選択を生み，これらの選択肢を査定し，どんな新しい方策を実践していくかを選択する所までいくべきです。そして，学びの周期が1周だけのプロセスで終わってしまわないように，この新しい行動を次のスーパービジョンで再吟味する必要があります（第3章を参照）。
- 学びは，それ自体重要な価値を持ちます。スーパーバイザーは，「どうすればスーパーバイジーたちが間違いを起こさず，私が正しいと思う方法で実践するのを保証できるだろうか？」という姿勢ではなく，「この状況において，どうすればスーパ

ーバイジーたちの学びが最大のものとなり，それによってさらにクライアントの学びを助けられるのだろうか」という姿勢を保つべきでしょう。

- 個人やチームは，効率性，学び，成長についてじっくりと考える時間をとるべきです。学びの文化では，チームの発展セッションや「仕事から離れた日」を取り入れます（Brown, 1984 と第 11 章を参照）。上司がスタッフの実績を採点するよりさらに発展的な，360 度のスタッフ評価方法も利用できます。スタッフ自らが自己の成長，長所，短所を評価し，その後に同僚，上司，さらにその上の上司によって改良点のフィードバックを受けるというような，協力的なプロセスが採用されるべきです。
- 良質な評価システムでは，業績だけに焦点を当てるだけではなく，スタッフが何を学び，どのように成長し，その学びと成長をどのように近い将来において継続させ，発展させるかにも焦点が当てられます。
- 同僚や，組織内のさまざまなレベルからの，高度で継続的なフィードバックがあるべきです。また，チームや組織が関係している人びと——顧客，他の支援団体，専門家のネットワーク，政治家など——からもフィードバックを受けるように奨励します。
- 個人の変遷期には，時間と配慮が与えられなければなりません。たとえば，新しいスタッフがどのように歓迎され，チームと組織にどのように紹介されるのでしょうか。また，組織における離任や昇進などにおいて，スタッフはどのように支援されるのでしょうか。これらのことをめぐって，チームと個人のスーパービジョンの時間が使われるべきです。
- 役割は，定期的に見直され，交渉されなくてはなりません。役割は，効率性だけを基盤とするのではなく，それぞれの役割がその現職者に学びの機会を与える可能性に基づいて分配されるべきです。これにはスーパーバイザーの役割も含まれますが，それは階級制度の中で，単に長く組織にいるというだけの理由で自動的に割り当てられるべきものではありません。
- このような文化の中では，学びは，立ち去ってしまう個人と共に失われるものではなく，チームと組織のレベルで発生し，発展文化の中で書きとめられ，生きながらえることが保証されるものなのです。

7．学校においての「良さを見いだす質問法」――文化の変化の例

　私たちのひとり（ロビン）は，学びの文化の創生を支援する方法のひとつとして「良さを見いだす質問法（アプリシエイティブ・インクワイアリー）」を使っています。彼は，学校におけるスーパービジョンについての本を書くように，教職支援ネットワークから依頼を受けたので，学校文化についてもっと深く知りたいと考えました。彼の信条は，スーパービジョンが本当に効果的であるためには，恐れが根底にある文化ではなく，開放的であることを推奨する文化の中に組み込まれなければいけな

いというものです（Shohet, 2007）。彼の知る学校文化にあっては，否定的な文化の持つ多くの症状を提示しており，それがスーパービジョンを取り入れる準備はまだできていませんでした。否定的な文化が多く共通に持っているのは，強度の恐れです。何がすでにうまく機能しているかに焦点を当て，成功を導く方法を提供することに焦点を当てている，良さを見いだす質問法は，この恐れを自然に後退させます。この質問法は，人びとがお互いに何がうまく機能し，何に価値を置き，過去の最良の状態に基づいた将来に対するイメージについて話し合うことを，推奨していくのです。参加者は，お互いの成功についての話をするように招かれます。私たちは，これを建設的なゴシップと呼びます。これは，組織を麻痺させるような恐れに基づくゴシップとはかけ離れていて，「神さまのひとすすり」という本来の意味に近いものとなるのです（訳注：ゴシップ（gossip）という言葉は，もともと「名づけ親（god + sibb）」という意味があり，名づけ親は子どものモラルの成長に対する責任から，子どものことをいろいろと話すことがあるため，その話を「噂話」として見なすようになったと考えられていますが，著者たちは語源を「God's sip（神さまのひとすすり）」と見なしています）。

　著作のための調査の一環として，ショエットは東部ロンドンにある，大きな総合学校に焦点を当てました（詳細は Self and Society, 2005 を参照）。この学校は，数年前の政府による調査報告がよくないものであったため，特別処置をとらされていました。教員たちは，自分たちや子どもたちの要求を満たしてくれることのない文化の中に，いかに堅固に取り囲まれているかを知っていたので，指導力のある校長に委ねて，その文化を変えようとする段階にすでに入っていました。教員たちは，良さを見いだす質問法を快く受け入れてくれて，学校をうまく機能させるためには，生徒が学校の運営に関わる必要があるということを理解しました。良さを見いだす質問法の原則のひとつは，多くの利害関係者にできる限りシステムにまたがって参加してもらうことです。生徒は，最初からしっかりと関与し，学校のなにが自分たちにとってよいのかをめぐる意見を共にすることができました。理解しがたい行動の裏で，実は生徒たちが教員たちにどれだけの価値を見いだしているのかを聞くことは，教員たちにとってたいへんな驚きでした。時間と共に教員たちと生徒たちの間に信頼関係が育っていくのを見るのは，感動的なことでした。

　良さを見いだす質問法の他の原則は，建設的な質問をするということです。私たちは，「何がうまく機能していますか？」や「うまく機能していることをもとに，さらにどのように向上させることができますか？」ということを聞いていきたいのです。「この組織の何が問題で，それをどうしたら直せますか？」のような尋ね方をするのとは大違いです。学校の生徒たちは，良さを見いだす質問法をすぐさま取り入れ，教員に挑戦するようになりました。「先生，それは良さを見いだす質問ではないと思います。言い方を変えてもらえないでしょうか？」

第4部　組織的なアプローチ

　このプロジェクトの重要な特徴は，価値評価を持ち込むことです。参加者は，100の価値観が書かれているリストから，現在の文化を示すもの上位10個と，望ましい文化の中で見いだしたい上位10個を選ぶように求められます。これはオンライン上でも行なうことができ，システムの文化に対する集団的な評価の基礎を提供してくれます（他の方法については，次のセクションを参照）。学校のどの部分が，また，学校のどのサブグループが，良さを見いだす質問法によって利益を得たかということの「しっかりした」証拠を，疑い深い人びとに提供するために，私たちはこの方法を利用したのです。中間管理職が過小評価されていると感じているという結果がはっきりと出ました。中間管理職の協力なしには，変化をもたらす計画は失敗に終わります。いったん，中間管理職が乗り気になればプロジェクトは前に進むようになるのです。時間が経つにつれて，システムの中で最も抵抗している人たちの声に価値があるのだということがわかりました。これらの声は，他の人びとが気づいていない文化について，何かを語っていたのです。このような質問方法を使用したことによって，私たちはこの探求のプロセスに反抗している人たちも含め，学校に属するすべての人がどんな文化を望んでいるかを，一緒に見ていくことができたのでした。
　良さを見いだす質問法は，どのような題材にも使うことができ，第6章で私たちが提唱したように，スーパービジョンにおいてもこのような探求方法を取り入れていくのはよいアイデアかもしれません。スーパービジョンの部屋に建設的な要素を持ち込むということは，実は困難なことです。広い心を持つこと，無防備になること，そして，私たちにとって何が大切かを共有するように求められるからです。質問の種類によって答えが影響を受けるので，注意深く質問することが必要となります。何がうまく機能しているかという質問の答えは，問題についての質問に比べると，非常に異なるところに焦点が当てられています。非難することは，多くの組織における特徴ですが，それは短期的には安心感をもたらします。問題を外側にとめおき，責任をとるのを避けて，非難する人に優越感を与えます。しかし，それは長期的には腐敗していくものです。恐れの文化をさらに増長させるのです。反対に，良さを見いだす姿勢は，とても違った場所へと導いてくれます。それは，愛情や深い思いやりにより近い場所です。なぜならその感情は，自分や他人の成功話をすることが許される人びとから湧き出るものだからです。この主題については，『情熱的なスーパービジョン（Passionate Supervision）』という本の中で，さらに探求しています（Shohet, 2007）。
　良さを見いだす質問法は，いかなる体系や枠組みにも取り入れることができます。私たちのひとりは，臨床心理士やカウンセラーに対して，異なった認定方法を使用することに興味を持っていました。ある会議で，認定していくダイナミクスを見て，参加者が部屋の中央に移動し，愛情がどのように仕事に関わったかについて話すような枠組みを提案しました。参加者は，これまで話されることがなかった方法で，話をすることができたことにとても感謝していました。また何が本当に大切なのかを話すこ

とに，いかに傷つきやすく感じたかも話してくれました。それでも同時に，その機会が与えられたことをとても喜んでいたのでした。

　学校における文化を変えるのに役立った，良さを見いだす質問法の価値が認められ，これを書いている現在，スコットランド教職支援協会が，スコットランドの7つの学校で試験的な調査を行なう基金を獲得しました。これが成功すれば，国をあげての取り組みが展開されることになります。そしてこのことは，スーパービジョンの導入をいっそう容易にしてくれるものと信じています。なぜならスーパービジョンは，自分を信頼していない人によって管理されるプロセスとしてではなく，仕事を愛し，向上させようとする文化の一部として体験されるものとなるからです。

8．スーパービジョンと，学ぶ組織，学ぶ専門家

　スーパービジョンを退化させるような文化のパターンに立ち向かい，健康的な学びと成長の文化を取り入れた組織においては，効率的な個人の学びと成長が存在するはずです。しかし，それだけでは十分ではありません。なぜなら，各個人の学びにもかかわらず，組織自体が学びと成長を止めてしまうという危険性が残っているからです。

　スーパービジョンは，活動中の専門家や組織が呼吸し学ぶのを支援するという，重要なプロセスも提供するものです。私たちはあまりにも長い間，スーパービジョンの概念を，専門職コミュニティの年長者が，徒弟や見習いの実践，行動，理解，知覚，感情，そして動機を形づくっていくのだという，文化的社会化のプロセスへと縮小してきてしまったのです。

　上記の文化的パターンにおけるすべてのアプローチには，スーパーバイザーからスーパーバイジーへという学びの流れが存在します。学びとは，前もって形づくられている専門家の規範と教訓——文化についての記述されている規則と記述されていない規則——を守ることとされています。一方で，質の管理と新参者を専門家的な共同知識に組み入れていくことは，スーパービジョンの大切な側面ですが，スーパービジョンがこの2点にのみ絞られてしまった場合，自分たちの学びと成長を止めて，自己を強固にするだけの専門家をつくってしまうことが多くなります。次第に専門家は形骸化し，ますます月並みで，型にはまった実践を繰り返すようになります。

　優秀な核物理学者であり，精神界の師であるクリシュナムリティの雄弁な信奉者であるデービット・ボーンは，組織や専門団体，社会の中で，自己を更新する文化をつくり上げていく難しさについて語っています。

　　　かくして，重要な問いはこうだ。「継続的に創造性に富む文化を所有することは，可能なのだろうか？」　文化をつくり上げた途端に，その意味づけは繰り返しでしかなく

なり，かえって邪魔になってくる。それでもなお，私たちは文化を必要とするのだ。
　どのようにして絶えずビジョンを更新できるかの課題を解いた人は，誰ひとりとしていない。ビジョンは，停滞し，単なる習慣となってしまう。そして物事は，徐々に固定化された性質のものとなっていくのである。ビジョンは，性向として世代から世代へと伝えられていくが，それを受け取った世代の人たちは，そのビジョンを前の世代の人たちと同様には理解しない。なぜならその性向は単に模倣されているだけで，本来の意味は理解されていないからである。次世代の人びとは，そのビジョンをある程度には理解するが，前世代の人びとほどには理解していない。こうして世代が変わるごとに，ビジョンは弱体化していくのである。
　この世代間を通した反復が習慣と共に，古い考え方や昔からの社交関係，古い文化を強化していく。文明が生き残るためには，この問題が解決されなければならない。昔であれば，「まあ，ひとつの文明が死滅すればまた次の文明が始まるさ」と言えたであろうが，近代技術のある今では，すべてが破壊されてしまう可能性がある。この課題はさらに切迫したものとなっているのである。

ボーン（Bohm, 1989, p. 73）

　スーパービジョンは，カダッシンが定義している，中心的な3つの機能を超えていくという，重要な挑戦に直面しています。

- 管理的なもの（質の管理）
- 教育的なもの（スーパーバイジーの成長）
- 支援的なもの（スーパーバイジーが自分たちの経験に呑み込まれず，対処していくのを確実にすること）

　常に自分たちの文化を更新していくような，学びの専門職を生み出していくことが目的であるとすれば，スーパービジョンは学び，成長，そして文化の発展において，専門職という名の総合体を助けるような，学びの「肺」の機能を果たさなければなりません。スーパーバイジーとスーパーバイザーの学びに焦点を当てるだけではなく，スーパーバイザーとスーパーバイジーの間の空間に，新しい学びが生まれるような，対話の受け皿が設けられることが必要となります。スーパービジョンは，その関係性の中に持ち込まれる3つのユニークな領域の経験の相互作用が，学びを浮かび上がらせるような形で実践されなければなりません。

- クライアントの状況と環境
- スーパーバイジーの経験と理解
- スーパーバイザーの経験と理解

　事前に存在する「思考」と知識のやりとりに過ぎないようなスーパービジョンを非常によく見かけます。そこでは，スーパーバイジーがスーパーバイザーに，クライア

ントについてすでに考えたことや知っていることを話します。そして次に、スーパーバイザーが似たようなクライアントやプロセスについて、前から知っている知識を共有するだけになってしまうのです。

9. スーパービジョンにおける生成的学習への再考察

スーパービジョンのセッションが、新しい生成的学習を提供しているかということの有益な再考察方法として、セッションの最後に4つの質問をすることができます。

1. このスーパービジョンの前には気づかなかったことで、私たちは新しく何を学んだのでしょうか？
2. 自分ひとりではたどり着けなかったことで、私たちは何を学んだのでしょうか？
3. このセッションで生まれた新しい可能性は何でしょうか？
4. 私たちそれぞれが得た新しい決意は何でしょうか？

これら4つの質問の答えは、前から存在する思考と「感じたこと」のやりとりから発生したものというよりは、むしろ共に考え、感じる空間において生まれてくるような、対話的な学びによって可能な生産物となることでしょう。1990年のセミナーで、デービッド・ボームは、「思考」と「考えること」の違いを次のように定義しました。

> 「考えること」とは、現在形であることを意味し、何がうまくいかないかに対する決定的に重要な感度を内包して進行している活動である。また、新しい考えや、ときには何らかの概念をもその内に秘めるものだ。「思考」は、その過去分詞形のものである。私たちは、何かを考えていた後に、その思いは空に消えてしまうのだ、という風に考え勝ちだ。しかし、「考えること」が姿を消すことはない。それは何らかの方法で脳に入り込み、思考となるような何か——「形跡」ともいうもの——を残していく。「思考」とは、過去からの、そこで何がなされたかの、記憶に対する返答なのである。
>
> ボーン (Bohm, 1994)

学びの専門家たちにとっては、スーパービジョンによって、思考のやりとりを対話的で生成的思考へと移行させるだけでは十分ではありません。スーパービジョンの対話から発生する学びを、どのように広い専門職の学びと文化的発展の中へと注ぎ込んでいくかについても、考えなくてはなりません。どうすれば学びの肺として、組織の血液に必要な酸素を送ることができるのでしょうか？

あらゆる組織や対人援助の専門職につく実践家は、スーパービジョン・セッションから生まれる学びを収穫するためや、学びを新しい共同実践や規範に取り入れるための、学びの経路を打ち立てる必要があります。

その学びの経路には、次のようなものが含まれます。

第4部　組織的なアプローチ

- スーパービジョンでのケースの再考察とアクションラーニングの組み合わせ
- 学びを交換し合うためのスーパービジョンのセミナー
- 新しい実践についての会合
- スーパービジョンから発生する，適正に変更されたケースを使った専門的実践についての新しい論文，記事，ガイドライン
- 何が機能しないか，あるいは問題をどう解決するかに基づいたものではなく，何が機能していて，それをどう積み上げていくかに焦点を置いた，良さを見いだす質問法（Cooperider et al., 2000）

10. まとめ

　この章ではスーパービジョンが単なる出来事ではなく，あらゆる効率的な対人援助組織の文化に広がっていくべきプロセスであるということを示してきました。ほとんどの組織文化が，私たちが描写し，戯画化してきたような組織の機能障害のいくつかを混ぜ合わせて持っているものです。私たちは，まだ学びと成長の文化の理想に完全に沿おうとしている組織には，出会ったことがありません。しかしいくつかの組織は，そのような環境をつくり出そうと，長い道のりを確実に歩んでいます。そのひとつのたとえが，残念ながら昔からの方法ではもはや機能しなくなった，スコットランドのディグレントン病院です。この病院が，どのようにして再び機能するようになり，次第に学びの文化を持つように変わっていったかは，ジョーンズの著書で知ることができます（Jones, 1982）。

　第14章では，あなた自身の，もしくは他の組織において，どのようにスーパービジョンを展開していくかについて探索していきます。スーパービジョンの方針と実務を展開していくということは，組織文化に注意を払い，組織が進展していくことを支え，この章で書かれてきたようないくつかの傾向を避け，学びと成長の文化に注目を向けることです。そのような文化においては，学びと成長は，仕事のすべての側面の本質的な部分となります。最終的には，そこに働く人びとや組織全体が継続して学んでいくような場所でこそ，すべての対人援助の専門家が関わるクライアントが学び，成長し，癒されるようになると，私たちは信じているのです。

第14章
組織内のスーパービジョンの指針とその実践

1. はじめに

　第13章において，対人援助職のさまざまな組織文化について探究し，学びと発展の文化へ移行することの必要性を主張しました。スーパービジョンは，そのような組織文化の中心にあるべきだと，私たちは信じています。多くのトレーニングコースや会合において，さまざまな専門職についている熱心なスタッフから「どうすれば私の組織で習慣的なスーパービジョンを展開させられるでしょうか？」という質問を受けました。この質問は，下記に述べるような理由のため，簡単に答えられるものではありません。

- すべての組織は異なっていて，異なるニーズがあるため。
- どこから始めるかによって異なるため。
- 組織的な変化は，とても複雑で，簡略な手引書にしたり，他の誰かの解決法をそのまま利用するのはとても危険であるため。

　しかし，これまでに多くの組織のためにスーパービジョンの指針や実践を発展させる仕事をした経験や，さらに，多くのことに耳を傾け，多くのものを読んで理解した経験から，私たちは発展に向けてのパターンや案内図を識別することができるようになりました。この案内図が，単純な手引書になってしまうのを避けながらも，道中における罠や落とし穴を指摘するようなものであることを望んでいます。そして，覚えておいてほしい大原則は，案内図がそのまま領域とは重ならないということです。
　ここで私たちは，スーパービジョンの指針や実践を導入するときの，あるいはそれを改良するための，組織の発展プロセスにおける7つのステップを提唱したいと思います。それらを次に示します。

1. スーパービジョンですでに起こっていることに関して，良さを見いだす質問法を組み込んでいくこと。
2. スーパービジョンの実践と指針の発展に対する興味を喚起すること。
3. 実験を始めてみること。
4. 変化への抵抗に対処すること。
5. スーパービジョンの指針を起草すること。

6. スーパーバイザーとスーパーバイジーのための，継続した学びと成長のプロセスを展開させること。
7. 継続的な監査と再考察のプロセスを組み込むこと。

これらのステップは，単なる直線的なプロセスではなく，発展的で，継続的なサイクルです。

2. ステップ1——スーパービジョンですでに起こっていることに関して，良さを見いだす質問法を組み込んでいくこと

　変化のための努力は，往々にして，組織の中ですでに始まっていることは不適切であるという姿勢や，変化は外部から持ち込まれなければならないというような姿勢から，始まってしまうことが多いものです。このようなアプローチでは，組織内ですでにスーパービジョンを行なっている人たちの熱心な努力を評価することができません。
　私たちが初めてこの分野で働きだした約30年前には，スーパービジョンなど聞いたこともないような概念だという組織に出くわすこともありました。今や，ほとんどの専門分野や国々で，そのようなことはありません。組織内ですでに始まっていること，個人やチームがすでに達成したことを，正しく理解することから，変化は始まらなければなりません。それによって初めて，これらの先駆者たちが組織のスーパービジョンの実践の発展においてパートナーや協力者となることができるのです（変化のための良さを見いだす質問法の詳細は，Cooperrider et al., 2000 を参照）。

3. ステップ2——スーパービジョンの実践と指針の発展に対する興味を示していくこと

　本人が所有してもいない問題をその人が解決することはできない，という格言を前に書きましたが，組織の変化においても，変化の必要性を認めていない組織，部署，チームを変えようと試みることは賢明なことではないでしょう。変化のための起動力は，組織の内側から生まれなくてはなりません。スタッフが問題を所有していないときには，解決策も所有していないことになります。外部からの仲介者，たとえば，さらに上部の管理職，スーパーバイザー，もしくは外部のコンサルタントが，組織自体が認識している長所や問題，利用されることのなかった能力や資源，環境的な変化による影響，現状での不満などを表面に浮き上がらせることで，組織や部署を助けることはできます。しかし，これら外部の人間ができないことは，変化に対する献身を生みだすことです——これは，内側から湧き上ってこなければならないものです。

第14章　組織内のスーパービジョンの指針とその実践

　スーパービジョンが存在しないことによる代償の表明と，良質なスーパービジョンの利点を反映する未来像をつくることが，スーパービジョンの必要性に対する参加度を高める最も効果的な2つの方法です。
　スーパービジョンが存在しないことによる代償は，さまざまな場面で見受けられることでしょう。

- 質の低い，あるいは時代遅れの実践
- クライアントからの苦情
- スタッフの勤労意欲
- スタッフの意識調査
- スタッフの転職率
- 実践の監査
- 同じ分野における最良の実践との比較

　変化を起こしたいと思っている部署や組織に対する職権や権力を有する人びとから，変化のプロセスへの参加度が高まることも必要です。組織の一部の変化は，組織の他の部分にも影響を与え，そのことが上部や横の組織に抵抗を生じさせて，変化への努力が妨害されることにもなりかねません。変化のためのプログラムを始める前には必ず，変化をめぐって利害関係を持っている人びと（変化のプロセスにより影響を受けることになる人びと）全員と調整すること，そしてその人たちがどのようにプログラムに参加することができるかを考慮することが，重要なこととなります。
　グローバルな組織の変化に従事したボブ・ギャラットは，幅広いネットワークからの変化に向けての努力に対して，政治的支援を最大限に引き出すことを確実なものとするために，3つの質問をすることを提唱しています（Garratt, 1987）。

- 「誰が知っているか？」　誰が，問題についての情報を持っているのか？　意見，見解，中途半端な真実，公的な方針などではなく，問題の規模を決定するための確実な事実を誰が知っているのだろうか？
- 「誰が気にかけているか？」　誰が，変化が生じることに関して感情的な投資をしているか？　ここでも，誰が問題について話をしているかではなく，誰が深く関わり，成果に責任を負っているのだろうか？
- 「誰ができるか？」　誰が，変化を引き起こすために，資源を再調整する権力を持っているのか？　事実や献身，勢いに直面したときに，誰が「イエス」と言う力を持っているのか？

　スーパービジョンの実践を発展させていくために，組織と作業をしていくとき，私たちはよく，「上から下への変化」と，「下から上への変化」のどちらがよいのかを尋ねられます。私たちの答えは，その両方であること，さらに「中間から外への変化」

も必要であることをつけ加えます。
　最も早い変化は，次のようなときに起きます。

- 上層部の人たちが，他の人びとがさっさととりかかり，変化を巻き起こすことのできるような環境と枠組みをつくり出しているとき。
- 下層部の人びとが，スーパービジョンの欠落を嘆くことから離れて，もっと職業的態度に徹して，スーパービジョンの必要性を主張することに移行したとき。
- 中間管理職の人びとが，変化のプロセスを組織化する責任をとったとき。

4．ステップ3―実験を始めてみること

　ほとんどの組織において存在するのは，良き実践の実例（ステップ1を参照）と，物事を前進させる勢いと献身を身につけている少数派の人びとです。組織の中心や上部から変化を引き起こそうとするよりも，中間にいる人びととの創造的な勢いを支援し，確立させることの方がずっと効果的です。新しい実践をやってみたいと思っているような，またはシニアスタッフに外部の訓練を受けさせてみたいと思っているような部門や部署をひとつ見つけ出すことで，その領域をはるかに超えた興味を生み出すことがしばしばあります。
　ここでは，ある部門が優秀で特別になりすぎて，その結果妬みを生んだり，効果を減じるということになる危険性もあります。この危険性は，スーパービジョンのアプローチをそれぞれ独自に試みるような複数の部門を設けることや，該当する部門の，他の人びとを試験的な実践や，良さを見いだす質問法のプロセスへの定期的な参加を保証することによって，防ぐことができます。

5．ステップ4―変化への抵抗に対処すること

　しかし，これまでに書いてきたような数々の必須条件に到達した組織においても，変化はなおも抵抗を生み出すものです。このような組織において，変化への抵抗をうまく処理することができるかどうかで，違いが生じてきます。
　変化への抵抗と，新しい行動に対する不本意さは，さまざまな要因がそのきっかけとなります。

- 未知に対する恐れ
- 情報の欠落
- 間違った情報
- 歴史的な要因
- 中核的な技術や能力への不安

- 地位に対する脅威
- 権力基盤に対する脅威
- 明確な利点が見えないこと
- 組織内での低い信頼度
- 乏しい関係性
- 失敗に対する恐れ
- 愚かしく見えるかもしれないという恐れ
- 試みに対する抵抗
- 習慣的な束縛
- 手放すことへの不安
- ピアグループ内の強い規範

プラント（Plant, 1987）

　カート・レーウィンは，「すべての力は，その方向の力と反対方向の力を生み出す」という物理学の法則を，人間関係論に取り入れました（Lewin, 1952）。彼は，変化を目指して押せば押すほど，いっそうの抵抗を生み出すという，力場分析の概念を展開しました。これは，グループ間の交渉における次の例ではっきりと見られます。

　　　グループAが自分たちのグループのケースを支持する3つの見解を持ってきました。グループBもケースを支持する3つの見解を持ってきました。グループAは，共通の地盤を見いだそうとせずに，自分たちがなぜ正しいかというさらなる3つの理由をつけ加えるという間違いを起こしました。グループBもすぐに自分たちの見解を支持する理由を2倍にし，同時に声量もあげました。グループAもほぼ同じ音量の声を出し，同じようにグループBのケースをあざ笑い始めました。

　どのような形をとっても，変化をつくり出すことは，個人の働き手や組織全体に抵抗を生み出す結果になってしまいます。レーウィンは，いったん立ち止まり，行き詰まりを生み出したものに注目することを提案しています。紙に一本の線を引き，一方に変化を支持するすべての勢力を書き出してみてください。そして，もう一方には，変化に抵抗するものをすべて書き出してみてください。現状維持の状況を動かすために，抵抗を生じさせるものの裏側に潜むニーズに応じるやり方で，その抵抗に対応する方法を見つけるのです。そして，その抵抗が尊重されて方向性が変われば，変化は大きな力を使うことなしに起こってくるでしょう。
　新しいチームリーダーが来る以前にはスーパービジョンが行なわれることの無かったチームに，スーパービジョンを導入しようとする状況の力場分析の例をあげてみましょう（表14.1）。
　この状況においては，チームリーダーがスーパービジョンにさらに熱心になったり，それがどれだけスタッフのために役立つかについてチームメンバーを説得しよう

第4部 組織的なアプローチ

表14.1 チームへの個人スーパービジョンの導入

支持力	抵抗力
スタッフからの支援要請	査定される恐れ
チームリーダーの熱意	チームリーダーの動機に対する恐れ
チームリーダーが明確な目標を持っていること	過去のスーパービジョンにおける,チームメンバーの否定的な経験
「私のための時間」スーパービジョンによってスタッフの問題をチームリーダーがさらに理解するのに役立つと,スタッフが感じる	スーパービジョンは失敗に関連するという考え
	とても時間がかかる

とすればするほど,チームメンバーの,リーダーが自分たちに何をやらせようとしているかにまつわる,メンバーの恐怖感を増強させるだけになります。あるいはチームリーダーは,チームがとてもひどい状況にあるからこそ,スタッフにスーパービジョンが必要だと言い続けているに違いない,という感じを与えかねません。そうではなく,賢いチームリーダーは,スタッフの抵抗感を尊重し,異なる方向へ持っていくことを考えるべきです。たとえば,スタッフの過去のスーパービジョンの劣悪な経験について話す時間を与えたり,チームのために最善で最も効率のよいスーパービジョンの企画にメンバーを組み入れたりすることでしょう。

抵抗に向けての対応については,抵抗は次第に変化し,様々な段階を経るものだということを知っておくのが有意義でしょう。フィンク,ビーク,タデオは,グループや組織が変化に対して見せる反応を,4つの段階に分けて考えました（Fink et al., 1971）。

- ショック
- 防衛的な退却
- 承認
- 適応と変化

ショックの段階では,対人関係が断片化し,意思決定は麻痺し,コミュニケーションは混乱します。これが防衛的な退却を導きます。個人個人が自己防衛的になり,チームは自分たちの領域から出られなくなり,内側ばかりを見つめるようになります。意思決定はさらに独裁的なものとなり,コミュニケーションは儀式化したものでしか

なくなります。承認の段階では，変化やいっそうの支援が必要であるものが存在するということを，個人やチームが認め始め，対立が起こります。適応と変化の第4段階にたどり着いたときには，関係はさらに相互依存的なものとなり，個人間やチームの境界線を越えたコミュニケーションが増加します。他の運営方法をさらに探索したり，試みようとする積極性が高まり，コミュニケーションは直接的で開放的なものとなります。

したがって，私たちのすばらしい脚本を提供することは，逆効果になりかねません。スタッフが考え抜くこと，変化の計画に参加することが大切で，そのことによってのみ，スタッフが反応し，変化の必要性を理解し，さらに将来の必要性に適応する機会を手にすることができるのです。他の人びとが問題に向き合い，良き解決策を見いだしてきたので，その思考プロセスを自分たちでたどることなしに，ただ解決策の正しさを受け入れるだけでよいと考えてしまうことは，とても容易なことでしょう。

6．ステップ5―スーパービジョンの指針を起草すること

すべての組織において，スーパービジョンの指針を表す明確な声明文が必要です。ケンシャルは，そのような指針は，次のことを明確に述べなくてはならないと提唱しています（Kemshall, 1995）。

1. スーパービジョンの目的と役割。
2. スーパービジョンが組織全体の目的にどのように役立つか。
3. スーパービジョンの内容と施行の最低基準。
4. 頻度と議題設定を含む，スーパービジョン契約における最低限の必要条件。
5. 非差別実践の声明文。
6. スーパービジョンがどのように記録されるか，またその記録の位置づけ。
7. スーパービジョンと評価の関係についての明瞭な声明文。
8. スーパーバイジーとスーパーバイザー双方の権利と責任。
9. プロセスにおける意見の相違，もしくは破綻が起きたときの解決のための手順。
10. 期待される守秘義務の形態と，保証される守秘義務の形態。
11. どのように「劣悪な実践」が扱われ，また「良き実践」がどのように承認されるかについての，明瞭な声明文。

そして，私たちは次のこともつけ加えたいと思います。

- スーパービジョンでは，何に焦点を当てるか。
- 他の仕事との関係の中で，スーパービジョンにはどの程度の優先順位を与えるか。

自分たちのスーパービジョン指針を開発した多くの組織を支援する中で，リズ・ピ

ットマンは，このアプローチを発展させました（Pitman, 1999―個人的な対話にて）。それは，良き実践と地域の資源の条件の現実を合致させるという方法です。スーパービジョンについての組織の指針は，スーパーバイザーとスーパーバイジーとの公式な契約の際の基礎としても使うことができます。契約の例は，トニー・モリソンにより提供されています（Morrison, 1993）。

7．ステップ6―スーパーバイザーとスーパーバイジーのための，継続した学びと成長のプロセスを展開させる

　第9章では，私たちが信じるスーパービジョンのトレーニングのために必要な一般的カリキュラムの概要を述べました。しかし，学びと行動を別々のものとして考えるような固定観念には注意を喚起したいと思います。これは，学びが仕事から離れたトレーニングコースで起こり，実践は職場で起こるというような見方のことです。すべての対人援助組織において，概要に示したようにスーパーバイザーのための継続したトレーニングプログラムがつくられるべきですが，私たちは同時に，どのようにスーパーバイズするかという最善の学びは，実際のスーパービジョンから生まれてくる，ということを信じています。

　技術のあるスーパーバイザーになる最初のステップは，良質なスーパービジョンを受けることです。スーパーバイザーはこの基本的なステップなしには，個人の職業生活の中で，スーパービジョンがいかに有益であるかということについての，良き手本であることと，確固たる体験を持つこととの双方に欠けていることになります。次のステップは，時間をかけて，複数のスーパーバイザーにスーパービジョンをしてもらい，手本の幅を広げ，個人のスーパービジョンのスタイルを発展させることです。

　この基本的な学びは，経験のあるスーパーバイザーを持たず，良質なスーパービジョンの伝統がまだ打ち立てられていない組織にあっては，難しいところです。そのため，良き実践の発展の早期の段階で，幅広い対策をとることが必要でしょう。

- 経験のある専門職員のために外部のスーパービジョンを使うこと。
- スーパービジョンがすでに打ち立てられた組織から，特に新しいスタッフを雇うこと。
- スーパービジョンのトレーニングに行った人びとの間で，ピアスーパービジョンを行なうこと。

　良質なスーパービジョンを受けるということは，積極的なスーパーバイジーとしての技術を学ぶということも必然的に伴います。また，スーパービジョンのトレーニン

第14章　組織内のスーパービジョンの指針とその実践

グが，スーパーバイザーだけに焦点を当てるべきだと信じることは間違いでもあります。スーパービジョンで，どのように必要なものを手に入れるかについてのワークショップや会議は，すべてのスタッフのためであり，スーパービジョンの実践のレベルを向上するための刺激を与えるからです。

　スーパービジョンのトレーニング計画の最後の罠は，そのプログラムが終了したとき，個人の成長に「完了」というチェックマークをつけられた，と信じてしまうことでしょう。スーパービジョンの学びは，スーパービジョンの本と同じように継続的に更新していくことが必要です。トレーニングの性質が変わり，上級のスーパービジョン専門家にとっては，既成の知識にかける時間を減らし，スーパービジョンの実践の中で出てきたことや，新しく生まれた挑戦に対応する内省の空間がさらに必要となるでしょう。新しい挑戦の機会とは，異なった文化からの人びと，異なった専門職の人びと，異なった姿勢の人びととのスーパービジョン，新しい倫理の問題に遭遇したとき，専門家の実践に変化が起こったときなどです。

　スーパービジョンで起こったことから組織が学ぶことができる仕組みをつくるということも大切です。第13章では，組織に組み込まれた学びの道をつくるためのプロセスのいくつかを述べてきました。それらは，スーパービジョンで共有された最前線での経験からであったり，スーパービジョンと効果的な実践の両方についての共同的な知識や知恵からであったりします。

8．ステップ7──継続的な監査と再考察のプロセスを組み込むこと

　個人のスーパービジョンの発展が，継続的プロセスであると同じように，組織と専門家の両方のスーパービジョンの実践と指針の発展もまた，継続的プロセスです。組織は，毎年，組織のスーパービジョンの評価を何らかの形で行なうべきでしょう。完全な評価を毎年行なうのは困難な場合もあります。その場合，完全な評価は3年ごとに行ない，暫定的な評価を組織の計画と評価のプロセスの一部として毎年行なうことにします。

　監査と再考察には，以下のものを含みます。

- どこで，何に対する，そしてどのくらいのスーパービジョンが行なわれているか
- スーパービジョンの質に対するスタッフの満足度
- 実践におけるスーパービジョンの効果の査定
- 組織内での最善な実践の実例
- 専門分野における最善な実践との比較
- 非抑圧的な監査

監査が実践における変化を生むということにおいてのみ、監査には意味があると言えます。完全な監査と再考察は、方針、トレーニング、実践の指針、実際の実践に変化を生み出すべきものです。できる限り、スーパービジョンが以下のような機能を通して、組織の継続的な織り糸として織り込まれていく必要があります。

- 導入プログラム
- 人員補充と昇進の基準
- スタッフの評価
- スタッフの適正な枠組み
- 実践への一般監査と再考察

9．まとめ

　組織へのスーパービジョンの導入は初めの熱意の後、短期間の間に弱まってしまう可能性があります。私たちは、スーパービジョンのトレーニングによって、高い献身度を身につけた参加者の感情が、組織の他の人びとが期待に沿わない反応をする中で、その熱意がフラストレーションに変わるのを見てきました。

　組織全体のプロセスが注意深く計画され、監視されることで、スーパービジョンは、より持続可能な形で確立されます。これには、直面する可能性のある個人的、文化的、組織的な抵抗を予期し、その反対勢力の潜んだニーズに対応する方法を見つけることが必要でしょう。

　スーパービジョンの実践と指針の発展の7段階サイクルは、どのような組織の変化のプロセスにも関連し、その上、変化を導くスタッフのスーパービジョンにも役立つことになります。

第15章
まとめ――開かれた精神を持つこと

ごく最近までグラスゴーの町に，この家庭医にかからずにすむなら，患者たちが他の医者に診てもらうために3時間以上も行列する，という例がありました。この家庭医の配慮や思いやりの欠如，それに長年にわたって「面倒」を見てきた患者への倦怠感が，彼から患者を遠ざけてしまったのでした。しかしそれは，彼の孫息子が白血病であることがわかるまでのことでした。この医師は自分自身の痛みと怒りを通して，次第にまた患者に関わっていくことができるようになりました。なぜこのように，痛みや病気，もしくは死の苦悩を理解してくれるであろうと，私たちが最も期待するような人びとが，自分自身に同じようなトラウマが起こるまで，専門家として，さらには人間としてまでも，そのような期待に背を向けてしまうことが頻繁に起こるのでしょうか。

「明日の社会」ガーディアン紙（The Guardian, 1986）

社会福祉家，代替的医療専門家，医師，教師，看護師，結婚カウンセラーなどにわたる，多くの対人援助の専門職において，最も困難な仕事であり，かつ最も単純な仕事は，痛みと無力感の中にいるクライアントと会うことです。専門家の中には，たとえば，上記のガーディアン紙で紹介された医師のように，自分たち自身の痛みから逃げているので，自分と痛みを持つ患者の間に大きな隔たりをつくらなければならない人たちがいるのです。また，他の専門家たちは，自身のストレスをクライアントに投影し，クライアントの置かれた状況を改善する必要性を通して，自分自身を保護するのです。

クライアントが自分に近づき過ぎると，医師は処方箋用紙に手をのばし，社会福祉家はアドバイスを与えがちになり，保護監査官は契約書を書き始め，自分たちなりにその痛みを拭い去ろうとするのです。クライアントの痛みと傷が手に負えなくなり，自分自身の内にある傷に直面できるようになるまでの臨時的な除去手段として，ときに，これらが必要になることもあります。しかし専門家は，自分たちの必要性で状況を改善する方法へと急ぎ過ぎることを，痛みと苦痛に耐えて座っていることのできないクライアントのためにではなく，むしろ，自分たちのためにそうしてしまうのです。クライアントは，自身の痛みと何年も人生を共にしてきたので，おそらく，本人の痛みに耐える能力は，スーパーバイジーのその能力に比べればたいへん高いものであることを，スーパーバイジーに思い起こさせる必要があるのを私たちはよく感じます。

第4部　組織的なアプローチ

　起こっていることに「寄り添う」ということを実践できるセラピストは沢山いることでしょう。ウィニコットは，「私たち（セラピスト）が待つことさえできれば（そして解釈しようとする個人的要求に抵抗することさえできれば），患者は創造的な形で理解へとたどり着くのだ」と述べています（Winnicott, 1971）。

　多くの痛みと傷がはびこる世の中で，私たちが英雄的にあらゆることを改善しなければならないという信条にかられてしまうと，私たちは圧倒され，すぐに燃え尽きてしまう場所に行き着いてしまうでしょう。しかし，この現実に専門的な防衛をもって立ち向かうとすれば，症状は治せるかもしれませんが，これらの症状を通してコミュニケーションをとろうとする人に出会ったときには，支援することに失敗してしまいます。その中間点にとどまるには，自分の影，恐れ，痛み，苦痛，失望感などに直面する道にとどまること，そして私たちが唱えるところを実践するという責任をとることが含まれます。このことは，自分たち自身への支援，資源をとりつけるシステムを管理し，単に安心させてくれるだけではなく，私たちの防衛に挑戦してくれる友人や同僚を見つけ，「ドラマチックな三角関係」から「有益な三角関係」へと抜け出し，誰がクライアントを治すことに最も能力を示すかを見いだそうと密かに話し合うのではなく，私たちが共に働く人びとがはまり込んでいる真の状況に注意を向けるような，スーパーバイザーやスーパービジョンのグループを見つけ出すということを意味するのです。

　クライアントと次に何をするかの検討だけに夢中になってしまうスーパーバイジーとのスーパービジョンの経験が，私たちにはしばしばあります。スーパービジョンの中では，スーパーバイジーはクライアントの管理のための良き答えと良き技術を探すことから始めますが，クライアントへの自分の対応を見つめだしたときに，本当の進展は起こるのです。たとえば，あるスーパーバイジーは，クライアントを通して表現される自分自身の様相に恐れていることに気づいたり，クライアントによって，自分自身の人生における誰かを思い出したり，自分自身の内にある過去の苦痛が再び刺激されたり，または，クライアントの問題に対して強い反対の反応を生むかもしれません。

　これが十分に探究されたときには，次のセッションでスーパーバイジーは，クライアントを管理するような新しい策は必要なかったばかりでなく，「まるでクライアントがスーパービジョンを聞いていたかのように，ごく簡単にクライアントとのセッションが進められた」ことを，いくらかの驚きを持って報告することでしょう。「遠隔からの癒し」と表現する人もいるでしょうが，もっと単純に言えば，クライアントが話す必要のあることを援助者も聞く準備が整ったということに，クライアントが気づき素早く反応したのだと，私たちは信じます。

　ジャンポルスキーは，自己スーパービジョンを通して，自分の心構えができていることが直接的かつ即時的にクライアントに影響を与えた例を，次のように語っています（Jampolsky, 1979）。

第15章 まとめ─開かれた精神を持つこと

　スタンフォード病院がまだサンフランシスコにあった，1951年の話です。
　そのときの状況は，私が恐怖によってとらえられ，動けなくなったときのものです。私は精神的な痛みを感じ，これから襲ってくるであろう身体的な痛みに怯えていました。過去の出来事が現在の自分の知覚に影響を与えているのは，確かでした。
　ある日曜日の午前2時に私は，精神科の閉鎖病棟にいる患者の様子が急変したので診るようにと，電話で呼び出されました。その患者は，前日の午後に急性の統合失調症の診断で入院したので，私はまだ会ったことがありませんでした。私が彼に会う10分ほど前に，彼はドアの木製の枠を取り外してしまいました。ドアの小さな窓からのぞくと，彼の身長は190センチ，体重は130キロほどあると見えました。彼は，部屋の中を裸で走り回り，釘が突き出した大きな木の破片を手にして，わけのわからないことを口走っていました。私は，本当にどうしていいのかわかりませんでした。せいぜい150センチほどの身長の男性看護師が2人，「先生，私たちは先生のすぐ後ろにいますから」と言ってくれましたが，私はまったく安心できませんでした。
　窓から観察を続けていると，患者が恐れをなしていることに気づき始めました。そして，どれだけ自分も恐れを抱いているかということが，私の意識の中に流れ始めました。突然，結束をもたらしてくれるかもしれない共通のつながり，つまり双方とも恐怖を抱いているというつながりが，そこにあることに気づいたのです。
　他にどうしたらいいのかわからなかったので，私はぶ厚いドア越しに，「私は，医師のジャンポルスキーです。この中に入ってあなたを助けたいのですが，怖いのです。もしかすると怪我をしてしまうかと心配なのです。あなたが私に怪我をさせるのではないかと不安なのです。そして，あなたも私のことが怖いのではないかと思うのです」と叫びました。すると患者はこれに反応してわけのわからないことを言うのをやめ，こちらを向いて，「そうなんだ。怖いんだ」と答えました。
　私は，彼に自分がどれだけ怖いかを叫び続け，彼もどれだけ怖いかを叫び返しました。私たちは，互いに相手のセラピストとなったのです。話を続けるにつれて恐怖は消え，私たちの声は落ち着きを取り戻しました。彼は，私がひとりで部屋の中に入るのを許してくれ，私は彼と話をし，いくらかの服用薬を与え，立ち去りました。

　ジャンポルスキーは最近の著書の中で，あらゆる治療的な仕事において，自己と他者の両方からの許しを得るということの大切さについて書いています（Jampolsky, 1999）。
　この本で私たちは，他者を支援したいという動機を探るというところから始めました。私たちは，これを自己スーパービジョンの始まり，自己の実践について問いかける能力と熱意であると考えます。まず，いささか素直ではない動機について注意して見てみます。それは，人間が基本的に素直ではないと言っているわけではなく，動機を探ることで，さらに自分自身に素直になることができるようになり，そしてそのことによって，私たちのクライアントに対しても正直になれるということなのです。
　この動機を探ることから出発し，継続的な感情面での成長への関与の必要性を経

て，第3章では，仕事において，どのように学びを継続し，さらに成長するかを探究しました。そして第4章では，私たち自身のための支援とスーパービジョンの必要性に対して行動を起こす方法について見てきました。効果的なスーパーバイザーの基本となる，効果的なスーパーバイジーになることを学ぶための技術があることを強調しました。

第2部（第5章から第9章）においては，スーパーバイザーになることにおいての多様な課題について紹介しました。スーパービジョンのプロセスと枠組みの理解の中から生まれてくる案内図とモデルや，関係性における境界，効率的なスーパービジョンに必要な技術，異なったタイプのスーパーバイザーたちのためのトレーニングを確立する方法，などです。この説明の中で私たちは，アプローチをひとつに限定せず，むしろ，それぞれのスーパーバイザーが，個人のスーパービジョンのスタイルを確立するプロセスについて考えていく必要があるという，さまざまな選択肢と課題を提示しました。選択するスタイルは，専門分野，スーパービジョンが行なわれる組織，スーパーバイジーの発達レベルと必要性，そしてスーパーバイザーの性格などを考慮に入れるべきでしょう。

また第3部（第10章から第11章）においては，グループ，ピアグループ，チームワークにおけるスーパービジョンについて探究しました。それぞれのスーパービジョンのメリットとデメリットについてや，グループダイナミクスとチームの成長と共に働きかける必要のある項目について見ていきました。

しかし，スーパービジョンが孤立した場所で行なわれることはないので，第4部（第12章から第14章）は，スーパービジョンが行なわれる組織の文脈を検討するということに費やしました。私たちは，組織内の「文化」の見方と，対人援助組織にはびこる典型的な文化の機能不全の例をいくつか書き出しました。単に正式なセッションだけではなく，実践の文脈においても不可欠のものとしてのスーパービジョンを支え，継続させていくような環境を持つ，学びの文化を確立する大切さについて見ていきました。私たちは，組織の中でのスーパービジョンの方針と実践の導入方法と，変化のプロセスについて書き出しました。

この本を書くに当たり，感情と理性の統合，個人的なものと組織的なものの統合，そして，スーパービジョンの発展，資源，質の統合の必要性を強く訴えてきました。これらを統合する努力は，常に理解し，取り組む必要のある，創造的な緊張というものを提供し続けるでしょう。

私たちが追求し，発展させた方法論は，エクシュタインとウォラーシュタインによって最初に提唱された，スーパービジョンに対するプロセス中心型アプローチで，これは，クライアントとカウンセラー，あるいはスーパーバイジーとスーパーバイザーの間の相互作用に重きを置いたものです（Ekstein & Wallerstein, 1972）。このアプローチで，私たちは，クライアントもしくはスーパーバイジーのみに焦点が二極化す

ることを避け，むしろ，スーパーバイジーにより持ち込まれた内容とスーパーバイジーとスーパーバイザーの間で生まれたプロセスの中での両方において，スーパーバイジーとクライアントの間の関係性がどのように浮かび上がるかに焦点を当てています。

　この本を通して，私たちがある特定の仮説，すなわちスーパービジョンは価値あるものだという仮説に基づいて論じてきたことは，よく理解しています。私たちはときおり，仕事における充実感は，自分の受けるスーパービジョンに関連しているという証拠を引用し，スーパービジョンを通して変化が起こったケースを引き合いに出し，さらに，理論と個人的な逸話の両方を含めてきました。究極的に，リオックが次のように語っています（Rioch et al., 1976）。

　　　対人援助の仕事において，その費用を勘定したり，結果を測定したりすることはできないという事実から，私たちは逃れることはできない……本当のところ，私たちは，信念に基づいて行動しているということ——それはクライアントを信頼し，私たちがスーパーバイズする働き手を信頼するということである。ときに，この信念が間違った位置に置かれたり，技術や経験にもかかわらず複数の失敗をおかすことは，本当はあまり問題ではないのである。他の信仰と同様に，それは目に見えず，耳に聞こえないものの上に築かれているが，この信念は存続するのだ。基本的に，それは真実に価値をおく信念であり，究極的な真実という，本質を明らかにする大文字の「Truth（真実）」ではないが，日常的に起こる自己のごまかしや，自分自身や他人に対する尊敬の念を壊してしまうような，大きな脅迫的な妄想とは正反対のところにある真実である。

　真実に寄せる深い関心は，どのような技法や理論的なアプローチより大切なものだと，私たちは信じています。いずれは，自分自身の深いところから行動を起こさなければならないときがきます。それは，おそらく危機に直面したり，私たちを徹底的に試してくるクライアントや，自分ととてもよく似たクライアントに出会うことによってでしょう。このような場合における正しい行動は，以前からの確信のすべてに逆らったものになるかもしれません。修道院に規則はありますが，指導者は常に法の圧政に反対するように警告しました。「忠誠は，規則を守るが，愛は，それをいつ破るのかを知っている」のです（De Mello, 1985）。

　コーチや助言者をスーパーバイズする人びとの技術と能力の必要性について詳細に書いたホーキンズとスミスは，他者に敬意と情熱を持って真実を述べる勇気である「恐れなき思いやり」が最も大切な素質であると強調しています（Hawkins & Smith, 2006）。感動する例のひとつは，1990年代の南アフリカにおける政変後に，真実と和解の裁判の議長を務めたデスモンド・トゥトゥ大司教によるものです。2006年3月にBBC放送が，ある宗教団体が他の団体の人びとを殺害した，北アイルランドにおけるプロテスタントとカトリックの間の初めての会合を，デスモンド・トゥトゥ大司

教がスーパーバイズするという「デスモンド・トゥトゥ大司教の真実への直面」という題の3本の映像を流しました。この会合でトゥトゥ大司教は，常に「恐れなき思いやり」を実演していました。彼の全存在が，愛と敬意そのものだったのです。彼は，人びとが同じ部屋でストーリーを語ることに感謝しました。彼にはそれ以外の議題はありませんでした。彼は変化や結果などは求めず，人びとが真実を述べることだけを求めたのです。彼は双方の，そして，その関係性の中に起こった痛々しい真実に完全に寄り添っていました。

良質なスーパービジョンは，愛情と同じように，教えることはできないというのが私たちの信じるところです。私たちがこの本の中で提示した理解，案内図や技術は，自己質問や疑いのときにスーパーバイジーとスーパーバイザーの両方を守ることはできないし，また守るべきではないでしょう。危機や疑問を持ったときにスーパーバイジーを抱え，支援するのは，すでに確立されたスーパーバイザーとスーパーバイジーの関係性の質なのです。私たちが個人的にどのようにスーパーバイザーとスーパーバイジーに関わるかが，単なる技術より重要であり，すべての技術は良き関係性の中にこそ存在するのです。「どのようなアプローチや理論が使われようとも，最終的にスーパービジョンが効果的か否かを決めるのは，スーパーバイザーとスーパーバイジーの間の関係性の質による」というハントに同意します（Hunt, 1986）。

この関係性は，援助者に器を与え，第1章で示したような治療の三角形を形づくるのです。どのような関係性にもあるように，この関係性にも困難はあります。しかし，困難なしにはクライアントへの取り組みは不完全だと考えます。

ドナルド・ウィニコットの業績を祝う第4回会議の講義で，マーガレット・トネスマン博士は次のように強調しました（Tonnesmann, 1979）。

> 援助専門分野における人との出会いは，本質的にストレスの多いものである。生じたストレスは受け入れられ，患者やクライアントに対する理解のために使われるのです。しかし，私たちが従事する組織において，人との出会いに適正に対応することができなければ，私たちの感情的な反応は衰えていきます。防衛的な駆け引きが最も重要となってしまい，癒しを妨げ，治療までもが科学的な方法，専門的な技術，そして組織の権限で管理されてしまいます。私たちが逆に，クライアントや自分自身の感情の現実と触れ合い続けることができた場合には，人との出会いに癒しを経験することがきるだけでなく，クライアントや私たち自身の経験を豊かなものにすることができるのです。

良質なスーパーバイザー関係というのは，私たちが自分自身とクライアントに対して開いた心と精神を持ち続けることを確実にするための，最良の方法であると言えるでしょう。

翻訳者あとがき

　対人援助を生業とするような専門職につく者にとって，スーパービジョンが非常に大切なものとなるということは，すでに多くの場面で語られています。人を支援することの難しさは，技術的なところにあるだけではなく，人の人生に関わっていくに当たって多面的な視点が必要ともなるからです。ものの見方，状況の把握の仕方，介入の方向性などについては，さまざまな可能性があります。そのときの判断の優先順位も，理論的な立場が影響を及ぼしますが，個人的な好みやその個人の成長過程によっても影響を受けます。また，対人援助を行なう組織の特徴からも影響を受けることでしょう。つまり，人を支援するために私たちが実践していることは，表面的に見えるものによって単純に良し悪しを判断できるようなものではないのです。ところが，自分の実践を振り返るという行為は，その専門職が置かれている社会的な位置づけからもたらされる視線に晒されるということですので，自分自身が自分に向ける視線が一番厳しくなったりもします。そのため，自分の実践を不十分に感じてしまうことも稀ではありませんし，ときには，自分の資質の不足という懸念が深まることもあるでしょう。

　また，対人援助という職務の性質上，自分のことはさておき「人のために」何かすることが第一義的なことになってしまいがちです。そのような中で自分自身の健全性をしっかりと確保することも大切なのですが，仕事への責任を十分に感じれば感じるほど，自分のことに注意を向けることは難しくなります。特に，職務明細書によって自分の仕事の境界を明確にする習慣があまりない日本の場合，どこまですれば自分の責任を果たしたことになるのか把握しにくいため，自分の専門職に恥じないように，身を粉にして働くという状況に陥ったままになりやすいでしょう。最悪の場合，そのような仕事は自分には向いていないのだと，その職を離れたり，その職に対する熱意を失ったりして，ただ業務をこなすだけになってしまうこともあるでしょう。

　このような職務についている人は，スーパービジョンという場でこそ，自分が対応しているクライアントを見つめ直し，そのときの自分の状態，判断，考えなどにも，客観性を持っていくことが可能となります。このことに十分に取り組むためには，何よりもまず，スーパービジョンという場に安心感が必要となります。安心感があってこそ，自分の壁を取り除き，自分の実践をしっかりと見つめ，クライアントへの支援の質を向上させるだけでなく，自分の研鑽を行なっていくことができるのです。大体，自分の欠点や未熟さ，不備が含まれることを正直に話すことができるのは，スーパーバイジーの力に頼るだけでは難しく，そのように導いてくれる場が不可欠になるのです。

　そして，このようなスーパービジョンの存在は，対人援助という実践に組み込まれ

翻訳者あとがき

ている必要があります。これは，一生に何度食べるかわからない西洋料理のフルコースのようなものではなく，日々の臨床活動の中に組み込まれている，日常，気軽に食べることのできる大衆食堂のようなものであるべきだと，私は理解しています。日々の臨床における悩みや方向性を，安心できる相手に，声に出して説明し，自分が何に悩み，どのような方向性を求めているかについて，再確認していくことは，貴重な機会となります。それは，たぶん，自分だけの振り返りでは，なかなか到達できないところがあるからなのでしょう。相手がいることによってこそ，得られるものがあります。この可能性は，対話という場をクライアントに提供するカウンセラーが気づいているべきでもあります。自分の発した言葉が相手から返ってくることによって，その言葉が意味することを噛みしめることができるのです。

　このようなことを理解した上で，私には，この本を訳して日本の読者に紹介したいという，はっきりとした動機がありました。それは，スーパービジョンまたはスーパーバイザーにまつわる神秘性を取り除くことです。「スーパービジョン」や「スーパーバイザー」という言葉だけが存在しており，実態がなかなか見えてこないことを，常々感じていました。実際にスーパービジョンを受けている人がどれほどいるのかわかりませんし，誰がスーパービジョンを提供しているのかもよく見えませんでした。そして，スーパーバイザーになるための講座もない以上，どうやってスーパーバイザーになっていくのかも不明瞭であると感じていたからです。

　この本は，ピーター・ホーキンズとロビン・ショエットによる『Supervision in the helping professions (3rd Edition)』の全訳です。この本が，日本の読者に紹介するに値するものであると考えたのは，この本のスーパービジョンのモデルが優れているからだけではありません。それは，スーパービジョンにまつわる諸問題を広範囲にわたって言語化してくれているので，スーパービジョン，スーパーバイザー，スーパーバイジーをまな板の上に載せてくれたと感じられるからです。

　この本は，スーパービジョンに関する文献の中で，引用されることが多い，ポピュラーな本です。スーパービジョンを専門に研究しているニュージーランド人の教授にこの本を紹介してもらいました。そのため，ある程度，スーパービジョンに対する標準的な理解を得ることができます。また，スーパーバイジーとして，どのようにスーパービジョンを受けるのだろうかという点から始まり，スーパーバイザーになるための入門書ともなっています。スーパービジョンのモデルも，いろいろな点で参考にできるモデルを提供しています。少なくとも，スーパービジョンはただ受動的に受けるだけのものではない，という考えも理解していただけると思います。

　日本において，スーパービジョンを受ける場所を手軽に見つけることができないのは，スーパービジョンを提供できる臨床家の不足という視点だけでは不十分です。多

翻訳者あとがき

くの臨床家が,「自分なんかまだまだ」と,自分自身に「スーパーバイザー」という称号を与えることは,恐れ多いと感じているということについても,考えていかなければなりません。

なぜ「スーパービジョン」または「スーパーバイザー」という存在に対してこのようなことが起きるのでしょうか？　私は,「スーパービジョン」や「スーパーバイザー」という存在が「神秘のベール」に包まれているからである,と考えています。スーパーバイザーといっても,他の人がどのようにしているのかも見たことがないし,スーパービジョンに関する理論体系や実践記録がそれほど出版されているわけではないのです。出版されているものは,実態をあからさまにするための言語化と言うよりも,さらに神秘性を高めるものでしかないものもあります。「スーパー」という言葉もその傾向に拍車をかけているのかもしれません。そのため,私が興味を持って取り組んでいるナラティヴセラピーでは,共同作業という意味合いを強く出していきたいという狙いからでしょう,スーパービジョンではなく,コビジョン（Co-vision）という言葉を使ったりしています。

さて,このような状況においても,スーパーバイザーとして,自分のできる範囲で,できる限りのことを,自分のもとを訪れたスーパーバイジーのために提供したいという意図は十分あるでしょう。しかし,「神秘のベール」がスーパーバイザーにとって厳しいのは,そのベールが,自分の実践が適切なものかどうかを判断する基準さえも不透明にしてしまうからです。自分が以前に指導を受けた経験をもとにしたり,自分の試行錯誤や,感覚を頼りに何とかやっていくしかないのでしょうが,それが「正当性」を持っているかどうかの確信を持つことは難しいままになってしまいます。

対人援助職につくことを希望する人が年々増加しています。初期の教育や訓練を終え,資格を取っただけで,対人援助職を十分にこなしていけるようになると,期待することはできないでしょう。それは,初期教育や訓練機関の不十分さという意味ではなく,臨床の現場に出てからでないと,ある領域の訓練は成立しないということに由来します。しかし,日本の場合,研修は初期のものにほぼ限られてしまいます。その研修も,一対多数という図式の場面が多い以上,その人その人に即したものを扱うには不十分です。そこで,スーパービジョンのような機会が求められるのです。そこでは,その人の経験や成長に応じ,その人の特性を考慮した上で,クライアントへの援助を最大限とするための,検討がなされていきます。そのような環境が与えられてこそ,対人援助職を,健全性を維持しながらこなし,自分自身の成長を狙うことができるのです。

そのためには,スーパーバイザーを神秘の座から引きずりおろし,その実態を見つめ,身丈に合ったものとして理解する必要があります。特定の恵まれた能力を持った人だけができるものであるという理解は,今後の日本の心理臨床の足かせになっていくでしょう。そのためには,実態を見つめ,しなければならないことを言語化してい

翻訳者あとがき

く必要があります。言語化してこそ，その項目について検討を加えることもできます。スーパービジョンには「非常に高度な技術と経験が必要とされる」というような漠然とした声明文だけでは，どこから手をつけていいのかもわからなくなってしまいます。初心者のスーパーバイザーでも始められる領域があるのだ，という理解があって初めて，この領域に入っていく人を確保していけるのです。

そして，そこから，スーパーバイザーのためのトレーニングという非常に大切な問題を扱えます。臨床経験を積むことによって，「自然と」スーパーバイザーになるための土壌や技術が育つわけではありません。スーパービジョンを提供できるようになるための訓練というものも検討することができるはずなのです。考えてもみてほしいのですが，恐れ多いスーパーバイザーのために，誰が研修機会を企画することができるでしょうか。それに，一体誰が講師となれるというのでしょう。つまり，スーパーバイザーが多くの人のとって身の丈に合うものと感じられるようになって初めて，私たちはスーパーバイザーの養成ということに着手できるのです。

それでは，初心者のスーパーバイザーでも始められる領域とはどのようなものでしょうか。今後，多角的な検討が必要となりますが，現時点では次の2つが重要になると考えています。それはスーパービジョンでは，(1) スーパーバイジーが自分の臨床活動をスーパーバイザー（第三者）に話す機会を持つことにより，自らの臨床行為を省みていく機会を提供することと，(2) スーパーバイジーのセイフティネットとして機能することです。クライアントの身に何かあったとき，予期しない対立に巻き込まれたとき，厳しいフィードバックをもらったときに，その体験をしっかりと聞いてもらえる機会を提供する。また，必要なときにはその他のリソースにスーパーバイジーをつなげていくことです。最低でも，経験の浅い心理臨床家に，このような支援を確保しておくことは，専門家コミュニティーにとって重要であると共に，養成機関にとってもこのような環境が準備されていることは，安心感につながるでしょう。

また，このようなところをスーパービジョンのベースとすることは，スーパービジョンの技術が独立したものではなく，自分たちが対人援助職の専門家として訓練を受けてきたものを活用することへの重要性を常に思い出させてくれます。本文中で引用されていますが，カリフィオとヘスが，「理想的なスーパーバイザー」の資質を検討する際にさまざまな文献を参照したところ，この資質というものは，理想的な心理療法士と同様なものが，違った形で用いられることを見いだしたということです。それらの資質とは，ロジャーズの共感，理解，無条件の肯定的配慮，調和，真正さであったり，コッシュの温かみと自己開示であったり，柔軟性，気遣い，配慮，信頼，好奇心，あるいは率直さなどです。このようなものが，先ほど述べた安心感に繋がるのでしょう。そして，この辺の領域からであれば，自分でも始められるかもしれないと思う人がもっと出てくるのではないかと考えます。

鹿児島県臨床心理士会では，2010年度より「鹿児島県臨床心理士会スーパービジ

ョンモデル」の試行を始めています。スーパービジョンを「推奨されるもの」として皆に位置づけましたが，特に，臨床経験の短い（5年未満）臨床心理士に対しては，「強く推奨されるもの」としています。その上で，スーパーバイザーとなるための敷居をあまり高くせず，ある程度の経験者にはスーパーバイザーとして活動していく意識を持ってもらうように働きかけ，スーパーバイザーとしての経験を積むための期間を設けました。この期間を「インターンシップ・スーパーバイザー」と呼び，スーパーバイザーとしての経験を積んでいくことができます。このモデルで，スーパービジョンの機能領域を上で説明した2つに絞ることによって，スーパーバイザーを確保し，スーパービジョンを受ける機会を増加させることを狙っています。

このような取り組みの中で，スーパービジョンを受ける人の数は多くなっており，自分ぐらいの立場になれば，インターンシップ・スーパーバイザーとして活動しなければいけないという声も聞こえるようになってきました。また，このモデルは特定の理論的立場を支持しているようなものではないので，理論的な立場の対立にも巻き込まれずにすみます。

このような取り組みが試行錯誤されてもよい時期ではないでしょうか。北米のあるカウンセラーと話をしたときに，日本でスーパービジョンを受けるかどうかは，ほぼ現場や個人の判断に任されていると話をしたところ，新人をスーパービジョンなしに心理療法を行なわせることの倫理的な問題を指摘されました。私が所属するニュージーランドカウンセラー協会では，臨床活動を行なっているすべてのカウンセラーに，スーパービジョンを必須のものとして位置づけています。この際に，カウンセラーの経験年数によって，スーパービジョンが免除されるということはありません。スーパービジョンをシステム化することには，さまざまな責任問題が含まれることは理解できますが，そのままシステムを存在させないことに対して，倫理的責任が生じていることを忘れてはいけないと考えています。

そしてこの本が，スーパービジョンのあり方，システムへの模索，スーパーバイザーのトレーニングなどについて，より具体的な議論を交わすときの，たたき台となる可能性を感じています。どのように料理していくのかについては，日本という文化，その専門職の位置づけ，組織の特徴なども加味していく必要があるでしょう。しかし，この本を読んでいただければ，スーパービジョンにおけるスーパーバイザーとスーパーバイジーを，日本の師匠対弟子，先生対生徒，先輩対後輩というような安直な構図に据えることは，かなり深刻な問題をもたらすであろうことが，理解されると思います。それでは，これにどのような関係性を持たせていき，スーパービジョンでは何をどのように扱うのでしょうか？　これに対して，相当の実務経験と試行錯誤，それに伴う議論が必要となると，私は考えています。単に，教育機関の延長ではない性質のものを，このスーパービジョンに持たせる必要性があるでしょう。それが，具体

翻訳者あとがき

的にどのようなものかの検討を始めていきたいのです。そして，それをするためには，スーパービジョンをもっと一般的なものとして，まずは，スーパーバイザー同士でお互いの悩み，ジレンマ，ニーズについて話す機会を持つ必要があると考えているところです。

　この本を読んで，感想や意見などお持ちになりましたら，是非，翻訳者たちまで連絡をしてください。書物という一方通行になりがちな媒体を超えて，この本が双方向性を持つやりとりへのきっかけとなることを願っています。

　翻訳作業は，非常に地道で，忍耐を試されるものであると痛感しています。私にとっては，共同翻訳者の存在はなくてはならないものです。ここに，バーナード紫さんと奥村朱矢さんへの謝辞を記しておきたいと思います。訳文の質という点に関して，バーナード紫さんの存在に大きく依存している状況です。また，奥村朱矢さんは今回が初めての翻訳でしたが，多忙の中，対応していただきました。今後もまた一緒に作業できることを切望しています。そして，北大路書房には出版に当たって大変なお世話になりました。特に，残念ながら出版の途中で退社されてしまいましたが，木村健さんには今回も大変にお世話になりました。翻訳面に関する技術的な側面だけでなく，精神的な支えにもなってくださったことを感謝しています。その後，本書を担当していただいた薄木敏之さんにもていねいに校正していただき，感謝しています。

国重浩一（ニュージーランド・ハミルトン市にて）
メールアドレス：kou_kunishige@hotmail.com

付録
英国カウンセリング・心理療法協会(BACP)におけるスーパーバイザーの基準

■ カウンセリング・スーパーバイザーの認定基準

● はじめに

候補者は，この基準に基づき，個人，グループ，または両方のカウンセリング・スーパーバイザーとして認定される。

■ 一般的な手順

● 基準

一般的な手順による，カウンセリング・スーパーバイザーの認定基準の必要条件を，以下に示す。

候補者

1 現在，BACPの個人会員であること。
2 優れたカウンセリング・心理療法を実践するための協会倫理基準に沿って従事しており，これからも，この規範内で従事し続けることを公約すること。

カウンセリング経験

3 BACP認定カウンセラーであること，もしくは（BACPによって規定される）同等の資格を所有すること。
4 3年以上にわたり，クライアントと600時間以上の面談を行なっていること。
5 安全かつ効果的なカウンセリングを実践する能力を，カウンセリング・スーパービジョンにおいて示すことができること。
6 専門家として継続的な成長を続けていることの証明を提示することができること。

スーパーバイザー経験

7.1 次の要件のいずれかを満たすこと。
- スーパービジョンについて十分で，構造化されたトレーニングプログラムを規定通り修了していること。
- 優れたカウンセリング・心理療法を実践するためのBACP協会倫理基準を自分の実践に適用することを確実なものとするための学習プログラムに，自分のスーパーバイザーと共に，取り組んでいることを証明できること。

付録

・全国的に認められたカウンセリング・スーパービジョンの適正基準に達していること。

7.2 現在，カウンセリング・スーパーバイザーとして従事していること。

7.3 カウンセリング・スーパーバイザーとして最低2年間の実践経験があること。

7.4 7.3項において，より経験のあるカウンセリング・スーパーバイザーから定期的なスーパービジョンを受けていること。

7.5 申請書の提出に先立って，3年間以内に，最低180時間のスーパーバイジーとの面談を終了していること。

8 幅広い経験があることを証明できること（たとえば，訓練生や経験を積んだカウンセラーとの共同作業，カウンセリング・スーパービジョンの関係を開始し，維持し，完了したことなど）。

9 クライアントの安全を促進するために，カウンセリング・スーパーバイザーとしての権限を施行した方法についての証拠を提示することができること。

10 実践において自分が利用する，公認の理論的枠組みの証拠を提出することができること。

11.1 実践を支える価値観，信条，仮説に対する気づきを示すことできること。

11.2 自己規制する能力を証明することができること。

■ 経験に基づく手順

● 基準

経験に基づく手順による，カウンセリング・スーパーバイザーの認定基準の必要条件を，以下に示す。

候補者

1 現在，BACPの個人会員であること。

2 優れたカウンセリング・心理療法を実践するための協会倫理基準に沿って従事しており，これからも，この規範内で従事し続けることを公約すること。

カウンセリング経験

3.1 BACP認定カウンセラーであること，もしくは，BACPカウンセラー認定のための過去の資格を提示できること。たとえば，BACPフェロー（特別研究員），COSCA認定カウンセラー，英国心理療法理事会の登録者，英国心理協会公認カウンセリング心理学者，もしくは英国心理療法士連盟の登録者であること。

3.2 クライアントと600時間以上の面談を行なっていること。

3.3 安全かつ効果的なカウンセリングを実践する能力を，カウンセリング・スーパービジョンにおいて示すことができること。

4 年間最低50時間を，カウンセラーとして，スーパービジョンを受けながらの実践を行なっていること。

スーパーバイザー経験

5.1 7年間，カウンセリング・スーパーバイザーとして従事したこと。

5.2 現在，カウンセリング・スーパーバイザーとして従事していること。

5.3 3年間以内に，最低180時間のスーパーバイジーとの面談を終了していること。

6 幅広い経験があることを証明できること（たとえば，訓練生や経験を積んだカウンセラーとの共同作業，カウンセリング・スーパービジョンの関係を開始し，維持し，完了したことなど）。

7 クライアントの安全を促進させるために，カウンセリング・スーパーバイザーとしての権限を施行した方法についての証拠を提示することができること。

8 実践において自分が利用する，公認の理論的枠組みの証拠を提出することができること。

9 実践を支える価値観，信条，仮説に対する気づきを示すことできること。

10 自己規制する能力を証明することができること。

参考文献

Abrams, D. (1996). *The spell of the sensuous*. New York: Random House.
Ahmad, B. (1990). *Advanced award for supervisors: Implications for black supervisors*. London: CCETSW.
Albott, W. (1984). Supervisory characteristics and other sources of supervision variance. *The Clinical Supervisor*, 2 (4), 27–41.
Aldridge, L. (1982). *Construction of a scale for the rating of supervisors of psychology*. Auburn University, USA.
American Association for Counseling and Development. (1989). *Standards for counseling supervisors*. AACD.
Argyris, C. (1982). *Reasoning, learning and action: Individual and organizational*. San Francisco: Jossey-Bass.
Argyris, C. & Schon, D. (1978). *Organizational learning*. Reading MA: Addison-Wesley.
Arundale, J. (1993). *Psychotherapy supervision: Impact, practice and expectations*. University of London.
Association for Counselor Education and Supervision. (1989). *Standards for counseling supervisors*. Alexandria, VA: ACES.
Association for Counselor Education and Supervision. (1993). *Ethical guidelines for counseling supervisors*. Alexandria, VA: ACES.
Badaines, J. (1985). Supervision: Methods and issues. *Self and Society: Journal of Humanistic Psychology*, XIII (2), 77–81.
Bandler, R. & Grinder, G. (1979). *Frogs into princes: Neuro linguistic programming*. Utah: Real People Press.
Bartell, P. A. & Rubin, L. J. (1990). Dangerous liaisons: Sexual intimacies in supervision. *Professional Psychology: Research and Practice*, 21 (6), 442–50.
Bateson, G. (1972). *Steps to the ecology of mind*. Chicago: University of Chicago Press. 佐藤良明（訳）(2000). 精神の生態学 改訂第2版 新思索社
Bateson, G. & Bateson, M. C. (1987). *Angels fear: An investigation into the meaning of the Sacred*. London: Rider. 星川淳・吉福伸逸（訳）(1992). 新版天使のおそれ——聖なるもののエピステモロジー 青土社
Bath Consultancy Group. (Unknown). *Expanding your range of emotional expression and communication skills*.
Beebe, D., Jaffe, J., & Lachmann, F. M. (2002). A dyadic systems view of communication. In N. Skolnick & H. Warshow (Eds.), *Relational perspectives in psychoanalysis*. New Jersey: The Analytic Press.
Belbin, M. (1981). *Management teams: Why they succeed or fail*. London: Heinemann.
Bennett, M. J. (1993). Towards ethnorelatativism: A developmental model of intercultural sensitivity. In R. M. Paige (Ed.), *Education for the intercultural experience* (2nd ed.). Yarmouth, ME: Intercultural Press.
Bennis, W. & Nanus, B. (1985). *Leaders: The strategies for taking charge*. New York: Harper Row.
Bernard, J. M. (1979). Supervisor training: A discrimination model. *Counselor Education and Supervision*, 19, 60–68.
Bernard, J. M. (1994a). Ethical and legal dimensions of supervision. In L. D. Borders (Ed.), *Supervision: Exploring the effective components*. Greensboro: University of North Carolina.
Bernard, J. M. (1994b). Multicultural supervision: A reaction to Leong and Wagner, Cook, Priest and Fukuyama. *Counselor Education and Supervision*, 34, 159–71.
Benard, J. M. & Goodyear, R. (1992). *Fundamentals of clinical supervision*. Boston: Allyn & Bacon.
Bion, W. R. (1961). *Experiences in groups*. London: Tavistock.
Bion, W. R. (1973). *Brazilian Lectures 1*. Rio de Janeiro: Imago Editora.
Bion, W. R. (1974). *Brazilian Lectures 2*. Rio de Janeiro: Imago Editora.
Blake, R., Avis, W., & Mouton, J. (1966). *Corporate Darwinism*. Houston, Texas: Gulf Publishing.
Bohm, D. (1980). *Wholeness and the implicate order*. London: Routledge & Kegan Paul.
Bohm, D. (1987). *Unfolding meaning*. London: Routledge & Kegan Paul.
Bohm, D. (1989). Meaning and information. In P. Pylkkanen (Ed.), *The search for meaning*. Northamptonshire: Crucible/Thorsons.
Bohm, D. (Ed.). (1994). *Thought as a system*. London, UK: Routledge.
Bond, M. & Holland, S. (1998). *Skills of clinical supervision for nurses*. Buckingham: Open University Press.
Bond, T. (1993). *Standards and ethics for counselling*. London, UK: Sage.
Borders, L. D. (1994). *Supervision: Exploring the effective components*. Greensboro: University of North Carolina.
Borders, L. D. & Leddick, G. R. (1987). *Handbook of counseling supervision*. Alexandria, VA: Association for Counselor Education and Supervision.
Boyd, J. (1978). *Counselor supervision: Approaches, preparation, practices*. Muncie, Indiana: Accelerated Development.
Bramley, W. (1996). The Supervisory couple in broad-spectrum psychotherapy. London: Free Association Books.
Brinkmann, U. & Weerdenburg, O. V. (1999). *The intercultural development inventory: A new tool for improving intercultural training*. Paper presented at the Sietar Europe Conference, Trieste, Italy.

British Association for Counselling and Psychotherapy. (1987). *How much supervision should you have?* Rugby: BACP.
British Association for Counselling and Psychotherapy. (1990). *Information sheet No. 8: Supervision.* Rugby: BACP.
British Association for Counselling and Psychotherapy. (1995). *Code of ethics and practice for supervisors of counsellors.* Rugby: BACP.
Brown, A. (1984). Consultation: An aid to effective social work. London: Heinemann.
Brown, A. & Bourne, I. (1996). *The social work supervisor.* Buckingham: Open University Press.
Burke, W. R., Goodyear, R. K., & Guzzard, C. R. (1998). Weakening and repair in supervisory alliances: Multiple case study. *American Journal of Psychotherapy,* **52** (4), 450-62.
Butler-Sloss, E. (1988). *Report of the inquiry in child abuse in Cleveland 1987.* HMSO.
Butterworth, C. A. & Faugier, J. (Eds). (1992). *Clinical supervision and Mentorship in nursing.* London: Chapman and Hall.
Campbell, B. (1988). *Unofficial secret: Child sexual abuse. The Cleveland case.* London: Virago.
Capewell, E. (1996a). Staff care. In B. Lindsay & J. Tindall (Eds.), *Working with children in grief and loss.* Newbury: Centre for Crisis Management and Education.
Capewell, E. (1996b). *Handouts of working with trauma.* Newbury: Centre for Crisis Management and Education.
Caplan, G. (1970). *The theory and practice of mental health consultation.* London: Tavistock.
Carifio, M. S. & Hess, A. K. (1987). Who is the ideal supervisor? *Professional Psychology: Resarch and Practice,* **18**, 244-50.
Carroll, M. (1987). Privatey circulated papers. Roehampton Institute, University of Surrey.
Carroll, M. (1994). Counselling supervision: International perspectives. In L. D. Borders (Ed.), *Supervision: Exploring the effective components.* Greensboro: University of North Carolina.
Carroll, M. (1995). The stresses of supervising counsellors. In W. Dryden (Ed.), *The stresses of counselling in action.* London: Sage.
Carroll, M. (1996). *Counselling supervision: Theory, skills and practice.* London, UK: Cassells.
Carroll, M. & Holloway, E. (1999). *Counselling supervision in context.* London, UK: Sage.
Carroll, M. & Tholstrup, M. (Eds). (2001). *Integrative approaches to supervision.* London: Jessica Kingsley.
Carson, R. (1962). *Silent spring.* Boston: Houghton-Mifflin. 青樹簗一 (訳) (1974). 沈黙の春　改版　新潮社
Casement, P. (1985). *On learning from the patient.* London: Routledge.
Casey, D. (1985). When is a team not a team? *Personnel Management,* **9**.
Casey, D. (1993). *Managing learning in organizations.* Milton Keynes: Open University Press.
Centre for Supervision and Team Development. (1999). *Supervision workbook.* 〈http://www.cstd.co.uk/〉 (February 21, 2012)
Chen, E. C. & Bernstein, B. L. (2000). Relations of complementarity and supervisory issues to supervisory working alliance: A comparative analysis of two cases. *Journal of Counseling Psychology,* **47** (4), 485-97.
Cherniss, C. (1980). *Staff burnout: Job stress in the human services.* Beverly Hills: Sage.
Cherniss, C. & Egnatios, E. (1978). Clinical supervision in community mental health. *Social Work,* **23** (2), 219-23.
Claxton, G. (1984). *Live and learn: An introduction to the psychology of growth and change in everyday life.* London: Harper & Row.
Clutterbuck, D. & Sweeney, J. (1998). Coaching and mentoring, In *Handbook of Management.* Hampshire: Gower.
Clynes, M. (1989). *Sentics: The touch of the emotions.* Dorset: Prism Unity.
Coche, E. (1977). Training of group therapists. In F. W. Kaslow (Ed.), *Supervision, consultation and staff training in the helping professions.* San Francisco: Jossey-Bass.
Conn, J. D. (1993). Delicate liaisons: The impact of gender differences on the supervisory relationship within social services. *Journal of Social Work Practice,* **7** (1), 41-53.
Cook, D. A. (1994). Racial identity in supervision. *Counselor Education and Supervision,* **34**, 132-41.
Cook, D. A. & Helms, J. E. (1988). Visible racial/ethnic group supervisees' satisfaction with cross-cultural supervision as predicted by relationship characteristics. *Journal of Counselling Psychology,* **35** (3), 268-74.
Cooperrider, D. L., Sorensen, Jr., P. F., Whitney, D., & Yaeger, T. F. (Eds.). (2000). *Appreciative inquiry: Rethinking human organization towards a positive view of change.* Champaign, Illinois, USA: Stipes Publishing.
Cooperrider, D. L. & Srivastva, S. (1987). Appreciative inquiry in organizational life. In D. L. Cooperrider & S. Srivastva (Eds.), *Research in organizational change and development* (Vol. 1). Cleveland Ohio: Journal of Appreciative Inquiry Press. pp. 129-69.
Covey, S. R. (1990). *Principle-centred leadership.* New York: Simon & Schuster.
Cushway, D. & Knibbs, J. (2004). Trainees' and supervisors' perception of supervision. In I. Fleming & L. Steen (Eds.), *Supervision and clinical psychology.* Hove: Brunner-Routledge.
Daniels, J. A. & Larson, L. M. (2001). The impact of performance feedback on counselling self-efficacy and counsellor

anxiety. *Counselor Education and Supervision*, **41** (2), 120−31.
Dass, R. & Gorman, P. (1985). *How can I help?* London: Rider.
Davies, H. (1987). Interview with Robin Shohet.
Dearnley, B. (1985). A plain man's guide to supervision. *Journal of Socal Work Practice*, **2** (1), 52−65.
De Mello, A. (1985). *One minute wisdom*. Anand, India: Gujarat Sahitya Prakash.
Disney, M. J. & Stephens, A. M. (1994). *Legal issues in clinical supervision*. Alexandria, VA: American Counseling Association.
Doehrman, M. J. (1976). Parallel processes in supervision and psychotherapy. *Bulletin of the Menninger Clinic*, **40** (1).
Dryden, W. & Norcross, J. C. (1990). *Electicism and integration in counselling and psychotherapy*. Gale Centre Publications.
Dryden, W. & Thorne, B. (Eds.) (1991). *Training and supervision for counselling in action*. London: Sage.
Edelwich, J. & Brodsky, A. (1980). *Burn-out*. New York: Human Sciences.
Ekstein, R. (1969). Concerning the teaching and learning of psychoanalysis. *Journal of the American Psychoanalytic Association*, **17** (2), 312−32.
Ekstein, R. & Wallerstein, R. W. (1972). *The teaching and learning of psychotherapy*. New York: International Universities Press.
Eleftheriadou, Z. (1994). *Transcultural counselling*. London: Central Book Publishing.
Ellis, M. V. & Dell, D. M. (1986). Dimensionality of supervisor roles: Supervisors' perceptions of supervision. *Journal of Counseling Psychology*, **33** (3), 282−91.
Ernst, S. & Goddison, L. (1981). *In our own hands: A book of self-help therapy*. London: The Women's Press.
Farris, J. (2002). Some reflections on process, relationship, and personal development in supervision. In B. Campbell & B. Mason (Eds.), *Perspectives on supervision*. London: Karnac Books.
Feltham, C. & Dryden, W. (1994). *Developing counsellor supervision*. London: Sage.
Fineman, S. (1985). *Social work stress and intervention*. Aldershot: Gower.
Fink, S. L., Beak, J., & Taddeo, K. (1971). Organizational crisis and change. *Journal of Applied Behavioral Science*, **17** (1), 15−37.
Fisher, D. & Torbert, W. R. (1995). *Personal and organizational transformations*. London, UK: McGraw-Hill.
Fleming, I. & Steen, L. (Eds.) (2004). *Supervision and clinical psychology*. East Sussex: Brunner-Routledge.
Frankham, H. (1987). *Aspects of supervision*. Unpublished dissertation, University of Surrey.
Freeman, E. (1985). The importance of feedback in clinical supervision: Implications for direct practice. *The Clinical Supervisor*, **3** (1), 5−26.
Freitas, G. J. (2002). The impact of psychotherapy supervision on client outcome: A critical examination of two decades of research. *Psychotherapy*, **39** (4), 354−67.
French, J. R. P. & Raven, B. (1959). The bases of social power. In D. Cartwright (Ed.), *Studies in social power*. Ann Arbor, MI: Institute for Social Research.
Freud, S. (1927). *The future of an illusion. The Standard Edition of the Complete Psychological Works of Sigmund Freud*. Vol. 21. London: Hogarth Press. 中山 元 (訳) (2007). 幻想の未来／文化への不満 光文社古典新訳文庫
Friedlander, M. L., Siegel, S., & Brenock, K. (1989). Parallel processes in counseling and supervision: A case study. *Journal of Counseling Psychology*, **36**, 149−57.
Friedlander, M. L. & Ward, L. G. (1984). Development and validation of the supervisory styles inventory. *Journal of Counseling Psychology*, **31** (4), 541−57.
Friedman, T. (2008). *Hot, flat and crowded*. London: Allen Lane. 伏見威蕃 (訳) (2009). グリーン革命 日本経済新聞出版社 上下巻
Fukuyama, M. A. (1994). Critical incidents in multicultural conseling supervision: A phenomenological approach to supervision research. *Counselor Education and Supervision*, **34** (2), 142−51.
Galassi, J. P. & Trent, P. J. (1987). A conceptual framework for evaluating supervision effectiveness. *Counselor Education and Supervision*, **26**, 260−269.
Gallwey, W. T. (1997). *The inner game of tennis*. New York: Random House.
Gardner, L. H. (1980). Racial, ethnic and social class considerations in psychotherapy supervion. In A. K. Hess (Ed.), *Psychotherapy supervision: Theory, research and practice*. New York: Wiley.
Garratt, B. (1987). *The learning organisation*. London: Fontana/Collins.
Geertz, C. (1973). *The interpretation of cultures*. New York: Basic Books. 吉田禎吾・中牧弘允・柳川啓一・板橋作美 (訳) (1987). 文化の解釈学〈1〉〈2〉岩波現代選書
Gendlin, E. (1978). *Focusing*. New York: Everest House. 村山正治・都留春夫・村瀬孝雄 (訳) (1982). フォーカシング 福村出版 (訳書は *Focusing*, 2nd Edition より)
Gilbert, M. & Evans, K. (2000). *Psychotherapy supervision in context: An integrative approach*. Buckingham: Open

University Press.
Gilding, B. (2011). *The great disruption: How the climate crisis will transform society*. London: Bloomsbury.
Gitterman, A. & Miller, I. (1977). Supervisors as educators. In F. W. Kaslow (Ed.), *Supervision, consultation and staff training in the helping professions*. San Francisco: Jossey-Bass.
Glouberman, D. (2002). *The joy of burnout*. London: Hodder and Mobius.
Goldberg, C. (1981). The peer supervision group — an examination of its purpose and process. *Group*, 5, 27–40.
Golembiewski, R. T. (1976). *Learning and change in groups*. London: Penguin.
Grindler, J. & Bandler, R. (1981). *Trance-Formations*. Utah: Real People Press.
Guggenbuhl-Craig, A. (1971). *Power in the helping professions*. Dallas: Spring.
Hale, K. K. & Stoltenberg, C. D. (1988). The effects of self-awareness and evaluation apprehension on counselor trainee anxiety. *The Clinical Supervisor*, 6, 46–69.
Hammer, M. R. (1998). A measure of intercultural sensitivity: The intercultural development inventory. In S. M. Fowler & M. G. Mumford (Eds.), *The intercultural sourcebook: Crosscultural training methods* (Vol. 2). Yarmouth, ME: The Intercultural Press.
Handy, C. (1976). *Understanding organizations*. London: Penguin.
Harrison, R. (1995). *The collected papers of Roger Harrison*. London: McGraw-Hill.
Hawkins, P. (1979). Staff learning in therapeutic communities. In R. Hinshelwood & N. Manning (Eds.), *Therapeutic communities, reflections and progress*. London: Routledge & Kegan Paul.
Hawkins, P. (1980). Between Scylla and Charybdis. In E. Jansen (Ed.), *The therapeutic community outside of the hospital*. London: Croom Helm.
Hawkins, P. (1982). Mapping it out. *Community Care*, 17–19.
Hawkins, P. (1985). Humanistic psychotherapy supervision: A conceptual framework. Self and society. *Journal of Humanistic Pychology*, 13 (2), 69–79.
Hawkins, P. (1986). *Living the learning*. Univerity of Bath.
Hawkins, P. (1988a). A phenomenological psychodrama wprkshop. In P. Reason (Ed.), *Human inquiry in action*. London: Sage.
Hawkins, P. (1988b). The social learning approach to day and residential centres. In A. Brown & R. Clough (Eds.), *Groups and groupings: Life and work in day and residential settings*. London: Tavistock.
Hawkins, P. (1991). The spiritual dimension of the learning organisation. *Management Education and Development*, 22 (3), 172–187.
Hawkins, P. (1993). *Shadow consultancy*. Bath Consultancy Group.
Hawkins, P. (1994a). The changing view of learning. In J. Burgoyne (Ed.), *Towards the learning company*. London, UK: McGraw-Hill. .
Hawkins, P. (1994b). Taking stock, facing the challenge. *Management Learning Journal*, 25 (1), 71–82.
Hawkins, P. (1994c). *Organizational Culture Manual*. Bath Consultancy Group.
Hawkins, P. (1995). Supervision. In M. Jacobs (Ed.), *The care guide*. London: Mowbrays.
Hawkins, P. (1997). Organizational culture: Sailing between evangelism and complexity. *Human Relations*, 50 (4), 417–440.
Hawkins, P. (2005). *The wise fool's guide to leadership*. London: O Books.
Hawkins, P. (2006). Coaching supervision. In J. Passmore (Ed.), *Excellence in coaching*. London: Kogan Page.
Hawkins, P. & Chesterman, D. (2005). *Every teacher matters*. London: Teacher Support Network.
Hawkins, P. & Smith, N. (2006). *Coaching, mentoring and organizational consultancy: Supervision and development*. Maidenhead: Open University Press.
Hawkins, P. & Maclean, A. (1991). *Action learning guidebook*. Bath Consultancy Group.
Hawkins, P. & Miller, E. (1994). Psychotherapy in and with organizations. In M. Pokorny & P. Clarkson (Eds), *Handbook of psychotherapy*. London: Routledge & Kegan Paul.
Hawkins, P. & Schwenk, G. (2006). *Coaching supervision*. CIPD Change Agenda.
Hawkins, P. & Shohet, R. (1989, 2000). *Supervision in the helping professions*. Milton Keynes: Open University Press.
Hawkins, P. & Shohet, R. (1991). Approaches to the supervision of counsellors. In W. Dryden (Ed.), *Training and supervision for counselling in action*. London: Sage.
Hawkins, P. & Shohet, R. (1993). A review of the addictive organisation by Schaef and Fassel. *Management Education and Development*, 24 (2), 293–296.
Hawthorne, L. (1975). Games supervisors play. *Social Work*, 20 (5), 179–83.
Haynes, R., Corey, G., & Moulton, P. (2003). *Clinical supervision in the helping professions*. CA: Thomson Brooks/Cole.
Herman, N. (1987). *Why psychotherapy?* London: Free Association Books.
Heron, J. (1974). *Reciprocal counselling*. Unpublished Human Potential Research Project. Guildford: University of Surrey.

参考文献

Heron, J. (1975). *Six-category intervention analysis*. Guildford: University of Surrey.
Heron, J. (1996). *Co-operative inquiry: Research into the human condition*. London, Sage.
Heron, J. & Reason, P. (2001). The practice of co-operative inquiry. In P. Reason & H. Bradbury (Eds.), *Handbook of Action Research*. London: Sage.
Herskowitz, M. J. (1948). *Man and his works*. New York: Knopf.
Hess, A. K. (1987). Psychotherapy supervision: Stages, Buber and a theory of relationship. *Professional Psychology: Research and Practice*, 18 (3), 251-259.
Hess, A. K. (Ed.). (1980). *Psychotherapy supervision: Theory, research and practice*. New York: Wiley.
Hickman, C. R. & Silva, M. A. (1985). *Creating excellence*. London: Allen & Unwin.
Hillman, J. (1975). *Loose ends*. Zurich: Spring Publications.
Hillman, J. (1979). *Insearch: Psychology and religion*. Dallas, Texas: Spring.
Hinshelwood, R. & Manning, N. (1979). *Therapeutic communities: Reflections and progress*. London: Routledge & Kegan Paul.
Hofstede, G. (1980). *Culture's consequences: International differences in work-related values*. Beverly Hills, CA: Sage.
Hogan, R. A. (1964). Issues and approaches in Supervision. *Psychotherapy: Theory, Research and Practice*, 1, 139-41.
Holloway, E. L. (1984). Outcome evaluation in supervision research. *The Counseling Psychologist*, 12 (4), 167-174.
Holloway, E. L. (1987). Developmental models of supervision: Is it development? *Professional psychology: Research and Practice*, 18 (3), 209-16.
Holloway, E. L. (1995). *Clinical supervision: A systems approach*. USA: Sage.
Holloway, E. L. & Carroll, M. (Eds.) (1999). *Training counselling supervisors*. London, UK: Sage.
Holloway, E. L. & Gonzalez-Doupe, P. (2002). The learning alliance of supervision research to practice. In G. S. Tyron (Ed.), *Counseling based on process research: Applying what we know*. Massachusetts: Allyn & Bacon.
Holloway, E. L. & Johnston, R. (1985). Group supervision: Widely practised but poorly understood. *Counselor Education and Supervision*, 24, 332-340.
Holloway, E. L. & Neufeldt, S. A. (1995). Supervision: Its contributions to treatment efficacy. *Journal of Consulting and Clinical Psychology*, 63 (2), 207-213.
Honey, P. & Mumford, A. (1992). *The manual of learning styles*. Maidenhead: Peter Honey.
Houston, G. (1985). Group supervision of groupwork. Self and Society: *European Journal of Humanistic Psychology*, XIII (2), 64-66.
Houston, G. (1990). *Supervision and counselling*. London: Rochester Foundation.
Hughes, L. & Pengelly, P. (1997). *Staff supervision in a turbulent environment*. London: Jessica Kingsley.
Hunt, P. (1986). Supervision. *Marriage Guidance*, spring, 15-22.
Illich, I. (1973). *Deschooling society*. London: Penguin.
Inskipp, F. & Proctor, B. (1993). *The art, craft & tasks of counselling supervision. Part. 1: Making the most of supervision*. Twickenham, Middlesex: Cascade Publications.
Inskipp, F. & Proctor, B. (1995). *The art, craft & tasks of counselling supervision. Part. 2: Becoming a supervisor*. Twickenham, Middlesex: Cascade Publications.
Jampolsky, G. (1979). *Love is letting go of fear*. Berkeley, CA: Celestial Arts. 本田 健（訳）(2008).愛とは, 怖れを手ばなすこと サンマーク出版
Jampolsky, G. (1999). *Forgiveness: The greatest healer of all*. Hillsboro, OR: Beyond Words Publishing. 大内 博（訳）(2006).ゆるすということ——もう，過去にはとらわれない サンマーク出版
Jones, M. (1982). *The process of change*. London: Routledge & Kegan Paul.
Jourard, S. (1971). *The transparent self*. New York: Van Nostrand.
Juch, B. (1983). *Personal development*. Chichester: Wiley.
Kaberry, S. E. (1995). *Abuse in supervision*. University of Birmingham.
Kadushin, A. (1968). Games people play in supervision. *Social Work*, 13 (3), 23-32.
Kadushin, A. (1976, 1992). *Supervision in social work*. New York: Columbia University Press.
Kadushin, A. (1977). *Consultation in social work*. New York: Columbia University Press.
Kadushin, A. (1992). *Supervision in social work*, 3rd ed. New York: Columbia University Press.
Kagan, N. (1980). Influencing human interaction — eighteen years with IPR. In A. K. Hess (Ed.), *Psychotherapy supervision: Theory, research and practice*. New York: Wiley.
Kareem, J. & Littlewood, R. (1992). *Intercultural therapy: Themes, interpretations, and practice*. Oxford: Blackwell Science.
Karpman, S. (1968). Fairy tales and script drama analysis (selected articles). *Transactional Analysis Bulletin*, 7 (26), 39-43.
Kaslow, F. W. (Ed.) (1977). *Supervision, consultation and staff training in the helping professions*. San Francisco: Jossey-

Bass.
Katzenbach, J. R. & Smith, D. K. (1993). *The wisdom of teams: High performance organization*. Boston: Harvard Business School Press.
Kelly, G. A. (1955). *The psychology of personal constucts* (Vol. 1 & 2). New York: Norton.
Kemshall, A. (1995). Supervison and appraisal in the probation service. In J. Pritchard (Ed.), *Good practice in supervision*. London: Jessica Kingsley.
Kevlin, F. (1987). Interview with Robin Shohet.
Kevlin, F. (1988). Peervision. A comparison of hierarchlal supervision of counsellors with consultation amongst peers. University of Surrey, London
Khan, M. A. (1991). Counselling psychology in a multlcultural society. *Counselling Psychology Review*, 6 (3), 11-13.
Kluckhohn, F. R. & Stodtbeck, F. L. (1961). *Variations in value orientations*. New York: Row, Peterson and Co.
Kolb, D. A., Rubin, I. M., & McIntyre, J. M. (1971). *Organizational psychology: An experimental approach*. New York, NY: Prentice Hall.
Kolb, D. (1984). *Experiential learning: Experience as the source of learning and development*. London: Prentice Hall.
Krause, I. (1998). *Therapy across culture*. Sage.
Ladany, N. (2004). Psychotherapy supervision: What lies beneath. *Psychotherapy Research*, 14 (1), 1-19.
Ladany, N., Ellis, M. V., & Friedlander, M. L. (1999). The supervisory working alliance, trainee self-efficacy and satisfaction. *Journal of Counseling and Development*, 77, 447-55.
Lago, C. & Thompson, J. (1996). *Race, culture and counselling*. Great Britain: Open University Press.
Lambert, M. J. & Arnold, R. C. (1987). Research and the supervisory process. *Professional Psychology: Research and Practice*, 18 (3), 217-224.
Langs, R. (1978). *The listening process*. New York: Jason Aronson.
Langs, R. (1983). *The Supervisory Experience*. New York: Jason Aronson.
Langs, R. (1985). *Workbook for psychotherapists*. Emerson, New Jersey: Newconcept Press.
Langs, R. (1994). *Doing supervision and being supervised*. London: Karnac Books.
Leddick, R. & Dye, H. A. (1987). Effective supervision as portrayed by trainee expectations and preferences. *Counselor Education and Supervision*, 27, 139-154.
Leong, F. T. L. & Wagner, N. S. (1994). Cross-cultural counseling supervision: What do we know? What do we need to know? *Counselor Education and Supervision*, 34, 117-131.
Lewin, K. (1952). Defining the field at a given time. In D. Cartwright (Ed.), *Field theory in social sciences*. London: Tavistock.
Liddle, B. J. (1986). Resistance to supervision: A response to perceived threat. *Counselor Education and Supervision*, 26 (2), 117-27.
Lievegoed, B. C. J. (1973). *The developing organisations*. London: Tavistock.
Lindsay, G. & Clarkson, P. (1999). Ethical dilemmas of psychotherapists. *The Psychologist*, 12 (4), 182-185.
Liss, J. (1985). Using mime and re-enactment to supervise body orientated therapy. *Self and Society: Journal of Humanistic Psychology*, XIII (2), 82-85.
Loganbill, C., Hardy, E., & Delworth, U. (1982). Supervision, a conceptual model. *The Counseling Psychologist*, 10 (1), 3-42.
Loizos, P. (2002). Misconceiving refugees. In R. K. Papadopoulos (Ed.), *Therapeutic care for Refugees: No place like home*. London: Karnac Books.
Marken, M. & Payne, M. (Eds.) (1988). *Enabling and ensuring: Supervision in practice*. Leicester: National youth bureau and council for education and training in youth and community work.
Marshall, J. (1982). Job stressors: Recent research in a variety of occupations. Paper presented at the 20th International Congress of Applied Psychology, Edinburgh.
Martin, J. S., Goodyear, R. K., & Newton, F. B. (1987). Clinical supervision: An intensive case study. *Professional Psychology: Research and Practice*, 18 (3), 225-235.
Martindale, B., Morner, M., Rodriquez, M. E. C., & Vidit, J. (1997). *Supervision and its Vicissitudes*. London: Karnac Books.
Maslach, C. (1982). Understanding burnout: Definitional issues in analysing a complex phenomenon. In W. S. Paine (Ed.), *Job stress and burnout*. Beverley Hills: Sage.
Matthews, S. & Treacher, A. (2004). Therapy models and supervision in clinical psychology. In I. Fleming & L. Steen, (Eds.), *Supervision and clinical psychology: Theory, practice and perspectives*. Hove: Brunner-Routledge.
Mattinson, J. (1975). *The reflection process in casework supervision*. London: Institute of Marital Studies.
McBride, M. C. & Martin, G. E. (1986). Dual-focus supervision: A nonapprenticeship approach. *Counselor Education and Supervision*, 25 (3), 175-182.

参考文献

McLean, A. (1986). *Access organization cultures*. Bath, UK: University of Bath.
McLean, A. & Marshall, J. (1988). *Working with cultures: A workbook for people in local govemment*. Luton: Local Government Training Board.
Mearns, D. (1991). On being a supervisor. In W. Dryden & B. Thorne (Eds.), *Training and supervision for counselling in action*. London: Sage.
Menzies, I. E. P. (1970). *The functions of social systems as a defence against anxiety*. London: Tavistock Institute of Human Relations.
Mintz, E. (1983). Gestalt approaches to supervision. *Gestalt Journal*, 6 (1), 17–27.
Modood, T., Berthoud, R., Lakey, J., Nazroo, J., Smith, P., Virdee, S., & Beishon, S. (1997). *Ethnic minorities in Britain: Diversity and disadvantage*. London: Policy Studies Institute.
Morgan, G. (1986). *Images of organization*. London: Sage.
Morrison, T. (1993). *Staff supervision in social care: An action learning approach*. London: Longman.
Munson, C. E. (1987). Sex roles and power relationships in supervision. *Professional Psychology: Research and Practice*, 18 (3), 236–243.
Nelson, M. L. & Holloway, E. L. (1990). Relation of gender to power and involvement in supervision. *Journal of Counseling Psychology*, 37, 473–481.
Oshry, B. (1996). *Seeing systems*. San Francisco: Berret Koehler.
O'Toole, L. (1987). *Counselling skills and self-awareness training: Their effect on mental well-being and job satisfaction in student nurses*. Guildford: University of Surrey.
Page, S. (1999). *Shadow and the counsellor*. London: Routledge.
Page, S. & Wosket, V. (1994). *Supervising the counsellor: A cyclical model*. London, UK: Routledge.
Page, S. & Wosket, V. (2001). *Supervising the counselor: A cyclical model*. 2nd ed. London, UK: Routledge.
Papadopoulos, R. K. (2002). Refugees, home and trauma. In R. K. Papadopoulos (Ed.), *Therapeutic care for refugees: No place like home*. London: Karnac Books.
Papadopoulos, R. K. & Byng-Hall, J. (1997). *Multiple Voices: Narrative in systemic family psychotherapy*. London: Duckworth.
Parker, M. (1990). *Supervision constructs and supervisory style and related to theoretical orientation*. Guildford: University of Surrey.
Patton, M. J. & Kivlighan, D. M. (1997). Relevance of the supervisory alliance to the counselling alliance and to treatment adherence in counselor training. *Journal of Counselling Psychology*, 44 (1), 108–115.
Payne, C. & Scott, T. (1982). *Developing supervision of teams in field and residential social work*, No. 12. London: National Institute for Social Work.
Pederson, B. P. (1997). *Culture-centred counselling interventions*. London: Sage.
Pederson, B. P. (Ed.) (1985). *Handbook of cross-cultural counselling and therapy*. London: Praeger.
Peters, T. J. & Waterman, R. H. (1982). *In search of excellence*. New York: Harper & Row.
Peterson, F. K. (1991). *Race and ethnicity*. New York: Haworth.
Philipson, J. (1982). *Practising equality: Women, men and social work*. London: CCETSW.
Pines, A. M., Aronson, E., & Kafry, D. (1981). *Burnout: from tedium to growth*. New York: The Free Press.
Plant, R. (1987). *Managing change and making it stick*. London: Fontana/Collins.
Ponterotto, J. G. & Zander, T. A. (1984). A multimodal approach to counselor supervision. *Counselor Education and Supervision*, 24, 40–50.
Pope, K. S. & Vasquez, M. J. T. (1991). *Ethics in psychotherapy and counseling: A practical guide for psychologists*. San Francisco: Jossey-Bass.
Pritchard, J. (Ed.) (1995). *Good practice in supervision*. London: Jessica Kingsley.
Proctor, B. (1988a). *Supervision a working alliance* (videotape training manual). St Leonards-on-Sea, East Sussex: Alexia Publications.
Proctor, B. (1988b). Supervision: A co-operative exercise in accountability. In M. Marken & M. Payne (Eds.), *Enabling and ensuring*. Leicester: Leicester National Youth Bureau and Council for Education and Training in Youth and Community Work.
Proctor, B. (1997). Contracting in supervision. In C. Sills (Ed.) *Contracts in Counselling*. London: Sage.
Proctor, B. (2000). *Group supervision: A guide to creative practice*. London: Sage.
Ramos-Sanchez, L., Esnil, E., Riggs, S., Goodwin, A., Touster, L. O., Wright, L. K., Ratansiripong, P., & Rodolfa, E. (2002). Negative supervisory events: Effects on supervision satisfaction and supervisory alliance. *Professional Psychology: Research and Practice*, 33 (2), 197–202.
Reason, P. (1988). *Human inquiry in action*. London, UK: Sage.
Reason, P. (1994). *Participation in human inquiry*. London, UK: Sage.

Reason, P. & Bradbury, H. (2004). Action research: Purpose, vision and mission. *Action Research*, 2 (1).
Reason, P. & Bradbury, H. (Eds.) (2001). *Handbook of action research*. London: Sage.
Regen, F. (2005). *Faith Communities Toolkit*. London: Centre for Excellence in Leadership.
Revans, R. W. (1982). *The origin and growth of action learning*. London, UK: Chartwell-Bratt, Bromley & Lund.
Richards, M., Payne, C., & Sheppard, A. (1990). *Staff supervision in child protection work*. London: National Institute for Social Work.
Ridley, C. R. (1995). *Overcoming unintentional racism in counselling and therapy. A practioner's guide to intentional intervention*. London: Sage.
Rioch, M. J., Coulter, W. R., & Weinberger, D. M. (1976). *Dialogues for therapists* (1st ed.). San Francisco: Jossey-Bass.
Rogers, C. R. (1957). The necessary and sufficient conditions of therapeutic personality change. *Journal of Counseling Psychology*, 21, 95–103.
Rosinski, P. (2003). *Coaching across cultures*. London & Boston: Nicholas Breatey Publishing.
Rowan, J. (1983). *The Reality game: A guide to humanistic counselling and therapy*. London: Routledge & Kegan Paul.
Ryan, S. (2004). *Vital practice*. Dorset: Sea Change.
Ryde, J. (1997). *A step towards understanding culture in relation to psychotherapy*. Bath: Bath Centre for Psychotherapy and Counselling.
Ryde, J. (2004). *BCPC refugee and asylum seeker's project 2004 snapshot review*. Bath: Bath Centre for Psychotherapy and Counselling.
Ryde, J. (2005). *Exploring white racial identity and its impact on psychotherapy and the psychotherapy professions*. University of Bath, Ph.D. thesis.
Sansbury, D. L. (1982). Developmental supervision from a skills perspective. *The Counseling Psychologist*, 10 (1), 53–7.
Savickas, M. L., Marquart, C. D., & Supinski, C. R. (1986). Effective supervision in groups. *Counselor Education and Supervision*, 26 (1), 17–25.
Scaife, J. (2001). *Supervision in the mental health professions*. Hove: Brunner-Routledge.
Scaife, J., Inskipp, F., Walsh, S., & Proctor, B. (2001). *Supervision in the mental health professions: A practitioner's guide*. East Sussex: Brunner-Routledge.
Schaef, A. W. (1992). *When society becomes an addict*. Northamptonshire: Thorsons.
Schaef, A. W. & Fassel, D. (1990). *The addictive organization*. San Francisco: Harper & Row.
Schein, E. H. (1985). *Organizational culture and leadership*. San Francisco, LA: Jossey-Bass.
Schon, D. (1983). *The reflective practitioner*. New York, NY: Basic Books.
Schroder, M. (1974). The shadow consultant. *The Journal of Applied Behavioral Science*, 10 (4), 579–594.
Schutz, W. C. (1973). *Elements of encounter*. Big Sur, CA: Joy Press.
Scott Peck, M. (1978). *The road less travelled*. New York: Simon & Schuster Inc.
Searles, H. F. (1955). *The informational value of the supervisor's emotional experience, in collected papers of schizophrenia and related subjects*. London: Hogarth Press.
Searles, H. F. (1975). The patient as therapist to his analyst. In R. Langs (Ed.), *Classics in psychoanalytic technique*. New York: Jason Aronson.
Self and Society, 33 (7), 2005.
Senge, P. (1990). *The fifth siscipline: The art and practice of the learning organization*. New York: Doubleday.
Shainberg, D. (1983). Teaching therapists to be with their clients. In J. Westwood (Ed.), *Awakening the heart*. Colorado: Shambhala.
Sharpe, M. (Ed.) (1995). *The third eye: Supervision of analytic groups*. London: Routledge.
Shearer, A. (1983). Who saves the social workers? *Guardian*, 6.
Shipton, G. (1997). *Supervision of psychotherapy and counselling: Making a place to think*. Buckingham: Open University Press.
Shohet, R. (1985). *Dream sharing*. Wellingborough: Turnstone Press.
Shohet, R. (2005). *Passionate medicine*. London: Jessica Kingsley Publishers.
Shohet, R. (2007). *Passionate supervision*. London: Jessica Kingsley Publishers.
Shohet, R. (2011). *Supervision as Transformation*. London: Jessica Kingsley Publishers.
Shohet, R. & Wilmot, J. (1991). The key issue in the supervision of counsellors. In W. Dryden & B. Thome (Eds.), *Training and supervision for counselling in action*. London: Sage.
Shulman, L. (1993). *Interactional supervision*. Washington DC: NASW Press.
Skovholt T. M. & Ronnestad, M. H. (1995). *The evolving professional self: Stages and themes in therapist and counsellor development*. Chichester: Wiley.
Smith, D. (1985). The client as supervisor: The approach of Robert Langs. Self and society: *European Journal of Humanistic Psychology*, XIII (2), 92–95.

参考文献

Spice, C. G. J. & Spice, W. H. (1976). A triadic method of supervision in the training of counsellors and counselling supervisors. *Counselor Education and Supervision*, 15, 251-258.
Stevens, A. (1991). *Disablity issues: Developing anti-discriminatory practice*. London: CCETSW.
Stolorow, R. G., Atwood, G. E., & Orange, D. (2002). *Worlds of experience: Interweaving philosophical and clinical dimensions in psychoanalysis*. New York: Basic Books.
Stoltenberg, C. & Delworth, U. (1987). *Supervising counsellors and therapists: A developmental approach*. San Francisco: Jossey-Bass Wiley.
Subby, R. (1984). Inside the chemically dependent marriage: Denial and manipulation. In *Co-dependence: An emerging issue*. Hollywood Beach, Florida: Health Communications.
Sue, D. W. & Sue, D. (1990). *Counseling the culturally different: Theory and practice*. New York: Wiley.
Symington, N. (1986). *The analytic experience: Lecture from the Tavistock*. London: Free Association Books.
Teitelbaum, S. H. (1990). Supertransference: The role of the supervisor's blind spots. *Psychoanalytic Psychology*, 7 (2), 243-258.
The Guardian. (1986). *Society Tomorrow*, 1 October.
The Guardian. (1999). Front and back pages.
Thompson, J. (1991). *Issues of race and culture in counselling supervision training courses*. London: Polytechnic of East London.
Thompson, N. (1993). *Anti-discriminatory praetice*. London: BASW/Macmillan.
Tichy, N. M. (1997). *The leadership engine: How winning companies build leaders at every level*. New York: Harpercollins.
Tonnesmann, M. (1979). *The human encounter in the helping professions*. Paper presented at the London Fourth Winnicott conference, London, UK, March.
Trivasse, M. (2003). Counselling through an interpreter. *Counselling and Psychotherapy Journal*, 14 (4), 21-22.
Trompenaars, A. (1994). *Riding the waves of culture*. Burr Ridge, IL: Irwin.
Tuckman, B. (1965). Developmental sequence in small groups. *Psychological Bulletin*, 63 (6), 384-399.
Tudor, K. & Worrall, M. (2004). *Freedom to practice: Person-centred approaches to supervision*. Ross on Wye: PCCS Books.
Tyler, F. B., Brome, D. R., & Williams, J. E. (1991). *Ethnic validity, ecology and psychotherapy: A psychosocial competence model*. New York: Plenum Press.
van Ooijen, E. (2003). *Clinical supervision made easy: A practical guide for the helping professions — The 3-step method*. Oxford: Churchill Livingstone.
van Weerdenburg, O. (1996). Thinking values through and through. In B. Conraths (Ed.), *Training the fire brigade: Preparing for the unimaginable*. Brussels, Belgium: EFDM.
Weiler, N. W. & Schoonover, S. C. (2001). *Your soul at work*. Boston: Paulist Press.
Wester, S. R., Vogel, D. L., & Archer, J. (2004). Male restricted emotionality and counselling supervision. *Journal of Counseling and Development*, 82 (1), 91-98.
Whitehead, A. N. & Russell, B. (1910-13). *Principia mathematica*. Cambridge: Cambridge University Press.
Whitmore, J. (1992). *Coaching far performance: A practical guide to growing your own skills*. London: Nicholas Brealey.
Wilmot, J. & Shohet, R. (1985). Paralleling in the supervision proces. *Self and Society: European Journal of Humanistic Psychology*, XIII (2), 86-92.
Winnicott, D. W. (1965). *Maturational processes and the facilitating environment*. London: Hogarth Press. 牛島定信（訳）(2000).情緒発達の精神分析理論――自我の芽ばえと母なるもの　岩崎学術出版社
Winnicott, D. W. (1971). *Playing and reality*. London: Tavistock. 橋本雅雄（訳）(2000).遊ぶことと現実　岩崎学術出版社
Woodcock, J. (2005). *Can work with trauma harm psychotherapists?* Paper presented at the Centre for Psychosocial Studies, University of West of England.
Worthington, E. L. (1987). Changes in supervision as counselors and supervisors gain experience: A review. *Professional Psychology: Research and Practice*, 18 (3), 189-208.
Yalom, I. (2002). *The gift of therapy: An open letter to a new generation of therapists and their patients*. New York: HarperCollins.

人名索引

● A
Albott, W.　59
Aldridge, L.　59
Argyris, C.　46, 94, 233
Atwood, G.E.　93

● B
Bandler, R.　84
Bateson, G.　124
Beak, J.　256
Beebe, D.　93
Belbin, M.　198
Bennett, M. J.　131
Bernard, J.M.　63
Bion, W.R.　102, 206
Bohm, D.　248, 249
Bond, M.　50, 165
Bond, T.　3
Borders, L.B.　44
Borders, L.D.　158
Bourne, I.　3, 37, 81, 132, 135
Boyd, J.　83
Bradbury, H.　93, 146
Bramley, W.　66
Brinkmann, U.　131
Brodsky, A.　35
Brome, D. R.　127
Brown, A.　3, 37, 81, 132, 135, 244
Butler-Sloss, E.　228

● C
Campbell, B.　229
Capewell, E.　37
Carifio, M.S.　59
Carroll, M.　3, 4, 63, 66, 76, 81, 91, 127, 132, 144, 146, 175
Casement, P.　20, 95, 109, 133, 138
Casey, D.　196
Cherniss, C.　40
Chesterman, D.　19, 27, 38
Claxton, G.　23, 159
Coche, E.　59
Coleman, H. L. K.　144
Cooperrider, D.L.　19, 237, 250, 252
Coulter, W.R.　207

● D
Dass, R.　9, 10
Davies, H.　104
De Mello, A.　265
Dearnley, B.　14, 117, 159
Dell, D.M.　63
Delworth, U.　4, 68, 85 − 88, 90, 122
Doehrman, M.J.　115
Dye, H.A.　59

● E
Edelwich, J.　35
Egnatios, E.　40
Ekstein, R.　46, 83, 264
Eleftheriadou, Z.　128
Ellis, M.V.　63
Evans, K.　3, 46, 60, 120, 132, 144

● F
Fassel, D.　240
Fineman, S.　14, 35, 47, 49, 56, 198, 238
Fink, S.L.　256
Fleming, I.　3, 92
Freeman, E.　163
French, J. R. P.　136
Freud, S.　102

● G
Gallwey, W.T.　21
Garratt, B.　253
Geertz, C.　234
Gilbert, M.　3, 46, 60, 120, 132, 144
Gittermann, A.　59
Glouberman, D.　35
Gorman, P.　9, 10
Grinder, G.　84
Guggenbuhl-Craig, A.　9, 12, 13

● H
Handy, C.　235, 238
Hardy, E.　68
Harrison, R.　235
Hawkins, P.　3, 19, 21, 27, 35, 63, 65, 68, 72, 73, 86, 89, 92, 94, 97, 151, 153, 157, 165, 193, 193, 210, 217, 232, 234, 240, 242, 243, 265

人名索引

Hawthorne, L.   46, 64
Herkovitz, M.J.   232
Heron, J.   93, 111, 163, 201
Herskovitz, M. J.   129
Hess, A.K.   59, 63, 68, 83, 90, 163
Hillman, J.   15, 36, 49
Hofstede, G.   130
Hogan, R.A.   85
Holland, S.   3, 50, 165
Holloway, E.L.   3, 4, 32, 63, 81, 92, 127, 144, 146
Honey, P.   25
Houston, G.   201
Hughes, L.   3
Hunt, P.   42, 121, 266

● I
Inskipp, F.   3, 42, 43, 81, 97, 132, 135, 187, 188

● J
Jampolsky, G.   262, 263
Johnson, A.B.   232
Jones, M.   250
Jourard, S.   190
Juch, B.   24

● K
Kadushin, A.   46, 61, 69, 136, 138, 166
Kagan, N.   53, 104, 170
Karpman, S.   137
Katzenbach, J.R.   196, 197
Kelly, G.A.   112
Kemshall, A.   257
Kevlin, F.   112
Kolb, D.   94
Kolb, D.A.   24

● L
Ladany, N.   92
Langs, R.   108
Leddick, G.R.   44, 158
Leddick, R.   59
Leong, F. T. L.   144
Lewin, K.   255
Loganbill, C.   68, 87

● M
Mao, T.   221

Marken, M.   158
Marshall, J.   233
Maslach, C.   35
Mathews, S.   125
Mattinson, J.   100
McLean, A.   232, 233
Miller, I.   59
Modood, T.   134
Morrison, T.   113, 258
Mumford, A.   25

● N
Neufeldt, S.A.   92

● O
O'Toole, L.   91
Orange, D.   93
Oshry, B.   221
Ouchi, W.G.   232

● P
Page, S.   3, 10, 21, 66, 73, 75, 77, 81
Papadopoulos, R. K.   146
Payne, C.   82, 196
Payne, M.   158
Pengelly, P.   3
Pines, A.M.   34
Pitman, L.   257
Plant, R.   255
Proctor, B.   3, 42, 43, 59, 60, 69, 70, 81, 97, 132, 135, 167, 187, 188

● R
Raven, B.   136
Reason, P.   93, 94, 146
Regan, F.   30
Regen, F.   135
Revans, R.W.   24
Rioch, M.J.   5, 205-207, 265
Rogers, C.R.   59
Rose, G.   52
Rosinski, P.   130
Rowan, J.   83
Russell, B.   124
Ryan, S.   23
Ryde, J.   127, 131, 149, 150, 176

● S

Scaife, J.　3, 113, 209
Schaef, A.W.　240
Schein, E.H.　232, 234
Schon, D.　46, 94, 120, 233
Schoonover, S.C.　30, 134
Schutz, W.C.　89, 205, 206
Schwenk, G.　92
Scott, T.　82, 196
Searls, H.F.　17, 100, 113
Senge, P.　19
Shainberg, D.　102, 103
Shohet, R.　4, 9, 79, 115, 240, 246
Smith, D.K.　196, 197
Smith, N.　3, 27, 65, 68, 73, 153, 157, 193, 210, 265
Spice, C.G.J.　158
Spice, W.H.　158
Srivastva, S.　237
Steen, L.　3, 92
Stodtbeck, F. L.　130
Stolorow, R.G.　93
Stoltenberg, C.　4, 85−88, 90, 122
Subby, R.　241
Sue, D.　130
Sue, D. W.　130
Symington, N.　9

● T

Taddeo, K.　256

Treacher, A.　125
Trivasse, M.　146
Tuckman, B.　205
Tudor, K.　124, 170, 172
Tyler, F. B.　127

● V

Van Maanen, J.　232
van Ooijen, E.　25
van Weerdenburg, O.　131

● W

Wagner, N. S.　144
Wallerstein, R.W.　46, 264
Walsch, S.　209
Warrall, M.　172
Weiler, N.W.　30, 134
Weinberger, D.M.　207
Whitehead, A. N.　124
Williams, J. E.　127
Wilmot, J.　79, 115
Winnicott, D.W.　2, 7, 262
Woodcock, J.　147
Worrall, M.　124, 170
Worthington, E.L.　85
Wosket, V.　3, 21, 66, 73, 75, 77, 81

事項索引

●あ
アイデンティティの確認　111
悪循環　5, 11, 32
アクションラーニング　157, 165, 169, 179, 183, 250
アクションリサーチ　92, 95
アプリシエイティブ・インクワイアリー　19, 237, 244
案内図がそのまま領域　96, 251

●い
生け贄　221
イスラム神秘主義　89, 151
依存症に取り組む組織　240
異文化　128, 131, 143, 145
癒そうとする願望　17

●う
上から下への変化　253
うつ　34

●え
英国カウンセリング・心理療法協会（BACP）　273
遠隔からの癒し　262
援助職における力関係　12

●お
思い込み　14, 41, 43, 103, 112, 119, 129, 138, 140, 143, 146, 158, 176, 232

●か
介入　15, 53, 70
介入技術　106
乖離　5
害を与えない　66
カウンセラー　2, 6, 15, 19, 56, 82, 97, 107, 129, 139, 140, 149, 223
カウンセリングおよび心理療法センター（BCPC）　147
カウンセリング心理学　4, 85, 91
抱え込み　220
関わり合いの4つの局面　28
学習サイクル　94
学習スタイル　23, 25, 40

学習方法のモデル　24
価値観　16, 27, 30, 43, 94, 112, 129, 133, 134, 232, 233, 238, 246
監査　145, 252, 259
患者から学ぶことについて　109
患者を追え　201, 208
感情的な健全性　26
観念的な編集者　112
管理人　11

●き
危機感に駆り立てられる　238
危険性　5, 90, 94, 106, 112, 119, 121, 142, 146, 150, 178, 196, 198, 247, 254
擬似カウンセラー　4
期待される実践の水準　119
逆転移　15, 108, 110, 111, 116, 120, 123, 138, 142, 149, 193, 202
客観化のプロセス　103
共依存　240
教員　6, 19, 27, 70, 97, 193, 207, 245
境界　61, 67, 76, 77, 79, 87, 147, 150, 161, 184, 187, 198, 205, 214, 264, 267
境界線　4, 57, 109, 111
競争　14, 47, 188, 201, 206, 207, 222, 237
競争心　14, 17, 89, 155, 207, 217, 224
協力関係　78
協力的探求　93
キリスト教プロテスタント主義　16

●く
CLEAR スーパービジョンのモデル　73
グループスーパービジョン　105, 133, 149, 165, 168, 182, 186, 191, 193, 203, 205, 217
グループスーパービジョンにおけるプロセス　187
グループスーパービジョンのスタイル　186
グループダイナミクス　7, 168, 183, 187, 195, 201, 204-206, 213, 235, 264
訓練モデル　21

●け
契約　4, 61, 63, 72, 75, 81, 94, 161, 167, 184, 189, 202, 205, 210, 258
ケースカンファレンス　4, 87, 224, 228

事項索引

ケースノート　79
ゲシュタルト　124
権威　24, 43, 47, 57, 65, 83, 87, 89, 94, 120, 124, 128, 136, 137, 148, 155, 157, 178, 206, 207, 217, 227
権威主義　124
権威的　188
権限　64, 124, 206, 266
健全性　19, 20, 112, 221, 237, 267, 269
謙遜　11
権力闘争　238

●こ
構造主義　112
行動学習の回路　24
行動主義　83
交流分析　64, 124, 200
コーチ　4, 6, 27, 63, 68, 92, 97, 193, 210, 265
コーチング　60, 64, 68, 73, 92, 131
CORBS（コーブス）　162
個人的な抑圧　45
個別主義者　128
ごまかしの要素　121
コンサルタント　43, 73, 78, 97, 151, 193, 199, 210, 211, 217, 235, 252

●さ
サイコドラマ療法　124
最後に海を知るのは魚である　241
裁量　64, 206
査定　52, 80, 81, 85, 167, 178, 259
サンドイッチ状　157, 169

●し
シェルショック　34
支援する役割　63
自己再生　20, 32, 37
自己スーパービジョン　262
自己評価　153
下から上への変化　253
七眼流　52, 97, 169, 186
実際的な取り決め　76
実習グループ　193
質的資源　30, 152, 40
実用主義　125
シニシズム　36
自民族中心的　132
弱体化　183, 248

邪魔をする4つの思考法　22
守秘義務　71, 77, 78, 161, 184, 202, 205, 226, 257
受容力　153
手腕　153
賞賛　201
賞賛への願望　10
障壁　26, 31, 40, 43, 44, 48, 50, 54, 59, 83, 110, 111, 207, 221
情報のスイッチオフ　174
触媒の介入　73
知らないことに安心していられる　22
自律性　66
ジレンマ　47, 71, 149, 170, 175, 228, 238, 272
神経言語プログラミング　84
神経質　34
人種差別　112, 137, 138
信条集団向けツールキット　135
心的外傷後ストレス障害　37
人道主義　124
心理療法士　2, 6, 12, 19, 56, 59, 85, 133, 149, 199, 270

●す
スーパーバイザーの資質　60
スーパーバイザーの役割　2, 57, 60, 62, 64, 65, 67, 69, 108, 114, 128, 144, 149, 164, 179, 192, 200, 244
スーパービジョンのトレーニング　157
スーパービジョン関係　2, 4, 6, 19
スーパービジョン契約　42, 48, 73, 120
スーパービジョン体験　44
スーパービジョンの過程　5, 44
スーパービジョンの機能　71
スーパービジョンの欠落　5
スーパービジョンの3大機能　20
スーパービジョンのスタイル　82, 165, 189
スーパービジョンの七眼流モデル　97
スーパービジョンのプロセス　69, 73, 90, 98, 115, 121, 183, 264
スーパーマン　238
スキュラとカリュブディスの間で　86
ストレス　5, 19, 22, 29, 32, 36-38, 41, 47, 49, 60, 70, 110, 113, 198, 209, 220, 222, 241, 261, 266

●せ
制限的思考様式と対抗手段　211

289

事項索引

精神科　　6, 12, 196, 199, 221, 224, 227, 263
精神内部　　87, 121, 197
精神分析　　2, 6, 17, 82
精神力動的　　169, 202, 226, 235
生成的学習　　249
責任　　4, 11, 18, 19, 30, 34, 35, 42, 54, 64, 70, 72, 78, 80, 87, 91, 124, 152, 161, 162, 167, 178, 184, 189, 193, 203, 217, 220, 223, 227, 245
積極的な聞き取り　　73
説明責任　　43, 76, 197
セラピーの三者関係　　2
セルフスーパービジョン　　53
戦争神経症　　34
先入観　　120, 178

●そ
相互交換的な相互効果　　93
双方向　　21, 101, 115, 121, 163
ソーシャルワーカー　　12, 13, 14, 15, 19, 49, 56, 71, 160, 196
ソシオドラマ　　214
組織依存　　235, 240
組織的文化をめぐる5段階レベル　　233
組織文化　　221, 235, 237, 250, 251
組織を理解する　　238

●た
退化した介入　　164
ダイナミックス　　4, 13, 70, 100, 167, 170, 171, 174, 183, 198, 199, 213, 235, 246
タグスーパービジョン　　194
ダブルスタンダード　　49
単独環状学習　　94
短絡的な学習回路　　25

●ち
地域社会でのケア　　3
チームスーパービジョン　　168, 182, 195, 210, 217
力関係　　6, 7, 60, 74, 100, 107, 113, 119, 128, 135, 178
力不足　　2, 5, 16, 22, 23, 26, 32, 139, 160, 166
力への渇望　　9, 13
逐語録　　98
中間から外への変化　　253
超越主義者　　128

●つ
罪の意識　　2, 5, 83

●て
定義　　68, 69
デメリット　　183, 197
転移　　15, 17, 108, 110, 116, 123, 149, 202, 207, 224

●と
投影　　26, 202, 207, 221, 261
動機　　5, 6, 9, 13, 15, 37, 58, 67, 130, 217, 225
動機づけ　　130
動機づけの根　　233
同僚によるカウンセリング　　111
どちらか一方主義　　105
ドラマチックな三角関係　　137, 262

●な
内面のスーパーバイザー　　95
何にもまして笑い声をあげよ　　66
馴れ合い　　45, 178, 186
難民　　146

●に
ニーズ　　2, 9, 12, 13, 15, 35, 41, 49, 51, 58, 64, 73, 88, 89, 96, 108, 109, 112, 115, 133, 147, 150, 153, 156, 164, 178, 203, 217, 243, 251, 255, 260
二重環状学習　　94
二重座標モデル　　97
日本人　　139
入坑後入浴時間　　70
人間性主義心理療法　　200
人間相互間プロセス回想法　　171
認定　　3, 177, 179, 246
認定患者　　221
認定基準　　177, 273

●ね
並立　　90, 100, 113, 123, 172, 173, 192, 193, 202, 209, 240

●の
能力　　153

●は
背後の敵に目を配る　　237
漠然とした不安感　　33

290

事項索引

バケツ理論　220
恥ずかしさ　22
発展段階　89, 97, 132, 168, 187, 206
発展的アプローチ　4, 85, 89
反抑圧的実践　182

●ひ
ピアスーパービジョン　182, 199, 202
BMW　30
被害者意識　15
比較　44, 86, 102, 253, 259
引き金ビデオ　173
否定的な姿勢　4
ビデオ　104, 170
評価　5, 41, 43, 48, 52, 56, 60, 73, 74, 79, 85, 95, 101, 103, 105, 106, 119, 121, 146, 153, 167, 178, 179, 189, 199, 212, 246, 259
評価の物差し　141
平等主義　124

●ふ
不安　4, 15, 22, 27, 30, 37, 43, 48, 56, 58, 60, 64, 79, 85, 86, 89, 129, 141, 142, 162, 177, 182, 189, 190, 201, 208, 223, 227, 363
不安に対する防衛としての社会システムの役割　37
フィードバック　41, 44, 56, 60, 66, 74, 86, 95, 153, 157, 161, 169, 178, 183, 189, 200, 203, 212, 241, 270
普遍主義者　127
ブレインストーミング　105, 214
プレッシャー　2, 7, 34, 57, 217, 220-222
プロセスモデル　97, 232
文化的規範　127, 130
文化的差違　6, 133, 138, 142, 145, 147
文化的志向性の枠組み　130
文化の差違　129, 138, 143, 150
文化を跨ったスーパービジョン　144
文脈　7, 62, 76, 88, 97, 101, 118, 122, 137, 143, 159, 183, 186, 214, 232, 264

●へ
ヘリコプター的　62, 88, 221
ヘロンの介入の6分類　164
偏見　70, 112, 120, 133, 134, 138, 141

●ほ
防衛　5, 17, 27, 45, 65, 70, 79, 87, 132, 138, 146, 150, 163, 172, 178, 224, 227, 256, 262, 266
防衛措置　36
防衛的行動　46
防衛的な退却　256
防衛の習慣　45
放棄のゲーム　64
亡命希望者　146
ほどよい　2, 27, 179
ほどよいお母さん　2

●ま
学びと成長の文化　242
学びの文化　179, 243, 244

●み
民族相対的　132

●む
無意識　10, 13, 15, 17, 82, 88, 98, 100, 107, 108, 111, 114-117, 123, 134, 140, 141, 172, 203, 207, 213, 221, 224, 233
無意識下の願望　133
無意識下のスーパービジョン　138
無関心　35, 49
無力感　15, 22, 102, 149, 198, 201, 261

●め
メリット　182, 197

●も
盲点　70, 83, 167, 183
燃え尽き　5, 19, 34, 37, 51, 70, 262

●や
役割セット　214
役割の対立　47

●ゆ
有益な三角関係　262

●よ
養育の三者関係　2
良きスーパーバイザー　40, 58, 157, 167
抑制　35, 60, 87, 131, 133, 189, 220, 224
良さを見いだす質問法　19, 237, 244, 246, 250, 251
寄り添う　12, 262

事項索引

● り
リアルプレイ　157
理想主義　36
理想的なスーパーバイザー　59
良質なスーパービジョン　3, 21, 40, 44, 49, 58, 61, 101, 120, 157, 179, 186, 199, 221, 225, 228, 229, 253, 258, 266
倫理　66, 78, 79, 118, 144, 161, 175, 182, 259, 271
倫理的な判断　66

● れ
冷笑的な態度　36
劣等感　22, 65

● ろ
ロールプレイ　98, 106, 111, 157, 165, 173, 177, 203

● わ
私を責めないで，私に優しくして　61

著者紹介

ロビン・ショエット（Robin Shohet）

英国バース市を拠点とするCSTD（Centre for Supervision and Team Development）にて、スーパーバイザー、トレーナー、およびコンサルタントの業務につく。著書に『情熱的なスーパービジョン（Passionate Supervision）』（Shohet, 2007）、および『変化のためのスーパービジョン（Supervision as Transformation）』（Shohet, 2011）など。

連絡先（Eメール）：robin.shohet@cstd.co.uk

ピーター・ホーキンズ（Peter Hawkins）

ヘンリービジネススクール、リーダーシップ学科教授。バース・コンサルタント・グループの創立理事。リーダーシップおよびコーチングに関する研究と共に、過去30年にわたって多数の企業や組織内のリーダーシップ、ティームコーチングとそのスーパービジョンに携わる。近著に『チームコーチング――集団の知恵と力を引き出す技術（Leadership Team Coaching: Developing Collective Transformational Leadership）』（Hawkins, 2011／英治出版　2012年）など。

連絡先（Eメール）：peter.hawkins@bathconsultancygroup.com

訳者紹介

国重浩一（くにしげ　こういち）
　　ワイカト大学カウンセリング大学院修了
　　ニュージーランド・カウンセラー協会会員
　　日本臨床心理士
　　現在，鹿児島メンタルサポート研究所研究員

バーナード紫（ばーなーど　ゆかり）
　　ロンドン大学教育研究所修士課程修了（英語教育）
　　ワイカト大学教育学部教育研究科ディプロマ修了
　　現在，翻訳家，英語／日本語講師

奥村朱矢（おくむら　あや）
　　米国セントルイス・ワシントン大学社会福祉修士課程修了
　　米国ソーシャルワーカー協会会員
　　米国カリフォルニア州認定臨床社会福祉士
　　現在，プライベートプラクティス開業，小児外来ソーシャルワーカー

```
ホームページ　http://nfacr.net/
メールアドレス　kou_kunishige@hotmail.com
```

心理援助職のためのスーパービジョン
効果的なスーパービジョンの受け方から，
良きスーパーバイザーになるまで

2012年7月30日　初版第1刷印刷	定価はカバーに表示
2012年8月10日　初版第1刷発行	してあります。

著　者　　P. ホーキンズ
　　　　　R. ショエット
訳　者　　国重浩一
　　　　　バーナード紫
　　　　　奥村朱矢
発行所　　㈱北大路書房
　　　　　〒603-8303 京都市北区紫野十二坊町12-8
　　　　　電　話 (075) 431-0361㈹
　　　　　ＦＡＸ (075) 431-9393
　　　　　振　替 01050-4-2083

© 2012　　　　　　　印刷・製本／シナノ書籍印刷㈱
　　　　　検印省略　落丁・乱丁本はお取り替えいたします
　　　　　ISBN 978-4-7628-2782-2　　Printed in Japan

・ JCOPY 〈㈳出版者著作権管理機構 委託出版物〉
本書の無断複写は著作権法上での例外を除き禁じられています。
複写される場合は，そのつど事前に，㈳出版者著作権管理機構
（電話 03-3513-6969, FAX 03-3513-6979, e-mail: info@jcopy.or.jp）
の許諾を得てください。